Renate Maschwitz

Selbst-, Mutter- und Vaterbilder
bei Sexualtätern

Reihe »Forschung Psychosozial«

Renate Maschwitz

Selbst-, Mutter- und Vaterbilder bei Sexualtätern

Probleme der Geschlechtsidentität
bei aggressiven Sexualdelinquenten

Psychosozial-Verlag

Der Publikation liegt eine Dissertation der Universität Basel unter
der Betreuung durch Prof. Dr. Udo Rauchfleisch zugrunde.
Koreferent war PD Dr. Thomas Gehring.
Die Drucklegung erfolgte mit Unterstützung durch den
Max-Geldner-Fonds, den Dissertationenfonds der
Universität Basel und der Basler Studienstiftung.

Die Deutsche Bibliothek – CIP-Einheitsaufnahme
Ein Titeldatensatz für diese Publikation
ist bei Der Deutschen Bibliothek erhältlich.

© 2000 Psychosozial-Verlag
Goethestr. 29, 35390 Gießen
Tel.: (06 41) 7 78 19, Fax: (06 41) 7 77 42
e-mail: info@psychosozial-verlag.de
http://www.psychosozial-verlag.de
Umschlagabbildung: Arnold Böcklin – Schild mit dem Haupt der Medusa (1886).
Umschlaggestaltung: Till Wirth nach Entwürfen des Ateliers Warminski, Büdingen
ISBN 3-89806-040-3

Für Jörg

Inhaltsverzeichnis

Einleitung

„Und was Liebe angeht …
Leute tun alle möglichen Dinge unter diesem Namen,
dieser Verkleidung. Die Gewalt ist vielleicht eine
Entstellung dessen, was wir eigentlich tun wollen."
Morrison, 1993, S. 201f

Seit einiger Zeit ist in der Öffentlichkeit eine stärkere Sensibilisierung für das Thema ›Sexuelle Gewalt‹ zu beobachten. Es werden Forderungen nach härteren Strafmaßnahmen gegenüber den Tätern erhoben und nach vermehrten Hilfsangeboten für die Opfer gestellt. Trotz vielfältiger Maßnahmen ist eine erkennbare Abnahme sexueller Gewalt allerdings bislang nicht zu verzeichnen. Die Kriminalstatistik weist weiterhin eine seit Jahren unverändert hohe Quote an Sexualdelikten aus. In der öffentlichen Auseinandersetzung wird vor allem betont, daß Sexualtäter mit der übrigen Bevölkerung keinerlei Gemeinsamkeiten aufweisen und möglichst abzusondern seien. Weitgehend unberücksichtigt bleibt bei der Diskussion, daß ein großer Teil der Sexualstraftaten im sozialen Nahraum geschieht. Die ›Allgegenwart von Gewalt‹ *(Rauchfleisch, 1992)* insbesondere im persönlichen Umfeld wird nicht wahrgenommen.

Der Vielschichtigkeit der Thematik entsprechend gibt es unterschiedliche Perspektiven, von denen aus Sexualdelikte betrachtet werden. So befassen sich Medizin und Psychiatrie mit Sexualtätern als ›Kranke‹, die auf belastende Ereignisse mit Triebdurchbrüchen reagieren (müssen). Sexuelle Gewalthandlungen werden dabei häufig als Affekt- oder Impulshandlungen eingeordnet, die – biologisch begründet – nahezu unvermeidbar sind und für die der Täter im allgemeinen – nicht nur im strafrechtlichen Sinne – als schuldunfähig oder vermindert schuldfähig gilt. Eine ganz andere Sichtweise nehmen Sozialwissenschaften ein, wenn sie sich für das Lebensumfeld der (erfaßten) Täter interessieren und dabei auf deren eigene Gewalt- und Mißbrauchserfahrungen hinweisen. Verschiedentlich, und das vor allem in der psychologischen Forschung, werden Sexualdelikte auch einseitig als individuelles Problem des jeweiligen Täters betrachtet und dabei Einbettungen in gesellschaftliche Strukturen vernachlässigt. An diesen Beispielen wird

deutlich, daß der Komplexität der Thematik entsprechend nur einzelne Einflußgrößen berücksichtigt werden und jede Sichtweise nur eingeschränkten Erklä-
rungswert besitzt. Das trifft allerdings nicht nur auf den wissenschaftstheoretischen
Hintergrund zu, sondern auch auf das Material, auf dem Forschungsergebnisse
basieren. So finden sich bei der Durchsicht von Literatur zur Thematik ›Sexuelle
Gewalt‹ verschiedene empirische Untersuchungen aus der Perspektive von Opfern,
aber es liegen kaum empirische Arbeiten vor, die sich auf Material stützen, das
unmittelbar bei Tätern erhoben wurde. Im deutschsprachigen Raum beziehen
sich hierzu veröffentlichte Arbeiten vor allem auf klinische Fragestellungen, wie
beispielsweise die Entwicklung von Prognosekriterien für Sexualstraftäter.

Allerdings kristallisiert sich neuerdings ein weiterer Schwerpunkt wissenschaftlicher Forschung heraus, dessen Ausgangspunkt die Frauenbewegung in den USA
in den 70er Jahren war, und der zwischenzeitlich auch im europäischen Raum
verstärkt Beachtung findet. Danach wird sexuelle Gewalt zwar als individuelle
Handlung gesehen, aber der Zusammenhang mit patriarchalen Gesellschaftsstrukturen mitberücksichtigt. Vor allem das Geschlechterverhältnis, die polarisierenden Beziehungsmuster zwischen Männern und Frauen, werden als eine der
Ursachen für die Anfälligkeit von Jungen und Männern gegenüber (sexueller)
Gewalttätigkeit erkannt. Hierzu gehören Männlichkeitskonzepte, die auf Macht,
Stärke, Dominanz und Nicht-Weiblich angelegt sind sowie Weiblichkeitsentwürfe,
die als Pendant zu den Männlichkeitskonzepten gelten und Frauen auf passiv,
geringwertig und für andere Personen verfügbar festschreiben. Sexuelle Gewalt als
nahezu ausschließlich männliches Handlungsmuster ist danach in die Geschlechterkonstruktion unserer Kultur und Gesellschaft eingebettet.
     Dieser Ansatz wird in der vorliegenden Arbeit aufgegriffen, wobei Ziel und Zweck
der Untersuchung nicht sind, ein Erklärungsmodell für Sexualdelinquenz zu
geben. Sexuelle Gewalt ist ein komplexes Geschehen. Es geht vielmehr darum zu
überprüfen, ob und inwieweit zentrale, in der ›normalen‹ Sozialisation angelegte
Beziehungsmuster zur (sexuellen) Gewalttätigkeit von Männern gegenüber Frauen
beitragen. Grundlagen hierfür bilden zum einen bei Tätern erhobene Daten, die
zum anderen aus einer feministischen Sicht (das bedeutet unter der Perspektive
des Geschlechterverhältnisses) betrachtet werden.

Im Anschluß an die Einleitung bezieht sich der folgende Teil der Arbeit auf den
theoretischen Hintergrund dieser Untersuchung. Nach einem allgemeinen Über-

blick zur Thematik werden wissenschaftliche Erklärungsansätze zu sexueller Gewalt vorgestellt. Der darauffolgende Schwerpunkt befaßt sich mit der Konstruktion von Männlichkeit und den Vater und Mutter dabei zugewiesenen Bedeutungen. Der Einfluß dieser frühesten Beziehungserfahrungen und deren Niederschlag in ›Bildern‹ schließt sich an. Der theoretische Teil endet mit der Ableitung von Thesen, die sich aus der bisher vorliegenden Forschung ergeben, und daran anknüpfende, leitende Fragestellungen werden dargelegt.

Im dritten Teil werden zunächst die praktischen Grundlagen der Untersuchung beschrieben. Sodann werden die verwendeten Untersuchungsmethoden für Erhebung und Auswertung des Datenmaterials vorgestellt. Der vierte Teil umfaßt die Empirie der Untersuchung und stellt die Ergebnisse dar.

Vor dem Hintergrund theoretischer Konzepte und vergleichbarer Untersuchungen werden im fünften Teil der Arbeit die Untersuchungsergebnisse diskutiert. Im sechsten Teil werden die Untersuchungsergebnisse anhand klinischer Beispiele aus Gruppentherapiesitzungen illustriert. Überlegungen zur therapeutischen Arbeit mit Sexualtätern schließen den klinischen Teil ab.

Den Abschluß bildet im siebenten Teil eine inhaltliche Zusammenfassung. Ein Literaturverzeichnis befindet sich im achten Teil.

Vergewaltigunge in matrilineare Kulturen ?

1 Theoretischer Teil

1.1 Vergewaltigung

1.1.1 Das Problemfeld

In der Gesellschaft bestehen bestimmte Vorstellungen über Sexualtäter. In den Medien wird vom Triebtäter, vom Sittenstrolch oder vom Sexualverbrecher gesprochen. Diese undifferenzierten Stereotypen unterstellen eine homogene Gruppe der Sexualtäter, die sich von ›normalen‹ Menschen (Männern) unterscheidet. Aber im Alltag ist auch eine bemerkenswerte Diskrepanz zwischen öffentlicher Empörung gegenüber Sexualtätern mit harschen Forderungen nach rigiden Strafmaßnahmen für diesen Personenkreis und dem alltäglichen Sexismus in der Gesellschaft festzustellen, beispielsweise in Gestalt frauenfeindlicher, pornographischer Werbung oder sexueller Belästigung am Arbeitsplatz.

Die geringe Bereitschaft zu einer differenzierteren Auseinandersetzung mit dieser Problematik wird vor allem in dem immer noch unzureichenden Opferschutz oder auch in der Tabuisierung sexueller Gewalt im sozialen Nahraum erkennbar, welche sich in hohen Dunkelziffern bei den Tatbeständen der Vergewaltigung und der sexuellen Nötigung oder einer langwierigen Diskussion über den Tatbestand der Vergewaltigung in der Ehe niederschlagen.

Die gesellschaftliche Verankerung dieses Tabus zeigen *Sander & Johr* (1992) an Massenvergewaltigungen während des Krieges auf. »Wenn überhaupt über Vergewaltigung gesprochen wurde, war das etwas, was ›der Fremde, der Feind‹ oder der Kriminelle in der eigenen Gesellschaft machte, mit dem sich niemand identifizierte« (S.12). Sexualdelikte werden individualisiert und allenfalls als familiäres Problem betrachtet. Der gesellschaftliche Kontext, in dem und aus dem heraus sie stattfinden, bleibt dabei im allgemeinen unberücksichtigt.

1.1.2 Daten und Fakten

Um das Ausmaß von Vergewaltigungen von Frauen zu verdeutlichen, sollen einige statistische Daten dienen. Das Statistische Bundesamt in Wiesbaden veröffentlicht die jährliche Anzahl verurteilter Straftaten. So läßt sich dieser Strafverfolgungsstatistik entnehmen, daß beispielsweise im Jahre 1988 von den verurteilten Sexualdelikten über ein Drittel (37,4 %) mit sexueller Gewalt zusammenhingen *(Baurmann, 1991)*. Das Bundeskriminalamt in Wiesbaden weist für 1993 aus, daß bei den Straftaten gegen die sexuelle Selbstbestimmung 24 Prozent der Tatverdächtigen wegen Vergewaltigung oder sexueller Nötigung angezeigt wurden. Die Aufklärungsquote dieser Straftaten beträgt 69 Prozent. Die Tatverdächtigen sind mit einem Anteil von 98,7 Prozent überwiegend männlichen Geschlechts *(Statistisches Bundesamt, 1996)*. 90 Prozent der Täter müssen als »ganz normale Männer«, die in jeder Schicht, in jedem Beruf, zu finden sind, bezeichnet werden *(Frauengleichstellungsstelle München, o.J.)*. Auf der Opferseite waren (mit zirka 80 bis 90 %) vorwiegend Frauen betroffen *(Baurmann, 1991)*.

Auch wenn diese Angaben aus unterschiedlichen Quellen stammen, somit nicht unmittelbar vergleichbar sind, geben sie dennoch Tendenzen wieder. Dunkelfeldschätzungen sexueller Gewalthandlungen im sozialen Nahraum legen nahe, daß nur zwei bis fünf Prozent dieser Straftaten überhaupt zur Anzeige kommen *(Baurmann, a.a.O.)*. »Zirka 70 Prozent der Vergewaltigungen sind Beziehungstaten, bei denen sich Opfer und Täter mehr oder weniger gut kennen.« *(Frauengleichstellungsstelle München, o.J.)* Untersuchungen in den USA unterstützen die Annahme, daß Vergewaltigung und sexuelle Nötigung vor allem im Bekanntenkreis stattfinden, dann aber am seltensten der Polizei gemeldet werden. Die Anzahl angezeigter und verurteilter Straftaten bezieht sich somit überwiegend auf sexuelle Gewalt durch Fremde *(Ellis, 1989)*. Auch wenn inzwischen in einigen Untersuchungen Jungen und Männer als Opfer sexueller Gewalt vermehrt Beachtung finden (vgl. u. a. *Groth, 1980; Krück, 1991; Glöer & Schmiedeskamp-Böhler, 1990)*, belegen die Zahlen, daß sexuelle Gewalt vor allem als Interaktionsgeschehen zwischen Personen des männlichen und des weiblichen Geschlechts zu sehen ist (vgl. u. a. *Ellis, 1989; Groth, 1979)*.

1.1.3 Definitionen von ›Vergewaltigung‹

Unter Vergewaltigung wird im allgemeinen ein körperlich gewaltsamer Versuch, sexuelle Intimität herzustellen, verstanden, wobei eine der beteiligten Personen diese sexuelle Intimität ablehnt. Es wird meistens als überwiegend männliches Vergehen gegen Frauen definiert. Häufig wird der Begriff der ›Vergewaltigung‹ in einen Zusammenhang mit vaginaler Penetration gebracht. In manchen Gerichtsbarkeiten (beispielsweise in Ägypten) erfolgen unter den Tatbeteiligten klare Zuschreibungen: ausschließlich Männer gehören zu der Täterseite, ausschließlich Frauen zu den Opfern. Vergewaltigung von Kindern oder unter Homosexuellen bleibt damit ausgeklammert. In einigen Ländern sind Personen unter 18 Jahren nicht strafmündig, so daß Vergewaltigung als Straftat erst ab 18 Jahren anerkannt wird. Auch ist in einigen Ländern eine Vergewaltigung in der Ehe strafrechtlich nicht relevant *(Ellis, 1989)*.

Aus dieser kurzen Übersicht wird deutlich, daß es sich bei der Definition des Vergewaltigungsbegriffs vor allem um juristische Betrachtungsweisen handelt. In der Neufassung des *deutschen Strafrechts (1998)* finden sich folgende Definitionen:

§ 177 Sexuelle Nötigung; Vergewaltigung

(1) Wer eine andere Person 1. mit Gewalt, 2. durch Drohung mit gegenwärtiger Gefahr für Leib oder Leben oder 3. unter Ausnutzung einer Lage, in der das Opfer der Einwirkung des Täters schutzlos ausgeliefert ist, nötigt, sexuelle Handlungen des Täters oder eines Dritten an sich zu dulden oder an dem Täter oder einem Dritten vorzunehmen, wird mit Freiheitsstrafe nicht unter einem Jahr bestraft.

(2) In besonders schweren Fällen ist die Strafe Freiheitsstrafe nicht unter zwei Jahren. Ein besonders schwerer Fall liegt in der Regel vor, wenn ... der Täter mit dem Opfer den Beischlaf vollzieht oder ähnliche sexuelle Handlungen an dem Opfer vornimmt oder an sich von ihm vornehmen läßt, die dieses besonders erniedrigen, insbesondere, wenn sie mit einem Eindringen in den Körper verbunden sind (Vergewaltigung) ...

§ 178 Sexuelle Nötigung und Vergewaltigung mit Todesfolge

Verursacht der Täter durch die sexuelle Nötigung oder Vergewaltigung (§ 177) wenigstens leichtfertig den Tod des Opfers, so ist die Strafe lebenslange Freiheitsstrafe oder Freiheitsstrafe nicht unter zehn Jahren. (a.a.O., S.88f)

Mit dem Begriff der ›Vergewaltigung‹ befassen sich auch einige Untersuchungen. *Muehlenhard et al.* *(1996)* stellen fest, daß das Wort unterschiedliche Bedeutungszuweisungen erhält, je nach der eingenommenen Perspektive, zum Beispiel aus der Sicht des Opfers oder des Täters, aus kulturellem oder aus juristischem Blickwinkel. *Sick (1993)* fordert eine »gänzliche Neufassung des Vergewaltigungsbegriffs« (S. 293). Für die Rechtsprechung sei Vergewaltigung lediglich eine Steigerung der Verführung, da weiterhin Klischees zu männlichem und weiblichem Sexualverhalten anerkannt werden. Das werde vor allem bei Sexualdelikten im sozialen Nahraum sichtbar, bei denen eine enge Opfer-Täter-Beziehung bestand. Beziehungsdelikte stellten das Gros der Vergewaltigungen dar, würden aber häufig von juristischer Seite als strafmildernd eingestuft.

In dieser Arbeit wird in Anlehnung an *Ellis (1989)* Vergewaltigung als eine Ausdrucksform betrachtet, die gegen die sexuelle Selbstbestimmung einer Person gerichtet ist und gewaltsame Versuche sexueller Intimität beinhaltet. Es ist eine Grenzüberschreitung, ein Nicht-Respektieren der Grenzen einer anderen Person − unabhängig von einer eventuell vorhandenen Täter-Opfer-Beziehung.

1.1.4 Mythen über Vergewaltigungen

In jüngerer Zeit ist in Deutschland eine Sensibilisierung gegenüber Straftaten gegen die sexuelle Selbstbestimmung im Zusammenhang mit Kindern zu beobachten (vgl. u. a. *Bange, 1993; Heiliger & Engelfried, 1995*). Eine größere Bereitschaft zu gesellschaftlicher Ächtung von Pädophilen ist erkennbar. Demgegenüber finden sexuelle Nötigungen oder Vergewaltigungen von adoleszenten und erwachsenen Frauen vergleichsweise geringere Beachtung. Untersuchungen zur Einschätzung des Schweregrads von Gewalthandlungen zeigen, daß bei Straftaten gegen die sexuelle Selbstbestimmung einer Person Wertungen erfolgen. So werden Vergewaltigungen als gravierender eingestuft als sexuelle Nötigung oder eheliche Gewalt (vgl. *Limbach, 1986; Hummel, 1988*). *Sick (1995)* stellt fest, daß aufgrund der »Anerkennung außerrechtlicher Stereotypen und Klischees zu männlichem und weiblichem Sexualverhalten ... Vergewaltigung für die Rechtsprechung lediglich eine Steigerung der Verführung (ist)« (S. 285). Die »*vorurteilsbesetzten Reaktionen* auf weibliche Opfer« sexueller Gewaltdelikte sind nach *Steffen* (*1990, S. 89*, Hervorh. im Orig.) »an Alltagstheorien und tradierten Geschlechtsrollenstereotypen orientiert« (a.a.O.) und werden bei Gewalt im sozialen Nahraum besonders deutlich.

Auf die Fülle von Mythen und Stereotypen über Tat, Täter und Opfer weisen *Sczesny & Krauel (1996)* hin. Danach dienen diese weitverbreiteten und im allgemeinen falschen Vorstellungen dazu, sexuelle Aggression von Männern gegen Frauen zu verleugnen oder zu rechtfertigen. Vergewaltigungsmythen haben eine hohe Akzeptanz in der Gesellschaft, sie werden universell angewandt und beeinflussen die Wahrnehmung und Interpretation einer Vergewaltigung.

Zu den gängigen stereotypen Vorstellungen über die Opfer von Vergewaltigungen gehören folgende Aussagen (u.a. *Brownmiller, 1978; Burt, 1980; Baurmann, 1983; Groth, 1986; Zeitlin, 1986; Sick, 1993; Koss et al., 1994)*:

– Alle Frauen wollen vergewaltigt werden; sie fühlen sich durch sexuelle Attacken geschmeichelt.
– Keine Frau kann gegen ihren Willen vergewaltigt werden; es ist technisch unmöglich.
– Wenn Frauen »nein« sagen, meinen sie meistens »ja«.
– Die Frau gab dem Mann Anlaß dazu; sie provozierte ihn, gab sich verführerisch, etc.
– Die Frau ist leichtsinnig gewesen (Anhalterin; nachts alleine im Park, etc.).
– Die Frau hat sowieso eine fragwürdige Moral.
– Die Frau wollte sexuellen Kontakt und steht nicht mehr dazu.
– Die Frau wollte sich am Mann rächen.
– Frauen sind von Natur aus masochistisch; sie wollen hart genommen werden und empfinden Lust am Schmerz.
– Die Vergewaltigungsdiskussion wird von frustrierten Emanzen hochgespielt.

Über die Täter heißt es vielfach:

– Männer verfügen über eine natürliche Aggressivität.
– Männer werden von ihren Trieben ›übermannt‹; sie sind bisweilen im sexuellen Notstand und verlieren dann die Kontrolle über sich.
– Die Täter sind kranke Monster, Unholde, »immer gierig auf der Suche nach neuen Opfern ihrer perversen sexuellen Lust« *(Baurmann, 1983, S. 51)*.

- Der Täter ist der Fremde, der dem Opfer im Wald oder Park oder in unbeleuchteten Straßen auflauert, es überfällt und dann sexuell mißbraucht.
- Der Täter ist geistig oder psychisch abnorm.
- Der Täter entstammt dem unteren sozialen Milieu und zerrütteten Familienverhältnissen.
- Der Täter verübte die Tat als Überreaktion auf beruflichen Streß.
- Der Täter wurde durch das Opfer verführt.
- Durch harte Bestrafung dieser Sittenstrolche muß die Öffentlichkeit geschützt werden.
- Vergewaltiger gab es schon in der griechischen Antike, und diese brachten die Kultur voran.

Aus dieser Zusammenstellung wird ersichtlich, daß die angeführten Mythen den Täter von Verantwortung für sein Handeln entbinden. Er erscheint implizit als Opfer, und es sind eher die Frauen, denen Schuld zugewiesen wird. Die gängigen Mythen über Sexualtäter schaffen für den ›normalen‹ Mann Distanzierungsmöglichkeiten, so beispielsweise, daß ein Täter fremd und brutal ist – obwohl die meisten Vergewaltigungen offenbar im Nahbereich stattfinden. Nach Ansicht verschiedener AutorInnen gehen Vergewaltigungsmythen mit negativen und stereotypen (männlichen) Einstellungen gegenüber Frauen einher. Diese tragen zu einer Entlastung des Täters bei und verstärken somit die gesellschaftliche Verharmlosung von sexueller Gewalt. Männern als Gruppe sind diese Mythen dienlich, weil Frauen dadurch insgesamt ängstlicher sind und sich abhängiger von Männern fühlen. Der Bewegungsraum von Frauen wird eingeschränkt, womit wiederum eine Stabilisierung der traditionellen Rollenaufteilung gegeben ist und eine sekundäre Viktimisierung von Frauen erfolgt (u.a. *Brownmiller, 1978; Weis, 1982; Baurmann, 1983, 1986; Finkelhor, 1986; Engelfried, 1990; Steffen, 1990; Koss et al., 1994; Sick, 1995; Heiliger & Engelfried, 1996; Bohner & Schwarz, 1996*). Die Wirksamkeit der Vorstellungen und Mythen über Vergewaltigung kommt nach *Finkelhor (1986)* darin zum Ausdruck, daß Vergewaltigungsopfer stärker gesellschaftlich stigmatisiert werden als Täter. Demgegenüber tritt die Tatsache der Vergewaltigung in den Hintergrund.

1.2   Erklärungsansätze zu Vergewaltigungsdelikten

1.2.1   Tätertypologisierungen

1.2.1.1 Triebkonzept

Erst seit neuerer Zeit beginnt ›Vergewaltigung‹ Gegenstand wissenschaftlichen Interesses zu werden. In Arbeiten von Sexualwissenschaftlern war dieses Thema nicht existent (vgl. *Schlötterer, 1982*). In der älteren psychopathologischen Literatur findet Vergewaltigung kaum Beachtung. Falls doch, so wird der Täter als willensschwach, triebhaft und gemütsarm beschrieben (vgl. u. a. *Kröhn, 1985*) mit krankheitswertigem, progredient süchtigem Verlauf der sexuellen Perversion *(Giese, 1962)*. Der Mann erscheint als ein hilfloses Opfer seines Sexualtriebes, der sich nicht kontrollieren kann. *Schmidt (1975)* kritisiert diese ›Dampfkesseltheorien‹, bei denen im männlichen Körper bestehende, sexuelle Spannungen auf ständige Abfuhr und Entladung drängen. Da es sich hierbei um eine speziell männliche Sicht von Sexualität handelt, trifft dann auch von daher die Frau die Schuld, wenn sie den Mann sexuell erregt hat (vgl. *Hedlund, 1986*).

Schumacher (1990) unterscheidet zwischen dem ›unechten‹ und dem ›echten‹ Triebtäter‹. Bei ersterem ist die sexuelle Problematik »lediglich Teil einer allgemeinen dissozialen Persönlichkeitsstörung« (S. 4). Die Vergewaltigung wird als eine unter mehreren Möglichkeiten antisozialen Agierens gesehen. Bei einer weiteren Variante dieses Tätertyps steht die Aggression im Zentrum der Handlung. In der Kategorie der ›echten Triebdevianten« (S. 5) ist das sexuelle Erleben an Vorstellungen von Dominanz und Machtausübung gegenüber der Frau gebunden, oder es sind »Vergewaltiger aus Reaktionsbildung« (S. 6) bzw. sadistisch Gewalttätige. Der Autor beschreibt bei diesem Tätertyp zwar psychologische Aspekte, bleibt allerdings mit seinen Therapieempfehlungen auf einem biologistisch-somatisch orientierten Niveau – und ist damit einem an Natur und Trieb orientierten Verständnis der Vergewaltigung verbunden.

1.2.1.2 Biologisch-somatische Faktoren

In verschiedenen Untersuchungen werden sexuelle Deviationen in einen Zusammenhang mit Chromosomenanomalien, hirnorganischen Prozessen, endokrinologischen Faktoren oder mit Minderbegabung gestellt (vgl. u. a. *Rada, 1978; Klosinski, 1991*). Eine Übersicht findet sich bei *Judith (1995)*. Er stellt neben methodischen Mängeln und einer geringen Vergleichbarkeit der Studien fest, daß zwar einige Befunde von diagnostischem Interesse für den Einzelfall sein könnten, nicht jedoch als Hauptdeterminanten bei Sexualstraftaten dienen. Auch andere Autoren beschreiben somatogene Einflußgrößen auf die Persönlichkeitsentwicklung eines Menschen, lehnen sie allerdings aufgrund ihrer Spezifität als Erklärungsmodelle für sexuelle Delinquenz ab (vgl. u. a. *Lempp, 1989*).

In einer breiter angelegten Studie stellen *Volk et al. (1985)* fest, »daß sich Vergewaltigungstäter im biologisch-somatischen Bereich der Sexualität in der Regel nicht von anderen unauffälligen Männern unterscheiden« *(Volk, 1991, S. 95)*. Zu dieser Einschätzung gelangen auch *Berner & Karlick-Bolten (1986)* im Kontext einer katamnestischen Erhebung an Sexualdelinquenten. Nach ihren Beobachtungen weicht eine Vergewaltigung bezüglich der sexuellen Intention wenig von der Norm ab. Sie erscheine aber aufgrund der damit verbundenen Aggressivität deviant.

1.2.1.3 Motivationale Aspekte

Verschiedene Arbeiten beziehen sich auf eine Klassifizierung von Sexualdelinquenten, ohne vorab tatbezogene Unterscheidungen zu treffen. *Schorsch (1977)* plädiert dafür, dem Ausdrucksgehalt und der Bedeutung eines devianten Aktes für das psychische Gleichgewicht einer Persönlichkeit größere Aufmerksamkeit zu schenken. Das werde erst durch psychodynamisches Verstehen sowohl sexueller Devianz als auch nicht-devianter Sexualität möglich. Mit dieser Sicht rücken motivationale Aspekte für das Begehen der Straftat stärker in den Mittelpunkt und bilden Grundlagen zu Tätertypologisierungen.

So haben *Schorsch et al. (1985)* im Rahmen eines Forschungsprojekts zur ambulanten psychotherapeutischen Behandlung nichtinhaftierter Sexualtäter eine Therapiestichprobe von $n = 86$ erfaßt. Dabei sind gewaltlose Delikte deutlich überrepräsentiert. Nur 13 Prozent der Untersuchungsgruppe haben Vergewaltigungs- beziehungsweise sexuelle Nötigungsdelikte begangen. Mit dem Ziel den

Bedeutungsgehalt des perversen Symptoms[1] unter psychodynamischem Gesichtspunkt zu erfassen, wurden die Patienten mit Hilfe der Clusteranalyse fünf Gruppierungen zugeordnet. Diese sind:

1. Psychisch eher stabile, sozial integrierte Patienten
   Charakteristisch ist eine ausgeprägte Aggressionshemmung. Im delinquenten Bereich bezieht sich diese Gruppe insbesondere auf exhibitionistische Handlungen.

2. Depressive Patienten
   Ein stark negatives Selbstkonzept und eine depressive Grundstimmung sind die besonderen Merkmale dieser Gruppe. Die Aggressionsproblematik bietet kein einheitliches Bild. Die Patienten sind labiler, randständiger, aber nicht sozial desintegriert. Exhibitionismus und unaggressive Handlungen herrschen vor.

3. Patienten mit ausgeprägter Depressionsabwehr
   Diese Gruppe zeichnet sich durch Instabilität von Beziehungen, Abwehr von Depressivität, Somatisieren, kriminelles Agieren und Alkoholismus aus. Bezüglich der Delinquenz sind die Patienten der zweiten Gruppe vergleichbar.

4. Nichtinterpretierbare Gruppe

5. Schwer gestörte, sozial desintegrierte Patienten
   Kennzeichen sind ein starkes Aggressionspotential, Alkoholismus und eine Verwahrlosungssymptomatik. Als Delikte sind aggressive, pädophile Straftaten und sexuelle Aggressionen gegen Frauen.

Groth et al. (1977; 1986) sehen in der Vergewaltigung den sexuellen Ausdruck von Aggression. Weniger die sexuelle Bedürfnisbefriedigung stehe im Zentrum des Geschehens als vielmehr momentan aufkommende, aggressive Impulse. Sie unterscheiden drei Tätertypen:

– den aus Wut agierenden Täter,
– den aus Machtverlangen handelnden Täter,
– den sadistischen Täter.

---

1 Eine kritische Auseinandersetzung über die Verwendung des Perversionsbegriffs bei Vergewaltigung erscheint sinnvoll, zumal in der Perversionsforschung (u.a. *Khan, 1983; Chasseguet-Smirgel, 1989; Goldberg, 1995*) Vergewaltigung als eigenständige Problematik wenig Beachtung findet. Der hierzu notwendige Diskurs geht allerdings über den Rahmen dieser Untersuchung hinaus und muß an anderer Stelle geführt werden (vgl. u.a. *Stoller, 1979; Keller, 1991*).

Das Delikt ist eine pseudo-sexuelle Handlung. Sie dient nicht-sexuellen Zielen, wie zum Beispiel das Opfer zu erniedrigen oder den Selbstzweifeln zu begegnen. Ätiologisch erkennen die Autoren bei der Analyse von sexuellen Gewaltdelikten eine überproportionale Häufung von in der Kindheit selbst mißbrauchten Tätern (80%, gegenüber 28% bei anderen Delikten, vgl. *Groth & Hobson, 1986*).

Eine kritische Diskussion zu der These »Gewalt bringt Gewalt hervor« findet sich bei *Lübcke-Westermann (1995, S. 4ff)*. Sie stützt sich auf Übersichtsartikel von Widom und gelangt zu der Schlußfolgerung, daß die Beziehung zwischen eigenen Mißbrauchserfahrungen und späterer Täterschaft weder geradlinig noch sicher sei. Aufgrund retrospektiver Studien wurde die Mehrzahl von Erwachsenen, die als Kinder mißbraucht wurden, nicht delinquent, und von den Delinquenten war die Mehrzahl als Kinder nicht mißbraucht worden.

Prentky & Knight (1991) beschreiben methodologische Probleme bei der Klassifizierung von Vergewaltigern. Aus diesem Grunde haben sie ihre Tätertypologisierung mehrfach überarbeitet und betonen in einer neueren Fassung weniger die Bedeutung der Aggression als vielmehr die der impulsiven Lebensführung beim (potentiellen) Täter. Auf der Suche nach möglichen Einflußfaktoren, die zu einem Vergewaltigungsdelikt beitragen können, haben die Autoren umfangreiche Literatur gesichtet und eigene Untersuchungen durchgeführt. Sie haben die Dimensionen ›Aggression‹, ›soziale Kompetenz‹, ›sexuelle Phantasien‹, ›Sadismus‹, ›verzerrte Wahrnehmung‹ bzw. ›Realitätsverkennung‹, ›Kontrolle‹ resp. ›Dominanz‹ und ›Enthemmungsfaktoren‹ (Alkohol, Psychose, etc.) einer Prüfung unterzogen und festgestellt, daß keine dieser Dimensionen für sich genommen eine Klassifizierung von Vergewaltigern rechtfertigt. Die Diskrepanz zwischen dem Mythos einer homogenen Gruppe von ›den‹ Vergewaltigern und der Realität ihrer Heterogenität habe zwangsläufig zu erheblichen widersprüchlichen Forschungsergebnissen geführt. Trotz der zahlreichen empirisch-statistischen Schwierigkeiten treten die Autoren für die Entwicklung multivariater Modelle ein, die Unterscheidungsmöglichkeiten zwischen Vergewaltigern und Nicht-Vergewaltigern und innerhalb der Gruppe der Vergewaltiger gestatten.

1.2.1.4　Klinische Aspekte

Verschiedene Einteilungen sind mehr aus der klinischen Praxis heraus aufgestellt und bieten für diesen Bereich auch gewissen Nutzen. Hierzu gehören die nachstehend aufgeführten Klassifizierungen:

Hummel (1988) verweist auf Unterteilungen der Sexualdelikte je nach Körperkontakt zwischen Täter und Opfer in ›hands-on-‹ und ›hands-off-‹Handlungen. Dieses orientiere sich allerdings weitgehend an entsprechenden Paragraphen des Strafgesetzbuches und sage wenig über das Ausmaß der Gewalt oder über den Interaktionszusammenhang zwischen Opfer und Täter aus.

Ellis (1989) unterscheidet zwischen ›predatory rape‹ und ›date rape‹, d.h. entsprechend dem Bekanntheitsgrad zwischen Opfer und Täter. Während er bei dem ersten Typ keinerlei Zweifel über die kriminelle, gewalttätige Art des Angriffs hegt, scheint er größere Probleme zu sehen, ›date rape‹ unter den Vergewaltigungsbegriff zu stellen. Bei diesen Delikten würden im allgemeinen keine Waffen verwendet und geringer psychischer Schaden angerichtet. Auch sei hinsichtlich des Geschlechtsverkehrs beim Opfer eine gewisse Uneindeutigkeit anzutreffen[1].

Volk (1991) klammert in seiner Typologie von 120 polizeilich bekannt gewordenen Vergewaltigungstätern die Beziehungstäter aus und definiert sodann drei Gruppen:
− die angepaßt-aggressionsgehemmten Täter, die etwa zwei Drittel der Stichprobe ausmachen,
− die neurotisch-verwahrlosten Täter mit einer allgemeinen Neigung zu kriminellen Handlungen,
− die sexuell-devianten Täter als sehr kleine Gruppe der Stichprobe.

Teufert (1980) unterscheidet zwischen Notzucht und sexueller Nötigung, da es sich um unterschiedliche Tätertypen und Tatausführungen handle. Sie läßt dabei außer acht, daß beide Deliktformen keine Triebverbrechen sind, sondern sexuelle Gewalt- und Aggressionsdelikte.

---

1 Diese Einstellung spiegelte sich bis vor kurzer Zeit im deutschen Strafrecht wider, wonach »die eheliche Vergewaltigung nach gesetzgeberischer Wertung nicht als Vergewaltigung, sondern allenfalls als Körperverletzung oder Nötigung strafbar (war).« *(Sick, 1995, S. 288)*

Rehder (1990) hat an einer Stichprobe von 52 Strafgefangenen, die wegen eines aggressiven Sexualdeliktes verurteilt wurden, eine (test-)psychologische Untersuchung vorgenommen und anschließend mit Hilfe dieser Variablen eine Faktorenanalyse durchgeführt. Es ließen sich zehn Faktoren extrahieren, die 58,63 Prozent der gesamten Varianz erklären. Die Faktoren erfassen folgende Merkmale: neurotische Störung; Lebensplanung und Konfliktbewältigung; Aggressionshemmung; Realitätseinschätzung; aggressive Kriminalität; Selbstbehauptungsstreben; Pflichtbewußtsein; Anpassungsbereitschaft; Tatplanung; Kontaktorientierung.

Gegenüber den Testergebnissen (welche eine der Grundlagen der Faktorenanalyse bilden) übt *Rehder* Zurückhaltung, da sie »in einer bedeutsamen Untersuchungssituation durchgeführt« wurden (S.79). In ähnlicher Weise äußert er sich gegenüber Merkmalsunterscheidungen. Die Stichprobe unterscheide sich mehr von der Eichpopulation als von ihren Mitgefangenen – »dies mag auf die gleiche Schichtzugehörigkeit oder aber auf die gleichen Untersuchungsbedingungen zurückgeführt werden« (S.85).

Kalichman (1990) hat mit Hilfe psychometrischer Methoden (hierbei insbesondere unter Verwendung des MMPI) 111 inhaftierte Vergewaltiger untersucht. Eine Clusteranalyse bestätigt verschiedene Tätertypen, die der Autor vor dem Hintergrund psychodynamischer Theorien folgendermaßen beschreibt:

– den allgemein kriminellen Täter, der die Sexualstraftat im Zuge eines anderen Delikts begeht,
– den wütenden/aggressiven Täter, dessen primäre Motivation für eine Vergewaltigung Feindseligkeit ist,
– den aus Macht- und Kompensationsbedürfnissen handelnden Täter, der sein schwaches Selbstwertgefühl durch Bedürfnisse nach Dominanz aufbauen muß,
– den sadistischen Täter.

Kalichman weist auf Grenzen seiner Studie hin, die er in der geringen Fallzahl und in einem überproportionalen Anteil Schwarzer an der Untersuchung sieht und erachtet weitere Forschungsarbeit als notwendig.

Eine von den herkömmlichen Klassifizierungsbemühungen unterschiedliche Perspektive nehmen *Warren et al. (1991)* ein, wenn sie die Aussagen der Opfer als Grundlage für Täteranalysen vorschlagen. In einer Studie an 41 Tätern, die vor ihrer Festnahme mindestens zehn Vergewaltigungsdelikte verübt hatten, und anhand von Opferaussagen konnten auf der Grundlage von Täter-Opfer-Interaktionen unterschiedliche Täterprofile erstellt werden. Warren et al. sehen in derartigen Klassifizierungen wertvolle Prädiktoren für die Früherkennung eines Vergewaltigers zum Serientäter.

1.2.1.5 Soziale Faktoren

Weitere Untersuchungen zur Tätertypologie werden nicht nur nach den oben beschriebenen Kriterien, sondern auch in Relation zu dem sozialen Hintergrund vorgenommen. Hierzu zählen beispielsweise Statusdifferenzen innerhalb der partnerschaftlichen Beziehung, Schichtzugehörigkeit, Alkohol, Arbeitslosigkeit oder unterschiedliche Streßfaktoren *(BMJFFG, 1994)*. Aber auch daraus läßt sich ein ursächlicher Faktor für den Tatbestand der Vergewaltigung nicht erkennen. Die Vergewaltigung bleibt ein mehrdimensionales Problemfeld.

Ellis (1989) betont, daß es weniger um richtige oder falsche Theorien ginge. Sexuelle Gewalt beinhalte ein komplexes Störungsbild, so daß jede Theorie nur Teilaspekte der menschlichen Persönlichkeit erklären könne. *Engelfried (1990)* weist auf die Vergewaltigung als alltägliches Phänomen in unserer Gesellschaft hin. Klassifizierungen führten dann sehr schnell dazu, gesellschaftliche Mißstände und Probleme in den Hintergrund geraten zu lassen. Dem tragen neuere Studien Rechnung, und es werden strukturelle Faktoren betont, die die Gewalt gegen Frauen legitimieren (vgl. u. a. *BMJFFG, 1994; Sick, 1995*). Auch wird die Bedeutung der Sozialisationserfahrungen für eine spätere Gewaltorientierung hervorgehoben (vgl. *Heiliger & Engelfried, 1995*).

Neben den bereits erwähnten methodologischen Problemen liegt eine weitere Schwierigkeit dieser Klassifizierungsversuche darin, daß sich die Untersuchungen auf (durch Anzeigen, Inhaftierung oder Therapiemaßnahmen) ›erkennbare‹ Täter beziehen. Vor dem Hintergrund der sehr hohen Dunkelziffer von Vergewaltigungen und sexueller Nötigung von Frauen ist damit nur eine sehr eingeschränkte Aussagekraft über ›die‹ Täter gegeben. Unterstützt wird diese These durch Untersuchungen, auf die *Berner & Karlick-Bolten (1986)* verweisen, nach denen »Vergewaltiger aus höheren Klassen seltener vor Gericht gestellt würden« (S. 36).

Diesem Umstand versucht *Baurmann (1983)* Rechnung zu tragen. Er teilt Straftaten gegen die sexuelle Selbstbestimmung in drei Falltypen ein, bei denen wechselseitige Interaktionen zwischen Täter und Opfer und soziale Hintergründe beachtet werden. Er beschreibt diese Gruppen folgendermaßen:

1. Mißbrauch von Personen als sexuelle (Ersatz-)Objekte und zur Machtdemonstration, vorwiegend gegenüber weiblichen Opfern (sexuelle Nötigung und Vergewaltigung sowie entsprechende Mißbrauchshandlungen mit Kindern).

2. Nichteinhalten von Sexualnormen, die das Alter und/oder das Geschlecht der Sexualpartner betreffen (gewaltlose sexuelle Kontakte mit Kindern, gewaltlose homosexuelle Kontakte zwischen Männern und Jugendlichen).

3. Verstoß gegen Normen, die ein bestimmtes Sexualverhalten (zum Beispiel in der Öffentlichkeit) als anstößig definieren (Zeigen des Gliedes und Masturbation in der Öffentlichkeit). (a.a.O., S. 467 f)

Baurmann meint, daß eine unkritische Vermischung dieser drei Gruppen zum Erhalt von Vorurteilen gegenüber Sexualtätern beitrage. Die überwiegend im familiären Umfeld stattfindende sexuelle Gewalt werde damit übersehen beziehungsweise heruntergespielt. Ein erweiterter Sexualitätsbegriff erscheine notwendig, der nicht nur die von männlicher Seite her definierten biologistischen Praktiken definiert, sondern berücksichtigt, daß sexuelles Verhalten unterschiedliche Kommunikationsformen und Interaktionen umfaßt.

Vergewaltigung ist kein individuelles Problem eines bestimmten Tätertyps, sondern in einen Zusammenhang mit dem Geschlechterverhältnis zu stellen. Die Individualisierung führt unter Umständen dazu, daß die sozialen Entstehungsbedingungen sexueller Gewalt ignoriert werden können. Sexualtäter dienen dann als Sündenböcke für eigene unverarbeitete Wünsche, als Personen, die offen gegen Normen verstoßen und Tabus verletzen. Zu diesen Tabus gehören unreflektierte, ambivalente Einstellungen gegenüber Sexualität, Gewalt und Familie. Der Sexualität wird einerseits im Privaten mit Scham und Hemmungen begegnet, andererseits wird sie im öffentlichen Bereich für kommerzielle Zwecke eingesetzt, so etwa in der Werbung. Auch gegenüber der Gewalt besteht eine Ambivalenz. Sie führt zu Ängsten, selbst potentielles Opfer zu werden, und gleichzeitig löst sie Faszination aus, die sich in der Beliebtheit von Gewaltvideos niederschlägt. Die Familie wiederum wird als Fundament für grundlegende Beziehungserfahrungen idealisiert. Aber diese Ideologisierung verstellt den Blick für gewalttätige und ausbeuterische Beziehungsformen im innerfamiliären Bereich *(Baurmann, 1991)*.

Zusammenfassend ist anzumerken, daß in der Literatur der Tatbestand der Vergewaltigung zunehmend als eine Individualisierung eines Problems erörtert wird, das in der Gesellschaft gegenwärtig ist. Differenzierungsversuche erscheinen zum einen sicherlich als sinnvoll, um mehr über die Ätiologie sexueller Gewalt zu erfahren bis hin zur Entwicklung von Behandlungsstrategien und einer Rückfallprophylaxe. Zum anderen können sie aber auch dazu dienen, die politische Dimension des Problems (sexueller) Gewalt herunterzuspielen (vgl. insbesondere *Heiliger & Engelfried, 1995*). Auch homogenisiert der Begriff ›Vergewaltiger‹ unberechtigterweise eine Gruppe, die in sich als heterogen erscheint.

1.2.2 Merkmale in der Täterpersönlichkeit

In der Literatur findet sich der Heterogenität der Tätertypologisierungen entsprechend auch eine Vielzahl von Ergebnissen zu Persönlichkeitsmerkmalen (vgl. *Judith, 1995)*. Hierzu zählen:

— Identitätsstörungen,

— Symptome der Ich-Schwäche (u.a. Impulsivität, Frustrationsintoleranz, selbstschädigende Aktivitäten, wie beispielsweise unkontrollierter Alkoholkonsum),

— Emotionale Störungen (zum Beispiel Unfähigkeit, starke Wut zu kontrollieren bzw. Depression zu ertragen, instabile Affektivität, Angsterlebnisse, Abspaltung von Emotionen),

— Störungen des Kontakts zur sozialen Realität und der Selbstwahrnehmung (u. a. Idealisierungen, Schwankungen in Fremd- und Selbstwahrnehmung, verzerrte Wahrnehmungen),

— Störungen im Partnerbereich (u. a. Unfähigkeit zu stabilen, langfristigen Beziehungen, einseitig dominante Beziehungsgestaltung),

— Problematisches soziales Verhalten (zum Beispiel Delegation von Verantwortung, Rückzugsverhalten, Ausweichen von Konflikten, forderndes und aggressives Verhalten),

— Störungen, die die Lebensführung betreffen (zum Beispiel unstetes Arbeitsverhalten, aggressiver Lebensstil, problematischer Umgang mit Geld, keine Übernahme von Verantwortung).

Verschiedene dieser Symptome sind auch bei dissozialen Persönlichkeiten festzu-stellen. *Rauchfleisch (1981)* gibt allerdings zu bedenken, »daß sich im Verhalten des Dissozialen Impulse manifestieren, die letztlich allen Menschen gemeinsam sind, sich bei ihm aber in Zerrformen, unverhüllt, unkanalisiert, in sozial destruk-tiver Form – und damit für die Umgebung angsterregend – Bahn brechen« (S. 16). In Anlehnug an *K. Hartmann* verwendet er »den Begriff der Dissozialität zur Kennzeichnung von Persönlichkeiten, die sich durch *ein fortgesetztes und all-gemeines Sozialversagen* auszeichnen« (ebd., Hervorh. im Original). Es sei für diese Personen charakteristisch, daß sie nirgends soziale Stabilität erreichen wür-den. Auch neigten sie dazu, psychische Konflikte in sozialen Beziehungen zu inszenieren *(Rauchfleisch, 1981)*.

Ein Diskurs über die Verwendung des Begriffes ›Dissozialität‹ geht über den hier vorliegenden Rahmen hinaus und könnte Gegenstand gesonderter Untersuchung sein. Erwähnt werden soll jedoch, daß *Beier (1995)* auf das Fehlen eines geeigne-ten und praktikablen Begriffs hinweist, der sexuelle Handlungen kennzeichnet, die »eine sozial dysfunktionale Gestaltung der Sexualität zum Ausdruck bringen« (S. 6). In sprachlicher Analogie zum Begriff der Dissozialität schlägt *Beier* hierfür den Begriff ›Dissexualität‹ vor, der sich »als ein *im Sexuellen ausdrückendes Sozial-versagen*« definiert (ebd., Hervorh. im Original).

Auf die Verknüpfung von antisozialem und aggressivem Verhalten weisen *Prentky & Knight (1991)* mit folgenden Worten hin: »In studies of a variety of normal samples, the proclivity to antisocial behavior has been found to correlate significantly with the likelihood of sexually aggressive behavior« (S. 648). Aber die Autoren erwähnen auch Untersuchungen, bei denen diese Zusammenhänge zum einen eindeutig widerlegt, zum anderen ebenfalls bei Personen festgestellt wurden, die nicht als antisozial zu bezeichnen sind bzw. nicht unter die beschrie-benen Kategorien fallen (vgl. u. a. *Koss et al., 1987*).

Wie inhomogen die Gruppe der Vergewaltiger ist, zeigt *Rehder (1996)*. Anhand psychologischer Untersuchungen von inhaftierten Sexualdelinquenten entwickelt er ein Klassifizierungsschema. Für den Tatbestand der Vergewaltigung werden mit Hilfe der Clusteranalyse sechs Klassen gebildet. Die Täter verfügen beispielsweise über Eigenschaften von Ich-Stärke oder Ich-Schwäche, von geringer Bildung oder hohem Bildungsniveau, etc. Die unterschiedlichen Bezugspunkte innerhalb der Hauptmerkmale ›Sozialisation‹, ›Persönlichkeit‹, ›Kriminalität‹, ›Tatmotivation,

Tatablauf, Einstellungen gegenüber Frauen‹ und (psychologischen) ›Tests‹ lassen die Clusterbildung allerdings problematisch und kaum vergleichbar erscheinen, auch wenn der Autor Übereinstimmungen mit anderen Untersuchungen feststellt.

Die Vielzahl der Störungsmerkmale sowie die zahlreichen, sich teilweise widersprechenden Untersuchungen zeigen, daß es *den* Sexualtäter resp. Vergewaltiger nicht gibt. Auch verschiedene Studien, die Vergewaltiger mit anderen Personen vergleichen, um auf diese Weise Unterscheidungskriterien zu finden, kommen zu keinen signifikanten Ergebnissen (u.a. *Hall, 1995*). So haben *Marolla & Scully (1986)* im Rahmen eines größeren Forschungsprojektes inhaftierte Vergewaltiger mit anderen Gefangenen verglichen und festgestellt, daß zwischen beiden Gruppen keine wesentlichen Unterschiede bezüglich deren Einstellungen gegenüber Frauen und gewalttätigem Verhalten besteht. Die Autoren betonen allerdings die Wirksamkeit von Vergewaltigungsmythen, die insbesondere den Sexualtätern zur Rechtfertigung sexueller Gewalt und feindseliger Einstellungen gegenüber Frauen dienten. Auch *Koss et al. (1985)* heben in ihrer Studie an strafrechtlich nicht erfaßten Männern die Bedeutung vergewaltigungsunterstützender Einstellungen hervor, die zur Tatausführung beitragen, wohingegen sie keine psychopathologischen Unterscheidungsmöglichkeiten zwischen Tätern und Nichttätern sehen. *Scott & Tetreault (1987)* stellen in einer Vergleichsstudie zwischen Vergewaltigern, Gewalttätern und Nichtkriminellen signifikant konservativere Einstellungen gegenüber Frauen bei der Gruppe der Sexualtäter fest. Allerdings basiert ihre Untersuchung auf einer kleinen Stichprobe von jeweils 20 Personen.

Trotz der vielfältigen Befunde kristallisieren sich in den Veröffentlichungen zwei Bereiche heraus, unter denen sich die Störungsbilder der untersuchten Vergewaltiger zusammenfassen lassen (u.a. *Groth et al., 1977; 1979; 1986; Schorsch, 1971; Rada, 1978; Rehder, 1990; Lohse, 1993*):

1. Störungen im Selbstwertgefühl
Die Selbstwertprobleme artikulieren sich in Gefühlen von Unzulänglichkeit, Wertlosigkeit, Verletzbarkeit und Unsicherheit. Sie tragen insgesamt zu einem negativen Selbstbild bei. Die mangelnde Selbstachtung manifestiert sich in einem Wechsel zwischen Allmachts- und Ohnmachtsphantasien. Das umfassende Gefühl von Minderwertigkeit führt zu einer Suche nach Selbstbestätigung und einem hohen Bedürfnis nach Anerkennung. Die erheblichen Selbstzweifel werden von den Autoren in einen Zusammenhang mit einer unsicheren männlichen Identität

gestellt. Ein übertrieben männliches Auftreten – *Rehder (1996)* spricht von ›chauvinistisch‹ – dient als Bewältigungsstrategie gegenüber den Zweifeln an der männlichen Identität.

2. Störungen im Kontakt- und Beziehungsbereich

Was die Störungen im Kontakt- und Beziehungsbereich betrifft, so fehlt den Vergewaltigern ein Vertrauen in zwischenmenschliche Beziehungen bezüglich Mitgefühl, Wärme und Zuneigung. Dadurch stellt sich bei ihnen ein Gefühl der Leere und Depression ein, bis hin zur Feindseligkeit besonders gegenüber Frauen. Das Mißtrauen im zwischenmenschlichen Kontakt führt zu einem Wechsel zwischen Idealisierungen und Entwertungen anderer. Die Beziehungen sind durch fehlendes Einfühlungsvermögen, Wechsel der PartnerInnen und Sexualisierungen gekennzeichnet. Vergewaltiger sind unfähig, gleichberechtigte partnerschaftliche Beziehungen aufzunehmen. Sie haben Probleme im Umgang mit Nähe und Distanz bzw. mit dem Einhalten von Grenzen im zwischenmenschlichen Bereich. Indem sie Angst und Spannungen nicht aushalten können, neigen sie zur Harmonisierung bzw. Bagatellisierung von Konflikten.

1.2.3 Das Selbstbild von Vergewaltigern

In der Literatur finden sich nur sehr wenige Untersuchungen zum Selbstbild von Sexualtätern im allgemeinen und Vergewaltigern im speziellen.

Hedlund (1986) veröffentlichte die Ergebnisse einer Umfrage unter 60 verurteilten Vergewaltigern in Schweden. Der inhaltliche Schwerpunkt ihrer Untersuchung lag vor allem auf den Tatumständen und den Einstellungen des Täters zu Vergewaltigungen. Die Antworten der befragten Täter erscheinen als eher unauffällig. Die Täter befanden sich zum Zeitpunkt des Delikts in einer sozialen und emotionalen Spannungssituation. In den meisten Fällen waren Auseinandersetzungen mit einer Frau, die dem Täter etwas bedeutete, der Straftat vorausgegangen. In der Beziehung drohten Trennung und Verlust. Gefühle von Wut und Verzweiflung existierten. Für die Straftat machten die Täter vor allem Alkohol geltend. Sie hätten jemanden gebraucht, der sich um sie gekümmert hätte. Die Verantwortung für die Tat wurde im allgemeinen dem Opfer zugeschoben. Die wenigsten machten sich Gedanken über die Situation des Opfers nach dem Delikt. In den Interviews gab es einen hohen Anteil an Unschuldbeteuerungen. Nur

18 Prozent der Befragten übernahmen die ganze Verantwortung für die Tat. Hierbei handelte es sich um Personen, die während der Haft Gesprächsmöglichkeiten hatten. *Hedlund* folgert daraus, daß die Unschuldbeteuerungen als »Verdrängung einer beschämenden und unerträglichen Konfliktsituation« (S.82) zu interpretieren seien. Erst wenn sich Möglichkeiten zu Gesprächen böten, sei es für den Täter leichter, die Schuld für seine Tat auf sich zu nehmen.

Die befragten Personen schätzten sich selbst als vorwiegend defensiv mit Problemen im Umgang mit den eigenen Aggressionen ein. Ihre Erfahrungen im zwischenmenschlichen Bereich waren eher negativer Art, indem sich niemand um ihre Meinung kümmerte oder ihnen Zuneigung entgegenbrachte. *Hedlund* schildert die Interviewten als »verwundbar und irritierbar und in gewisser Weise leicht aus dem Gleichgewicht zu bringen« (S.85).

Alle Interviewten äußerten eine negative Einstellung gegenüber Vergewaltigung. Mögliche Ursachen für derartige Delikte sahen sie in einer »Kompensation des eigenen Unvermögens und das Streben nach Macht und Kontrolle über Frauen« (S.85)[1].

Im Rahmen eines größer angelegten Forschungsprojektes in Virginia, USA führte *Scully (1988)* mit 79 verurteilten Vergewaltigern Interviews durch. Mit der Methode der Rollenübernahme sollte das Selbstbild des Täters erforscht werden; das bedeutet, daß der Täter sich selbst sowie den Tathergang aus der Sicht des Opfers beschreiben sollte. Die Untersuchungsgruppe wurde zunächst darin unterschieden, ob ein Täter sein delinquentes Verhalten als Vergewaltigung bezeichnet (n=47) oder nicht (n=32). Die erste Gruppe führte zu ihrer Entlastung Alkohol oder Drogen an. Sie hatte die Phantasie, daß das Opfer sie als gefährlich, brutal und scheußlich sieht. Die zweite Gruppe verleugnete den Tatbestand der Vergewaltigung und berief sich auf gebräuchliche Stereotypien, mit denen der Frau/dem Opfer Verantwortung für das Geschehen zugewiesen wurde. Die Täter dieser Gruppe

---

[1] Im Zusammenhang mit der Umfrage von *Hedlund (1986)* sei auf eine breit angelegte, repräsentative Untersuchung verwiesen, die *Metz-Göckel & Müller (1988)* in der Bundesrepublik Deutschland durchführten. Sie befragten 20- bis 50-jährige Männer über ihre Lebenssituation und ihr Frauenbild. Diese anerkannten ein männliches Gewaltproblem gegenüber Frauen, führten es allerdings auf Ausnahmezustände, wie zum Beispiel Kontrollverlust durch Alkohol, zurück. Nach Ansicht der Forscherinnen neigten die befragten Männer zur Bagatellisierung des Problems, bei dem sie sich selbst nicht einbezogen, sondern von den Frauen Veränderungen und Problemlösungen erwarteten. Auch sei Gewalt in Situationen, in denen das Selbstbild oder das sexuelle Bedürfnis verletzt werde, für die Männer sehr naheliegend.

meinten, daß das Opfer sie als freundlich und zärtlich beschreiben würde. Insgesamt zeigte die überwiegende Mehrzahl der Täter keinerlei Schuld- oder Schamgefühle als Folge ihres Handelns. Das Opfer war ohne Bedeutung außerhalb der Rolle, die die Frau im Delikt für den Mann einnahm. Bei beiden Gruppen waren so gut wie keine empathischen Fähigkeiten für das Opfer während des Delikts zu erkennen. Im Unterschied hierzu reagierten die Männer allerdings heftig und wütend auf die Vorstellung, daß die eigene Partnerin Opfer einer Sexualstraftat werden könne. *Scully* kommt aufgrund der Ergebnisse zu dem Schluß, daß die Täter stereotype Vorstellungen über sich und die Frauen besitzen, und daß das Opfer als Objekt ohne eigenen Wert betrachtet wird. Eine Wertschätzung sei allenfalls als Besitz des Mannes gegeben.

Speier (1990) erfaßte mit Hilfe des Gießen-Tests das Selbstbild von 37 rechtskräftig verurteilten und im Maßregelvollzug untergebrachten Sexualtätern. Ziel war die Erforschung der Prognoserelevanz der Selbstwahrnehmung von Sexualtätern. Die Untersuchung konzentrierte sich »auf die Gruppe persönlichkeitsgestörter oder paraphiler Sexualstraftäter…, welche nicht durch Krankheiten im klassisch-psychiatrischen Sinne gekennzeichnet ist, sondern sich in der Grenzzone zwischen krank und/oder kriminell ansiedelt« (S.11). *Speier* verglich die Gießen-Test-Daten der Untersuchungspopulation mit den Werten einer Normalpopulation, mit ›unausgewählten Neurotikern« (S.32) und mit jugendlichen Inhaftierten. In ihrer Selbsteinschätzung wiesen Sexualtäter, Neurotiker und Haftpopulation ähnliche Tendenzen hinsichtlich der Normabweichungen auf. Ihre Wirkung auf die Umgebung beschrieben sie als negativ. Sie sahen sich als dominant und im Kontaktbereich verschlossen. Während sich Sexualtäter und Inhaftierte bezüglich der sozialen Potenz als normal erlebten, sahen sich Neurotiker als sozial impotent. Dagegen schätzten sich Neurotiker im Kontrollbereich als normal ein, während sich Sexualtäter als unterkontrolliert empfanden. Bei der jugendlichen Haftpopulation war die Selbsteinschätzung zum Unterkontrolliertsein allerdings wesentlich ausgeprägter. Bemerkenswerte Unterschiede zwischen den drei Gruppen gab es in der Grundstimmung. Während sich die Inhaftierten als normal beschrieben, erlebten sich Sexualtäter und Neurotiker als ausgeprägt depressiv.

Speier stellt fest, daß Sexualtäter in den Bereichen sozialer Kompetenz und der Wirkung auf die Umgebung eher ähnlich wie die Inhaftierten empfanden. Aber bezüglich der Bereiche Emotionalität und Affektivität erlebten sie sich ähnlich wie Neurotiker, jedoch deutlich anders als die jugendlichen Straftäter.

Bei den wenigen, in der Literatur veröffentlichten Untersuchungen zu Selbstbildern von Sexualtätern bzw. Vergewaltigern werden Defizite im Selbstwerterleben und im Beziehungsbereich beschrieben. Daraus ergibt sich die Frage, ob in diesen Bereichen Motivationen für eine Vergewaltigung zu suchen sind.

1.2.4 Vergewaltigung: eine psychodynamische Perspektive

Eine psychodynamische Betrachtungsweise bezieht sich auf das, was eine Person wünscht und fürchtet, auf deren Motivation und Widerstand. Es geht um die Wechselwirkungen und Interaktionen innerseelischer Vorgänge, wobei unbewußte Tendenzen mitzuberücksichtigen sind *(Mentzos, 1994)*. *Freud (1926a)* sieht die neurotische Symptombildung als den Lösungsversuch eines Ambivalenzkonflikts. *Alexander & Staub (1928)* stellen fest, daß neurotische Symptome durch die Aufdeckung unbewußter Motive einen Sinn erhalten. Das Symptom wird damit als Produkt zweier psychodynamischer Kräfte verstehbar. Es ist »das Produkt eines verdrängten, der bewußten Persönlichkeit fremden, von dieser verurteilten Wunsches, und der Reaktion der sozial angepaßten Teile der Persönlichkeit. Das Symptom ist also das Kompromißergebnis der verdrängenden und der verdrängten seelischen Kräfte« (S. 251).

Hinsichtlich devianter Verhaltensweisen bemerkt *Schorsch (1977)*, daß »der Deviante ... keine gesonderte Spezies Mensch ist, die man mit eigenen Kategorien beschreiben kann« (S. 138). Es sei daher erforderlich zu verstehen, welche Funktion das deviante Verhalten für das psychische Gleichgewicht einer Person habe. *Redlich & Freedman (1976)* äußern sich folgendermaßen: »In der klinischen Praxis kommen wir zu einer Beschreibung der Psychodynamik, d. h. der in der betreffenden Verhaltensstörung wirksamen Kräfte, indem wir aus verschiedenen Verhaltensmustern des Patienten seine typischen Wünsche, Ängste und Abwehrmaßnahmen zunächst hypothetisch erschließen und dann im einzelnen identifizieren. Wir erweitern sodann unsere Perspektive, indem wir die soziale Situation und die von ihr ausgehenden Bahnungsfaktoren (Rollenangebote, etc.) ins Auge fassen. Bei einem solchen Vorgehen läßt sich deutlicher zeigen, zu welchen Verhaltensmustern der Patient im täglichen Drama seines Lebens neigt« (S. 193).

So wie *Redlich* und *Freedman* psychodynamische Vorgänge mit der klinischen Praxis in Beziehung setzen, so entstammen auch psychodynamische Erklärungsansätze für Vergewaltigungen vor allem der therapeutischen Arbeit mit betroffenen Opfern bzw. mit Tätern. Unscharf bleiben hierbei allerdings Gleichsetzungen von Vergewaltigung mit sexuell deviantem Verhalten und Perversion. *Löffler & Beier (1991)* weisen auf die unterschiedliche Handhabung des Perversionsbegriffs bei Sexualdelinquenz hin. Während im forensischen Bereich *Gieses* Vorstellungen einer krankhaften sexuellen Süchtigkeit eine Rolle spielen, stellte *Freud (1905)* Perversionen als seelisches Problem dar. Die Abgrenzung zum Krankhaften bei der Perversion sah er »nicht im Inhalt des neuen Sexualzieles, sondern in dessen Verhältnis zum Normalen« (S. 60). Und *Schmidt (1988)* ergänzt hierzu, daß »eine gelegentliche ungewöhnliche Handlung... keine Perversion« ist (S. 105). Für *Stoller (1979)* sind Perversionen Abweichungen, die keine Varianten sexueller Verhaltensweisen sind, sondern in deren Mittelpunkt Feindseligkeit steht. *Keller (1991)* weist darauf hin, daß die Diagnose der sexuellen Perversion im besonderen Maße mit kulturellen, religiösen und moralischen Norm- und Wertvorstellungen behaftet ist. Es wird dabei vordergründig vom Symptom ausgegangen und nicht von der zugrunde liegenden Persönlichkeitsstörung.

Für jeden Menschen ist Sexualität einer der stärksten propriozeptiven Reize und mit intensivem, körperlich fühlbarem Erleben verbunden. *Lohse (1993)* beschreibt verschiedene Gründe dafür, daß Sexualität zum Austragungsort innerer Konflikte werden kann:

– die narzißtische Seite, bei der man sich mit Hilfe der Sexualität intensiv und abgegrenzt von einem andern Menschen spüren und erleben kann,
– der Beziehungsaspekt, bei dem durch Sexualität die Grenzen zwischen zwei Menschen temporär aufgehoben werden können,
– die Dimension der Geschlechtsidentität, d.h. die Möglichkeit zur Bestätigung der eigenen Geschlechtsidentität,
– die aggressive Komponente.

Sexualität kann bei Störungen in der Selbstentwicklung somit zu einem starken Mittel der Versicherung des eigenen Selbst werden; d.h. sie kann eine Stabilisierungsfunktion für das psychische Gleichgewicht einnehmen *(Schorsch, 1977)*. Innere Spannungen, Frustrationen oder Ängste können mit Hilfe von Sexualität vorübergehend bewältigt werden. *Ortega (1989)* bemerkt: »Was die Sexualität anbelangt, so tut ein objektivistischer Standpunkt ihr Gewalt an und engt eine viel weitere Realität ein, die mit früheren Objektbeziehungen, Anpassungen und unbewußten Verträgen und Verquickungen, Symbiose und Individualität, mit Zärtlichkeit, Mitgefühl, Solidarität und vielem anderen, was Freud als *Liebe* bezeichnete, zu tun hat« (S. 16; Hervorh. im Original). Als Folge männlicher Sozialisation ist sie ist ein Mittel, um den Selbstzweifeln und der unsicheren männlichen Identität zu begegnen *(Badinter, 1997)*.

Wie oben ausgeführt, gehören Störungen im Selbstwertgefühl und im Kontakt- und Beziehungsbereich zu den häufig anzutreffenden Problematiken bei Vergewaltigern. *Lohse (1993)* stellt fest, daß bei einer Vergewaltigung zwischenmenschliche Beziehungen – zwischen Mann und Frau – zum Austragungsort innerseelischer Konflikte des Täters werden. Mit anderen Worten ausgedrückt: Der Täter verlagert seinen intrapsychischen Konflikt nach außen. Das Delikt wird gleichbedeutend mit einer Symptombildung, indem es dazu dient, diesen Konflikt auszudrücken. Der Täter kann das eigene Gefühl von Wertlosigkeit, Unzulänglichkeit und Verletzbarkeit durch ein triumphales Erleben von Mächtigkeit, Stärke und Potenz momentan verleugnen.

Nach *Stoller (1979)* dienen perverse oder sexuell deviante Handlungen der Wiederherstellung eines verletzten männlichen Selbstgefühls. Die erlebte Entwertung der eigenen Männlichkeit wird im Delikt in das Gegenteil verkehrt und in sexualisierter Aggression gegenüber einer Person ausgedrückt, die nicht als Gegenüber respektiert, sondern nur als Objekt wahrgenommen wird. Das Opfer symbolisiert demnach etwas, was der Täter kontrollieren, bestrafen, zerstören oder besiegen will *(Groth et al., 1977)*. Die Grenzen, die eine andere Person deutlich macht, werden nicht akzeptiert. Eine Einfühlung in diese andere Person ist für den Vergewaltiger im Augenblick der Tat nicht möglich, weil er in seiner eigenen Problematik gefangen ist (vgl. *Schwaber, 1995*).

Im Delikt ist nicht nur die zerstörerische, entwertende, aggressive Handlungsweise enthalten, sondern der Täter drückt damit auch seine abgewehrten Gefühle, wie Abhängigkeitswünsche, Ängste vor Verlassenwerden oder seine Unsicherheiten aus. Es dient ihm dazu, eigene Ängste zu bekämpfen und Impulse zu befriedigen und ist eine komplexe Kompromißbildung für den Identitätskonflikt in dem er sich befindet (vgl. *Lübcke-Westermann, 1995; Groth, 1986; Lohse, 1993)*. Das schwache, männliche Identitätsgefühl muß durch Entwertungen des Gegenüber und Aggressionen abgewehrt werden. Die Täter verbinden Männlichkeit mit Potenz, Stärke und Dominanz *(Groth et al., 1977)*. Die Vergewaltigung hat im allgemeinen Unterwerfung und Demütigung zum Ziel *(Volk, 1991)*. Aber die eigenen Gefühle von Ohnmacht und Minderwertigkeit, von Ausgeliefertsein und Hilflosigkeit werden durch die Vergewaltigung nur vorübergehend kompensiert. Die Persönlichkeitsprobleme und zwischenmenschlichen Konflikte des Täters bleiben durch die Tat ungelöst, sie erfahren nur eine vorübergehende Entlastung. Das Risiko wiederholter Vergewaltigungsdelikte ist dadurch vorhanden.

Diese Betrachtungsweisen betonen den reparativen Charakter des Delikts, mit dessen Hilfe für den Augenblick das psychische Gleichgewicht des Täters wiederhergestellt wird. *Morgenthaler (1974; 1987)* sieht sexuelle Deviationen als perverse Plombe, mit deren Hilfe das Gefühl innerer Leere aufgefüllt wird. Diese Plombe schließt die Lücke, die eine fehlgegangene narzißtische Entwicklung geschaffen hat. Hierunter versteht *Morgenthaler* den Prozeß, der zu einem stabilen Selbstwertgefühl, zur psychischen und sexuellen Identität einer Person führt. *Boller (1977)* betrachtet sie als kreative Ich-Leistung, die eine lebenswichtige Funktion erfülle, nämlich das Auffangen extremer Krisenzustände. Für *Khan (1983)* bestehen diese Krisen aus einer Identitätsdiffusion. Den Verlust des narzißtischen Selbstwertgefühls, entstanden »durch schwierige und unzureichende Beziehungen zu inneren Elternfiguren« (S. 34), könne der Perverse zum Teil durch Agieren perverser sexueller Phantasien und Praktiken ausgleichen.

Dieser Selbstheilungsversuch hat allerdings einen hohen Preis. Im Unterschied zu neurotischen oder psychosomatischen Kompromißbildungen beinhaltet eine Vergewaltigung nicht nur die Gefährdung der eigenen sozialen Existenz, sondern eine extreme Schädigung einer anderen Person[1]. *Lohse (1993)* hinterfragt die Einengung der Wahrnehmung auf das deviante Symptom. Er anerkennt zwar Besonderheiten, nämlich »die sexualisierte Form der Symptombildung und die Konfrontation mit gesellschaftlichen Normen und juristischen Sanktionen« (S. 280). Aber er betont die unterschiedliche Intensität für Devianz und deren intrapsychische Funktion. Sie könne eine einmalige reparative Funktion in einer bestimmten Krisensituation haben, ein stabiles Konfliktlösungsmuster darstellen oder gar zu einer stabilen Perversionsbildung führen, bei der sie losgelöst von seelischen Belastungen das sexuelle Erleben bestimme.

---

1 An dieser Stelle wird die Dichotomie zwischen alloplastischer und autoplastischer Anpassung deutlich. *Mitscherlich (1993)* beobachtet, daß eine Person auf der Grundlage einer psychoneurotischen Struktur zu autoplastischen Lösungsversuchen greift, »wenn die Abwehrversuche mit den dem Individuum vertrauten psychischen Mitteln nicht mehr ausreichen« (S. 401). Demgegenüber stehen bei Delinquenten eher alloplastische Verhaltensweisen im Zentrum ihrer Handlungen. Diese, auf die Außenwelt gerichteten Aktivitäten, dienen der Angstabwehr und tragen zur Aufrechterhaltung eines psychischen Gleichgewichts bei (vgl. u.a. *Rauchfleisch, 1991; Laplanche & Pontalis, 1980*).

Zusammenfassend läßt sich sagen, daß eine psychodynamische Betrachtungsweise die Vergewaltigung nicht als eine Triebtat versteht, sondern als ein Konfliktlösungsmuster. Das Delikt gegen die sexuelle Selbstbestimmung einer anderen Person ist eine Grenzüberschreitung, ein Nicht-Respektieren der Grenzen dieser Person. Diesem Geschehen liegt beim Täter ein Konflikt zugrunde, den er mit Hilfe des Delikts zu bewältigen versucht. Ursachen des Konflikts werden zum einen im intrapsychischen Bereich gesehen, hier insbesondere im Selbstwerterleben und in einer gestörten männlichen Identität. Zum anderen wird der Konflikt mit der Beziehungsebene in Verbindung gesetzt, besonders im Bereich zwischenmenschlicher Kommunikation und des Kontakts.

Da jeder Konflikt aus Wünschen und deren Abwehr (Angst) besteht, enthält eine Vergewaltigung nicht nur die destruktive Handlung, sondern sie dient auch einer Wunscherfüllung, einer lustvollen Seite beim Täter. Seine Bedürfnisse nach Rache an der Frau, nach Demütigung und Verachtung kann er auf diese Weise ausleben. Aber noch ein weiterer Gesichtspunkt ist in der Vergewaltigung enthalten: Indem der Täter über die Frau Gewalt ausübt, versucht er die Situation unter Kontrolle zu halten und in kontrollierter Form seine abgewehrten Gefühle zu befriedigen. Hierzu zählen beispielsweise eine Sehnsucht nach Nähe und Verständnis oder Gefühle von Ohnmacht und Angst.

Auf verborgene Befriedigungsmöglichkeiten, die in der Abwehr enthalten sind, weist *Mertens (1981)* hin. *Parin (1983)* versteht Abwehrmechanismen als Vorgänge im Ich, die unerwünschte Triebregungen, Wünsche oder Affekte abwehren und grenzt sie gegenüber den Anpassungsmechanismen ab. Diese hätten »den Zweck, mit eingreifenden Einflüssen der sozialen Umwelt fertig zu werden« (S.78). Hierzu zählt er beispielsweise die »Identifikation mit der Rolle ..., eine automatische Anpassung an gewisse soziale Forderungen und Kräfte« (S.81f), die einer Person eine relative Stabilität verleihe.

Während *Parin (1961)* verschiedene Abwehrmaßnahmen gegen intrapsychische Kräfte gerichtet sieht, betont *Goudsmit (1962)* das Vorhandensein starker Abwehrformationen »gegen die Realität, gegen die Außenwelt, die als bedrohlich, nicht akzeptierend und erniedrigend erlebt wird« (S.518). Diese Kräfte seien insbesondere bei Personen, die »besonders kontaktarm, ohne tragfähige Objektbindung sind, oft unter ernsten Folgeerscheinungen durch unzulängliche Möglichkeit zu gesunder Identifizierung in der Kindheit bei häufigen Objektverlusten und Objektwechsel leiden« (S.519) zu beachten.

Mentzos (1994) beschreibt, in welcher Weise ein äußerer Konflikt, eine konflikthafte reale Objektbeziehung, zunächst intrapsychische Strukturen mitbestimmt und sich zu einem intrapsychischen Konflikt entwickelt. Im Verlaufe dieses Prozesses gebe es sodann eine Gegenbewegung, diesen Konflikt wieder nach außen zu verlegen. Derartige Externalisierungen betrachtet er als Abwehrvorgänge, weil der Konflikt in der Realität verankert und nicht gelöst, sondern auf pathologische Weise verarbeitet werde. *Mentzos (1988)* spricht in diesem Zusammenhang von interpersonalen bzw. psychosozialen Abwehrvorgängen.

Mertens (1981) stellt fest, daß trotz umfangreicher Forschungsarbeit auf dem Gebiet der Abwehrmechanismen bislang noch keine entwicklungspsychologisch ausgearbeitete Abwehrlehre vorliegt, die auch für klinisch-diagnostische Zwecke bedeutsam wäre.

Differenzierte Hinweise auf spezifische Abwehrformen bei Vergewaltigern finden sich in der Literatur nur vereinzelt (u. a. *Schorsch et al., 1985; Berner & Karlick-Bolten, 1986*). Es werden bei dieser Personengruppe vor allem Verleugnungen sowie spaltende[1] und projektive Mechanismen zur Konfliktabwehr und in ihrer angstbindenden Funktion beschrieben.

1.2.5 Vergewaltigung – im Blickwinkel der Theorien zur Geschlechterdifferenz

Das Formulieren wissenschaftlicher Fragen, die Bildung von Theorien und ebenso die Ausübung von Psychotherapie sind nach *Lerner (1991a)* untrennbar mit eigenen geschlechtsspezifischen und familiären Erfahrungen verbunden, und darin eingeschlossen sind unbewußte Ängste, Wünsche und Vorstellungen in bezug auf Männer und Frauen. Das bedeutet, daß niemand in seinen Reaktionen unabhängig vom eigenen Geschlecht, von der persönlichen Geschichte und vom kulturellen Hintergrund ist. Die Wahl, die jeder hat, liegt nach *Lerner* nur darin, sich dieser Tatsache bewußt zu sein oder nicht[2].

---

1 Eine kritische Diskussion des Spaltungsbegriffs findet sich bei *Reich (1995)*, bei dem die Frage aufgeworfen wird, »ob Spaltung ein Abwehrmechanismus oder das Produkt von Abwehr« (S. 112) sei.

2 Im Rahmen einer Tagung, die 1984 in Bielefeld stattfand, gingen ForscherInnen unterschiedlicher Wissenschaftsdisziplinen der Frage nach: ›Wie männlich ist die Wissenschaft?‹ Der aus dieser Veranstaltung hervorgegangene Sammelband *(Hausen & Nowotny, 1986)* bietet keine definitiven Antworten, aber Anregungen zur weiterführenden Diskussion.

Eine dieser Art geschlechtsgebundene Sicht umspannt den Rahmen für den Blickwinkel der Geschlechterdifferenz: Es geht darum, grundsätzlich die Phänomene, mit denen man sich beschäftigt, unter der Perspektive des Geschlechterverhältnisses zu betrachten. *Rohde-Dachser (1991)* sieht zwischen der geschlechtlichen Arbeitsteilung, der gesellschaftlichen Geschlechtsrollenfixierung, der Herausbildung einer Geschlechterhierarchie und der gesellschaftlichen Mythenbildung einen Zusammenhang. Neben einer faktisch-lebenspraktischen Seite des Geschlechterverhältnisses existiere eine weitere Seite, nämlich die ideologische. Gesellschaftliche Mythenbildungen hätten die Funktion, die bestehende Geschlechtsrollenverteilung und mit ihr die bestehende Geschlechterhierarchie zu legitimieren.

Es ist evident – so *Benjamin (1990)*, daß Herrschaft zum Verhältnis der Geschlechter gehört. Dieses zeichnet sich auch im Umgang mit sexueller Gewalt ab. Über lange Zeiten war es nichts wert, Vergewaltigung zu einem besonderen Thema zu machen, auch wenn es sie in der Realität gab. Es bestand eher eine gesellschaftliche Indifferenz demgegenüber. Erst in den 70er Jahren – mitinitiiert durch die Frauenbewegung in den USA – wurde eine veränderte Betrachtungsweise erkennbar. Indem sich Frauen mit dem Verhältnis der Geschlechter, der Beziehung zwischen Männern und Frauen befaßten, rückte damit auch das Thema der sexuellen Gewalt stärker in das öffentliche Bewußtsein.

Brownmiller (1978) setzt Vergewaltigung in einen historischen Kontext, bei dem das Sexualdelikt eine herausragende Rolle in der Geschichte gespielt hat, aber immer wieder heruntergespielt bzw. verleugnet wurde. Sie verweist auf eine lange gesellschaftliche Tradition der Vergewaltigung, die sich in diversen Formen artikuliert, so beispielsweise in der Mythologie, in der Literatur oder während Zeiten des Krieges.

Arbeiten, die sich bislang mit dem Thema ›Vergewaltigung‹ befaßten, und die Täter-Typologien erstellten oder nach Ursachen forschten, bezogen sich auf Vergewaltigungen im Kontext ›fremder‹ Täter. Aber nun wird das Ausmaß der Delikte im Bekanntenkreis hervorgehoben, und Feministinnen betonen die ›Normalität‹ des Täters. So sagt *Herman (1990)*: »The most striking characteristic of sex offenders, from a diagnostic standpoint, is their apparent normality« (S.180). Man müsse von einer hohen Dunkelziffer ausgehen (nur wenige Delikte werden aktenkundig und davon nur wenige strafrechtlich verfolgt), so daß sich Studien über Vergewaltigung nur auf eine eingeschränkt kleine Population bezögen. Bei den erfaßten Tätern seien diejenigen überrepräsentiert, die fremde Frauen angreifen, extrem gewalttätig sind oder auch nicht über die sozialen Fähigkeiten verfügen, um die Aufdeckung der Straftat zu verhindern. *Sanday (1986)* zitiert Untersuchungen von *Koss* an amerikanischen Colleges, wonach mehr als zwei Drittel der Studentinnen persönliche Erfahrungen mit sexueller Gewalt durch Bekannte gemacht haben.

Vergewaltigung wird einerseits als ein spezifisch individuelles Geschehen erkannt, welches aber andererseits ebenfalls eine weitreichende soziale Dimension enthält: die latent vorhandene, permanente Angst der Frauen vor Vergewaltigung. So sagt *Tomaselli (1986)*: »On this view, what is threatened by the phenomenon of rape is ... the general freedom of movement and being of women. In this context rape has been described as an institution ... within this conception of rape, the act of rape is but the visible and most awesome aspect of an unspoken system which keeps women in their place« (S. 12). Die negativen Auswirkungen dieser Bedrohung auf Frauen haben *Bohner & Schwarz (1996)* in ihren Untersuchungen nachgewiesen.

Vergewaltigung wird ebenfalls als Ergebnis langer und tiefverwurzelter sozialer Traditionen aufgefaßt, bei denen die Männer nahezu alle politischen und wirtschaftlichen Bereiche beherrschen (vgl. u. a. *Brownmiller, 1978; Ellis, 1989; Millett, 1985*). Vor allem im Zuge der Industrialisierung erfolgte eine geschlechtsspezifische Arbeitsteilung. Der Mann übernahm dabei das Monopol über den öffentlichen Bereich einschließlich des Lohnerwerbs, während die Frau, »das andere Geschlecht« *(Beauvoir)*, die Zuständigkeit für den häuslichen Bereich erhielt. Sie war damit ökonomisch und existentiell abhängig vom Mann, der dadurch eine Machtposition erhielt. *Butzmühlen (1978)* sieht das Verhältnis zwischen (Ehe-) Partnern als Tauschbeziehung mit daraus abgeleiteten Rechten und Pflichten. Für die Frau bedeutet es, daß sie sich um Haushaltsführung und Kindererziehung zu kümmern und für den Mann sexuell verfügbar zu sein hat. Sexualität ist in diesem System als Dienstleistung für den Mann vorgesehen. Frauen werden nicht als gleichberechtigte Partnerinnen betrachtet, sondern als Besitz des Mannes, über den er Verfügungsgewalt hat. Frauen erhalten somit einen Objektstatus. Verstärkt werden diese Strukturen durch Sozialisationsprozesse. Auf diesen Aspekt wird etwas später näher eingegangen. Auch ist das Werte- und Normsystem so ausgerichtet, daß diese patriarchalische Gesellschaftsstruktur erhalten bleibt (vgl. hierzu u. a. *Hausen & Nowotny, 1986; Brede et al., 1987*).

Sanday (1986) berichtet über transkulturelle Studien, die belegen, daß Vergewaltigung im folgenden Kontext vorkommt:
— männlicher Dominanz,
— geringer Gleichberechtigung zwischen den Geschlechtern,
— der Ausbeutung von Natur und Umwelt,
— geringer Beteiligung von Frauen an öffentlichen Entscheidungsprozessen und
— wenig Respekt gegenüber Frauen als Entscheidungsträger.

Herman (1990) weist darauf hin, daß diese Bedingungen in der westlichen Welt existieren und daß daher dort auch vergewaltigungsunterstützende Einstellungen anzutreffen sind. Sinnbild hierfür sind für verschiedene AutorInnen Prostitution und Pornographie, zwei Bereiche, die überwiegend Männer anzieht (vgl. u.a. *Burt, 1980; Dworkin, 1981; Koss, 1987*) und in denen Frauen unterdrückt, entwertet und ihrer Würde beraubt werden. *Griffin (1987)* sieht in der Pornographie die Wiedererschaffung des Weiblichen in der Vorstellungswelt des Mannes. Dadurch werde es ihm möglich, das Weibliche zu kontrollieren und sich davon unabhängig zu fühlen. Die eigenen Gefühle und Erfahrungen, die mit dem weiblichen Körper (und der frühkindlichen Identifikation mit der Mutter) zusammenhängen, könnten durch Pornographie und Prostitution ›objektiviert‹ und vom Gegenüber losgelöst werden. Der Mann partizipiere am Weiblichen, sei aber autonom. Die Pornographie als Kommunikationsmittel unter Männern diene dann dazu, diese männlichen, autonomen Seiten zu bestärken, ohne daß man sich emotional als ›weiblich‹ zu erkennen geben müsse. *Griffin* meint schließlich, daß Gefühle zugunsten eines Selbstbilds von Unverletzbarkeit geopfert werden. Die Pornographie ist demnach eine kulturelle Form, um männliche Schwächen und Verletzbarkeit zu überspielen. Vergewaltigung ist dann eine Form, um die Wut über diese eigene Verletzbarkeit und Abhängigkeit von der Mutter auszudrücken. Männliche Identität und Selbstwertgefühl sind verknüpft mit Dominanz und Kontrolle über andere. Sexueller Erfolg ist Bestandteil im Profil eines erfolgreichen Mannes. Macht und Prestige werden in der Entwertung des Weiblichen erkennbar. Damit ist die Vergewaltigung gesellschaftlich vorgegeben *(Sanday, 1986)*.

Bei der Durchsicht feministischer Schriften ergeben sich zwei Feststellungen zur Vergewaltigung: »...a) rape cannot be fully understood in terms of individual rapists, but only in terms of masculine values at large; b)rape is more an expression of misogyny than of pent-up sexual desire.« *(Peterson und Schechter, zit. in Porter, 1986, S. 229f)*

Nicht die sexuelle Befriedigung ist bei der Vergewaltigung das Hauptmotiv, sondern Sexualität wird nur eingesetzt, um die männliche Dominanz gegenüber Frauen deutlich zu machen und Kontrolle über Frauen auszuüben. *Groth (1979)* bezeichnet die Vergewaltigung als pseudo-sexuellen Akt, der seine Ursprünge im Machtbedürfnis und in Frauenverachtung habe. *Porter (1986)* dagegen bezweifelt, ob Männer ihren Herrschaftanspruch mit Hilfe von Vergewaltigung festigen müssen, denn Frauen seien bereits fest im Griff männlicher Kontrollsysteme. Aber er beschreibt eine Destabilisierung des Geschlechterverhältnisses und erkennt darin das gehäufte Vorkommen von Vergewaltigungen (in den USA), was er mit folgenden Worten erklärt: »In these circumstances rape does indeed become male vengeance« (S. 223). So gesehen ist eine Vergewaltigung die reaktive, männliche Antwort auf die Bedrohung des Patriarchats. Und sexuelle Gewalt wird als Strukturmerkmal der patriarchalen Gesellschaft benannt.

Nach *Janshen (1990)* wird bei struktureller Gewalt keinerlei Bezug zu weiblichen Bedürfnissen hergestellt. Verschiedene Autorinnen stellen das beispielsweise anhand der Rechtsprechung oder der Medienrezeption über Vergewaltigung dar (vgl. u. a. *Abel, 1987; Sick, 1995; Geisel, 1995*).

Nach *Snitow (1983)* ist Vergewaltigung eine Metapher für bestimmte Sozialverhältnisse. Die Grundlagen dieser Gewalt liegen in der Machtungleichheit zwischen Männern und Frauen (vgl. u. a. *Sanday, 1986; Janshen, 1990; Brückner, 1993; Heiliger & Engelfried, 1995*). Durch das Delikt werden die Grenzen einer Frau, ihre Integrität und ihr innerer Freiraum verletzt. Das Ziel des Täters ist eine Demonstration seiner Macht und eine Demütigung und Erniedrigung der Frau. Aber durch die Vergewaltigung werden eben diese patriarchalen Herrschaftsstrukturen mit einem Ungleichgewicht im Geschlechterverhältnis und der fehlenden Anerkennung der anderen Person sichtbar. *Heinrichs (1986)* betont, daß »sexuelle Gewalt in all ihren Formen und besonders die Vergewaltigung... nicht aus dem natürlichen Unterschied der Geschlechter abgeleitet werden (können), sie müssen aus gesellschaftlichen Zusammenhängen heraus erklärt werden« (S. 11).

Die Betonung männlicher (natürlicher) Überlegenheit geht mit einer Geringschätzung von Frauen einher, und die Drohung von sexueller Gewalt stabilisiert die traditionelle Rollenorientierung. Gerade die traditionelle geschlechtsspezifische Rollenaufteilung in der Familie beinhaltet ein erhebliches Gewaltpotential *(BMJFFG, 1994)*. So sollen im folgenden einige Vorstellungen über die Entwicklung der männlichen Geschlechtsidentität als Grundlage männlicher Dominanz und der elterliche Einfluß auf diese Entwicklungsprozesse dargelegt werden.

1.3   Modelle zur Konstruktion von Männlichkeit

1.3.1 Zum Konzept der Geschlechtsidentität

Eine der ersten Fragen, die bei der Ankunft eines neuen Erdenbürgers gestellt wird, ist die nach dem Geschlecht: »Ist es ein Junge oder ein Mädchen?« Mit dieser Frage begegnet man dem Neugeborenen als geschlechtliches Wesen und äußert damit auch eigene Erwartungen und Phantasien, die man durch die persönliche Geschichte erlangt hat. Hier wird nun der Frage nachgegangen, wie der Säugling erkennt und lernt, männlich oder weiblich zu sein, wie er seine eigene Geschlechtsidentität entwickelt.

Die Entwicklung des Kindes zum Individuum geht mit der sexuellen Identitätsfindung einher. Der Begriff der ›Geschlechtsidentität‹ rückte mit der wachsenden Bedeutung objektbeziehungstheoretischer Standpunkte und selbstpsychologischer Ansätze in das Blickfeld der psychoanalytischen Metatheorie.

Die klassische psychoanalytische Theorie beschäftigte sich mit der psychosexuellen Entwicklung des Menschen unter der Annahme, daß zunächst bei beiden Geschlechtern eine gleiche Entwicklung verläuft. Erst nach dem Entdecken des anatomischen Unterschieds machen Jungen und Mädchen unterschiedliche Erfahrungen, und in diesen Kontext wird die Ausformung von Männlichkeit und Weiblichkeit gestellt. *Freud (1933)* unterscheidet zwar zwischen biologischem und psychosozialem Geschlecht, aber Maskulinität ist für ihn der Naturzustand. Das Mädchen, nachdem sie ihre Penislosigkeit entdeckt hat, zieht sich »aus ihrer männlichen in die ihr biologisch bestimmte weibliche Phase« (S.119 ff) zurück. Das biologische Geschlecht organisiert also das psychosoziale Geschlecht. Zentraler Entwicklungspunkt für die Geschlechtsidentitätsentwicklung ist die ödipale Phase. Im Zusammenhang mit der Ödipussituation bekommt die frühere Wahrnehmung des ›nur‹ anatomischen Unterschieds eine Bedeutung und zeigt die psychosozialen Geschlechtsunterschiede auf. Beim Jungen wird der Ödipuskomplex durch die Kastrationsdrohung gelöst. Unter der Befürchtung den Penis zu verlieren, gibt er die Rivalität zum Vater auf, identifiziert sich mit diesem und baut ein strenges Über-Ich auf.

Einen anderen Entwicklungsverlauf nimmt das Mädchen. Bei ihr bereitet die Kastrationsangst die Ödipussituation vor. Das Mädchen erkennt, daß es niemals männlich sein kann. Aus Frustration und Enttäuschung zieht sie sich daher in die Weiblichkeit zurück. Für *Freud* ist demnach Weiblichkeit ein Ausdruck der angeborenen Nicht-Männlichkeit, das Ergebnis der traumatischen Feststellung, keinen Penis zu haben. Indem er eine ursprüngliche Maskulinität konstatiert, betrachtet er Weiblichkeit als einen sekundären Entwicklungsvorgang, als einen Rückzug aufgrund verhinderter Männlichkeit.

Einen etwas anderen Schwerpunkt setzt *Horney (1977)*. Sie betont eine natürliche Feminität. Männlichkeit und Weiblichkeit sind nach ihrer Auffassung etwas Ursprüngliches. Beide entwickeln sich parallel und unabhängig voneinander aus angeborenen Neigungen heraus. Mit dem Bewußtwerden des eigenen Körpers und der Wahrnehmung der Geschlechtsunterschiede entwickelt das Kind seine Geschlechtsidentität. Für *Horney* liegt dieser Zeitpunkt in der präödipalen Phase, d. h. vor der phallischen Phase. Weiblichkeit hängt mit dem Bewußtsein der Vagina und damit auftauchender innerer Regungen zusammen und ist nicht ein Rückzug als Folge von Penislosigkeit.

Sowohl *Freud* als auch *Horney* betonen die Bedeutung der Anatomie bei der Entwicklung einer Geschlechtsidentität. Erst durch ein Bewußtsein des Körpers und durch die Wahrnehmung des Geschlechtsunterschieds entwickelt sich eine Geschlechtsidentität. *Fast (1991)* stellt die These auf, daß das frühe Erleben von Jungen und Mädchen undifferenziert und geschlechtsübergreifend sei. Erst mit der Erkenntnis der Geschlechterdifferenz müsse das Kind die Unmöglichkeit akzeptieren, Attribute des anderen Geschlechts zu besitzen. Das ginge mit einem Verzicht auf (bisexuelle) Vollkommenheit und der Anerkennung der geschlechtsbedingten Grenzen einher und könne im klinischen Bereich als narzißtische Verlustreaktion beobachtet werden.

Eine von diesen AutorInnen abweichende Auffassung vertritt *Stoller (1968)*, der die Geschlechtsidentität in Übereinstimmung mit dem biologischen Geschlecht sieht. Weibliches und männliches Verhalten lassen sich beim Kind schon vor dessen Bewußtsein des anatomischen Geschlechts beobachten. Allerdings durchlaufen beide Geschlechter eine Phase primärer Feminität (›Protofeminität‹), die Stoller als Folgeerscheinung einer ursprünglichen Identifizierung des Kindes mit der Mutter betrachtet. Er baut auf *Greensons (1968)* These der Entidentifizierung auf. Um männlich zu werden gilt es für den Jungen, zunächst die feminine Identifizierung mit der Mutter zu beenden, um anschließend eine Gegenidentifizierung mit dem Vater aufzubauen. Maskulinität ist für *Stoller* demnach das Bedürfnis des Jungen, seine ursprünglich weibliche Identifikation mit der Mutter zu überwinden. Hierzu stellt *Fast (1991)* fest, daß Desidentifizierungen oder Zurückweisungen der Identifizierung mit der Mutter eher eine unzulängliche Männlichkeitsentwicklung signalisierten. Mit dem Bewußtwerden der Geschlechterdifferenz sei es zwar für jedes Kind erforderlich, auf bisexuelle Vollkommenheitsphantasien zu verzichten. Für den Jungen bedeute das beispielsweise konkret, die Gebärfähigkeit von Frauen »als exklusiv weibliche, ihm selbst verwehrte Fähigkeit« (S.157) anzuerkennen. Gleichermaßen ginge es aber auch darum, daß der Junge seine Erfahrungen, die er ursprünglich in der Identifizierung mit der Mutter entwickelt hat, in seine männliche Identität integriere. Damit werden Identifizierungen mit der Mutter zum Bestandteil eines männlichen Selbstgefühls.

Die Entwicklung einer Geschlechtsidentität wird von verschiedenen Autoren in die Zeit vom 2. bis 5. Lebensjahr gelegt (vgl. *Rohde-Dachser, 1991). Stoller (1968)* betont, daß sich jedoch bis zum 2. Lebensjahr eine Kerngeschlechtsidentität herausbildet. Hierunter versteht er die Gewißheit des Kindes, ein Junge oder ein Mädchen zu sein, wozu elterliche Erwartungen ebenso beitragen wie biologische oder psychische Einflußgrößen.

Money und Mitarbeiter leiteten aus ihren Studien über Hermaphroditismus die Unterscheidung zwischen einem biologischen Geschlecht (sex) und einem psychosozialen Geschlecht (gender) ab. Sie führten den Begriff der Geschlechtsrolle ein *(Money et al., 1955)*, den sie allerdings revidierten und von dem der Geschlechtsidentität abzugrenzen versuchten *(Money, 1965)*. Unter Geschlechtsidentität versteht *Money* die persönliche Erfahrung der Geschlechtsrolle, d.h. inwieweit sich jemand als männlich oder weiblich fühlt. Sie bezieht sich auf die innere Übereinstimmung der individuellen Persönlichkeit als Mann bzw. Frau. Demgegenüber ist die Geschlechtsrolle der öffentliche Ausdruck der Geschlechtsidentität, das empirisch beobachtbare Verhalten einer Person. Sie beinhaltet, in welcher Weise sich jemand in der Interaktion mit anderen Personen männlich oder weiblich gibt *(Money, 1973)*. Entscheidend für eine geschlechtliche Differenzierung ist nach *Money* die Selbstbestimmung des Kindes als Junge oder Mädchen. Diese Selbstbestimmung erfolgt als eine Synthese aus dem biologischen und dem zugeschriebenen Geschlecht und hat unbewußte und bewußte Anteile.

Unter Bezug auf *Money* und *Stoller* haben *Ovesey & Person (1973)* den Begriff der Geschlechtsrolle in den der Geschlechtsrollenidentität geändert. Sie wollten damit die Parallelität zur Kerngeschlechtsidentität betonen, »um sichtbar zu machen, daß die Geschlechtsrolle ebenfalls eine Form der Identität darstellt« *(Person & Ovesey, 1993, S.508)*. Für die AutorInnen ist Geschlechtsidentät der

Oberbegriff von Kerngeschlechtsidentität und Geschlechtsrollenidentität. Die Kerngeschlechtsidentität entwickelt sich aus dem biologischen Geschlecht sowie dem zugeschriebenen und durch Erziehung vermittelten Geschlecht. Sie beinhaltet das biologische Selbstbild und bezieht sich auf die Selbstbestimmung des Individuums bezüglich dessen biologischer Weiblichkeit oder Männlichkeit. Nach Ansicht der Autoren ist sie konfliktfrei – im Unterschied zu der Geschlechtsrollenidentität. Diese ist eine seelische Errungenschaft und mit seelischen Konflikten befrachtet. Sie wird durch Körper, Ich, Sozialisation und Beziehungen zu anderen Personen geformt und beinhaltet das psychische Selbstbild. Die Geschlechtsrollenidentität ist an in der Gesellschaft bestehenden Normen femininen oder maskulinen Verhaltens orientiert und bezieht sich auf die Selbsteinschätzung des Individuums bezüglich dessen psychischer Weiblichkeit oder Männlichkeit.

Dieser Übersicht läßt sich entnehmen, wie vielschichtig und teilweise auch widersprüchlich Konzepte zur Entwicklung der Geschlechtsidentität sind. Nach *Person & Ovesey (1993)* wird die Psychoanalyse keine umfassende Theorie zur Geschlechtsidentität bieten, »da sie den Ursprung einer konfliktfreien normalen Kern-Geschlechtsidentität nicht erklären kann« (S. 527). Aber sie könne »wesentlich zum Verständnis einer normalen und abnormen Geschlechtsrollenidentität« beitragen (a.a.O.). Die Entwicklung der Geschlechtsidentität sei zumindest eine komplexe Leistung des Individuums.

Mertens (1994) plädiert für den klinisch-psychoanalytisch orientierten Gebrauch von Geschlechtsidentität. Aus seiner Sicht geht es darum, daß der einzelne sein Verhalten nicht nur mit gesellschaftlichen Rollenerwartungen in Einklang bringt, sondern auch geschlechtsbezogene Erwartungen und Vorgaben der Eltern mit den eigenen Ängsten, Phantasien und Möglichkeiten in bezug auf das eigene Geschlecht innerlich austariert. Die Gewißheit, sich einigermaßen konfliktfrei als Mann oder Frau zu fühlen, gehe somit mit einer Auseinandersetzung darüber einher, »inwieweit das gesellschaftlich, familial, bewußt und unbewußt vermittelte Geschlechtsverhältnis zu dem Erleben von Männlichkeit und Weiblichkeit geführt hat« (S. 29). Hierzu gehöre die Integration weiblicher und männlicher Anteile in das Selbstkonzept und die Anerkennung der eigenen (geschlechtlichen) Begrenzung. Mit dieser Sichtweise sind – so *Mertens* – extreme Polarisierungen von Männlichkeit und Weiblichkeit eher Anzeichen für neurotische Entwicklungen als daß sie eine gesunde Geschlechtsidentität kennzeichnen.

May (1991) sieht bereits in dem Begriff der ›Identität‹ eine Abwehr, einen Ausdruck des Wunsches nach Ordnung und Kohärenz. Er verheiße »sicheres Wissen von der inneren Kontinuität und der sozialen Gleichheit« und schütze »gegen die Erfahrung von verschiedenen und konflikthaften Wünschen und unterschiedlichen und konfliktreichen Aspekten des Selbst« (S. 176). Das Konzept der ›Geschlechtsidentität‹ mit seinen Kategorien ›männlich/weiblich‹ habe als Entität einen umfassenden Einfluß auf die Konstruktion unseres Weltbildes, denn jede Selbst- oder Objektrepräsentanz werde mit Attributen des Geschlechts versehen. *May* weist darauf hin, daß die Unterscheidungen von Geschlechtsidentität als Selbstkonzept oder Selbstrepräsentanz und Geschlechtsidentität als geschlechtsspezifisches Verhalten oft verwischt werden, daß aber die Verbindungen zwischen beiden Begrifflichkeiten komplex und indirekt seien. Durch die scheinbare Ganzheitlichkeit des Begriffs gerieten wertvolle, durchaus sich widersprechende, teilweise abgewehrte Anteile der menschlichen Persönlichkeit aus dem Blickfeld.

Zumindest ist den Konzepten zur Entwicklung der Geschlechtsidentität gemeinsam, daß der Entwicklungsprozeß einer Person nicht losgelöst von der Umgebung, von den Menschen und sozialen Verhältnissen gesehen wird. Es stellt sich daher zunächst die Frage, welche Rollen ›Mutter‹ und ›Vater‹ bei der Entwicklung einer Geschlechtsidentität zugewiesen werden und wie sich der väterliche beziehungsweise mütterliche Einfluß beim Jungen auswirkt.

1.3.2 Bedeutungszuweisungen von Vater und Mutter für die frühkindliche Entwicklung

Die Modellannahmen über die Strukturierung der Psyche lassen sich in zwei Hauptgruppen unterteilen:

Zum einen wird davon ausgegangen, daß die Psyche vor allem durch eine (instinktmäßige) Befriedigung der Bedürfnisse strukturiert wird. Das kleine Kind orientiert sich auf eine Betreuungsperson hin, weil es von dieser als Quelle physiologischer Befriedigung abhängig ist. Die sozialen Beziehungen des kleinen Kindes werden also in Verbindung mit seinem Bedürfnis nach Nahrung und Abbau von Spannungen gebracht, das heißt sie sind nicht primär, sondern abgeleiteter Art. Nicht die Betreuungsperson selbst, sondern die Körperbedürfnisse des Säuglings und deren Befriedigung spielen für seine Beziehungen die maßgebliche Rolle *(S. Freud, 1923b; A. Freud, 1954; vgl. Bowlby, 1958).*

Zum anderen wird die Beziehungserfahrung des Säuglings als strukturgebendes Element in der Entwicklung der Persönlichkeit angesehen. Bei dieser Vorstellung, welche vor allem die Objektbeziehungstheoretiker vertreten (vgl. u. a. *Sutherland, 1982*) und welche durch neuere Ergebnisse der experimentellen Säuglingsforschung Bestätigung erfährt (vgl. u. a. *Baumgart, 1991*), wird die Psyche in Verbindung mit zufriedenstellenden frühen Beziehungserfahrungen organisiert. Diese unterschiedlichen Sichtweisen haben – wie etwas später näher erläutert wird – Auswirkungen auf die Bedeutungszuschreibungen von Mutter und Vater für Entwicklungsprozesse.

Die Entwicklung der Persönlichkeit wird in der klassischen psychoanalytischen Theorie unter triebpsychologischen Gesichtspunkten betrachtet. Das bedeutet, daß die frühkindliche Entwicklung von Sozialbeziehungen mit den erogenen Zonen in einen Zusammenhang gebracht wird. Beim Säugling existieren zunächst nur physiologische Bedürfnisse, wie beispielsweise die Nahrungsaufnahme, für die eine Spannungsabfuhr wichtig ist. Die Triebabfuhr wird durch libidinös besetzbare ›Objekte‹ (Personen, Gegenstände) oder durch affektiv besetzte Vorstellungen möglich. Ziel ist die Spannungsminderung, aber eine Beziehung zum Objekt besteht nicht. Daher werden diese ersten vier Lebenswochen eines Babys als primärer Narzißmus *(Freud)*, objektlose Stufe *(Spitz)* bzw. als normaler Autismus *(Mahler)* bezeichnet.

Allmählich nimmt das Kleinkind eine Person als bedürfnisbefriedigendes, wenngleich unspezifisches ›Teil-Objekt‹ wahr. Oralität und die Bedeutung der Mutterbrust *(Klein, 1957)* werden hervorgehoben. Das präobjektale Stadium *(Spitz)* bzw. die symbiotische Phase *(Mahler)* ist als Vorläufer der Objektbeziehungen erreicht.

Erst im Alter von ungefähr sechs Monaten erkennt das Kind das eigentliche Objekt der Libido. Das Stadium der Objektbeziehungen (Spitz) beziehungsweise der Prozeß der Loslösung mit den Subphasen der Individuation *(Mahler)* beginnt. Das Kind nimmt Merkmale des anderen wahr, welche von ihm unabhängig sind. Es entdeckt die ›Nicht-Mutter‹ *(Mahler)* und erfaßt allmählich die Umwelt durch räumliche Expansion und sprachliche Fertigkeiten.

Ausgehend davon, daß in unserem Kultur- und Gesellschaftsbereich fast immer Frauen die Betreuung von Kleinkindern übernehmen, wird der Mutter als primärer Bezugsperson besondere Bedeutung zugewiesen. Traditionelle psychoanalytische Konzepte der kindlichen Entwicklung gehen von der Mutter-Kind-Dyade aus (u. a. *Mahler, 1979).* Die Mutter hat als wichtigste Bezugsperson des Kindes die Funktion, dessen Bedürfnisse in idealer Weise zu befriedigen. *Winnicott* spricht von der primären Mütterlichkeit (1960) und der fördernden Umwelt (1974). Aus dieser Bindung entwickelt das Kind ein Urvertrauen *(Erikson, 1966).* Störungen in der Beziehung können u. a. zu Trennungsängsten (Bowlby, 1961), zur anaklitischen Depression oder dem psychischen Hospitalismus (Spitz, 1980) führen.

Stork (1974) bemerkt, daß der Vater während dieser Zeit keine Funktion besitze außer der, die Mutter zu verdoppeln. *Greenacre (1969)* spricht von einer frühen Spiegelfunktion des Vaters. Indem der Vater in ausgelassener Weise mit dem Kind spiele, erlebe dieses eine Art Identifizierung seiner eigenen Bewegungen mit denen des Vaters, und das mache ihm viel Spaß. Für andere Autoren ist er Teil der kombinierten Elternfigur, der ›vereinigten Eltern-Imago‹ *(Klein, 1979)* oder gar der Eindringling, der die zwischen Mutter und Kind bestehende Intimität stört *(Lewin* sowie *Lebovici & Diatkine, zit. in Abelin, 1971). Burlingham (1980)* bedauert »die verhältnismäßige Vernachlässigung des präödipalen Vaters« (S. 257). Die frühen Erfahrungen eines Kindes mit dem Vater böten eine Bereicherung und Erweiterung des kindlichen Erlebens. Sie stellt die geringere väterliche Präsenz in einen gesellschaftlichen Kontext, in dem in der Regel den Müttern die Kinderpflege zufalle.

Erst mit dem Voranschreiten des Selbstwerdungsprozesses des Säuglings von der autistisch-symbiotischen Phase zur allmählichen Individuation wird dem Vater größere Bedeutung zugemessen. Die enge Beziehung zur Mutter beinhaltet nicht nur Lust und Freude, sondern auch Frustrationen und Abhängigkeit. Um sich zu einer eigenständigen Person zu entwickeln, wird es für das Kleinkind erforderlich, aus der dyadischen Beziehung zur Mutter herauszuwachsen. Erst durch eine Trennung bzw. Loslösung aus dieser Verbindung wird es ihm möglich Autonomie zu erlangen. Dem Vater kommt nun die Rolle des Retters und Befreiers aus dem regressiven, verschlingenden Sog zur Mutter zu *(Mahler & Gosliner, 1955).* Er ist der unkontaminierte Dritte, der nicht-symbiotische Qualitäten besitzt und Mutter und Kind dabei hilft, deren alltägliche Konflikte aufzulösen *(Abelin, 1971).* Und er ist derjenige, »der die Beziehung zur Mutter gefahrlos vorlebt‹ *(Loch & Jappe, 1974, S. 29). Rotmann (1978)* weist darauf hin, daß ohne Interventionen des Vaters als dem »bedeutungsvollen Anderen neben der Mutter« (S. 1118), ohne diese Triangulierung der frühkindlichen Sozialbeziehung, weder die Loslösung von der Mutter noch die Bewältigung des Ödipuskomplexes möglich sind. Erst »in Identifikation mit diesem bedeutungsvollen Vater der persönlichen Vorzeit kann das Kind die Ent-Identifikation in bezug auf die Mutter wagen« (S. 1118).

In klassischen psychoanalytischen Entwicklungskonzepten wird betont, daß aufgrund der ursprünglichen Mutter-Kind-Symbiose und der Tatsache, daß das Umfeld des Kindes feminin ist, beim Mann die Notwendigkeit einer Entidentifizierung mit der Mutter besteht, um seine männliche Identität zu festigen. *Freud (1923a)* postuliert, daß die Objektbesetzung der Mutter aufgegeben werden muß, um den Ödipuskomplex zu überwinden. Nur mit Hilfe der Identifikation mit der männlichen Rolle, kann der Junge in die Ödipussituation eintreten. Er wechselt damit von der Kleinkindrolle in die (phantasierte) Rolle des männlichen Liebhabers der Mutter. Aber zunächst muß er die Identifikation mit der Mutter aufgeben. Nur so kann er eine neue Identifikation mit dem Vater aufbauen und männlich werden (u. a. *Greenson, 1968; Stoller, 1968*). Erst über diesen Identifizierungsprozeß gelingt es dem Jungen, den Ödipuskomplex zu überwinden (u. a. *Tyson, 1982)*.

Die Sehnsucht des Jungen nach einer Rückkehr in den Mutterleib erscheint als lebenslange Gefahr. Gefühle von Neid und Wut auf die Mutter sowie eine Überbetonung von männlichen Eigenschaften werden in diesem Kontext als Reaktionen auf die männliche Furcht vor einer regressiven Anziehungskraft, die die frühe Mutter-Kind-Symbiose darstellt, aufgefaßt (vgl. u. a. *Person & Ovesey, 1993)*.

Chasseguet-Smirgel (1981) sieht in der Geringschätzung des Jungen gegenüber der Mutter eine Abwehrform, die dazu diene, der Allmacht der Mutter etwas entgegenzusetzen, um sich von ihr befreien zu können. Diese Verachtung sei weniger ein Ergebnis des Ödipus-Komplexes, sondern entstamme einer narzißtischen Befriedigung über die Penislosigkeit der Frau.

Greenson (1968) hebt hervor, daß das elterliche Verhalten wichtig sei, damit die Identifizierungsumkehr von der Mutter weg und hin zum Vater gelinge. Das Ergebnis hänge vor allem von der Bereitschaft der Mutter ab, diese Hinwendung ihres Sohnes zum Vater zu unterstützen. Aber auch die Attraktivität und Anziehungskraft des Vaters für den Sohn spiele eine Rolle. Unklar bleibt allerdings auch für ihn, was mit der ursprünglichen (femininen) Identifizierung des Jungen passiert, denn der Junge entwickle seine geschlechtsspezifische Identität durch die Ablösung und Unterscheidung gerade von der Person, mit der er am stärksten verbunden sei. Hierin erkennt *Benjamin (1990)* die Grundlage, warum die konventionelle männliche Identitätsbildung die Ablehnung der Mutter beinhalte. »Die Notwendigkeit, seine Identifikation mit der Mutter aufzugeben, um sich selbst als unabhängige wie als männliche Person – beides kann der kleine Junge nur schwer voneinander trennen – zu bestätigen, hindert ihn häufig daran, seine Mutter anzuerkennen. Sie wird nicht als unabhängige Person, als Subjekt… wahrgenommen« (S. 76). Da die Erfahrung von Empathie und wechselseitiger Anerkennung seinen männlichen Individuierungsprozeß bedrohe, müsse er in Beziehungen Unterschied, Trennung, Abgrenzung und Selbständigkeit betonen.

Chiland (1987) bezweifelt, ob das Kind vom Männlichen oder Weiblichen geprägt wird. Das Kind werde eher in dieser oder jener Reaktion ermutigt oder entmutigt. Und daraus bilde es, zunächst unbewußt, später bewußt, die Bedingungen, die es ihm ermöglichen, sich geliebt zu fühlen. Von daher anerkennt sie auch weniger eine primäre weibliche Identifikation, »sondern eine Identifikation mit dem *vom Kind empfundenen* Objekt als dem von den Eltern am meisten geliebten« (S. 16; Hervorh. im Original).

Frühere entwicklungspsychologische Modelle innerhalb der psychoanalytischen Theoriebildung beruhten vorwiegend auf retrospektiv gewonnenen Erkenntnissen. Aus den Erzählungen Kinder oder Erwachsener wurde rückwirkend auf die subjektiven Erfahrungen und Verarbeitungsweisen dieser Erlebnisse geschlossen. Die vorsprachliche Zeit eines Kleinkindes war damit nur schwer zugänglich. Hierin sieht *Dornes (1993)* auch einen Grund für die Voreingenommenheit gegenüber Erkenntnissen aus der direkten Säuglingsbeobachtung. Während bisherige metapsychologische Konstrukte von einem Säugling als passivem, undifferenziertem und selbstgenügsamem Wesen ausgingen, kommt die neuere empirische Kleinkindforschung zu anderen Ergebnissen (u. a. *Lichtenberg, 1991; Stern, 1992*). Der Säugling wird von Geburt an als ›kompetent‹ angesehen *(Stone, zit. nach Dornes, 1993, S. 21)*. Es lassen sich bei ihm vielfältige Verhaltensweisen beobachten, wie beispielsweise seine Fähigkeiten zur differenzierten Wahrnehmung und zur Kommunikation mit der Umwelt. Durch diese Erkenntnisse erhält die Beziehung des kleinen Kindes zu primären Bezugspersonen eine andere Qualität. Es geht nicht mehr darum, sich aus einer symbiotischen Beziehung (mit der Mutter) zu individuieren (mit Hilfe des Vaters und hin zum Vater). Die Getrenntheit des Säuglings vom Mitmenschen ist von Anbeginn vorhanden und wirksam, und sein Entwicklungsprozeß ist ein In-Beziehung-Setzen zur Umwelt, ein Wechselspiel zwischen Erfahrungen des Getrenntseins und der Verbundenheit.

An dieser Stelle stimmen die Ergebnisse der experimentellen Forschung mit den Modellannahmen der Objektbeziehungstheoretiker überein. Konkret bedeutet das folgendes: Man erkennt, daß der Mensch von Geburt an in einem sozialen Umfeld lebt und damit als ein Beziehungswesen existiert. Das Ich stellt eine Struktur dar, die von Anbeginn des Lebens vorhanden ist. Die Entwicklung einer Person bedeutet einen fortschreitenden Differenzierungsprozeß aus einer ganzheitlichen Matrix, welche ihrerseits auf einem ganzheitlichen Niveau von Anbeginn interagiert *(Sutherland, 1980)*. Die Libido eines menschlichen Wesens ist primär auf der Suche nach Objekten und nicht primär auf der Suche nach Lust und deren Befriedigung. Die Befriedigung ist nicht das primäre Ziel von Aktivität, sondern sie hat eine orientierende Funktion und steht in Verbindung mit der Suche nach Objekten. Durch die vielfältigen Erfahrungen mit Objektbeziehungen konstituieren sich aufeinander bezogene, psychologische Subsysteme, die mit dem zentralen Ich in Verbindung stehen. Die psychischen Strukturen stammen demnach von den gemachten Objekterfahrungen, und nicht der Trieb ist das strukturierende Agens – wie in der klassischen psychoanalytischen Theoriebildung postuliert. Basis für die Entwicklung von Objektbeziehungen ist demnach nicht mehr die klassische Libidotheorie. Das Ziel libidinösen Strebens ist die Beziehung zu einem Objekt und nicht die Befriedigung von Trieben *(Fairbairn, 1946)*.

Verschiedene Autoren untersuchen die Zusammenhänge zwischen den (frühen) Objektbeziehungen und der Persönlichkeitsentwicklung einer Person. *Winnicott (1974)* betont, daß das sich entwickelnde Kind stets im Zusammenhang mit seiner Umwelt zu sehen sei. Die frühen Erfahrungen mit Bezugspersonen – prototypisch stehen hierfür Mutter *und* Vater – seien für die Gestaltung späterer Beziehungen im Erwachsenenalter mitbestimmend. Die Schwierigkeiten eines Menschen stehen demnach in Wechselbeziehungen zu seinen Familienmitgliedern und können im Beziehungsgefüge der (Ursprungs-) Familie betrachtet werden. *Kächele & Dahlbender (1993)* sprechen von zentralen Beziehungsmustern. Bei seelischen Störungen seien biographisch bestimmte, sich gegenwärtig immer neu bestätigende, konflikthafte Beziehungsstrukturen wirksam. Durch die Wiederholung altvertrauter Interaktionen werden diese gleichzeitig immer wieder bestätigt. Damit verfestigen sich innerseelische Vorgänge. Es werden weniger einzelne, traumatische Erlebnisse als ursächlich für Störungen gesehen, sondern kontinuierlich bestehende (pathogene) Muster (vgl. *Reich, 1995)*. Kaum wahrnehmbare Verzerrungen der Interaktionen, wie es beispielsweise die Muster eines gestörten affektiven Umgangsstils in der Familie darstellen können, üben nach *Dornes* *(1993)* einen kumulativen Effekt aus, der den Entwicklungsprozeß entscheidend beeinflussen kann. Vor allem die Instabilität (früher) Objektbeziehungen führt dazu, daß kein Vertrauen in dauerhafte Beziehungen aufgebaut ist. Als wachstumsbeeinflussendes Merkmal der frühen Erziehungserfahrung des Säuglings wird die emotionale Verfügbarkeit des Betreuers betrachtet *(Emde, 1991)*. Sofern diese Betreuungsperson für das Kind nicht zuverlässig erlebbar wird, sind Verunsicherungen im Beziehungsbereich die Folge. Und damit mobilisiert jede (spätere) engere Beziehung alte Befürchtungen, wieder verlassen zu werden und frühere, enttäuschende Erfahrungen zu wiederholen.

Diese neueren Ergebnisse, die den Beziehungsaspekt bei der Persönlichkeitsentwicklung betonen, haben Auswirkungen auf die Vater- und Mutterrollen. Die Mutter ist nicht länger Teil der symbiotischen Beziehung ohne eigenständige Konturen, sondern von Anfang an Subjekt, die es in ihrer Einzigartigkeit anzuerkennen gilt *(Benjamin, 1990)*. Dementsprechend muß das Kind nicht mehr vom Vater aus der verschlingenden Beziehung zur Mutter gerettet werden, sondern der Vater steht als jemand zur Verfügung, der gleich und anders ist. *Burlingham (1980)* weist darauf hin, daß die Unterschiede zwischen mütterlicher und väterlicher Pflege geringer seien als bislang angenommen. Für *Chodorow (1985)* hat Be-Muttern nichts mit dem biologischen Geschlecht zu tun. Eigenschaften wie Fürsorge oder Verständnis sind elterliche Werte. Sie zeigt, daß durch die geschlechtsspezifische Arbeitsteilung die Frauen ›muttern‹, und daß sie mehr als die Männer mit Gefühlen und zwischenmenschlichen Beziehungen beschäftigt sind. Hierdurch werden psychologische Fähigkeiten bei Söhnen und Töchtern aufgespalten und an die nächste Generation weitergegeben. Diese frühe Mutter-Kind-Beziehung sei dann der Grundstein dafür, daß die Töchter es später ebenfalls als ihre alleinige Aufgabe sehen zu ›muttern‹ , während die Söhne ihre Beziehungsfähigkeiten unterdrücken und ihre Beziehungsbedürfnisse verdrängen, um an der »gefühlsverleugnenden, entfremdeten Arbeitswelt« teilnehmen zu können. »Die soziale Organisation der Elternschaft verursacht also nicht nur eine Rollendifferenzierung, sondern auch die geschlechtsspezifische Ungleichheit‹ (S. 275).

Während mit der klassischen, entwicklungspsychologischen Sichtweise einer ursprünglichen Mutter-Kind-Dyade die herausragende Bedeutung der Mutter für die Entwicklung des Kindes betont wird, bleibt der Vater zunächst ohne Bedeutung. Erst allmählich wird er zum Retter und Befreier des Kindes aus dieser verschlingenden Beziehung. Sowie das Kind in die Ödipussituation eintritt, wird der Vater zum Funktionsträger, zu einer Identifikationsfigur, der den Wechsel des Liebesobjekts ermöglicht. Aber mit der stärkeren Beachtung der Objektbeziehungen, die Bestätigung finden durch die neuere Säuglingsforschung, erhalten entwicklungspsychologische Aspekte einen anderen Schwerpunkt. Das kleine Kind muß sich nicht aus der Beziehung zur Mutter befreien, um eigenständig zu werden, sondern es ist von Anfang an ein separates Wesen und macht Erfahrungen der intersubjektiven Bezogenheit *(Stern, 1985)*. Die bestehenden Konzepte von Individuation und Entwicklung in Richtung auf Abtrennung, Autonomie und Kontrolle werden als implizit einseitige kulturelle Vorgaben erkannt, die dem üblichen Selbstkonzept von Männern entsprechen.

Neuere Veröffentlichungen zur Geschlechterforschung betonen die Zusammenhänge von der geschlechtsspezifischen Arbeitsteilung mit den polarisierenden Zuweisungen von Abhängigkeit versus Autonomie und von Einfühlung versus Abgrenzung auf Frauen und Männer (vgl. u. a. *Irigaray, 1989; Chodorow, 1985; Dinnerstein, 1979; Benjamin, 1990)*. *Rohde-Dachser (1989)* sieht in der dyadischen Mutter-Kind-Perspektive eine strukturelle Schuld der Kategorie ›Mütter‹ angelegt, da die Mutter für längere Zeit als einzige Bezugsperson für das Kind und als Mittlerin zwischen Vater und Kind erachtet wird. Die Hervorhebung einer Getrenntheit zwischen Mutter und Kind von Anfang an bedeutet demnach, Abschied von diesen Schuldzuweisungen an die Mütter zu nehmen und statt dessen den Vater in seiner Bedeutung für die frühkindliche Sozialisation zu berücksichtigen.

Eine steigende Anzahl von Untersuchungen befaßt sich mit dem väterlichen Einfluß auf diese Prozesse (vgl. u. a. *Lamb, 1976; Cath et al., 1982; Earls, 1977)*. So weisen Ergebnisse verschiedener kasuistischer Forschungsarbeiten auf Zusammenhänge zwischen der Vaterlosigkeit und psychischen Krankheitsbildern hin (vgl. *Stork, 1982)*. Weitere Untersuchungen befassen sich mit der Bedeutung der Vater-Kind-Beziehung bei der Entstehung verschiedener Erkrankungen, wie beispielsweise psychovegetativer Störungen (u. a. *Ermann, 1989)* oder psychosomatischer Krankheiten (u. a. *Hermann, 1986)*. Die Auswirkungen der Anwesenheit einer verläßlichen Vaterfigur, die dem Jungen eine positive Identifikation ermöglicht, beschreibt u. a. *Lamb (1976)*. »Indeed one of the best established findings is that the masculinity of sons and the feminity of daughters are greatest when fathers are nurturant and participate extensively in childrearing. Thus the father's similarity to a caricatured stereotype of masculinity is far less influential than his involvement in what are often portrayed as female activities.« (S.23). Im Umkehrschluß ist demnach anzunehmen, daß der Junge in seiner Männlichkeit umso eher verunsichert ist je weniger der Vater fürsorgliche und empathische Qualitäten dem Kind gegenüber aufbringt.

1.3.3 Mutter und Vater und die Entwicklung der Geschlechtsidentität des Sohnes

Die Polarisierungen zwischen väterlichen und mütterlichen Aspekten mit entsprechenden Rollenaufteilungen werden – wie oben gezeigt – als gesellschaftliche Konstruktionen verstanden. Neben dem bestehenden ›Arrangement der Geschlechter‹ *(Dinnerstein, 1979)* tragen Identifikationen der Väter und Mütter mit ihren eigenen Eltern dazu bei, daß sie häufig generationenübergreifend deren Einstellungen und Verhaltensweisen dem eigenen Kind gegenüber wiederholen (u. a. *Burlingham, 1980)*. *Benedek (1960)* zeigt, daß ein Kind für seine Eltern verschiedene Aspekte des eigenen Selbst bzw. auch anderer Personen aus der eigenen Vorgeschichte repräsentiert. Ein Kind möchte von seinen Eltern geliebt werden. Es wird also alles tun, um das zu erreichen. *Chiland (1987)* weist auf den Einfluß elterlicher Mitteilungen an den Säugling hin. Das Kind wird durch die Eltern ermutigt oder entmutigt, sich unter bestimmten Bedingungen geliebt zu fühlen. Somit sind auch die Erwartungen der Eltern mitbestimmend für Identität und Identitätskonflikte des Kindes.

Lamb (1976) betont, daß es von beiden Elternteilen besonders der Vater ist, der dem Kind traditionelle Geschlechtsrollenstereotype vermittelt. Somit ist es vor allem der Vater, der – verstärkt durch eigenes Verhalten – seinem Sohn patriarchale Wertvorstellungen und dem gesellschaftlichen System inhärente, spezifische Einstellungen gegenüber Frauen vermittelt.

Schmauch (1985) beschreibt die Wirkung elterlicher Idealisierungen auf ihre Söhne. Der Junge solle sowohl großartig und männlich als auch klein, tröstlich und passiv sein. Diese elterlichen Zuweisungen bedeuteten implizit auch eine Ablehnung bestimmter Aspekte der Persönlichkeit des Kindes. Der Junge entwickle eine Angst, aufgrund ›unpassender‹ Eigenschaften von seinen Eltern nicht geliebt zu werden. Die gegensätzlichen Zuschreibungen und Erwartungen führten bei ihm auch zu einer Verwirrung, als deren Folge innere Spannung und Unruhe entstehen. Mit kontraphobischem Agieren, aggressiven Spielen und einem Sich-Zur-Schau-Stellen/Exhibitionieren versuche der Junge seine Ängste und Unruhe abzuwehren. Nach *Schmauch* sind demnach aggressive Strebungen als Antwort des Jungen auf elterliche Wünsche zu verstehen.

Broussard et al. (zit. nach Dornes, 1994) stellen bei Jungen im Vergleich zu Mädchen eine höhere Anfälligkeit für Entwicklungsrisiken fest. Auf Jungen laste ein stärkerer Druck, zugunsten einer ›männlichen‹ Sozialisation wichtige emotionale und interaktive Aspekte zu vernachlässigen.

Richter (1969) sieht das Kind als Träger unbewußter Phantasien von Mutter und Vater über Aspekte des eigenen Selbst. *Lebovici (1987)* schildert, wie elterliche Übertragungen ihrer unbewußten Erwartungen auf das Kind aus diesem ein phantasmatisches machen. Der Junge ist nicht mehr der ›reale‹ Sohn für Vater oder Mutter, sondern seine Realität verschwindet hinter den Vorstellungen, wie er sein sollte. Durch ein Symptom drückt der Junge sein wahres Selbst aus und wehrt sich damit gegen die Phantasma der Eltern. Identität ist für *Lebovici* »kein psychologischer Begriff ..., sondern ... eine Bezeichnung, die in den Bereich des Sozialen und Kulturellen gehört« (S. 3). Auch *Gilligan (1988)* kritisiert die herrschende Vorstellung von Identitätsentwicklung. Sie bezeichnet sie als Verabsolutierung der dominanten Linie der Entwicklung von Jungen entsprechend der männlichen Geschlechtsrolle. Diese betone einseitig Unabhängigkeit, Autonomie und Getrenntheit, hierbei würde vor allem Bezug auf die Mutter genommen. Männer könnten sich als Alternative nur Abhängigkeit, Ohnmacht, Unterwerfung und Nicht-Identität vorstellen. Unabhängigkeit sei eng mit Macht, Herrschaft und hierarchischem Denken verbunden.

Für die Entwicklung eines ganzen Selbst – so *Benjamin (1990)* – ist es aber wichtig, beide Seiten in sich zu haben: die Suche nach Freiheit und die Suche nach Bestätigung durch andere. Eine subjektive Entwicklung, die nicht auf Dominanz und Unterwerfung hinauslaufen soll, erfordere eine schwierige Balance von Autonomie und Verbindung. *Benjamin* betont eine Intersubjektivität, bei der es vor allem um das Spannungsverhältnis zwischen Selbstbehauptung und Anerkennung der anderen Person als Subjekt, das gleich und verschieden von einem selbst ist, geht. Eine ähnliche Auffassung drückte zuvor *Irigaray (1989, S. 306)* aus: »Um sich als geschlechtliche Identität zu konstituieren, sind eine genealogische Beziehung zum eigenen Geschlecht und die Achtung vor beiden Geschlechtern

notwendig«. Und an anderer Stelle schreibt sie:»Die Menschwerdung entspricht
der Zuweisung von Grenzen und nicht jener unendlichen Individualität, von der
Hegel spricht... Es kann keine absolute Freiheit geben, wenn das Geschlecht
respektiert wird, denn die Geschlechter begrenzen sich untereinander und in sich
selbst als Geschlechter und als deren Produktion-Reproduktion« (S.229). Erst die
Anerkennung der/des anderen, des Nicht-Identischen ermöglicht es, eine eigene
Identität zu finden. Für *Fast (1991)* beinhaltet die geschlechtliche Identitätsentwicklung sowohl eine Anerkennung der eigenen, geschlechtsspezifischen Grenzen
als auch einen Verzicht auf bisexuelle Vollkommenheit.

Chiland (1987) betont, daß es keine asexuelle Identifikation, keine sekundäre
Bewußtwerdung sexueller Identität gibt. Die Individuation als Ganzes sei ge-
schlechtlich, und hierbei spielten die Identifikationen eine wichtige Rolle. Die
Einstellungen der Eltern gegenüber dem Geschlecht des Kindes werden dem Kind
auch mitgeteilt – verbal, nonverbal, bewußt und unbewußt. Das Kind nimmt das
von Geburt an wahr und verarbeitet es in seinen eigenen Phantasmen. Diese inneren Repräsentanzen formen sich zu Bildern. Um von den Eltern geliebt zu werden,
diene der Vorgang der Identifikation. Man erkenne den anderen, ›identifiziert‹ ihn
als Vater oder Mutter. *Schafer (1968, zit. in Rotmann, 1978)* bezieht den Begriff
›Objektrepräsentanz‹ darauf, wenn Vorstellungen oder Aspekte der anderen Person
intrapsychisch als solche repräsentiert werden. Bei der Selbstrepräsentanz gilt das
Analoge für die eigene Person. In der Identifikation gleicht sich eine Person dem
zum Vorbild genommenen anderen weitgehend an, und die Selbstrepräsentanz
nimmt dann Züge des anderen, des Objekts an. Dadurch erfolgt eine Änderung der
Einstellung zur eigenen Person, eine um die Identifikation geänderte Selbstrepräsentanz. Das Motiv sei: so zu sein wie, und das Resultat sei: ich bin wie. Sich von
den Eltern geliebt zu fühlen, vermittle dem Kind die Fähigkeit zur Selbstwertschätzung.

In bisherigen Theorien hatte die Mutter die Rolle, die Bedürfnisse des Kindes in
idealer Weise für das Kind zu befriedigen. Das beinhaltete eine Sichtweise von
Beziehung, bei der es darum ging, aus der Beziehung herauszuwachsen, um eine
eigenständige Person zu werden. Autonomie erlangte man durch Trennung und
Weggehen. Ausgehend davon, daß Frauen fast immer die primären Bezugspersonen von Kleinkindern sind, differenzieren sich Jungen und Mädchen in bezug auf
eine Frau, nämlich die Mutter. Aber sobald sich der Junge des Geschlechtsunter-

schieds bewußt wird, müssen diese Identifikationen oder Repräsentanzen anhand der Vorstellung über das eigene Geschlecht überprüft werden (vgl. u. a. *Benjamin, 1990; Fast, 1991*).

Die Erkenntnis der Geschlechterdifferenz steht im Zusammenhang mit Grenzen, mit dem Bewußtwerden der Tatsache, daß Männer nicht über bestimmte Fähigkeiten von Frauen verfügen, beispielsweise ein Kind gebären zu können. Der Junge muß ebenfalls lernen, sich nun mit dem notwendigen Verzicht auf jene Eigenschaften abzufinden, die bislang Teil seiner Selbstrepräsentanzen waren und dies nicht mehr sein können oder dürfen, weil sie an das Geschlecht gebunden sind. Hierzu gehören nicht nur biologische Fähigkeiten, sondern auch solche, die das soziale Geschlecht betreffen, wie beispielsweise das Ausdrücken bestimmter Emotionen. Er befindet sich damit in einem Konflikt zwischen seinen persönlichen Bedürfnissen und der Internalisierung sozialer Anforderungen, die seine Geschlechtsrolle betreffen. In der Literatur werden diese Vorgänge in Verbindung mit kulturell vorgegebenen Einstellungen zu Männlichkeit und Weiblichkeit gesetzt. *Rohde-Dachser (1991a)* stellt fest, daß die Zugehörigkeit zu einem bestimmten Geschlecht sowohl mit Einschränkungen als auch mit Gewinn verbunden sei. Durch die Wahrnehmung der Geschlechtsunterschiede werde der Umgang mit dem Mangel an Allmacht erlernt. Hierzu sei es jedoch erforderlich, die eigene Begrenztheit zu akzeptieren und den Verlust zu betrauern. Aber in unserer Kultur heiße das nicht ›Trauern‹ – so *Rohde-Dachser* – sondern ›männliche Entwicklung‹ im Sinne des Abtötens weiblicher Anteile. Die Wünsche nach Verbundenheit mit der Mutter müsse der Junge leugnen und verdrängen, um sich in einer männlich orientierten Welt als Mann zu entwickeln. In der Folge werde die Mutter/die Frau abgewertet und als Objekt gesehen, von dem ›Mann‹ unabhängig werden muß. »Die Unabhängigkeit von der Mutter als Objekt – und nicht ihre Anerkennung als Subjekt – bildet demnach den Kern der Individuation« *(Benjamin, 1990, S. 79)*. Der Junge/der Mann kann die weiblichen Anteile in sich nicht lieben und lehnt sie ab, um die an ihn gestellten Geschlechtsrollenerwartungen erfüllen zu können. Die sich daraus ergebenden Defizite und Widersprüche bewältigt er auf unterschiedliche Weise. Er besetzt sein Geschlecht – sein Anderssein – in narzißtischer Form. Auf diese Weise kann die Tatsache des Nicht-So-Seins wie die Mutter an Bedeutung verlieren, und männliche Eigenschaften gewinnen für ihn einen zentralen Stellenwert. Die ursprüngliche Identifikation mit der Mutter wird verleugnet, und weibliche Anteile werden abgewertet.

Mit diesem Verständnis der männlichen Entwicklungslinie erhalten psychoanalytische Konstrukte zur weiblichen Sexualität, wie beispielsweise der Kastrationskomplex oder der Penisneid, eine andere Bedeutung. Nach *Rohde-Dachser (1991a)* werden sie nunmehr als männliche Abwehr-Konstrukte aufgefaßt. Die abgewehrten Bereiche werden im anderen Geschlecht geortet; d.h. die eigenen, abgewehrten Anteile des Mannes werden auf die Frau projiziert. Dementsprechend sei es erforderlich, das Eingebundensein in die Geschlechterkonstruktion des Patriarchats zu reflektieren und das Geschlechterarrangement des Patriarchats in Frage zu stellen.

Auch *Holder & Dare (1982)* betonen, daß die Gefühle des Kindes hinsichtlich seiner Geschlechtsidentität hauptsächlich von den Reaktionen seiner Umwelt bestimmt werden. Die Einstellungen der Eltern zum eigenen resp. anderen Geschlecht des Partners vermitteln sich auf vielerlei Weise dem Kinde und können, wenn sie beispielsweise tendenziell negativ sind, die sich entwickelnde Geschlechtsidentität des Kindes und das sich daraus bildende Selbstwertgefühl stören. So üben auch gesellschaftliche Komponenten erheblichen Einfluß auf die Sozialisation von Jungen und Mädchen aus. *Schlötterer (1982)* weist darauf hin, daß die polarisierenden, sich gegenseitig ausschließenden Geschlechternormen sowohl Männer als auch Frauen in ihrer Persönlichkeit reduzieren. In frühester Kindheit werden sozial erwünschte Verhaltensweisen gefördert, unerwünschte ignoriert oder bestraft. So werden Jungen ermutigt, sich körperlich zu wehren, denn körperliches Aggressionsverhalten entspricht den normativen Rollenerwartungen gegenüber Jungen *(BMJFFG, 1994)*. Dagegen gehört der körperliche Widerstand nicht zum Repertoire gelernter Konfliktlösungsstrategien von Mädchen. Sie werden eher zu Unterordnung und Gefügigkeit erzogen, und weiblicher Widerstand wird als Kokettieren eingeordnet. Durch die herrschende, geschlechtsspezifische Erziehung werden Mädchen zu potentiellen Opfern, Jungen zu potentiellen Tätern *(Sick, 1993; Heiliger & Engelfried, 1995)*.

1.3.4 Sexualität, Gewalt und Männlichkeit

Wie bereits oben ausgeführt, sehen Objektbeziehungstheoretiker – im Unterschied zu *Freud* – die Libido nicht primär auf der Suche nach Lust, sondern auf der Suche nach Objekten (u.a. *Fairbairn, 1946*). Beim Kind bestehen in erster Linie Bedürfnisse nach zwischenmenschlichen Beziehungen, und demnach wird die menschliche ›Triebtätigkeit‹ als Objektsuche verstanden. Für dieses erweiterte Verständnis libidinösen Strebens findet sich in der Literatur zunehmend der Begriff der Psycho-Sexualität. Es handelt sich dabei um »eine Sexualität von Bedeutungen und persönlichen Beziehungen, die sich entwickelt und organisiert durch das Zusammenspiel unbewußter Phantasien und realen Erfahrungen in einer sozialen Welt« *(Keller, 1991, S. 33)*. Unter diesem Aspekt verlieren die psychosexuellen Entwicklungsphasen an Bedeutung bei der Erforschung der menschlichen Sexualität gegenüber der Entwicklung der Objektbeziehungen.

Jungen stehen in ihrer Entwicklung zur Männlichkeit vor einem Identitätsproblem. Die Väter stehen zur Identifikation im allgemeinen nicht ausreichend zur Verfügung, und die Jungen finden zu wenig Orientierungsmöglichkeiten am eigenen Geschlecht. *Mertens (1994)* weist auf die mangelnde Bereitschaft von Vätern hin, sich auf die Bedürfnisse des Kindes einzulassen. Sie seien gefühlsmäßig wenig verfügbar, so daß Jungen mit ihren Vätern keinen narzißtisch bestätigenden Kontakt erfahren könnten. Aber eine homoerotische, identifikatorische Liebe zum Vater sei Grundlage für die Entwicklung der männlichen Identität. Da es schwierig ist, sich mit einem nicht erreichbaren Vater zu identifizieren, wird die Mutter mit dem in Verbindung gebracht, was nicht männlich ist. Sie wird als Mangelwesen und minderwertig betrachtet, während das Männliche überhöht und idealisiert erscheint, zumal die Realitätsprüfung an der auch real verfügbaren Vaterfigur kaum möglich ist. Die Lücke einer männlichen Orientierungsfigur füllen sodann gesellschaftlich als Ideal dargebotene Männlichkeitsattribute, sei es über Medien, über Pornographie oder über peer-groups (u. a. *Heiliger & Engelfried, 1995*).

In einem Gutachten über Gewalt an Mädchen stellt *Spoden (1995)* fest, daß der gesellschaftliche Hintergrund männlicher Sozialisation wesentlich von zwei Umständen bestimmt werde:
– von der Trennung der Geschlechter in männlich und weiblich,
– von der unterschiedlichen gesellschaftlichen Bewertung der Geschlechter.
Durch diese Aufteilungen und Bewertungen etablierten sich geschlechtsbezogene Normen und Eigenschaftszuweisungen, die unter anderem im familiären Umfeld trainiert und reproduziert würden.

Mertens (1994) weist darauf hin, daß der Junge Sexualität einsetzt, um defizitäre Sozialisationserfahrungen zu kompensieren oder seine Abhängigkeitswünsche abzuwehren, weil viele Erlebensbereiche, wie beispielsweise Zärtlichkeit, nicht mit der sozial definierten, männlichen Rolle in Einklang stehen. Indem er sein

Geschlecht narzißtisch besetzt, erleichtert es ihm die Abwendung von der mütterlich-weiblichen und den Eintritt in die patriarchal-männliche Welt. Somit wird
Sexualität zu einem Akt der Befreiung und symbolischen Konfliktlösung.

Benjamin (1990) meint, daß diese Hinwendung zum väterlichen Prinzip mit
einer Entwertung der Mutter einhergeht. Ein Gefühl von Verbundenheit zu beiden
Geschlechtern und die Anerkennung der Differenz zwischen Männern und Frauen
wird somit verhindert. Eigenschaften, Gefühle, Begabungen, Verhaltensweisen
und andere Elemente des Seelenlebens werden willkürlich mit einem körperlichen
Geschlecht fest verknüpft und dem anderen Geschlecht abgesprochen *(Fäh-Barwinski, 1991)*. In der gesellschaftlichen Realität dienen dann diese Sexualisierungen als ideologische Basis für Geschlechtsrollen-Stereotypien. Für den männlichen Identitätsentwurf bedeutet es, daß Männer bestimmte psychische Anteile
nicht mehr verfügbar haben, indem sie die Identifizierung mit der Mutter verleugnen müssen. Die Angst vor einer Infragestellung ihrer Identität führt dazu, daß sie
ihre Sexualität zur Selbstbehauptung und zum Erlangen von Selbstwert heranzie-
hen. Sexualität dient damit nicht dem lustvollen (körperlichen) Erleben, sondern
wird für verschiedene Motive wie Aggression, Herstellen von Intimität und Nähe
oder Machterleben eingesetzt.

Die Grundlagen für sowohl individuell männliche Sexualisierungen als auch
gesellschaftlich patriarchale Strukturen sieht *Fäh-Barwinski (a.a.O.)* im massiv
verdrängten Neid auf die reiche, allmächtige Mutter. Eine ähnliche Perspektive
findet sich bei *Krell (1983)*, wenn sie feststellt, daß »Gewalt gegen Frauen...,
Abwertung und Unterdrückung von Frauen ... eine Folge davon ist, daß der zivili-
sierte Mann seine eigene innere Natur und die als weiblich identifizierten Anteile
beständig unterdrücken, ausgrenzen und bekämpfen muß, weil es so furchtbar
schwer ist, ein »ganzer Mann‹ zu sein«. Und sie fährt fort: »Groß ist die Angst vor
denen – und der aus dieser Angst gespeiste Haß auf die –, in die projiziert worden
ist und wird, was der Mann nicht (sein) darf...« (S. 21). Die Begegnung mit der
Frau bedeute für den Mann immer auch, sich der eigenen »Verstümmelung«
(a.a.O.) bewußt machen zu müssen. Vor diesem Hintergrund lassen sich Bemühungen des Mannes, die tatsächlichen oder vermeintlichen Eigenschaften und
Verhaltensweisen des weiblichen Geschlechts abzuwerten, als Abwehr der eigenen
Angst vor seiner Körperlichkeit und Sexualität interpretieren. Diese Angst könne
abgewehrt werden, indem Frauen für böse und gefährlich erklärt werden.

Rohde-Dachser (1991a) sieht in der (männlichen) Verachtung des anderen (weiblichen) Geschlechts die Grundlage für den männlichen Wunsch, Frauen zu erobern. In dem Moment, wo man etwas nicht hat, werde es (je nach vorherigem Schicksal) im anderen geliebt oder bei der anderen Person entwertet. Deshalb müßten Männer die Frauen beherrschen, um sich ihre verlorenen, verleugneten Seiten über Frauen anzueignen. Eine erhöhte Aggressivität gegenüber Weiblichkeit wird auch damit erklärt, daß Frauen den Mann immer an seine abgewehrten Anteile erinnern (vgl. u. a. *Schlötterer, 1982*). Mit einer Überkompensation männlicher Attribute versucht der Junge/der Mann, sein Selbstwertgefühl zu bewahren. Er versucht, dem männlichen Rollenstereotyp zu genügen, wonach ein Mann stark, erfolgreich (auch gegenüber Frauen) und gefühlsmäßig robust zu sein hat. Stimmen die mit seinem Geschlechtsstatus zu erbringenden Leistungen nicht mit seinem tatsächlichen Befinden überein oder kann er sie nicht erbringen, so werden die daraus resultierenden Frustrationen häufig an der Person einer Frau abreagiert – sei es über Schuldzuweisungen, sei es über Abwertungen, sei es über Aggressivität (*Pro Familia, 1993*).

Rauchfleisch (1992) sieht in der Aggression eine dem Menschen innewohnende Kraft, die sich in konstruktiver und in destruktiver Weise entwickeln kann. Gewalt als spezifische Form der Aggressivität habe die Schädigung eines Objekts oder einer Person zum Ziel. Jeder Mensch trage ein Gewaltpotential in sich, und das könne durch bestimmte Lebensumstände aktiviert werden. Für den Umgang mit Gewalt seien neben anlagebedingten Faktoren die frühkindlichen Beziehungserfahrungen von zentraler Bedeutung. Auch spielten aktuelle soziale, weltanschauliche und politische Einflüsse eine wesentliche Rolle. *Rauchfleisch* stellt heraus, daß Gewalt nicht von der gesamtgesellschaftlichen Situation und den dort herrschenden Normvorstellungen loszulösen sei. Er verweist auf *Sattler & Flitner (1989; zit. nach Rauchfleisch, 1992, S. 99f)*, die Überlegungen zum Inzest anstellten und vier Ursachen für männliche Gewaltanfälligkeit benennen:
– die Randposition der Männer in der Familie,
– das Bild der männlichen Sexualität,
– der Bruch in der männlichen Sexualentwicklung,
– die männliche Macht inner- und außerhalb der Familie.

Rauchfleisch betont, daß »alle monokausalen Ansätze ... zu kurz greifen. *Gewalt in der Familie stellt vielmehr die Resultante aus einer Vielzahl von Faktoren dar.*« (S. 102 f; Hervorh. im Original).

Böhnisch & Winter (1994) beschreiben die subjektive Bedeutung verschiedener Formen von Gewalt für die männliche Lebensbewältigung. Kernprobleme seien schwere Verunsicherungen bezüglich der männlichen Identität, die sich vor allem im emotionalen und kommunikativen Bereich ausdrückten.

Pilgrim (1988) nennt vier Bedingungen für die Entstehung von Gewaltverhalten beim Jungen:

1. Der Mangelvater
   Der Vater ist abwesend oder brutal, er beschäftigt sich wenig mit seinem Sohn und fällt als positiv besetzbare Identifikationsfigur weitgehend aus.

2. Die Identifikation mit der Mutter
   Wegen des Mangelvaters identifiziert sich der Sohn mit der Mutter und entwikkeltbeine feminine Struktur.

3. Die Konfrontation
   Diese feminine Struktur kollidiert mit den Männlichkeitserfordernissen der Außenwelt. Aus Angst, diesem vorgegebenen Männlichkeitsideal nicht gerecht zu werden, beginnt der Junge, gegen sich selbst gewalttätig zu werden, indem er die weiblichen Teile in sich zerstört.

4. Die Ablösungsproblematik.

Gegenüber der Mutter besteht – so *Pilgrim* – ein ambivalentes Mutterbild. Sie erscheint einerseits als schwach, weil sie sich nicht gegen den Vater/den Ehemann wehrt. Dafür wird sie vom Sohn verachtet. Andererseits wird sie als großartig erlebt, weil sie Liebe und Verständnis gibt. Deshalb ist die Abgrenzung für den Sohn schwierig. Eine Möglichkeit besteht über den Geschlechtsunterschied, d.h. als Mann. Der Sohn identifiziert sich mit der männlichen (Gewalt-) Welt, um sich von der Mutter abgrenzen zu können. Und er verleugnet seine eigenen, weiblichen Anteile, um als Mann in dieser Männerwelt bestehen zu können. Seine Mutterproblematik verschiebt er auf Beziehungen zu anderen Frauen, die eine Stellvertreterfunktion (für die Mutter) einnehmen. Ihnen gegenüber grenzt er sich ab, sie überwältigt oder vergewaltigt er, weil er seine eigene Mutter schonen muß. *Pilgrim* sieht also in dem fehlenden väterlichen Vorbild – er bezeichnet es als »Männlichkeitsdefizit« (S. 315) – eine Ursache für männliche Gewaltanfälligkeit.

In einer steigenden Zahl von Untersuc«hungen finden diese, in der männlichen Sozialisation angelegten Identitätskonflikte auch bei der Erklärung zu Entstehungsbedingungen von Sexualdelikten Beachtung. Insbesondere der Zwang zur Abgrenzung von der Mutter, die Hinwendung zu einem wenig verfügbaren Vater und daraus resultierende Störungsmöglichkeiten werden hervorgehoben.

So sieht *Stoller (1979)* die Ablösungsproblematik von der Mutter als Grundlage für Perversionen. Beim Mann beruhe die Perversion auf einer Störung der Geschlechtsidentität und sei aus drei Elementen zusammengesetzt:
– Wut wegen des Aufgebens der Identifizierung mit der Mutter,
– Angst, daß es unter Umständen nicht gelingt, aus dem Einfluß
  der Mutter zu kommen,
– Rache, weil die Mutter das männliche Kind in diese Lage brachte.

Der fortbestehende Kampf zwischen der Sehnsucht nach einer Rückkehr zur engen Verbindung mit der Mutter und der Notwendigkeit, sich als Mann zu individuieren ließe Männer für sexuelle Perversionen anfälliger werden. In diesen Störungsmustern drücke sich die Verunsicherung gegenüber der eigenen Geschlechtsidentität aus *(Stoller, 1985)*.

Auch *Schorsch (1983)* stellt fest, daß die Ablösung von der Mutter die männliche Geschlechtsidentität ganz zentral betreffe. Die Mutter bleibe für die erlebte Gewißheit von Männlichkeit bedrohlich, und dieses umso stärker, je problematischer die Ablösung von ihr verlaufen ist. Daraus resultiere die generelle Verletzbarkeit der männlichen Identität. Ähnlich wie *Stoller* betont auch *Schorsch* die geringe Verfügbarkeit des Vaters und die Identifikation eines Jungen / eines Mannes über die Negation. Daraus erkläre sich die latente Feindseligkeit gegenüber der, vermeintlich die Männlichkeit bedrohenden Frau. In der Beziehung zur Mutter werde eine Ambivalenz erlebt, die sich in Sehnsucht nach Nähe, in Angst vor dieser Nähe und in Wut auf die Mutter / die Frau ausdrücke. Sexuelle Deviationen könnten dann dazu verhelfen, diese Männlichkeitsprobleme zu neutralisieren.

Müller-Küppers (1991) beschreibt in einer Vergleichsstudie forensischer Gutachten die sehr enge Mutterbindung jugendlicher Sexualtäter und die daraus resultierenden Ablösungsschwierigkeiten. Dem stand insbesondere bei der Gruppe der Vergewaltiger in ausgeprägter Form eine mangelnde Identifizierungsmöglichkeit mit dem Vater gegenüber.

Aber es werden nicht nur die Schwierigkeiten, sich aus einer engen Mutterbindung befreien zu müssen, thematisiert. *Volk (1991)* sieht bei vielen Tätern ein übermäßig angepaßtes Verhalten, das er auf dominierende Mütter zurückführt. Da die

Täter in ihren Partnerbeziehungen oft überlegene Frauen wählten, bedeute das »eine ständige unbewußte Kränkung des Selbstgefühls, zumal solch eine Situation Konflikte schafft zwischen den überlieferten männlichen Rollenvorstellungen patriarchalisch strukturierter Gesellschaften und der eigenen Unfähigkeit, diese zu leben« (S.102). Da sich der Täter innerhalb seines Beziehungssystems nicht behaupten könne, sei die Vergewaltigung eine Verschiebung der »Rache an der Mutter« (S.102). *Böhnisch & Winter (1994)* nehmen bei Vergewaltigern »ein enormes Haßpotential gegen Frauen an, das mit Schamgefühlen und unlösbaren Ohnmachtserfahrungen gegenüber Frauen in Verbindung gebracht wird« (S.205).

Somit erscheint die Mutter als verschlingend, übergriffig oder dominant, während der Vater nicht verfügbar ist. ›Schutz‹ vor Grenzüberschreitungen durch eine Person ist in dem Moment gegeben, wo jemand selbst die aktive Rolle übernimmt, d.h. die Kontrolle und Macht innehat, die Grenzen des anderen zu verletzen. Das Sexualdelikt wird damit zu einem Ausdruck kontrollierter Nähe, bei dem der Täter die Situation und das Beziehungsgeschehen beherrscht, ohne Angst vor Übergriffen durch die andere Person haben zu müssen. Mit Hilfe des Delikts kann er diese eigene Angst verleugnen.

Rauchfleisch (1992) verweist auf die Fragwürdigkeit der These, daß ausschließlich die Mutter als Verursacherin kindlicher Fehlentwicklungen genannt wird. Wissenschaftliche Erkenntnisse seien keineswegs losgelöst von den gesellschaftlichen Strukturen zu sehen. *Malamuth et al. (1993)* betonen den Beziehungsaspekt einer sexuellen Gewalttat, wenn sie sagen:»Sexually aggressive behavior has not been considered an isolated response, but an expression of a general way of dealing with social relationships and conflicts with women« (S.66). Dementsprechend kann festgestellt werden, daß ein Mann, der eine sexuelle Straftat gegen die sexuelle Selbstbestimmung einer anderen Person begeht, durch diese Handlung seine Einstellung gegenüber dem eigenen und dem anderen Geschlecht zum Ausdruck bringt.

In einer explorativen Studie hat *Bongers (1985)* bei Männern deren Wahrnehmung von Männlichkeit erfaßt. Der Autor anerkennt einen nicht unerheblichen Einfluß einer gesellschaftlich immer wieder hervorgebrachten Männlichkeitsideologie. Sie wirke normbildend auf den einzelnen und könne zu anhaltenden Verunsicherungen führen, weil man diesem »idealen Selbst« (S.236) nicht genügt. Auch reduziere sie die Sexualität auf einen funktionalen Aspekt und trage somit zu einem gestörten Verhältnis zum eigenen Körper bei.

Zwar basiert *Bongers'* Untersuchung auf Interviews mit »jungen, überdurchschnittlich gebildeten Männern« (S.234), dennoch erscheinen seine Ergebnisse als durchaus auf Sexualtäter übertragbar. So verweist *Schlötterer (1982)* auf verschiedene Untersuchungen, bei denen Vergewaltiger in ihrem Sexualverhalten nicht wesentlich von ›normalen‹ Männern abweichen und in der Regel keine pathologische Persönlichkeitsstruktur aufweisen. Und *Heiliger & Engelfried (1995)* weisen nach, daß Sexualtäter aufgrund derselben männlichen Sozialisation ähnliche Probleme wie Nichttäter besitzen. Allerdings sei bei Sexualtätern das Ausmaß der Selbstwertprobleme oder hinsichtlich fehlender Empathie extremer. Die Autorinnen erklären das damit, daß gerichtlich erfaßte Sexualtäter im Vergleich zu Nichttätern möglicherweise geringere Kompensationsmöglichkeiten beim Auftreten von Konflikten haben und dadurch auffällig werden.

Babl (1979) beobachtet in einer Studie an College-Studenten ein übertrieben männliches Auftreten und antisoziale Verhaltensweisen, sowie sich diese Männer in ihrer Geschlechtsrolle bedroht fühlten. Er stellt fest, daß »sex-typed males accentuated a socially desirable characteristic – masculinity – in response to sex-role threat« (S.256). Eine fragile, männliche Identität ist für *Schorsch (1989)* die Grundlage dafür, wenn Männer an kollektiven, geschlechtsgebundenen Vorstellungen festhalten müssen. Je unsicherer sich der Mann seiner Geschlechtsidentität sei umso stärker versuche er, den patriarchalen Vorgaben zum Geschlechterverhältnis zu entsprechen. In der Beziehung zur Frau bedeute das, daß er bei einem Gefühl der Gefährdung seiner Männlichkeit verstärkt zu Haß, Entwertungen und aggressiven Durchbrüchen gegenüber Frauen neige.

Aggressivität und Sexualität werden demnach vielerorts als Faktoren männlicher (Selbst-) Bestätigung erkannt. *Schorsch (1989)* tritt dafür ein, über Aggression und Sexualität »geschlechtsübergreifend« (S.18) nachzudenken, ohne die realen Gewaltverhältnisse bagatellisieren zu wollen. Erst dadurch ließen sich festgefügte Denkweisen überwinden und »polaristische und unitaristische« (S.16) Reflexionen über die Geschlechter relativieren. Auch in der Sozialforschung sind Relativierungen und Differenzierungen zu beobachten. So werden zunehmend Zusammenhänge zwischen manifesten und strukturellen Gewaltformen thematisiert und dabei betont, daß Männlichkeit ohne Gewalt denkbar ist und erst über eine Kopplung mit dem Patriarchat beide miteinander verknüpft werden (u.a. *Böhnisch & Winter, 1994;* vgl. u.a. *Hagemann-White, 1993*).

1.4   Bilder

1.4.1   Vater-Mutter, männlich-weiblich: zur Konstruktion von Bildern

»Selbst- und Fremdwahrnehmung gehören so selbstverständlich zu unserem Leben wie die Sonne aufgeht; so kommt es vielleicht auch, daß sie in der psychotherapeutischen Literatur bisher nur wenig Beachtung gefunden haben. Wir wissen zwar, daß Selbst- und Fremdwahrnehmung in hohem Maße von vielen Konventionen gesteuert sind und im persönlichen Bereich wie auch in der klinischen Arbeit ... einen Angelpunkt bilden ... Lebendige Beziehungen entstehen dadurch, daß ein im Fluß befindliches Gleichgewicht zwischen mir und dem anderen oftmals mühsam durch Abgrenzungen erarbeitet, durch Trennung, Trauer und Wiederfinden zu Gestalt wird ... Soziale Stereotypien, Vorurteile, erleichtern uns oft diese mühsame Beziehungsarbeit« – zitiert aus *Sellschopp & Buchheim (1993, S. 40)*.

Aber es sind zunächst nicht einmal die stereotypen Vorstellungen, die zu den Selbst- und Fremdbildern führen, sondern bereits die allerfrühesten Beziehungserfahrungen, die zur Ausformung von Bildern über die Objekte und das Selbst beitragen. ›Bilder‹ können zum einen als etwas Prinzipielles gelten. *Freud (1933)* spricht vom phylogenetischen Ursprung, *Jung (1950)* versteht sie als Archetypen. In diesem Kontext werden sie zu grundlegenden Charakteristika der Menschen, welche kulturunabhängig und universell sind.

›Bilder‹ können ebenfalls als eine Darstellung der Wünsche und Ängste verstanden werden, der bisher gemachten, realen Erfahrungen und der Imaginationen. Dann beziehen sie sich auf die im Unbewußten verankerten Abbilder und werden von Erwartungen geprägt. So gesehen bestehen Bilder zum einen aufgrund abstrakter, zum anderen aufgrund konkreter Vorstellungen. Sie beziehen sich sowohl auf eine innerpsychische Ebene als auch auf eine äußere Erscheinungsform.

Rohde-Dachser (1991b) fragt, inwieweit die Bilder von Vater und Mutter archaischer Art oder kulturell überformt seien. *Tellenbach (1979)* betont, daß Begriffe wie Liebe, Ehe, Familie, Vater oder Mutter »nicht Angelegenheiten der Natur, sondern der Kultur« sind (S.153). In dieser Sichtweise stehen Bilder und Vorstellungen beispielsweise von Ehe oder Familie mit gesellschaftlichen Prozessen im Zusammenhang. *Erdheim (1987)* weist darauf hin, daß Sozialstrukturen ihren psychischen Niederschlag im Subjekt bilden, so daß sich – wie *Buchen (1991)* bemerkt – Geschlechterbilder auf der Basis bürgerlicher Gesellschaftsstrukturen entwickeln. Auch *Theweleit (1980)* betont die gesellschaftlichen Aspekte der Vorstellungen und Bilder über Frauen und Männer. *Lerner (1991)* stellt fest, daß diese Bilder unhinterfragt seien. Dadurch sei ein Deutungsraum gegeben und Einstellungen könnten beeinflußt werden. Allerdings erkenne man inzwischen deutlicher, daß die Definition von ›Weiblichkeit‹ und ›Männlichkeit‹ ideologiebehaftet ist. Denn ›Bilder‹ über Frauen und Männer sind in den sogenannten klassischen Konzepten der Psychologie und Psychoanalyse entweder von Männern entwickelt oder sie orientieren sich an männlichen Sichtweisen über die beiden Geschlechter *(Baumgardt, 1991)*.

Für zahlreiche Autoren enthalten die Kategorien männlich/weiblich nicht nur anatomische Kriterien, sondern sie sind mit bestimmten Eigenschaften verbunden. Hierbei existiert ein breites Spektrum. *Freud (1924)* beispielsweise versuchte mit seiner Bemerkung, »Anatomie ist das Schicksal« (S. 400), die Unterschiede zwischen Frau und Mann zu erklären. Und der Anthropologe *Gilmore (1991)* erachtet ›Männlichkeit‹ als erforderlich in Kulturen, die um ihr Überleben kämpfen müssen. Ohne Frage üben biologische Unterschiede von Frauen und Männern Einfluß auf verschiedene Verhaltensformen aus. Aber vielfältige kulturelle Faktoren überlagern diese anatomischen Unterschiede, so daß die Geschlechtsrollenzuweisungen zu einem künstlichen Produkt von Gesellschaft werden.

Rohde-Dachser (1991a) stellt fest, daß auch heute noch Männer und Frauen von der Gesellschaft Rollen zugewiesen bekommen, die am anatomischen Geschlechtsunterschied festgemacht werden, obwohl es sich um soziale Kategorien handelt. Die Zuweisung der Geschlechter auf bestimmte Lebensbereiche ereignet sich in einer Gesellschaftsform, in der ein Gefälle zwischen Frauen und Männern existiert, und zwar zugunsten des Mannes. Das Symbolsystem der Kultur ist männlich orientiert, und durch diese männliche Sichtweise werden Frauen und Männer auf bestimmte Aspekte reduziert und festgeschrieben. Diese Geschlechtszuweisungen dienen sodann als Rahmen für spezifische Bewertungen und gesellschaftlich vermittelte Stereotypien.

Mutter- und Vaterbilder sowie deren Imagines stehen nicht einfach für Vater oder Mutter, Mann oder Frau. *Buchholz (1996)* vertritt die Auffassung, daß Menschen ihre Kategorien des Denkens an Prototypen bilden. Kategorien seien beispielsweise ›männlich/weiblich‹. Diejenigen Elemente, die eine Kategorie beispielhaft darstellen, bezeichnet er als Prototypen. Jeder Kategorienverwendung liegen ›Modelle‹

zugrunde, so könne der Prototyp ›Mutter‹ mit Bezug auf folgende Modelle verwendet werden:
- das genealogische Modell (sie bringt das Kind zur Welt),
- das Pflegemodell (sie zieht das Kind auf),
- das Ehemodell (sie ist die Frau des Vaters),
- mit der Indizierung eines metaphorischen Modells, z.B. in der Redewendung von der Not als »Mutter« der Erfindung *(Buchholz, 1996, S.183)* oder in der Schlagzeile über den Golfkrieg als ›Mutter‹ aller Schlachten.

Demnach können ›Vater‹ und ›Mutter‹ als beispielhafte Darstellungen für die Kategorien ›männlich‹ und ›weiblich‹ gelten. *Laub (1991)* zeigt auf, wie zu Freuds Zeiten das Wort ›Mutter‹ mit Amme und vielen weiteren weiblichen Bezugspersonen verschlungen war. Das Kind konnte damit seine ambivalenten Gefühle auf verschiedene Personen verteilen, und erst »in der Kernfamilie der heutigen Zeit wird die Imago einer allumschlingenden Mutter Realität« (S.36). Stehe für die Sozialisation des Kindes nur die Kernfamilie zur Verfügung, so erhalte auch der Vater eine andere Bedeutung. Dann sei nur er es noch, der »für die Ausbildung varianter Objektrepräsentanzen und der Internalisierung alternativer Befriedigungsschemata verantwortlich« ist (ebd.).

Stork (1989) betont, daß »Vaterbilder keine Größe an sich (sind), sondern immer nur in einem Gegensatzverhältnis mit den Mutterbildern ihre Existenz erhalten; wie umgekehrt (die Mutterbilder) einzig durch (die Vaterbilder) in ihrem Wesen verstanden werden können« (S.155). ›Vater‹ und ›Mutter‹, ›männlich‹ und ›weiblich‹ bedingen sich also gegenseitig.

Zwar finden sich gesamtgesellschaftlich vorherrschende, patriarchale Vorstellungen über ›männlich/weiblich‹ *(Buchen, 1991)*, dennoch sind es die Eltern, die als Repräsentanten der Gesellschaft vor allem ihre Rollenvorstellungen dem Kind vermitteln. Ihre Erwartungen und Vorstellungen, die sie hinsichtlich der Rolle eines männlichen oder weiblichen Kleinkindes haben, wirken als Normen, die selektiv manche Verhaltensweisen fördern und andere durch Erziehungsmethoden hemmen. Auf diese Weise werden geschlechtsspezifische Muster und Eigenarten gelernt *(Brunotte, 1988)*. Aber nicht nur die Erziehungsmethoden tragen zu geschlechtsspezifischen Mustern von Verhaltensweisen bei. Es sind vor allem Beziehungsmuster und Prozesse innerhalb der Familie, die die unbewußten, psychischen Strukturen eines Menschen beeinflussen.

Neuere Befunde der Säuglingsforschung betonen die Bedeutung frühester Beziehungserfahrungen (u. a. *Stern, 1992; Lichtenberg, 1991; Dornes, 1993*). In bisherigen Modellen der psychoanalytischen Entwicklungspsychologie (u. a. *Spitz, 1980; Mahler, 1979*) wurde dem Kind durch zentrale Begriffe wie Autismus und Symbiose die Fähigkeit zu aktiven Wahrnehmungs- und Interaktionsleistungen während seiner ersten Lebensmonate abgesprochen. Der Aufbau eines Selbst wurde mit reflexiven Erfahrungen verbunden (u. a. *Jacobson, 1973*) und in einen Zusammenhang mit dem Spracherwerb gestellt - im vorsprachlichen Bereich gab es nur ein Nicht-Selbst. Erst mit dem Spracherwerb und den damit verbundenen, neuen kognitiven Fähigkeiten erhält das Kind die Möglichkeit, frühkindliche Realitätsverzerrungen bei der Wahrnehmung der Objekte zu korrigieren und damit auch die ›guten‹ und ›bösen‹ Erfahrungen mit diesen Objekten zu integrieren *(Rohde-Dachser, 1991a)*. Demgegenüber erscheint das Kind aus heutiger Sicht bereits von Geburt an als aktives, differenziertes und beziehungsfähiges Wesen, und das Selbst ist auch mit dem präverbalen Erleben verbunden.

Diese unterschiedlichen Betrachtungen haben Auswirkungen auf bestehende Vorstellungen über das Erleben von Selbst- und Objektwelt und damit auch auf die Entwicklung der Selbst- und Vater- bzw. Mutterbilder. Das Kind muß sich nicht mehr aus der archaischen, verschlingenden und gefährlichen Mutter-Beziehung mit Hilfe des strukturbildenden Vaters lösen, sondern es bestehen – wie u. a. *Stern (1992)* feststellt – beim Säugling von Anbeginn seines Lebens Getrenntheitsempfindungen, auf deren Basis Gemeinsamkeitserlebnisse mit anderen Personen möglich werden. Zunächst nimmt der Säugling die Objekte als zu sich gehörig und als von sich unterschiedlich wahr. Er interagiert mit diesen Objekten, und auf dieser Grundlage entwickeln sich Beziehungen zu ihnen. Die Wahrnehmungen und Erfahrungen mit dem Objekt werden internalisiert. Auf diese Weise können sich Repräsentanzen bilden, die in die psychische Struktur integriert werden und sich zu inneren Bildern formen. Es können Erfahrungen intersubjektiver Bezogenheit, eines Miteinander gemacht werden, ohne daß das Gefühl, ein Individuum zu sein, verlorengeht. Das alles geschieht im vorsprachlichen Bereich. Im Vordergrund steht ein Prozeß von Austausch und Empathie. Durch das allmähliche Erlernen der Sprache der umgebenden Kultur kann das, was bereits früher erlebbar war, nun als Unterschied oder Gemeinsamkeit klarer benannt werden. Die ganzheitliche Erfahrung tritt zunehmend in den Hintergrund, an ihre Stelle gelangt eine kategoriale Wahrnehmung.

Dieses gilt gerade auch für den sexuellen Bereich, denn die Verschiedenheiten der Geschlechter werden akzentuierter erkannt. Für das Kind bedeutet es eine bewußtere Wahrnehmung seiner Ähnlichkeiten und Unterschiede zur Mutter und zum Vater. Diese beiden, von ihm am meisten besetzten Objekte, tragen zur Bildung von Selbst- und Objektrepräsentanzen bei. Das Selbstbild existiert nicht in einem Vakuum, sondern in Beziehung zu anderen Personen. Vom eigenen Selbstbild und Selbstverständnis – der Selbstrepräsentanz – ausgehend geht das Kind eine vorgestellte Beziehung zu einem Interaktionspartner, Vater oder Mutter – der Objektrepräsentanz – ein. Diese Repräsentanzen werden also vorstellungsmäßig miteinander in Beziehung gesetzt. Aber unter dem bewußteren Eindruck der Geschlechtsdifferenzierung und durch Spracherwerb werden die frühen Objektbilder rekodiert und ausschlaggebend verändert – so *Rohde-Dachser (1991a)*.

An der Schwelle zur Geschlechtskategorisierung ist für den Jungen die Erfahrung der eigenen, geschlechtlichen Position in Relation zur Mutter schmerzhafter als für das Mädchen. Denn für den Jungen ist die Geschlechtszuweisung ›Mann‹ in erster Linie ›Nicht-Mutter‹. *Rohde-Dachser* postuliert für das männliche Kind eine größere Konflikthaftigkeit der ersten geschlechtlichen Differenzierung. »Seine in diesem Zusammenhang kreierten Mutterbilder (müßten) im typischen Fall auch stärker aggressiviert erscheinen und damit reaktiv auch stärker entwertet und/ oder idealisiert« werden (S.228). Die Ausgestaltung der Objektbilder sollte demnach vor dem Hintergrund von Wunscherfüllung und Abwehr betrachtet werden.

Jedes Individuum trägt das Bild des Gegengeschlechts in sich. Der Geschlechtsunterschied wird also nicht unterdrückt, sondern er ermöglicht (sexuelle) Beziehungen, weil gerade die Fähigkeit, sich selbst mit anderen zu identifizieren, den Weg zum anderen eröffnet. Aber als Folge der geschlechtsspezifisch polarisierten Erziehung und unter dem Einfluß kultureller Vorgaben basieren die verinnerlichten, tradierten Bilder über Frau/Mann/Familie auf einer Abspaltung und Externalisierung an das jeweils andere Geschlecht *(Buchen, 1991)*. Im Objektbild werden dementsprechend idealisierte oder abgespaltene Selbstanteile untergebracht. Und wörtlich meint *Buchen*: »Nur wenn bipolare Motive und Bedürfnisse des Individuums (Symbiose/Individuation; Leistung/Entspannung etc.), die in einer patriarchalen Gesellschaft jeweils den unterschiedlichen Geschlechtern zugeschrieben werden, als eine die Ganzheit der Person konstituierende Grundstruktur aufgefaßt werden, kann ... der emotionalen Arbeitsteilung der Geschlechter und damit einer krankmachenden Spaltung entgegengewirkt werden« (S.206f).

Indem also die Geschlechtstypisierungen kulturabhängig und gesellschaftsbezogen sind, gibt es sozial bedingte Differenzierungen des Verhaltens. Es gibt keine eindeutige Zuordnung zu männlich oder weiblich, aber bei jeder Person besteht eine (innere) Repräsentanz, was männlich oder weiblich ist. Die Geschlechterideale werden damit eher zu verinnerlichten Phantasien, die nicht unbedingt der Realität entsprechen. *Schorsch (1989)* spricht in diesem Zusammenhang vom Phantasma. Für ihn sind männliches und weibliches Prinzip »keine ontologischen Gegebenheiten, sondern Produkte innerer Vorgänge, individueller wie kollektiver Art, ... bei denen es um intrapsychische Abwehrmechanismen geht« (S. 157). Mit Hilfe von Projektion und Delegation an das jeweils andere Geschlecht werde ein kategoriales Bild von Männern / Frauen festgeschrieben. *Lerner (1991)* weist auf adaptive und pathogene Aspekte der Geschlechtsrollenstereotypen hin. Und *Rohde-Dachser (1991a)* sieht in den Mutter- und Vaterbildern »Wirklichkeitskonstruktionen«, »Rollenvorgaben und Wertmuster einer Gesellschaft«, die »immer auch im Dienst der Abwehr stehen und unter diesem Blickwinkel interpretiert werden müssen« (S. 224).

Wendet man sich nun der Frage zu, wie das Thema »Mutter- und Vaterbilder von Sexualtätern« in der neueren Fachliteratur rezipiert wird und recherchiert man zu diesem Zwecke beispielsweise im Datennetz ›psyndex‹[1], so finden sich für diese Fragestellung innerhalb des Zeitraumes 1977 bis 1996 keinerlei Eintragungen. Dennoch sind bemerkenswerte Beobachtungen zu machen: Läßt man die Eingrenzung auf Sexualdelinquenten fallen und sucht ganz allgemein nach Veröffentlichungen über ›Mutterbilder‹, so beschäftigen sich 14 Publikationen mit diesem Bereich. Thematisch geht es hierbei überwiegend um Zusammenhänge zu Märchen oder Kinder- und Jugendliteratur. Im Vergleich dazu befaßt sich eine nahezu doppelte Anzahl von Veröffentlichungen, nämlich 26, mit ›Vaterbildern‹, die vor allem im Kontext von Autobiographien, Geschichte oder Christentum behandelt werden. In diesem ungleichgewichtigen Interesse an Mutter- und Vaterbildern kommt möglicherweise die stärkere Verdrängung zum Ausdruck, der die archaische Mutterimago anheim fällt, und von welcher *Rohde-Dachser (1991a)* im Zusammenhang mit der Geschlechterdifferenz spricht.

Aber eine weitere Beobachtung ist zu machen: Läßt man auch die Eingrenzung auf ›Bilder‹ fallen und sucht nur noch nach Veröffentlichungen, die sich mit der

---

1 ›psyndex‹ ist u.a. an der Ludwig-Maximilians-Universität in München installiert.

Thematik ›Mutter‹ bzw. ›Vater‹ befassen, so finden sich in der computergestützten Bibliographie während des oben genannten Zeitraumes 2289 Nennungen zur Mutter und nur 827 zum Vater. Auch hier bieten sich Überlegungen zum Stellenwert der jeweiligen Elternteile in wissenschaftlichen Untersuchungen an, die Rückschlüsse auf die Bedeutung von Vater und Mutter im sozialen Gefüge zulassen. Das erheblich unterschiedliche Forschungsinteresse an Vätern bzw. Müttern kann als Ausdruck sowohl des Ungleichgewichts zwischen Männern und Frauen und der ideologisch bestimmten Ungleichheit zwischen den Geschlechtern als auch der gegenseitigen Nichtanerkennung verstanden werden. Es geht dabei um Gesichtspunkte, auf die neuere Forschungsansätze gerade auch im Zusammenhang mit der gesellschaftlichen Verankerung von Geschlechtsrollenstereotypien hinweisen *(BMJFFG, 1994)*, und die sich ebenfalls in den Bildern über Mann – Frau / Vater – Mutter widerspiegeln. Es sind dieses geschlechtsspezifische Aspekte, bei denen die Aufspaltungen bestimmter psychischer Eigenschaften auf die Geschlechter zu polarisierten Bildern und Vorstellungen von männlich und weiblich, von Vater und Mutter führen und mit Wertungen einhergehen. In welcher Weise das ausgedrückt wird, wird im folgenden dargestellt.

1.4.2 Mutterbilder

Die biologische Funktion der Frau ist Schwangerschaft, Gebären und Stillen des Kindes. Aufgrund dieser Fähigkeiten wird ihr in unserer westlichen Kultur der häuslich-private Bereich zugewiesen, während dem Manne der öffentliche Bereich zusteht. Zwar ist die »Erziehung der Nachkommenschaft« *(Brunotte, 1988, S. 155)* ein sozialer Auftrag, aber er fällt in unserer Kultur immer mehr der Frau zu.

Nadig (1987) sieht in der Mutterschaft einen der wichtigsten Punkte, »an denen die Diskriminierung der Frauen ansetzt und immer ansetzte« (S. 81). Denn kulturelle Aspekte der Mutterschaft – so beispielsweise das Aufziehen der Kinder oder die Sorge um das Wohlergehen der Familie – werden als biologische verstanden und dienen als Fundament der Geschlechter-Ideologie. Die weibliche Rolle wird im familiären, d. h. nicht-öffentlichen Raum verankert. Durch diese Zuordnung der Frauen zum Privaten werden sie in weiten Teilen in ihrer Frauenrolle auf Mütterlichkeit festgeschrieben. Sie werden damit weniger als ein Subjekt betrachtet, das hieße als eine eigenständige Persönlichkeit mit eigenen Bedürfnissen und Wünschen, sondern mehr funktional. Im Zentrum steht dabei, ob die Mutter ›gut‹ oder

›schlecht‹ für das Kind ist (vgl. u.a. *Spitz, 1980; Mahler, 1979; Winnicott, 1976*). Ihr wird keine eigene Sexualität zugestanden, sondern sie wird auf den asexuellen Typus der aufopfernden Ehefrau und Mutter festgelegt (vgl. *Theweleit, 1980*).

Da Mutter und Kind miteinander den Alltag teilen, während der Vater in der Regel ausserhäusig ist, werden Emotionen vor allem mit der Mutter verbunden. Die Mutter-Kind-Beziehung wird damit zu einer dyadischen Fokussierung, welche aus größeren sozialen Zusammenhängen, wie Familie oder Gesellschaft, scheinbar herausgelöst ist. Dadurch wird diese dyadische Beziehung zum Ort für normale und pathologische Entwicklungen des Kindes mit der Folge des »mother blaming« *(Lerner)*. Die Mutter trägt die Verantwortung für das Wohlergehen des Kindes, und dementsprechend hat sie auch Schuld bei Fehlentwicklungen *(Rohde-Dachser, 1989; 1991a)*.

Wie stark dieses Mutterbild in einem kollektiven, geschlechtsspezifischen Unbewußten verankert ist, wurde in einem Forschungsprojekt erfaßt. Die Forschergruppe untersuchte Fallschilderungen aus psychoanalytischen Fachzeitschriften daraufhin, in welchem konnotativen Zusammenhang die Begriffe ›Mutter‹ und ›Vater‹ verwendet wurden. Dabei zeigte sich, daß im Umfeld von Mutternennungen tendenziell mehr negative Affektworte auftraten als im Vaterumfeld *(Rohde-Dachser, 1991b; Rohde-Dachser et al., 1993)*.

Schmauch (1985) betont, wie komplex und überfrachtet das Mutterbild ist. Einerseits bezieht es sich auf eine tiefe Sehnsucht nach absoluter Harmonie und dem Verlangen nach vollkommener Zwei-Einheit. Die Mutter wird als allmächtig phantasiert, als Ursache für alles Gute, für das Kindheitsparadies und als Garant narzißtischer Illusionen. Sie wird als orale Versorgerin und zur Bewunderung der Großartigkeit des Sohnes benötigt. Aber damit ist auch eine Abhängigkeit des Kindes von dem narzißtisch bestätigenden und verwöhnenden, mütterlichen Objekt gegeben. Die Kehrseite ist ein Mutterbild, welches mit Ängsten vor Vereinnahmung, Verschlungenwerden und übergroßer Abhängigkeit in Verbindung steht. Es ist das Konstrukt einer archaischen, mit Omnipotenz ausgestatteten Mutterimago, bei dem die Mutter als gefährlich, verschlingend, undifferenziert, primärprozeßhaft und kreatürlich erscheint (vgl. u.a. *Rohde-Dachser, 1991a*).

Zahlreiche Publikationen beschäftigen sich mit der Aufspaltung der Mutterimago in einen ›guten‹ und einen ›bösen‹ Teil. Da das soziale Feld auf die Mutter-Kind-Dyade reduziert ist, bleibt die Mutter in einer ›vaterlosen Gesellschaft‹

(Mitscherlich, 1973) als einzige Identifikationsfigur sowie als einzige Projektions-
figur übrig. Sie ist verantwortlich für Versagungen oder reale Grenzen im Leben,
welche zu Enttäuschungen führen. Sie trägt ebenfalls Verantwortung für die
Beziehung ihres Kindes zum Vater und hat die Aufgabe, als Mittlerin zwischen beiden zu fungieren (vgl. *Winnicott, 1976*).

Rohde-Dachser (1991a) meint, daß mit einer Mutter als ›eigentlicher‹ Quelle
des Bösen die Rettung des guten Vaters möglich ist. Auch diene das Bild der furcht-
baren Mutter der Legitimation des Patriarchats. Der Vater müsse stark sein, um
der Allmacht der Mutter etwas entgegenzusetzen.

In psychoanalytischen Abhandlungen wird häufig die weibliche Geschlechtsrolle
aus der männlichen definiert und erscheint dann als geringerwertige Form des
Menschen (vgl. *Brunotte, 1988*). Nach *Freud (u.a. 1925; 1931; 1933)* erscheint
die Frau als ein Mangelwesen, mit einer genitalen Minderausstattung und einem
lebenslangen Penisneid. Nur sofern sie sich damit abgefunden hat, kann sie zu
›reifer Weiblichkeit‹ *(Freud)* gelangen. Dementsprechend ist auch die Mutter
›minderwertig‹ und wird damit zu einem geeigneten Objekt für das narzißtische
Überlegenheitsgefühl des männlichen Kindes.

Da auch Frauen unter den patriarchalen Strukturen sozialisiert werden, verinner-
lichen sie das patriarchale Bild der weiblichen Minderwertigkeiten. Die »Reduk-
tion der Frau auf Gebärfähigkeit und dienende Mütterlichkeit« *(Buchen, 1991,
S. 218)* erleben sie als eine narzißtische Dauerkränkung, die zwangsläufig Wut-
und Haßgefühle bei der Frau erzeugt. Diese Gefühle werden teilweise auf das Kind
verschoben und lösen Schuldgefühle bei der Mutter aus. Als Wiedergutmachung
wird sie sich verstärkt bemühen, gegenüber dem Kind eine ›gute‹ Mutter zu sein,
womit sie ihren Teil an der Aufrechterhaltung gesellschaftlicher Vorstellungen
über mütterliche Aufopferung beiträgt.

Die gesellschaftliche Idealisierung der Mutterschaft, der Gebärfähigkeit und
Stillfähigkeit der Frau stabilisiert ebenfalls das vom Patriarchat bestimmte Mutterbild, denn die Aufwertung der Mutter erfolgt nicht im Sinne von Autonomie und
der Anerkennung der Mutter als einer eigenständigen Person *(Benjamin, 1990)*.
Gleichzeitig löst die Idealisierung der Mutterschaft Angst-, Neid- und Haßgefühle
beim Manne aus. Diese wiederum fördern frauenverachtende, männliche Haltun-
gen und Handlungen und tragen zu einem insgesamt äußerst ambivalenten Mutterbild bei.

1.4.3 Vaterbilder

Die gesellschaftliche Polarisierung in ›öffentlich‹ und ›privat‹ hat komplementäre Auswirkungen auf die Rollenverteilungen der Väter und Mütter. Während Müttern die Familie als ihr Zuständigkeitsbereich zugewiesen wird, sind Väter mit dem Außenbereich verknüpft und gelten damit als Repräsentanten patriarchaler Machtstukturen. So sieht *Gilmore (1991)* Väter als Erzeuger, ausgestattet mit sexueller Potenz und Aggressivität, als Ernährer und als Beschützer mit kriegerischen Aufgaben. Er bezeichnet Väter als ›Herrscher ohne Reich‹.

In entwicklungspsychologischen Abhandlungen findet der Vater relativ wenig Beachtung. Erst in neuerer Zeit zeichnet sich ein Wandel ab. In der bisherigen Fachliteratur wird der (präödipale) Vater vor allem in der Rolle des Repräsentanten der Außenwelt beschrieben. Es ist seine Aufgabe, das Kind aus der ursprünglichen dyadischen Beziehung zur Mutter herauszulösen. In dieser Funktion erhält er eine zentrale Rolle für die Individuation des Kindes (vgl. u. a. *Abelin, 1971; Rotmann, 1978*), zumal er – wie *Loch & Jappe (1974)* feststellten – den Umgang mit dem primären, mütterlichen Objekt gefahrlos vorleben kann. »Das frühe Vaterbild organisiert die Erfahrung der ersten Trennung von der Mutter, und zwar indem es dem Kind hilft, die Ambivalenzen gegenüber der Mutter zu ertragen« *(Erdheim, 1991, S. 156)*.

Stork (1989) sieht den Vater und die Vaterbilder als »Mittler und Garant der Individuationsbestrebungen ... Damit treten sie als Gegner der archaischen Mutterbilder und als Störenfried der narzißtischen Wünsche nach Absolutheit und Vollkommenheit hervor ... Andererseits kann man den Vater und die Vaterbilder als Befreier beschreiben, weil sie die Vorgänge der Ablösung und Verneinung sowie der Gegenbesetzung der primären Mütterlichkeit und der primären narzißtischen Identifizierung bewirken und somit die psychische Entwicklung, vornehmlich die Individuation, freisetzen« (S. 165).

Diese Auffassung betont die präödipale Bedeutung des Vaters, wie sie sich im traditionellen Triangulierungskonzept wiederfindet (vgl. u. a. *Abelin, 1971, 1975, 1980*). Am Beispiel psychoanalytischer Modellannahmen zum väterlichen Einfluß auf die psychische Entwicklung des Kindes wird eine interessante Veränderung innerhalb der Psychoanalyse erkennbar. Während die klassische Psychoanalyse die Bedeutung des Vaters in die ödipale Phase legt, interessiert – angeregt durch das Symbiose- und Individuationskonzept von *Mahler (1979)* – zunehmend seine

Rolle während der präödipalen Zeit: als triangulierendes Element, um die Loslösung des Kindes von der Mutter zu erleichtern. Aber durch Erkenntnisse der neueren Säuglings- und Kleinkindforschung wird die väterliche Bedeutung für den Entwicklungsprozeß eines Kindes nochmals vorverlegt. Da Säuglinge schon in einem sehr frühen Stadium die unterschiedlichen Beziehungsqualitäten zu Mutter und Vater differenziert wahrnehmen können (u. a. *Stern, 1992*), ist »für das menschliche Dasein eine trianguläre Strukturierung von vorneherein konstitutiv« *(Lang, 1995, S. 52)*. Danach ist anzunehmen, daß triangulierende Einflüsse nicht erst bei der Geburt einsetzen, sondern sich bereits im vorgeburtlichen Raum finden, beispielsweise in den elterlichen Phantasien über das werdende Kind und ihren sexuellen Begegnungen während der Schwangerschaft. Weitere Forschungsergebnisse hierzu müssen abgewartet werden. Zum derzeitigen Erkenntnisstand werden die Beziehungen, die ein (Klein-) Kind zu Mutter und Vater besitzt, in ihren unterschiedlichen emotionalen Qualitäten als bedeutsam und für seine psychische Entwicklung unentbehrlich anerkannt (vgl. u. a. *Dornes, 1997*).

Im familiären Alltag ist der Vater im allgemeinen wenig verfügbar, und es ist die Mutter, die präsent ist. *Schmauch (1985)* hat bei Untersuchungen an Kleinkindern festgestellt, daß das Vaterbild oft eine Leerstelle ist, die dadurch zu einem Ort für Idealisierungen und vielfältigen Projektionen wird. Das aggressionslose Bild vom Vater stehe im Gegensatz zur realen Aggressivität des Vaters. Über die Verinnerlichung der väterlichen Normen und Werte und durch eine Identifikation mit den väterlichen, machtorientierten Aggressionen gelinge es dem Jungen (vgl. u. a. *Buchen, 1991*), das idealisierte Vaterbild aufrechtzuerhalten. Aber das positive Vaterbild wird zerstört, wenn sich das Kind dem Vater real nähert. Zeigt er kein echtes, liebevolles und ausreichendes Interesse an seinem Sohn oder neigt er zu körperlichen Angriffen und gewalttätigem Verhalten, so führt das zu Kränkungen und immer neuen Enttäuschungen. Die daraus resultierenden Gefühle von Verachtung, Wut und Haß auf den Vater werden von ihm abgespalten und auf die Mutter verschoben. Indem also Aggressionen, die eigentlich dem Vater gelten, auf die Mutter projiziert werden, ist eine idealisierende und ›konfliktfreie‹ Beziehung zum Vater möglich.

Die Aufrechterhaltung eines idealisierten Vaterbildes wird zum einen durch Identifikation mit dessen Macht und dessen Über-Ich-Geboten möglich, zum anderen durch Abspaltung der ›bösen‹ Anteile. Die mit dem Vater verbundenen Bilder von Gewalt und Aggression werden systematisch von der Vaterimago auf die Mutterimago verlagert. Hierbei kommen die psychoanalytischen Abwehrmechanismen der Projektion und Verschiebung zum Tragen *(Rohde-Dachser, 1991a)*.

In dem bereits oben erwähnten Forschungsprojekt zum konnotativen Zusammenhang der Begriffe ›Mutter‹ und ›Vater‹ in psychoanalytischen Falldarstellungen zeigte sich, daß im Umfeld von Vaternennungen tendenziell mehr positive Affektworte auftraten als im Mutterumfeld. Auch hierbei ist zu vermuten, daß dieses Vaterbild in einem kollektiven, geschlechtsspezifischen Unbewußten verankert ist und unreflektiert tradiert bzw. in Psychotherapien agiert wird *(Rohde-Dachser, 1991b; Rohde-Dachser et al., 1993)*.

In neuerer Zeit befassen sich Untersuchungen zunehmend mit den Folgen, die der Ausfall eines väterlichen Leitbildes bewirkt. Eine Übersicht findet sich u. a. bei *Lamb (1976)*. Neben verschiedenen methodologischen Problemen wird als eine der Schwierigkeiten gesehen, eine eindeutige Definition der väterlichen Rolle zu finden. Aufgrund der sich ändernden, gesellschaftlichen Verhältnisse und dem Entstehen neuer Sozialisationsmodelle entwickle sich auch ein sich veränderndes Verständnis von Vaterschaft und Familie.

1.4.4 Zur Bedeutung der Bilder

Wozu dienen nun diese ›Bilder‹? Unter einem entwicklungspsychologischen Blickwinkel ermöglichen sie dem Kleinkind insbesondere, eine dauerhafte Vorstellung des Gegenüber zu erwerben, um damit mit den Frustrationen, Versagungen, eben den alltäglichen Beziehungserfahrungen umgehen zu lernen. Bei Trennung und Verlust kann in einem inneren Bild etwas nicht Gegenwärtiges gegenwärtig gemacht werden. Wie bereits früher ausgeführt *(Fairbairn, zit. nach Sutherland, 1980)*, braucht ein Kind das Gefühl, als Person anerkannt und um seiner selbst willen geliebt zu werden. Falls es dieser Erfahrung beraubt ist, baut es eine innere Welt von Beziehungen auf, um die zurückweisende, reale Beziehung nicht laufend erfahren zu müssen. Es ist eine kompensatorische, innere Welt, bei der die inneren Objektbeziehungen komplementäre Aspekte der frustrierenden, äußeren Situation enthalten. Allerdings, je mehr das Kind mit diesen Beziehungen der inneren Objekte beschäftigt ist, umso weniger ist es mit der Außenwelt in reifer (realitätsbezogener) Form befaßt. Die externen Objektbeziehungen sind statt dessen Externalisierungen seiner inneren Welt. Die Personen werden dann nicht als eigenständige Personen wahrgenommen oder geliebt, sondern in die Form der inneren

Objekte gepreßt. Die enttäuschenden Eltern werden durch ›bessere‹ ersetzt, d.h. es gibt nur abgewehrte, phantasierte Eltern (vgl. *Freud, 1909).*

Bilder enthalten ebenfalls eine narzißtische Dimension. So kann ein idealisiertes Bild von sich das fragile Selbstwertgefühl kompensieren. Gefühle der eigenen Verletzbarkeit, Ohnmacht oder des Versagens können damit ungeschehen gemacht werden. Es wird an einem inneren, idealisierten Objekt festgehalten, auf das man sich beziehen kann. Dieser Aspekt erscheint als besonders erwähnenswert für die Identitätsbildung des Jungen, dessen Unsicherheit der geschlechtlichen Identität mit dem Desidentifizierungsprozeß zur Mutter zusammenhängt.

Bilder besitzen auch eine Orientierungsfunktion. So können sie dem heranwachsenden Kind als Leitbild dienen, um Eigenverantwortung zu erlernen und allmählich die Rolle des Kindes aufgeben zu können. Sie enthalten etwas, das man nachahmen möchte. Für den Jungen dienen insbesondere männliche Leitbilder dazu, eine männliche Identität im Verlaufe des Sozialisations- und Individuierungsprozesses herauszubilden.

Und schließlich soll erwähnt werden, daß Bilder auch der Tradierung von Normen und Wertvorstellungen dienen, die das patriarchalische Geschlechterverhältnis kennzeichnen. »Die Struktur des Mutterbildes basiert auf der ideologischen Spaltung zwischen Familie und Kultur … Die soziale Spaltung wiederholt sich auf psychologischer Ebene« *(Nadig, 1987, S. 101f).* Während die Mutter als verfügbar betrachtet wird, stellt der Vater eine ›unabhängige‹ Person dar. Während die Mutter für Verschmelzung steht, wird der Vater mit Trennung in Verbindung gebracht. Aus dieser Theorie heraus erfolgt die Legitimation für den Herrschaftsanspruch des Mannes: Der Allmacht der Mutter muß durch männliche Macht begegnet werden. *Rohde-Dachser (1991b)* verweist darauf, daß sich die derzeitige Fokussierung auf ein ›mächtiges‹ Mutterbild als unbewußte Ablenkung von der Macht der Väter begreifen ließe, »die aus vielerlei Günden heute als eine *schuldige Macht* verstanden werden kann« (S. 147; Hervorh. im Original).

1.5 Hypothesen und eigene Fragestellungen

Nach dem Stand der Theoriebildung kommt den Objektbeziehungen eines Menschen zentrale Bedeutung für dessen Persönlichkeitsentwicklung zu. Sieht man seine Entwicklung – und somit auch seine Pathologie – in Begriffen seiner (wirklichen oder phantasierten) Objektbeziehungen *(Sandler, 1982),* so wird sie durch

Beziehungsmuster und -erfahrungen beeinflußt. In der Regel sind Eltern früheste Bezugspersonen. Auf der Grundlage ihrer eigenen Geschichte und als Repräsentanten der Gesellschaft vermitteln sie dem Kind Normen und Rollenvorstellungen. Die Erfahrungen aus diesen Interaktionen formen sich zu inneren Bildern, zu Repräsentanzen eines Selbst und der Objekte. Dabei stehen ›Vater‹ und ›Mutter‹ beispielhaft für ›Mann‹ und ›Frau‹; d.h. die verinnerlichten Bilder sind Prototypen für geschlechtsspezifische Muster und Verhaltensweisen, für Einstellungen gegenüber Sexualität und Beziehungen.

Die Beziehungen der Geschlechter werden von der Gesellschaft reglementiert und kontrolliert. Sexualität spielt dabei als Gesamtheit aller Gefühle und Erfahrungen zwischen Menschen eine besondere Rolle. Der Begriff ›Sexualität‹ bezieht sich also nicht nur auf ein biologistisches, triebdynamisches Geschehen, das im Dienste der Fortpflanzung steht, sondern er enthält eine weiterreichende Realität, die mit sehr ursprünglichen Bedürfnissen nach zwischenmenschlichem Kontakt zu tun hat. Früheste Erfahrungen sind mitbestimmend für die Gestaltung späterer Beziehungen im Erwachsenenalter, so auch für Einstellungen zum eigenen, und damit ebenfalls zum anderen Geschlecht. Sexualität wird damit zum Ausdruck der Persönlichkeit, die sich in ihrem sozialen und kulturellen Umfeld entwickelt. Gleichzeitig spiegelt der Umgang mit Sexualität die Beziehungen zwischen Männern und Frauen im gesellschaftlichen Kontext wider.

Die gesellschaftlichen Strukturen in unserem Kulturkreis weisen Männern und Frauen unterschiedliche Bereiche zu. So werden Frauen eher als zuständig für den familiären (Innen-) Bereich gesehen, während Männer mit dem erwerbsbezogenen (Außen-) Bereich in Verbindung gebracht werden. Dadurch sind Väter – im Unterschied zu Müttern – als positiv besetzbare Identifikationsobjekte weniger verfügbar. Gleichzeitig fordert das patriarchal organisierte Gesellschaftssystem für die männliche Sozialisation eine Abwendung von sogenannten ›weiblichen‹ Eigenschaften und eine Überbetonung ›männlicher‹ Maßstäbe[1]. Das kann beim einzelnen zu intrapsychischen Spannungen zwischen eigener Befindlichkeit und Männlichkeitsanforderungen der Umwelt führen und starke Verunsicherungen in der Geschlechtsidentität auslösen.

---

1 Mit der Apostrophierung von ›männlich‹ oder ›weiblich‹ soll kenntlich gemacht werden, daß es keine Eigenschaften per se sind, sondern daß es sich um Sexualisierungen, um willkürliche Zuweisungen von Eigenschaften zu den körperlich unterschiedlichen Geschlechtern handelt – u.a. *Fäh-Barwinski, 1991*

In dieser Arbeit wird der These nachgegangen, daß sexuelle Gewalt einen männlichen Versuch darstellt, den Anforderungen der männlichen Rolle gerecht zu werden. Bisher vorliegende Forschungsergebnisse legen nahe, daß bei Sexualtätern eine Störung der Geschlechtsidentität vorliegt, die mit Selbstwert- und Beziehungsproblemen zusammenhängt. Sexuelle Gewalt findet ihren Niederschlag in Beziehungsstrukturen, deren Grundlagen frühe Beziehungsmuster und -erfahrungen sind. Zu diesen zählen vor allem in ihrer geschlechtsspezifischen Bedeutung diejenigen zu Mutter und Vater. Die verinnerlichten Mutter- und Vaterbilder tragen zu einer geschlechtlichen Identität bei. Da sie gleichzeitig Prototypen für die Kategorien ›weiblich/männlich‹ sind, manifestiert sich in ihnen die Persönlichkeitsproblematik von Sexualtätern.

Bei der Überprüfung der These sollen die folgenden Fragestellungen diskutiert werden:

– Welches Selbstbild haben Sexualtäter?

– Welche Fremdbilder (Mutter, Vater) haben Sexualtäter?

– Welchen Vergleich bietet das Selbstbild mit den Fremdbildern?

– Wie erscheint die zentrale Problematik von Sexualtätern?

– In welchem Zusammenhang stehen zentrale Problematik, Objektbeziehungen und sexuelle Gewalt?

2 Methode

2.1 Ausgangspunkt der Untersuchung

Der Ausgangspunkt der vorliegenden empirischen Untersuchung liegt in einer schon seit Jahren geführten Diskussion über den Umgang mit Sexualtätern. Dabei geht es (immer wieder) um Fragen der Therapie gegenüber einer reinen Verwahrung im Strafvollzug. Als Folge der Strafrechtsreform von 1969 in der Bundesrepublik Deutschland wurden in allen Bundesländern Modellanstalten für Strafgefangene eingerichtet. Sie sollten ein stärkeres Gewicht auf den vom Gesetzgeber geforderten Behandlungsgedanken anstelle einer nur reinen Verwahrung der Straftäter legen. Der § 65 StGB wurde geschaffen, der die Unterbringung in Sozialtherapeutischen Einrichtungen regelte[1]:
– für Personen mit schweren Persönlichkeitsstörungen und
– für Personen, deren Delinquenz auf einen Sexualtrieb zurückzuführen ist.

Die ursprüngliche Annahme war, daß Sexualdelikte zwar auf einen abnormen Sexualtrieb zurückzuführen seien, dieser Täterkreis dennoch besonderer Behandlung bedürfe.

1972 wurde in München innerhalb des Untersuchungsgefängnisses die Sozialtherapeutische Abteilung für Sexualtäter aufgebaut. Dort wurden bis zum Jahre 1996 rechtskräftig verurteilte Sexualtäter über einen Zeitraum von zirka zwei Jahren auf freiwilliger Basis behandelt. Anfangs sah das therapeutische Angebot eine Kombination von Einzel- und Gruppentherapie bei gleichzeitiger Antiandrogenbehandlung vor. Nach 7-jähriger Erfahrung wurde die pharmakologische Therapie aufgegeben durch die Erkenntnis, daß Störungen der funktionalen Sexualität keine Ursache für Sexualdelikte sind *(Wiederholt, 1980)*. Von da an wurde nur

---

1 § 65 StGB wurde nicht in Kraft gesetzt und 1984 vom Gesetzgeber wieder aufgehoben. Zwischenzeitlich war allerdings 1977 mit dem Strafvollzugsgesetz eine andere rechtliche Grundlage für Sozialtherapeutische Einrichtungen geschaffen worden (vgl. u.a. *Egg, 1993*).

noch nach einem psychoanalytisch orientierten Konzept psychotherapeutisch gearbeitet[1].

2.2 Untersuchungsstichprobe

Die Untersuchung wurde an Klienten der Sozialtherapeutischen Abteilung für Sexualtäter in der Justizvollzugsanstalt München durchgeführt, die sich freiwillig um Aufnahme auf die Therapieabteilung bewarben. Auswahlkriterien für die Aufnahme sind insbesondere ein verbleibender Strafrest von mindestens zwei Jahren, um einen entsprechenden Zeitrahmen für die intramural durchgeführte Therapie sicherzustellen. Das beinhaltet allerdings, daß das Klientel aus Strafgefangenen mit entsprechend hohen Haftstrafen besteht. Zu den Aufnahmekriterien gehört ebenfalls, daß die Bewerber keine Debilität, Psychose oder hirnorganischen Störungen aufweisen sollen. Da die Therapie ausschließlich psychotherapeutisch ausgerichtet ist, stehen die Probanden unter keiner medikamentösen Behandlung.

Für das Untersuchungskollektiv waren zunächst verschiedene Tätergruppen mit Straftaten gegen die sexuelle Selbstbestimmung vorgesehen. Aufgrund zu geringer Fallzahlen mußte das Vorhaben jedoch eingeschränkt werden auf Personen, die nach den §§ 177, 178 StGB wegen Vergewaltigung beziehungsweise sexueller Nötigung inhaftiert und rechtskräftig verurteilt sind. Damit standen 84 männliche Personen zur Verfügung. Im folgenden wird dieses Untersuchungskollektiv verkürzt als ›Sexualtäter‹ bezeichnet. – Kritisch anzumerken ist, daß die Untersuchungsgruppe im statistischen Sinne keine echte Zufallsstichprobe darstellt, da sich die Probandenauswahl an den Aufnahmekriterien der Therapieabteilung orientiert. Darüber hinaus war es aus zeitlichen, ökonomischen und organisatorischen Gründen nicht möglich, innerhalb der Justizvollzugsanstalt München eine vergleichbare Stichprobe als Kontrollgruppe heranzuziehen[2]. Die Untersuchung ist also als deskriptiv-explorative Studie angelegt.

---

1 Neuere rechtspolitische Entwicklungen tragen derzeit zu einer konzeptuellen Veränderung der Abteilung bei. Ein näheres Eingehen auf diese Problematik überschreitet allerdings den Rahmen dieser Untersuchung.

2 *Überla (1968)* problematisiert Fragen von Repräsentativität und Generalisierbarkeit. Im strengen statistischen Sinne quantitativer Sozialforschung würden Personen als Elemente einer Stichprobe bzw. einer idealisierten Grundgesamtheit zugelassen, wenngleich sie qualitativ verschieden seien. Interessante, methodologische Überlegungen zur Populationswahl finden sich bei *Lamnek (1988)*.

Unter Beachtung des Datenschutzgesetzes und um eine Reidentifizierung der Personen zu verhindern, mußte bei der vorliegenden Untersuchung auf personenspezifische Merkmale (u. a. biographische Details, näheres Eingehen auf die Delikte) verzichtet werden. Soweit Fallmaterial herangezogen wurde, lag das schriftliche Einverständnis des Klienten zur Mitarbeit an einer wissenschaftlichen Untersuchung vor, jedoch ausschließlich unter Zusicherung der Anonymität.

Zur Kennzeichnung der 84 Probanden der Untersuchungsstichprobe wurden statistisch-soziodemographische sowie kriminologische Daten aus Strafvollzugsakten erhoben.

2.3 Untersuchungsverfahren

Den leitenden Fragestellungen der Untersuchung folgend sollen zum einen persönlichkeitsspezifische Merkmale der Sexualtäter erfaßt werden, zum anderen Selbst- und Fremdwahrnehmung als beziehungsdiagnostische Dimensionen dienen. Es wurde also nach einem Meßverfahren zur psychologischen Selbst- und Fremdeinschätzung Ausschau gehalten. Hierfür bot sich der vor über 20 Jahren an der Psychosomatischen Universitätsklinik Gießen entwickelte Gießen-Test an. »Er soll einem Probanden Gelegenheit geben, von sich ein Selbstbild zu entwerfen, in dem dieser seine innere Verfassung und seine Umweltbeziehungen beschreibt. Dieses Selbstbild soll auf Merkmalen basieren, die für die Binnenstruktur und die psychosozialen Beziehungen des Probanden psychoanalytisch aufschlußreich sind ... Der Test soll außer zur Selbsteinschätzung auch zur Fremdeinschätzung verwandt werden können.« *(Beckmann et al., 1991, S. 10)*

Gegenstand der Untersuchung sind die subjektiven Wahrnehmungen der Stichprobe von sich sowie von ihren Vätern und Müttern. Die Vater- und Mutterbilder bezeichnen keine ›wahren‹ Merkmale der Personen, sondern die Elternteile werden so erfaßt, wie der einzelne Sexualtäter sie erlebt. Zwar sind ›Bilder‹ von vielfältigen Erfahrungen und Lebensereignissen überformt, aber ein dauerhafter Kern bleibt vorhanden, in dem sich grundlegende Beziehungsmuster und -einstellungen manifestieren *(u. a. Sandler, 1982)*. Da nach Auffassung der Autoren des Gießen-Tests bei der Fremdeinschätzung teils bewußt, teils unbewußt die Beziehung zum Fremdbeurteiler mitbeschrieben wird, kann der Test in dieser Untersuchung für Fragestellungen zu den Beziehungsstrukturen zwischen Selbst und Vater beziehungsweise Mutter genutzt werden. Darüber hinaus enthalten die Bilder von Vater und Mutter geschlechtsspezifische Rollenvorstellungen, so daß es mit Hilfe des Tests möglich wird, die im Sozialisationsprozeß internalisierten, normativen Rollenerwartungen zu erfassen und mögliche Diskrepanzen im Selbstbild der Stichprobe aufzudecken.

Der Gießen-Test als psychometrisches Verfahren erfaßt vorrangig das manifeste Erleben und Verhalten einer Person. Aber es gibt eine weitere Seite in der menschlichen Psyche: die latente Ebene, die sich auf unbewußte Prozesse im Seelenleben bezieht. Nach *Laplanche & Pontalis (1980)* handelt es sich um zwei Darstellungsformen desselben Inhalts. Um diesen beiden Aspekten gerecht zu werden, wird für die Untersuchung ein zweifacher methodischer Ansatz gewählt: zum einen der Gießen-Test als objektiv auswertbarer Persönlichkeits- und Beziehungstest, zum anderen hierzu ergänzend der Thematische Apperzeptionstest als projektives Verfahren, mit dessen Hilfe psychodynamische Erkenntnisse vertieft werden.

2.3.1   Untersuchung mit Hilfe des Gießen-Tests (GT)

2.3.1.1   Fragestellung

Bei der Untersuchung mit Hilfe des Gießen-Tests wird folgenden Fragestellungen nachgegangen:

1. Gibt es typische Merkmale des Kollektivs ›Sexualtäter‹?

   Die Merkmale des Kollektivs werden mit Merkmalen der Norm und denen einer Stichprobe aus einer Fremduntersuchung verglichen.

2. Welche Merkmale hat das Kollektiv bei dem Vergleich zwischen Selbstbild und den Fremdbildern von Vater und Mutter?

   Untersucht wird, inwieweit Zusammenhänge zwischen Selbst- und Fremdbildern der Untersuchungsstichprobe bestehen. Es wird ferner überprüft, ob mögliche Zusammenhänge signifikant sind.

3. Gibt es für das Kollektiv typische Mutter- und Vaterbilder?

   Mögliche spezifische Charakteristika für die Mutter- bzw. Vaterbilder des Untersuchungskollektivs werden erfaßt.

2.3.1.2 Beschreibung des Gießen-Tests

Der Gießen-Test (GT) ist ein Verfahren zur Messung psychosozialer Merkmale von Personen. Der Test wurde unter psychoanalytischen und sozialpsychologischen Gesichtspunkten konzipiert und erfaßt Anteile des Selbstkonzepts, Faktoren der Personenwahrnehmung und Interaktionsformen *(Beckmann et al., 1991)*. Er kann bei erwachsenen Probanden mit normaler Intelligenz (IQ > 80) angewandt werden. Der Proband erhält einen Fragebogen, bei dem er angibt, wie er sich sieht. Der Gießen-Test erfaßt nicht die ›wahren‹ Merkmale, wie eine Person ist, sondern er mißt die subjektive Ebene, wie eine Person sich selbst sieht. Durch die Konstruktion des Tests erhalten abwehrbedingte Tendenzen Bedeutung; d. h. der Test liefert Anhaltspunkte dazu, wie der Proband seine innere Verfassung in Relation zu seiner äußeren Umgebung darstellt.

Außer für die Selbsteinschätzung kann der Test auch zur Fremdeinschätzung verwendet werden, indem die Testfragen lediglich von der 1. Person in die 3. Person umgesetzt werden. Selbst- und Fremdbilder sind dadurch vergleichbar, und der Test kann somit zur Analyse von Beziehungen dienen. Beim Vergleich des Selbstbilds mit dem Fremdbild wird davon ausgegangen, daß der Beurteiler teils bewußt, teils unbewußt, immer zugleich seine Beziehung zum Beurteilten mitbeschreibt *(Beckmann et al., 1991)*. So liefern Ähnlichkeiten oder Unterschiede zwischen Selbst- und Fremdbild Hinweise u. a. auf sozialen Kontakt, auf Identitätsbildungen und auf Beziehungsstörungen.

Der Fragebogen des Gießen-Tests enthält 40 Items, die bipolar aufgebaut sind. Die Gewichtung der Items erfolgt durch die Zahlen 3 - 2 - 1 - 0 - 1 - 2 - 3. Mit Hilfe faktorenanalytischer Verfahren lassen sich aus den Items sechs Skalen als Grunddimensionen ermitteln.

Skala 1: Soziale Resonanz
Die Pole dieser Skala sind beschrieben durch ›negativ sozial resonant (NR)‹ und ›positiv sozial resonant (PR)‹. Die Wirkung auf die Umgebung wird thematisiert. Die Skala erfaßt die narzißtische Bestätigung oder Ablehnung in sozialen Interaktionen. Es geht jedoch nicht um partnergerichtete Gefühle.

Skala 2: Dominanz
Die Pole dieser Skala sind gekennzeichnet durch ›dominant (DO)‹ und ›gefügig (GE)‹. Diese Skala erfaßt partnergerichtete Erlebnisdimensionen mit entspre-

chenden psychosozialen Abwehrformen. Das Verhalten in Konfliktsituationen wird behandelt.

Skala 3: Kontrolle

Die Pole dieser Skala sind beschrieben durch ›unterkontrolliert (UK)‹ und ›überkontrolliert (ZW)‹. Diese beziehen sich auf den intrapsychischen Individualbereich, auf die Beziehung zwischen Es und Über-Ich. Dissozialität und Einflüsse soziokultureller Normen werden angesprochen.

Skala 4: Grundstimmung

Die Pole dieser Skala sind beschrieben durch ›hypomanisch (HM)‹ und ›depressiv (DE)‹. Hierbei geht es um die Stimmungslage und die Hauptrichtung der Aggressionsentfaltung. Hinweise auf innere Selbstunsicherheit werden erkennbar.

Skala 5: Durchlässigkeit

Die Pole dieser Skala sind gekennzeichnet durch ›durchlässig (DU)‹ und ›retentiv (RE)‹. Es werden frühe orale und anale Merkmale des Kontakterlebens und -verhaltens thematisiert. Mißtrauen und Hinweise auf Kontaktstörungen können sichtbar werden.

Skala 6: Potenz

Die Pole dieser Skala sind beschrieben durch ›sozial potent (PO)‹ und ›sozial impotent (IP)‹. Der Reifeaspekt der Persönlichkeit auf der ödipal-genitalen Entwicklungsstufe wird behandelt. Liebesfähigkeit, Kreativität und Potenz im weiteren Sinne sind angesprochen.

Skalenmittelwerte, die von der Norm bedeutsam abweichen, geben Hinweise auf allgemeine psychische Merkmale des untersuchten Kollektivs, unter Umständen auch über bestimmte Konflikte und Formen der Konfliktverarbeitung *(Beckmann et al., 1991).*

Aufgrund des bipolaren Aufbaus des Gießen-Tests lassen sich auch stereotype Antwortmuster ermitteln. Die Skala M erfaßt die Anzahl der Mitte-Ankreuzungen ›0‹. Die Skala E erfaßt die Anzahl der Extremankreuzungen ›3‹ rechts und links. Viele M-Ankreuzungen können als Indikator für emotionelle Indifferenz gegenüber dem Fragebogen gelten. Viele E-Antworten liefern Hinweise auf agierende Momente.

2.3.1.3 Datenerhebung

Der Gießen-Test wird unmittelbar nach der Aufnahme des Probanden auf die Sozialtherapeutische Abteilung für Sexualtäter durchgeführt. Dadurch soll ein möglicher Therapieeinfluß auf die Wahrnehmung von Selbst- und Fremdbild ausgeschaltet werden. Entsprechend der Fragestellung in der vorliegenden Untersuchung wird für das Erfassen des Selbstbilds die Gießen-Testform GT-S gewählt. Für die Wahrnehmung des Mutter- bzw. Vaterbilds wird die Gießen-Test-Fremdbildform GT-Fw (weiblich) bzw. GT-Fm (männlich) verwendet. Der Proband erhält die Fragebögen und kann diese sodann alleine und ohne zeitliche Begrenzung markieren. Von jedem Probanden liegen also drei beantwortete Gießen-Testformen vor.

Der Konstruktion des Tests entsprechend fließen in die Beantwortung der Items auch Grundeinstellungen zum Test und der Untersuchungssituation ein, beispielsweise inwieweit ein Proband die Fähigkeit hat, sich offen darzustellen oder ob er ausreichend Vertrauen aufbringen kann, von sich Informationen preiszugeben. Bei der vorliegenden Untersuchungspopulation spielen diese Gesichtspunkte lebensgeschichtlich eine Rolle. Die Probanden neigen eher zu Mißtrauen in sozialen Kontakten, vor allem wenn man ihre Lebensumstände und die Haftsituation mitberücksichtigt. Es ist möglich, daß ein Proband sich so darstellt, wie er – seiner Ansicht nach – sein sollte. Internalisierte Über-Ich-Aspekte kämen hierbei zum Tragen. Aber da der Test den Anspruch erhebt »zu erfahren, wie sich ein Proband in psychoanalytisch relevanten Kategorien in Gruppenbeziehungen darstellt« *(Beckmann et al., 1991, S. 12)*, wird der mögliche Einfluß der Haftsituation auf das Antwortverhalten nicht als Störfaktor betrachtet, sondern die Beschreibung des Selbstbilds in der Umgebung eines Gefängnisses als Darstellung eigener (bewußter und unbewußter) Persönlichkeitsanteile gesehen.

2.3.1.4 Datenanalyse

Die Untersuchung ist als Analyse von Durchschnittsmerkmalen des Kollektivs ›Sexualtäter‹ vorgesehen. Sie stellt keine Einzelfallanalyse dar. Dementsprechend erfolgt die Datenauswertung unter folgenden Schwerpunkten:

1. Um psychische Merkmale des Kollektivs ›Sexualtäter‹ zu erfassen, werden die Testdaten deskriptiv-statistisch bearbeitet. Es wird sodann ein Mittelwertprofil des Kollektivs nach den Standardskalen erstellt.

2. Als nächster Schritt werden Merkmale des Kollektivs mit Merkmalen der Normalpopulation und denen einer Fremduntersuchung verglichen und auf signifikante Unterschiede überprüft. Bedeutsam von der Norm abweichende Mittelwerte liefern Hinweise auf typische Charakteristika des Kollektivs.

3. Schließlich soll erforscht werden, welche Merkmale das Kollektiv beim Vergleich zwischen Selbstbild und Fremdbildern hat. Die Testdaten werden deskriptiv-statistisch erfaßt und gegenübergestellt. Mögliche Zusammenhänge zwischen Selbst- und Fremdbildern werden untersucht und auf Signifikanz überprüft. Das Datenmaterial wird auf spezifische Auffälligkeiten hinsichtlich der Fremdbilder analysiert.

Die Analyse der Daten ist in Abbildung 1 schematisch dargestellt. Der hellgraue Bereich bezieht sich auf die Testdaten. Von diesen Werten ausgehend wird die Analyse der Daten durchgeführt. Auch das ist mit Hilfe der Graphik veranschaulicht. Wie der Abbildung zu entnehmen ist, werden zunächst die Durchschnittsmerkmale des Kollektivs beim Selbstbild analysiert. Auf diese Weise kann ein Mittelwertprofil des Kollektivs erstellt werden. Durch Vergleiche mit der Norm und einer Kontrollgruppe (Fremduntersuchung) können typische Merkmale der Untersuchungsgruppe erfaßt werden.

Abbildung 1: Schematische Darstellung der Datenanalyse . Erfassen von Selbst- und Fremdbildern mit Hilfe des Gießen-Tests

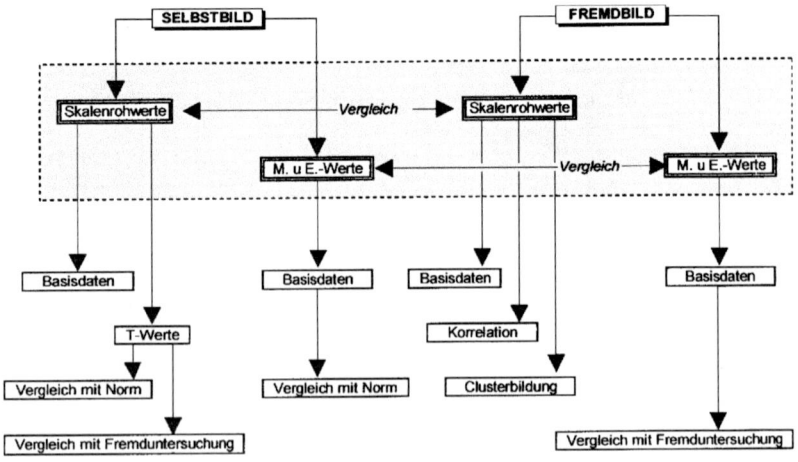

Bei der anschließenden Analyse der Durchschnittsmerkmale des Kollektivs bei den Fremdbildern werden Selbst- und Fremdbilder auf Zusammenhänge überprüft (Korrelationsanalyse). Zusätzlich wird der Frage nachgegangen, ob es im Kollektiv Untergruppen mit Mustern typischer Fremdbilder gibt (Clusteranalyse). Die Auswertung wird über die Standardskalen durchgeführt. Der Bezug der vorliegenden Untersuchung geschieht also nicht auf Itemebene, sondern ausschließlich auf Skalenebene. Zwar ist damit kein sehr hoher Grad an Differenziertheit gegeben, dennoch lassen sich Aussagen über wesentliche intrapsychische und psychosoziale Merkmale des zu untersuchenden Kollektivs machen *(Beckmann et al., 1991)*.

Die Datenverarbeitung erfolgt auf elektronischem Wege. Als mathematisch-statistische Analysesysteme werden die Computerprogramme SPSS/Win und Excel verwendet. Die Testergebnisse werden im Leibniz-Rechenzentrum der Universität München statistisch ausgewertet.

2.3.1.4.1   Selbstbild

2.3.1.4.1.1   Standardskalenwerte und deskriptiv-statistische Basisdaten

Aus den Standardskalenrohwerten der einzelnen Probanden werden deskriptiv-statistische Rohwert-Basisdaten (Mittelwert, Standardabweichung) des Kollektivs ermittelt und auf dem, zum Gießen-Test gehörenden Profilblatt graphisch dargestellt.

2.3.1.4.1.2   Vergleich des Untersuchungskollektivs mit der Normalpopulation

Standardskalenmittelwerte

Die Abweichungen des Untersuchungskollektivs gegenüber der Normalpopulation sind hier von besonderem Interesse. Hierzu werden die Mittelwertprofile der Sexualtäter mit denen der Normstichprobe auf allen Standardskalen verglichen.

Um den individuellen Testwert in seiner Relation zu den Durchschnittswerten der Normalpopulation zu sehen (d.h. um die Normabweichung des Testwerts deutlich zu machen), müssen die verschiedenen Variablen ›normiert‹ (d.h. auf den gleichen Maßstab gebracht) werden. Diese Standardisierung der Skalenrohwerte erfolgt mit Hilfe der T-Wert-Transformation. Als Bezug dienen die Normwerte der Standardisierungsstichprobe 1990 des Gießen-Tests *(Beckmann et al., 1991)*. Entsprechend der Definition des T-Werts ist der Mittelwert der Standardisierungsstichprobe $T = 50$. Werte um $T = 50$ können als statistisch unbedeutend, Werte von $T < 33$ bzw. $T > 67$ als statistisch auffällig angesehen werden (a.a.O.).

Die Nullhypothese H_0 lautet: Auf jeder Skala des Selbstbilds gibt es keine Unterschiede zwischen den Skalenmittelwerten der Untersuchungsstichprobe und den statistischen Skalenmittelwerten der Normalpopulation. Dem entspricht die Alternativhypothese H_1, daß es Unterschiede gibt. Die Fragestellung soll zweiseitig sein, d.h. die Richtung des Unterschieds ist nicht vorgegeben. Die Nullhypothese H_0 wird bei einer Fehlerquote von $\alpha \leq 5\%$ ($p \leq 0,05$) zugunsten der Alternativhypothese H_1 verworfen *(Bortz, 1984)*. Das hypothesenüberprüfende Untersuchungsverfahren wird im Kapitel »Gießen-Test« ab Seite 112 beschrieben.

Antwortverteilungen

Dem Profilblatt des Gießen-Tests lassen sich nicht nur die Standardskalen-T-Werte, sondern auch die zugehörigen Prozentränge entnehmen. Um die Verteilung der Skalenmittelwerte auf jeder Standardskala zu überprüfen, werden die T-Werte analog zur Normalverteilung in Bereiche eingeteilt. Auf diese Weise kann ermittelt werden, bei wieviel Prozent der Probanden die Skalenmittelwerte in einem bestimmten Bereich unter Normalverteilung liegen. Problematisiert werden muß allerdings aus methodologischer Sicht, daß sich die Stichprobe der Untersuchung auf eine andere Grundgesamtheit bezieht als die Normstichprobe des Gießen-Tests. Ein unmittelbarer Vergleich mit der Normalbevölkerung ist somit nur eingeschränkt möglich[1].

---

1 *Beckmann (1979)* problematisiert darüber hinausgehend die Stichprobenabhängigkeit der Skalendimensionen des Gießen-Tests. Er wirft die Frage auf, ob für andere Populationen als die Standardisierungsstichprobe veränderte Faktorenstrukturen im Gießen-Test zu erwarten seien und damit für alle Probanden dieselben Skaleninterpretationen hergezogen werden könnten. Trotz dieser Einwände zur Konstruktion des Gießen-Tests betont *Beckmann* die statistische Bedeutsamkeit von Mittelwertunterschieden bei Stichproben.

Tabelle 1: Zuordnung der T-Werte zu Bereichen unter Normalverteilung

Bereich	I	II	III	IV	V
Prozent	4,5	11,4	68,2	11,4	4,5
T-Wert	<33	33–40	40–60	60–67	>67

Wie in Tabelle 1 dargestellt ist, gehören die standardisierten Skalenmittelwerte $T<33$ zum Bereich I, die Werte $33<T>40$ zum Bereich II usw. Das zugehörige Profilblatt ist in Abbildung 2 zu sehen.

Dem Bereich III sind standardisierte T-Werte von 40 bis 60 zugeordnet. In diesem Bereich befinden sich 68,2 Prozent der Normalpopulation. Im Bereich V mit T-Werten über 67 liegen 4,5 Prozent der allgemeinen Bevölkerung. Weitere Beziehungen zwischen Bereichen, T-Werten und Prozenträngen ergeben sich analog.

Für den Vergleich zwischen Untersuchungskollektiv und Norm lautet die Nullhypothese H_0: Die Antwortverteilungen der Untersuchungsgruppe sind nicht in statistisch signifikanter Weise abweichend von denjenigen der Normalpopulation.

Weiter oben wurde bereits darauf hingewiesen, daß sich die Stichproben der Untersuchung und der Norm auf unterschiedliche Grundgesamtheiten beziehen.

Abbildung 2: Profilblatt mit unter Normalverteilung eingeteilten Bereichen

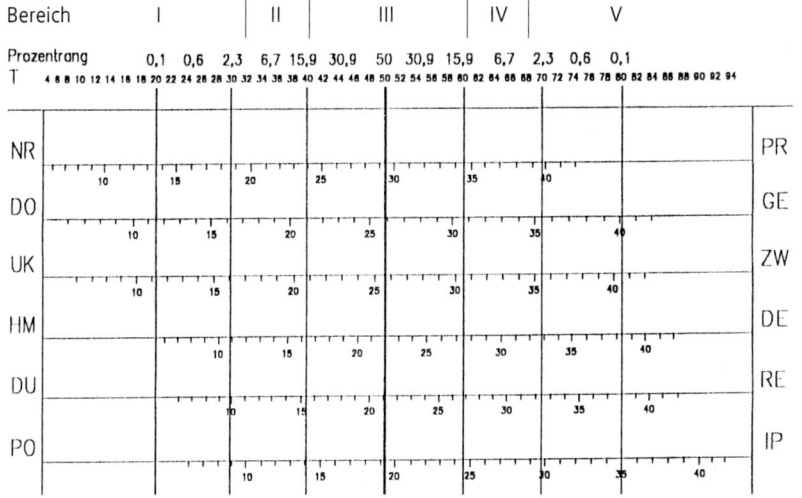

Nach *Lienert (1967)* wird daher der Entschluß, die Normalverteilungshypothese zurückzuweisen, erst auf einer einprozentigen Sicherheitsstufe gefaßt. Die Irrtumswahrscheinlichkeit wird also auf $p \leq 0,01$ festgesetzt. Das zur Hypothesenüberprüfung herangezogene statistische Verfahren ist im Kapitel »Gießen-Test« ab Seite 112 beschrieben.

Antwortverhalten

Neben den sechs Standardskalen erfaßt der Gießen-Test auch die sogenannten M- und E-Skalen. Die Items der sechs Standardskalen sind siebenstufig bipolar aufgebaut (3 - 2 - 1 - 0 - 1 - 2 - 3), so daß es eine Bedeutung erhält, ob die Probanden beim Ausfüllen des Fragebogens stärker dazu neigen, Mittelwerte oder Extremwerte anzukreuzen. Demgemäß gilt die Art der Ankreuzung als Indikator für das Antwortverhalten des Probanden. Der Testkonstruktion entsprechend erfaßt die Skala M die Anzahl der unentschiedenen Mitte-Ankreuzungen ›0‹, die Skala E die Anzahl der Extremankreuzungen ›3‹ rechts und links. Aus den M- und E-Werten der einzelnen Probanden werden deskriptiv-statistische Basisdaten des Kollektivs ermittelt (Median, Mittelwert, Standardabweichung).

Es interessiert wiederum, ob signifikante Unterschiede im Antwortverhalten der Untersuchungsgruppe gegenüber der Norm auftreten ($p \leq 0,01$). Während auch hier der Fragestellung entsprechend die Nullhypothese H_0 keine Unterschiede postuliert, lautet die Alternativhypothese H_1: Die Mittelwerte der Skalen M und E der Untersuchungsstichprobe unterscheiden sich von den Mittelwerten der Skalen M und E der Normalpopulation. Die Fragestellung soll auch hier zweiseitig sein, d. h. die Richtung des Unterschieds ist nicht vorgegeben.

2.3.1.4.1.3 Vergleich des Untersuchungskollektivs mit der Stichprobe von Speier

Bisher wurde das eigene Kollektiv in Relation zur Normalpopulation betrachtet. Die Skalenmittelwertprofile der eigenen Stichprobe sollen aber auch über die Standardskalen mit einer Fremduntersuchungsstichprobe verglichen werden. *Speier (1990)* erfaßte mit Hilfe des Gießen-Tests das Selbstbild von 37 Sexualtätern. Es handelte sich bei ihm um Probanden aus dem Maßregelvollzug. Diese ausführlich beschriebene Stichprobe erscheint als geeignet für einen Vergleich mit dem eigenen Kollektiv.

Standardskalenmittelwerte

Speier (1990) hatte in seiner Untersuchung die Standardisierung des Gießen-Tests von 1983 herangezogen. Um nun eine direkte Vergleichbarkeit der eigenen mit dieser fremden Stichprobe herzustellen, werden auch für das eigene Kollektiv die Standardskalenmittelwerte als T-Werte auf der Basis der Standardisierung von 1983 *(Beckmann et al., 1983)* berechnet und denen von *Speier (a.a.O.)* gegenübergestellt. Für den Vergleich der Selbstbilder von Sexualtätern in beiden Untersuchungen lautet die Nullhypothese H_0: Es gibt keine Unterschiede zwischen den Skalenmittelwerten des eigenen Kollektivs und denen der Fremduntersuchungsstichprobe bei einer vorgegebenen Irrtumswahrscheinlichkeit von $p \leq 0,05$. Die Fragestellung ist wiederum zweiseitig. Die Ergebnisse werden mit Hilfe eines Signifikanztests (vgl. Kapitel »Gießen-Test« ab Seite 112) auf die Wahrscheinlichkeit ihres Auftretens überprüft. H_0 wird bei $p \geq 0,05$ angenommen.

2.3.1.4.2 Fremdbilder

2.3.1.4.2.1 Standardskalenwerte und deskriptiv-statistische Basisdaten

Analog zum Verfahren beim Selbstbild werden auch bei den Fremdbildern aus den im Fragebogen angekreuzten Items zunächst für jeden Probanden die Rohwerte auf den sechs Standardskalen ermittelt.

Aus den Rohwerten werden deskriptiv-statistische Kennwerte der Standardskalen (Mittelwert, Standardabweichung, Minimum und Maximum) berechnet und tabellarisch aufgelistet.

2.3.1.4.2.2 Vergleich des Selbstbilds mit den Fremdbildern

Die Standardisierung des Gießen-Tests bezieht sich ursprünglich nur auf die Selbstbildform GT-S und ist von daher nur bedingt auf die Fremdbildform GT-F übertragbar. Bei Gruppenvergleichen kann auf die Standardisierung verzichtet und direkt mit den Rohwerten gearbeitet werden *(Beckmann et al., 1991)*. In der vorliegenden, vergleichenden Untersuchung von Selbst- und Fremdbildern werden dementsprechend nicht die standardisierten T-Werte verwendet, sondern die Skalenwerte von GT-S mit GT-Fw bzw. GT-Fm auf Rohwertbasis verglichen.

Vergleichende, graphische Darstellung der Standardskalenmittelwerte

Um den Vergleich zwischen Selbstbild sowie Mutter- bzw. Vaterbild anschaulich zu gestalten, werden die jeweiligen Skalenmittelwerte auf das Profilblatt übertragen. Auf diese Weise erhält man eine graphische Darstellung der Vater-, Mutter- und Selbstbilder über alle Probanden. Zwar bezieht sich das Profilblatt auf die standardisierte Selbstbildform und ist damit nur bedingt auf die Fremdbildform anzuwenden (s. o.), aber für den hier durchgeführten Vergleich der Profilverläufe spielt dies keine Rolle, zumal alle Werte auf Rohwertbasis vorliegen. Die Profilverläufe der Fremdbilder können also direkt mit dem des Selbstbilds verglichen werden.

Antwortverteilungen

Für die Ermittlung der Antwortverteilungen wurden beim Selbstbild die standardisierten T-Werte fünf Bereichen zugeordnet (siehe Tabelle 1 und Abbildung 2). Analog hierzu werden auch bei den Fremdbildern die Verteilungen der Skalenmittelwerte auf den einzelnen Standardskalen überprüft. Da der Selbstbild-Fremdbild-Vergleich auf Rohwert-Basis erfolgt (siehe »Vergleich des Selbstbilds mit den Fremdbildern«, Seite 95), und um einen solchen innerhalb der einzelnen Standardskalen zwischen Selbst- und Fremdbildern zu ermöglichen, beziehen sich hierbei die fünf Bereiche auf die zu den standardisierten T-Werten gehörenden Rohwerte *(Beckmann et al., 1991)*. Damit wird ein unmittelbarer Vergleich der Antwortverteilungen zwischen Selbstbild und den Mutter- bzw. Vaterbildern in Relation zum Selbstbild möglich. Eine Übersicht der Zuordnung der Rohwerte zu den Bereichen I bis V enthält Tabelle 2.

Tabelle 2: Zuordnung der Rohwerte zu Bereichen

T-Wert	Bereich I <33,0	Bereich II 33,0–40,0	Bereich III 40,0–60,0	Bereich IV 60,0–67,0	Bereich V >67,0
Skala 1	<20,5	20,5–24,0	24,0–34,5	34,5–38,5	>38,5
Skala 2	<18,0	18,0–21,0	21,0–30,5	30,5–34,0	>34,0
Skala 3	<17,5	17,5–21,0	21,0–30,5	30,5–34,0	>34,0
Skala 4	<12,5	12,5–16,5	16,5–27,5	27,5–31,5	>31,5
Skala 5	<11,5	11,5–15,5	15,5–27,0	27,0–30,5	>30,5
Skala 6	<10,5	10,5–14,0	14,0–24,5	24,5–28,0	>28,5

Die Ergebnisse sollen wie bereits bei der Analyse der Antwortverteilungen im Selbstbild auf gesicherte Zusammenhänge überprüft werden. Demgemäß gilt als Nullhypothese H_0, daß zwischen den Antwortverteilungen beim Selbstbild und denen der Mutter- bzw. Vaterbilder der Untersuchungsgruppe keine statistisch signifikanten Unterschiede bestehen. Das statistische Prüfverfahren ist im Kapitel »Gießen-Test« ab Seite 112 beschrieben. H_0 gilt bei $p \geq 0,01$ als bestätigt.

Antwortverhalten bei Selbstbild und Fremdbildern

Analog zum Selbstbild wird auch das Antwortverhalten des Untersuchungskollektivs hinsichtlich der Mutter- und Vaterbilder anhand der M- und E-Werte erfaßt. Die Summenwerte der M- und E-Werte werden mit den entsprechenden Basisdaten im Selbstbild verglichen.

Als Nullhypothese H_0 gilt, daß sich die Mittelwerte der Skalen M bzw. E bei den Selbstbildern der Untersuchungsstichprobe nicht von denen der Fremdbilder unterscheiden; d.h. das Antwortverhalten der Untersuchungsgruppe ist in Selbst- und Fremdbildern ähnlich. Die Fragestellung soll zweiseitig sein. Das Signifikanzniveau wird auf $p \leq 0,01$ festgelegt, das Prüfverfahren im Kapitel »Gießen-Test« ab Seite 112 erläutert.

Antwortverhalten beim Vaterbild im Vergleich mit der Untersuchung von Herrmann

Das Antwortverhalten der eigenen Stichprobe bei den Fremdbildern soll mit dem in anderen Untersuchungen verglichen werden. Allerdings finden sich in der Literatur keine Angaben zu Mutterbildern, so daß das Vorhaben auf Vaterbilder beschränkt bleiben muß. *Herrmann (1986)* hat das Antwortverhalten von Psychosomatikern und Gesunden beim Vaterbild verglichen.

Diese Untersuchung wird der eigenen gegenübergestellt, wobei die Nullhypothese H_0 lautet: Die Mittelwerte der Skalen ›M‹ bzw. ›E‹ beim Vaterbild der Untersuchungsstichprobe unterscheiden sich nicht von denen der Fremduntersuchung. Die statistische Überprüfung wird im Kapitel »Gießen-Test« ab Seite 112 beschrieben. H_0 soll bei einer Fehlerquote von $\alpha \leq 1$ Prozent verworfen werden ($p \leq 0,01$).

2.3.1.4.2.3 Zusammenhänge zwischen Selbstbild und Fremdbildern

Die Standardskalenprofile der Selbstbilder sollen auf Zusammenhänge mit denen der Fremdbilder untersucht werden. Für jede Standardskala wird geprüft, ob Ähnlichkeiten zwischen dem Selbstbild und dem Mutter- bzw. dem Vaterbild bestehen. Pro Proband liegen drei Meßwerte auf jeder Skala vor:

– der des Selbstbilds,
– des Fremdbilds ›Mutter‹ und
– des Fremdbilds ›Vater‹.

Die Meßwerte jeder Skala werden paarweise einander zugeordnet: diejenigen auf den Skalen des Selbstbilds den entsprechenden Meßwerten auf den Skalen des Fremdbilds ›Mutter‹ beziehungsweise ›Vater‹. Auf diese Weise können Zusammenhänge zwischen jeweils zwei Variablen untersucht werden. Während die Nullhypothese H_0 keine Zusammenhänge fordert, lautet die Alternativhypothese H_1 der Fragestellung entsprechend: Auf jeder Skala bestehen statistisch signifikante Zusammenhänge zwischen den Skalenwerten des Selbstbilds und den Skalenwerten des Fremdbilds von Mutter bzw. Vater. Die Fragestellung soll zweiseitig sein, d.h. die Richtung des Zusammenhangs ist nicht vorgegeben. H_0 soll bei einer Irrtumswahrscheinlichkeit von $\alpha \leq 5$ Prozent zugunsten von H_1 verworfen werden ($p \leq 0{,}05$). Das hierbei angewandte, statistische Prüfverfahren wird im Kapitel »Gießen-Test« ab Seite 112 beschrieben.

2.3.1.4.2.4 Typische Fremdbilder

Da der tatsächliche Zusammenhang von Variablen durch das Vorhandensein von Untergruppen verfälscht sein kann, wird zusätzlich untersucht, ob bei dem Untersuchungskollektiv Subgruppen mit charakteristischen Fremdbildern existieren und falls ja, wie sich dann die Probanden hinsichtlich ihrer Mutter- und Vaterbilder gruppieren. Für diese Fragestellung ist eine Clusteranalyse das geeignete Verfahren. Das methodische Vorgehen ist dem Kapitel »Gießen-Test« ab Seite 112 zu entnehmen.

Einflußgrößen auf die Clusterbildung

Es soll festgestellt werden, welche Variablen zu den Clusterbildungen beitragen. Als mögliche Einflußgrößen werden hierzu die soziodemographischen und kriminologischen Kenndaten der Untersuchungspopulation herangezogen. Die Fragestellung ist, inwieweit sich die mit Hilfe der Clusteranalyse gewonnenen Subgruppen des Untersuchungskollektivs mit einer bestimmten Sicherheit durch diese Variablen unterscheiden lassen. Dementsprechend wird als Nullhypothese H_0 formuliert: Die Zuordnung der Untersuchungsstichprobe zu den Clustergruppen bezüglich der Variablen Geburt, Alter, Familienstand, Familiensituation, Schul- und Berufsausbildung, Vorstrafen und Haftzeiten erfolgt zufällig. Die Richtung des Unterschieds ist nicht vorgegeben. Die Nullhypothese H_0 wird bei zweiseitiger Fragestellung und bei einer Irrtumswahrscheinlichkeit von $p \geq 0,05$ angenommen. Die statistischen Prüfverfahren werden im Kapitel »Gießen-Test« ab Seite 112 erläutert.

2.3.2 Untersuchung mit Hilfe des Thematischen Apperzeptionstests (TAT)

2.3.2.1 Fragestellung

In diesem Teil der Untersuchung soll anhand von klinischem Material Einblick in psychodynamische Mechanismen der Persönlichkeit von Sexualtätern genommen werden. Ausgehend davon, daß das Sexualdelikt ein Ausdruck konflikthafter Identität und konflikthafter Bezogenheit ist, wird nun in detaillierterer Form folgenden Fragestellungen nachgegangen:

1. Wie erscheint die zentrale Problematik der Probanden
   aus psychodynamischer Sicht?
2. Welche Mechanismen setzen die Probanden zur Bewältigung
   auftauchender Problemfelder ein?
3. Wie stellen sich die Objektbeziehungen (Mutter, Vater)
   der Probanden dar?
4. Welche Mutter- und Vaterbilder haben die Probanden im TAT?
5. In welchem Zusammenhang stehen Partnerschaft und Straftat?

2.3.2.2 Beschreibung des Thematischen Apperzeptionstests (TAT)

Der TAT als Forschungsinstrument

Als Methode zur Untersuchung oben angeführter Fragestellungen dient der Thematische Apperzeptionstest (TAT) nach *Murray*. Der TAT wird den sogenannten projektiven Testverfahren zugeordnet. Das Hauptmerkmal dieser Verfahren liegt darin, daß die Probanden eine relativ unstrukturierte Aufgabe erhalten, welche eine Vielzahl von Lösungen erlaubt. Dementsprechend ist das Testmaterial nicht eindeutig, und die Antworten der Probanden sind frei. Es wird angenommen, daß das dargebotene Material als eine Art Bildschirm fungiert, auf den der Proband seine für ihn charakteristischen Gedanken, Konflikte, Ängste, usw. ›projiziert‹ *(Anastasi, 1968)*.

Der Begriff der ›Projektion‹ hat jedoch sehr verschiedene Bedeutungen. Den Terminus ›Projektion‹ beschrieb *Freud (1895)* zunächst als eine primäre Abwehrform bei der Paranoia. Innere Reize, die durch ihre Intensität zu unlustvoll sind, werden nach außen projiziert, was die Möglichkeit einschließt, ihnen zu entfliehen *(Laplanche & Pontalis, 1980)*. In späteren Arbeiten weist er auf den normalen Charakter des Mechanismus der Projektion hin *(Freud, 1904)*. Demnach werden die Ursachen von Sinnesempfindungen nicht in einem selbst gesucht, sondern nach außen verlegt, ohne daß ein innerer Konflikt vorausgesetzt werden muß *(Freud, 1912/1913a)*. Sehr häufig wird jedoch ›Projektion‹ als Abwehr verstanden, mit deren Hilfe innerseelische Spannungen reduziert werden sollen: Gefühle oder Gedanken, die eine Person bei sich selbst ablehnt, unterstellt sie einer anderen Person (u.a. *Freud, 1912/1913b)*. Diesen Vorgang betont insbesondere *A. Freud (1964)*. Sie sieht in der Projektion einen Abwehrmechanismus des Ich, der sowohl von psychisch Gesunden als auch von psychisch Kranken eingesetzt wird. *Rauchfleisch (1994)* weist darauf hin, daß es bei der Vieldeutigkeit des Projektionsbegriffs notwendig ist, zum einen zwischen verschiedenen Arten von projektiven Prozessen zu differenzieren, zum anderen sei bei einem bestimmten Test anzugeben, worin der projektive Charakter dieses Verfahrens liege.

Nach *Kornadt (1971)* haben zunächst *Wright (1933)* und wenig später *Murray (1938)* projektive Techniken bzw. Verfahren verwendet. Zur Anwendung des TAT schreibt *Murray (1971)*, daß einer Person eine Reihe von Bildern mit der Aufforderung vorgelegt wird, Geschichten hierzu zu erzählen. Da bei Menschen die Tendenz bestehe, unklare Lebenssituationen auf dem Hintergrund eigener, früherer

Erfahrungen und aktueller Bedürfnisse zu interpretieren, könnten auch die zum TAT geäußerten Geschichten bedeutsame Anteile der eigenen Persönlichkeit beinhalten. Die Person drücke bewußt oder unbewußt persönliche Erfahrungen, Gefühle und Wünsche aus und liefere schließlich ein Röntgenbild des inneren Selbst. *Revers (1979)* formuliert, daß »die Persönlichkeitsdiagnose mittels des TAT... nicht ein Bild der psychischen Struktur der Persönlichkeit (ergibt), wie es sich etwa in einem System von zeitlos-abstrakten Eigenschaften auffangen ließe, sondern sie zeigt persönliche Eigenschaften... und Konflikte als Ergebnisse des persönlichen Werdeganges...Die Struktur der Persönlichkeit tritt im TAT in Erscheinung als im persönlichen Lebenslauf entfaltete..., als Prozeßgestalt« (S.189).

Die Verwendung des TAT in dieser Untersuchung

Nach *Rauchfleisch (1989)* »entwirft (der Proband) in den Erzählungen ein Bild seiner Persönlichkeit und läßt dabei vor allem die psychodynamischen Bedingungen seiner Entwicklung und seines jetzigen Lebens sichtbar werden« *(S. 2)*. Die besondere diagnostische Anwendungsmöglichkeit liege im Einsatz des TAT als »Instrument zur Sammlung psychodynamischer Hypothesen« *(Rauchfleisch, 1991, S. 855f)*.

Dementsprechend dient der TAT bei der vorliegenden Untersuchung dazu, die zentralen Erlebnisinhalte und deren Verarbeitungsformen bei den Probanden herauszuarbeiten und mit den eingangs formulierten Fragestellungen in Verbindung zu bringen.

Die komplette TAT-Serie umfaßt 20 Tafeln. Um die Deutung der dargestellten Situationen dem Probanden zu überlassen, ist der Testkonstruktion entsprechend das Bildmaterial mehrdeutig. Dennoch legt jedes Bild dem Betrachter eine Thematik nahe. Diese sogenannte »thematische Valenz (umschreibt) also jene thematische Komponente, die von außen an den Probanden herangetragen wird, jenes thematische Angebot, das ohne unausweichliche Eindeutigkeit das mögliche Engagement in eine angebotene situationale Problematik nahelegt« *(Revers, 1979, S. 111)*. Das wird für diese Untersuchung genutzt. Es wird auf solche Bilder verzichtet, die die hier zu untersuchende Fragestellung weniger tangieren. *Revers* verweist auf diese Möglichkeit mit dem Hinweis, daß ein derartiges Verfahren voraussetze, daß die fragliche Thematik, die der Forscher untersuchen will, genau genug umrissen sein müsse. *Rauchfleisch (1989)* gibt eine Übersicht über Vorschläge zur Zusammenstellung verschiedener TAT-Serien. Er stellt allerdings bei diesen Vorschlägen erhebliche Abweichungen fest und bemängelt darüber hinaus das häufige Wegfallen der Leertafel.

Die Zusammenstellung einer reduzierten Serie muß ermöglichen, daß die thematische Valenz der ausgewählten Tafeln die Fragestellung der Untersuchung berührt. So ergibt sich hier eine reduzierte Bild-Serie von fünf Tafeln. Diese sind im einzelnen die Tafeln 1, 6 BM, 7 BM, 13 MF und 16. Nachfolgend wird kurz auf die thematische Valenz der ausgewählten Bilder eingegangen, wie bei *Revers (1979)* und *Rauchfleisch (1989)* beschrieben. Es werden die Gesichtspunkte dargelegt, weshalb die jeweilige Tafel für diese Untersuchung herangezogen wird. Für jede der ausgewählten Tafeln gelten gleichermaßen die Fragen nach den für die Untersuchungsgruppe charakteristischen Erlebnisinhalten der abgegebenen Erzählungen, nach möglichen Konflikten und deren Verarbeitungsmodi sowie nach den Beziehungsgestaltungen.

Tafel 1

Diese Tafel ist zur ›Einstimmung‹ des Probanden in die Testserie ausgewählt. Er soll sich mit der Situation vertraut machen, zu Bildern Geschichten zu erzählen. Da die thematische Valenz der Tafel Erzählungen nahelegt, die sich mit Selbstverwirklichungsstreben und Einstellungen gegenüber Eltern und Pflichten befassen, können sich Hinweise auf den Reifegrad des Probanden ergeben.

Tafel 6 BM

Hier wird die Mutter-Sohn-Beziehung angesprochen. Es interessiert, welche Erlebnisinhalte in den Erzählungen zur Mutter-Sohn-Thematik auftauchen, inwieweit Konflikte in der Mutter-Sohn-Beziehung dargestellt und wie sie von dem Probanden verarbeitet werden. Auch soll mit Hilfe dieser Tafel untersucht werden, welches Mutterbild der Proband in seiner Geschichte zu diesem Bild produziert.

Tafel 7 BM

Diese Tafel legt Erzählungen zur Vater-Sohn-Beziehung nahe. Analog zur vorangegangenen sollen hier Erlebnisinhalte, Konflikte und deren Verarbeitungsmodi untersucht sowie das Vaterbild in den abgegebenen Geschichten analysiert werden.

Tafel 13 MF

Die thematische Valenz dieser Tafel ist die (sexuelle) Beziehung von Männern und Frauen zueinander. Die Einstellung der Probanden zur Partnerschaft soll untersucht werden. Darüber hinaus ist die Einstellung zum Delikt und die Bedeutung der Straftat im Beziehungskontext von Interesse.

Tafel 16

Dieses ist die Leertafel. Die fehlende Bilddarstellung läßt fast jede Möglichkeit für die Phantasie des Probanden offen. Sie gestattet ihm einen größeren Spielraum, in den Geschichten Bezug zur eigenen Person zu nehmen und seine zentrale Konfliktthematik darzustellen.

2.3.2.3 Datenerhebung

Hörmann (1964) betont, daß größtes Gewicht auf die Sicherung der Objektivität der projektiven Verfahren gelegt werden müsse. Man könne nur dann einigermassen verbindliche Resultate mit projektiven Verfahren erzielen, wenn Testmaterial, Untersuchungssituation, Versuchsleiter und Auswertung »in rigoroser Weise standardisiert sind« (*S. 88*).

Um bei dieser Untersuchung eine Vergleichbarkeit der TAT-Ergebnisse herzustellen, werden für alle Probanden die gleichen Tafeln verwendet. Sie erhalten dieselbe Instruktion, und Ort und Zeitpunkt der Erhebung ist der gleiche. Die reduzierte TAT-Serie wird von der Untersuchungsleiterin jedem Probanden einzeln im Rahmen der Aufnahme-Diagnostik zu Beginn seines Aufenthalts auf der Sozialtherapeutischen Abteilung vorgelegt. Die TAT-Untersuchung wurde auf Neuzugänge innerhalb eines Zeitraums von zwei Jahren begrenzt. Damit standen TAT-Protokolle von 13 Probanden zur Verfügung. Diese TAT-Stichprobe ist in der bereits oben beschriebenen Population enthalten (vergleiche Kapitel »Untersuchungsstichprobe« ab Seite 84).

Die Testinstruktion wird in standardisierter Form und in Anlehnung an *Revers (1979)* mit folgenden Worten gegeben: »Ich habe hier einen Erzähltest. Ich werde Ihnen nacheinander fünf Bilder vorlegen, und Sie haben die Aufgabe, zu jedem Bild eine Geschichte zu erzählen. Schauen Sie sich die Bilder an und erzählen mir dann, was auf dem Bild im Augenblick geschieht, was die Menschen, die auf den Bildern dargestellt sind, gerade denken, fühlen und vorhaben, was in den Personen vor sich geht. Sie erzählen mir dazu eine Geschichte und erzählen noch, wie es zu der Situation kam, wie sich die Sache weiterentwickelt und schließlich ausgeht. Sie können Geschichten erzählen, wie es Ihnen gerade einfällt. Sie können

nichts falsch machen. Es ist alles in Ordnung, was Sie erzählen. Und Sie haben
Zeit für Ihre Geschichten. Hier sehen Sie die erste Tafel.«

Revers (1979) weist darauf hin, daß es erforderlich sei, eine spezielle Anwei-
sung zu Tafel 16 zu geben. Unmittelbar vor dem Vorlegen der Leertafel erhält der
Proband daher folgende Information:»Als nächstes gebe ich Ihnen eine Tafel, die
kein Bild enthält, sondern eine leere, weiße Fläche darstellt. Sie stellen sich jetzt
vor, daß auf dieser Fläche ein Bild ist und erzählen mir dazu eine Geschichte, so
wie Sie es bei den vorangegangenen Bildern gemacht haben. Hier ist die Tafel.«

Die produzierten Geschichten werden auf Tonband aufgenommen, so daß im
Anschluß an die Sitzungen Transkripte erstellt werden können. Beobachtbares
Verhalten (Mimik, Gestik, etc.) wird während der Durchführung der Testserie
gesondert notiert und im Protokoll gesondert vermerkt. Nachdem der Proband die
Instruktion erhalten und er die erste Tafel entgegengenommen hat, gilt für die
Untersucherin das Gebot der Zurückhaltung; d.h. es soll nicht in den Erzählfluß
des Probanden eingegriffen werden. Die Stellen, an denen das dennoch geschieht,
werden im Protokoll vermerkt.

2.3.2.4 Datenanalyse

Zum TAT gibt es eine Vielzahl von Auswertungsverfahren. Eine Übersicht hierzu
findet sich bei *Revers (1979), Kornadt (1971)* und *Rauchfleisch (1989). Revers
(a.a.O.)* bemerkt, daß die Anwendung verschiedener Auswertungsverfahren je nach
dem diagnostischen Forschungsinteresse des Untersuchers »ratsam und vorteilhaft« (S. 187) erscheine.

Bei der Analyse der hier vorliegenden Erzählungen geht es darum, einen vertieften Einblick in die von den Probanden verinnerlichten Bilder von Mutter und
Vater zu erhalten. Es soll ein möglicher Zusammenhang zwischen den Vater- und
Mutterbildern der Probanden und deren eigener konflikthafter Geschlechtsidentität und Beziehungsmuster untersucht werden. Für die bereits eingangs formu-
lierte Fragestellung interessieren sowohl die bewußten als auch die unbewußten
Bedeutungen der abgegebenen Erzählungen. Es bietet sich daher an, die Auswertung unter psychoanalytischen Gesichtspunkten durchzuführen. *Laplanche & Pontalis (1980)* kennzeichnen die Psychoanalyse als eine Untersuchungsmethode, die
vor allem darin bestehe, die unbewußte Bedeutung von Reden, Handlungen und
imaginären Bildern eines Subjekts herauszustellen. Die psychoanalytische Deu-

tung könne sich auch auf menschliche Produktionen erstrecken, für die man nicht über freie Assoziationen verfüge.

Nachdem die Testperson zu mehrdeutigen Bildvorlagen Geschichten erzählt hat, kann das TAT-Protokoll als das kommunizierte Ergebnis eines bewußten Denkprozesses betrachtet werden, der ganz oder teilweise unter die Dominanz des Primärvorgangs geraten ist. Bei der Auswertung der abgegebenen Erzählungen wird nun darauf geachtet, welche Mechanismen die Person einsetzt, um die thematisch angesprochenen Problemfelder zu bewältigen. Hierzu wird zum einen die manifeste Ebene der abgegebenen Erzählungen untersucht, zum anderen soll der latente Gehalt der Geschichten herausgearbeitet und Einblick in dynamische Mechanismen der Persönlichkeit genommen werden.

Rauchfleisch (1989) entwickelte zum TAT eine psychoanalytische Interpretationsmethode, bei der er die zum Test gelieferten Geschichten vergleichbar einem Traummaterial behandelt. Als Gemeinsamkeiten zwischen Traum und TAT-Produktion bezeichnet er, daß jedes ein plastisches Bild von den zentralen Erlebnisinhalten und den Verarbeitungsweisen eines Menschen entwerfe. Den Unterschied sieht er in der thematischen Valenz der Bild-Tafeln. Die hierzu abgegebenen Geschichten seien im Gegensatz zum Traum keine frei aufsteigenden Phantasien. In Anlehnung an die Fokaltherapie (vgl. u.a. *Balint et al., 1973; Klüwer, 1995*) formuliert er zu den Erzählungen einen Fokus, in dem ein umschriebener Konflikt erkennbar wird und das Kernproblem des einzelnen widerspiegelt. Auf diese Weise lasse sich »das Spektrum der Erlebnisinhalte, der Konflikte und der Verarbeitungsmodi erkennen« *(Rauchfleisch, 1989, S. 27f)*, d.h. es lassen sich qualitative Aspekte der Persönlichkeit erfassen.

2.3.2.4.1 Formale und inhaltliche Aspekte

Zunächst wird bei jeder der fünf ausgewählten Tafeln die *manifeste Ebene* der abgegebenen Erzählungen überprüft. Da jede Tafel eine thematische Valenz nahelegt, ist von Interesse, ob und in welcher Art die Probanden den Stimuluswert der Tafel aufnehmen. Die Geschichten werden daraufhin untersucht, welche Themen benannt und welche Aspekte vermieden werden. Auch der Umgang mit der Instruktion interessiert und welche Gefühls- und Stimmungslagen die Probanden vermitteln. Die Themen in den Geschichten der Probanden werden kategorisiert und in ihrer Häufigkeit notiert.

2.3.2.4.2 Zentrale Problematik

Neben einer manifesten Ebene sind gerade psychodynamische Aspekte von Interesse. Um die zentrale Problematik eines jeden Probanden auf der *latenten Ebene* der abgegebenen Erzählungen zu analysieren, muß »die hintergründig wirksame Dynamik der Persönlichkeit« *(Rauchfleisch, 1989, S.30)* miteinbezogen werden. Dafür wird in Anlehnung an die von *Rauchfleisch (1989)* entwickelte und oben kurz skizzierte Interpretationsmethode für jede TAT-Geschichte ein *Fokus* in Ich-Form gebildet, der das *Kernproblem* des einzelnen benennt.

Die Foki der Probanden werden auf Ähnlichkeiten untersucht, sodann nach Art und Anzahl kategorisiert und in Tabellen präsentiert. Die Analyse erfolgt für jede der fünf Tafeln gesondert.

Die Tafeln 6 BM und 7 BM erfassen eine mögliche Problematik im Beziehungsgeschehen zwischen Proband und Mutter bzw. Vater. Da in diesem Untersuchungsabschnitt die zentrale Problematik und damit das eigene Erleben des einzelnen im Mittelpunkt der Analyse steht, interessieren bei diesen beiden Tafeln *verbindende und trennende Gefühle* des Protagonisten *gegenüber Mutter und Vater.*

Es werden Kategorien hinsichtlich eines Gefühls der Nähe bzw. der Distanz nach folgenden Gesichtspunkten gebildet:

1. Zu Mutter/Vater besteht ein Gefühl der Nähe und der Verbundenheit. Diese Kategorie wird unter ›Nähe‹ mit ›+‹ signiert.
2. Bei einem Wunsch nach Verständnis und daran auftauchenden Zweifeln oder dem Gefühl von Enttäuschung wird unter ›Nähe‹ mit ›—‹ signiert.
3. Der Proband fühlt sich alleine, oder er hat ein Gefühl der Distanz zu Mutter/Vater und thematisiert Differenzen. In diesen Fällen wird unter ›Distanz‹ mit ›+‹ signiert.
4. In den Fällen, bei denen Distanz in der Beziehung zu Mutter/Vater zwar thematisiert, aber mit Schwierigkeiten oder Schuldgefühlen verbunden ist, wird unter ›Distanz‹ mit ›—‹ signiert.

Die Signierungen mit ›+‹ beziehen sich demnach auf eindeutige Gefühle von Verbundenheit bzw. Getrenntheit. Die Kennzeichnung der Kategorien mit ›—‹ erfolgt, wenn Zweifel, Schuldgefühle oder dergleichen bei Nähe resp. Distanz eine Rolle spielen. Die Foki zur ›Mutter‹- bzw. ›Vater‹-Tafel werden unter den hierbei interessierenden Aspekten von Nähe und Distanz zwischen Proband und Mutter/Vater untersucht und der jeweiligen Kategorie zugeordnet. Die Ergebnisse werden bei den jeweiligen Tafeln tabellarisch dargestellt.

2.3.2.4.3 Abwehrmechanismen

Ein weiterer Blickwinkel bei der Analyse der abgegebenen Erzählungen ist, wie die Probanden mit auftauchenden Schwierigkeiten umgehen und welche innerseelischen Verarbeitungsmethoden sie zu deren Bewältigung verwenden. Hierbei wird insbesondere auf die von *A. Freud (1964; Sandler & Freud, 1989)* beschriebenen Abwehrmechanismen Bezug genommen. Nach *Laplanche & Pontalis (1980)* sind es Vorgänge, die sich gegen alles richten, was Angst hervorrufen kann, wie beispielsweise Emotionen oder spezifische Situationen.

Die Art und Anzahl der eingesetzten Abwehrmechanismen werden zu jeder Tafel und über alle Probanden kategorisiert und tabellarisch dargestellt.

2.3.2.4.4 Objektbeziehungen

Ein Schwerpunkt der Untersuchung ist die Frage nach den Objektbeziehungen der Probanden. Es interessiert, wie die Objektbeziehungen aussehen, und welche Bilder von Vater und Mutter verinnerlicht wurden. Analog zu *Freuds* Betrachtungsweisen in der Traumdeutung werden die in den Erzählungen auftauchenden Personen als reale Personen aufgefaßt. Nach dieser Sicht können sich Hinweise auf die Qualität der Interaktionen mit ihren gefühlsmäßigen Komponenten zu eben diesen Beziehungspersonen ergeben *(Rauchfleisch, 1989)*.

Um die Art der Objektbeziehungen bei den einzelnen Tafeln zu erfassen, bietet sich einerseits ein für alle Tafeln einheitliches Schema an. Andererseits tritt damit der spezifische Aufforderungscharakter jeder Tafel in den Hintergrund und Eigenarten in den einzelnen Erzählungen unter der speziellen thematischen Valenz gehen verloren. Nachfolgend sind daher Gesichtspunkte benannt, die für die Analyse der Objektbeziehungen bedeutsam erscheinen und mit deren Hilfe die Geschichten überprüft werden. Die Analyse erfolgt für jede Tafel gesondert. Damit wird der Testkonstruktion entsprochen, nach der nicht jeder Beziehungsaspekt bei jeder Tafel in Erscheinung treten kann. Die Ergebnisse sind bei den einzelnen Tafeln tabellarisch dargestellt.

Rollenverständnis

Für die Untersuchung des Beziehungsgeschehens interessiert zunächst, welche Rolle dem Objekt zugewiesen wird und welche Rolle die Untersuchungsperson hierbei selbst einnimmt. Hierzu gehört, inwieweit das Objekt als unterstützend und verstehend oder als fordernd und kontrollierend gesehen wird. Auch der ›Subjektstatus‹ des Objekts ist von Interesse, d. h. inwieweit dem Objekt ein Eigenleben zugewiesen oder es vor allem auf den Protagonisten bezogen ist. Hinsichtlich der Rolle des Probanden im Beziehungskontext wird überprüft, ob er sich als abhängig, unverstanden, etc. im Sinne eines ›Opfers‹ oder als aktiv handelnde Person im Sinne eines ›Täters‹ beschreibt. Dementsprechend wird der Terminus ›Opferstatus‹ verwendet, wenn mit der Untersuchungsperson/dem Protagonisten in den TAT-Geschichten etwas geschieht (im Sinne von Passivität). Der ›Täterstatus‹ bezieht sich analog auf den Probanden als handelndes Subjekt.

Beziehungsmuster

Des weiteren werden in den abgegebenen Erzählungen die Beziehungskonstellationen analysiert. Hierbei interessiert, inwieweit ein dyadisches oder triadisches Beziehungsmuster bei dem einzelnen Probanden vorliegt.

Beziehungskonflikte

Zu Objektbeziehungen gehören Schwierigkeiten zwischen den beteiligten Personen. Die abgegebenen Erzählungen werden zunächst auf offene oder angedeutete Konflikte innerhalb der Beziehungen überprüft. Anschließend wird untersucht, inwieweit konstruktive Problemlösungen auf einer Beziehungsebene erfolgen. Unter ›konstruktiv‹ ist ein partnerschaftliches Vorgehen zu verstehen, bei dem die Beteiligten über einen Austausch der Bedürfnisse und Befindlichkeiten zu einer beiderseits zufriedenstellenden Konfliktlösung gelangen.

2.3.2.4.5 Vater- und Mutterbilder

Zwar sind die Objektbeziehungen aus einem subjektiven Erleben des Probanden heraus beschrieben und verdeutlichen innere Repräsentanzen der Objekte. Dennoch sollen gesondert Mutter- und Vaterbilder in den Geschichten zu den Tafeln 6BM und 7BM untersucht werden.

Hierzu werden in jeder abgegebenen Erzählung Mutter/Vater in der 3. Person beschrieben (»sie/er hat…«) und auf diese Weise in kurzer, prägnanter Form dargestellt. Vergleichbar einem Fokus lassen sich auf diese Weise Charakteristika von Mutter/Vater in den TAT-Produktionen ermitteln. Die Formeln werden zum einen hinsichtlich der Ähnlichkeiten und zum anderen hinsichtlich der emotionalen Besetzung beim Mutter- bzw. Vaterbild kategorisiert.

Ähnlichkeiten

Die schematische Erfassung von Ähnlichkeiten beim Mutter-/Vaterbild bezieht sich im wesentlichen auf die oben bereits beschriebenen Aspekte, welche Rolle dem Objekt im Beziehungskontext zugewiesen wird.

Emotionale Besetzung der Mutter-/Vaterbilder

Beim Kategorisieren der emotionalen Besetzung ergeben sich für das Mutterbild drei Bereiche:

1. Die Mutter ist nachgiebig, verständnisvoll, hält zum Sohn, gibt Ratschläge, hilft bei seinen Problemen. Diesen Themenkomplexen wird ein positives Mutterbild zugeordnet.
2. Die Mutter ist Quelle von Mißverständnissen und Ärger, sie vermittelt dem Sohn ein schlechtes Gewissen; sie ist stur, beleidigt, streitet und mischt sich in Dinge des Sohnes ein. Diese Themenkomplexe werden zu einem negativen Mutterbild zusammengefaßt.
3. Die Mutter ist stur, dann wieder nachgebend; sie flößt Respekt ein und wird als hilflos gesehen; sie gibt zweifelhafte Ratschläge. Positive und negative Aspekte sind hierbei gleichermaßen vertreten und werden einem ambivalenten Mutterbild zugewiesen.

Analog hierzu ergibt sich für die emotionale Besetzung des Vaterbildes folgendes Schema:

1. Der Vater ist stolz auf den Sohn; er unterstützt ihn und hilft bei Problemen. Hierbei drückt sich ein positives Vaterbild aus.
2. Der Vater ist streng, verbietend oder ablehnend. Er macht dem Sohn Vorwürfe, schaut auf ihn herab oder versteht den Sohn nicht. Diese Themeninhalte werden einem negativen Vaterbild zugeordnet.

3. Der Vater meint es gut mit dem Sohn, kann ihn aber nicht verstehen; er ist nett, macht aber Vorhaltungen; er hat Distanz zum Sohn, sucht aber den Kontakt zu ihm; er ist undurchsichtig, und der Sohn weiß nicht, woran er beim Vater ist. Diese Aspekte beinhalten ein ambivalentes Vaterbild.

Die Formeln bei den Tafeln 6 BM und 7 BM werden auf diese Kategorien überprüft, die Häufigkeiten ermittelt und die Ergebnisse tabellarisch dargestellt.

Mutter-Vater-Thematik in der Querschnitt- und Längsschnittanalyse

Revers (1979) weist darauf hin, daß die Persönlichkeitsdiagnose mittels des TAT stets auch eine Entwicklungsdiagnose enthalte. Auf die Darbietung der Tafeln bezogen heißt das, daß sich die zu den Tafeln abgegebenen Erzählungen fortentwickeln, sozusagen einem inneren ›roten Faden‹ folgen. Ein bei der einen Tafel erzählter Aspekt kann also bei der folgenden Tafel aufgegriffen werden, oder der Proband kann dazu eine Gegengeschichte erzählen, usw. Eine derartige Verlaufsgestalt der Erzählungen ergibt die Längsschnittanalyse. Sie vertieft und sichert die Querschnittdiagnose.

In dieser Untersuchung interessiert die Mutter-Vater-Thematik. Zwar erscheinen hierzu bereits verschiedene Aspekte bei den Querschnittanalysen. Aber in einem weiteren Auswertungsschritt sollen ›Mutter‹- und ›Vater‹-Tafel zunächst vergleichend gegenübergestellt und anschließend auf ihre Verlaufsgestalt hin überprüft werden. Auf diese Weise lassen sich zusätzliche Erkenntnisse für den Forschungsgegenstand ermitteln.

Vergleich hinsichtlich von Gefühlsäußerungen

Für die vergleichende Gegenüberstellung werden die Erzählungen zu Tafel 6 BM und Tafel 7 BM auf Gefühlsäußerungen analysiert. Es interessiert, inwieweit und in welchem Umfang die Probanden bei der Vorlage der ›Mutter‹- bzw. der ›Vater‹-Tafel überhaupt Gefühle erwähnen. Auch wird ermittelt, in welcher Häufigkeit das bei Mutter, Vater und Sohn geschieht. Alle Fälle, in denen Gefühle benannt werden, erhalten als Signierung ein ›+‹, auch die Fälle, bei denen eine Person beispielsweise als ›nicht traurig genug‹ beschrieben wird. Die zu jeder Tafel abgegebenen Gefühlsäußerungen werden schematisch erfaßt.

Vergleich hinsichtlich von Unterstützung

Ein weiterer, interessierender Aspekt ist, inwieweit die Probanden in ihren Erzählungen Mutter oder Vater als Person beschreiben, welche aktiv-unterstützend bei auftauchenden Problemen des Sohnes eingreift. Die Protokolle zu den Tafeln 6 BM und 7 BM werden daraufhin überprüft. Die aktive Unterstützung des Sohnes durch die Mutter bzw. den Vater wird mit ›+‹ gekennzeichnet. Die Ergebnisse werden in einer Tabelle vergleichend gegenübergestellt.

Längsschnittanalyse der Mutter- und Vatertafeln

Als nächster Schritt wird in einer Längsschnittanalyse untersucht, in welcher Weise sich Geschichten, die bei der ›Mutter‹-Tafel abgegeben wurden, beim Vorlegen der ›Vater‹-Tafel fortsetzen.

Es wird den Fragen nachgegangen, ob es hierbei einen inneren Zusammenhang gibt, in welcher Art das bei Tafel 6 BM geäußerte Thema in der Erzählung zu Tafel 7 BM aufgegriffen wird, und ob es Unterschiede bei der Thematik gibt. Auch hierbei bezieht sich die Analyse auf die Protokolle. Sie wird für jeden Probanden einzeln durchgeführt und stichwortartig festgehalten.

2.3.2.4.6 Partnerschaft und Straftat

Diesen Themenkomplex greift Tafel 13 MF auf. Die abgegebenen Geschichten werden im Hinblick auf das Thematisieren einer strafbaren Handlung analysiert. Von Interesse ist, welche Arten von Delikt benannt werden, und ob es sich um die eigene Straftat handelt. Auch die emotionale Berührung durch die Tafel wird erfaßt. Die Ergebnisse werden für alle Probanden tabellarisch dargestellt.

2.4   Verwendete statistische Verfahren

Um die aufgestellten Hypothesen statistisch zu überprüfen, kommen je nach Fragestellung und Kenndaten der Stichprobe unterschiedliche statistische Verfahren zum Einsatz. Sie sind nachfolgend in Kürze aufgeführt.

2.4.1 Gießen-Test

*Vergleich zwischen Untersuchungskollektiv und Normalpopulation
beim Selbstbild*

Um die *Skalenmittelwerte* der Untersuchungsstichprobe und die der Normalpopulation auf statistisch signifikante Unterschiede ($p \leq 0,05$) zu überprüfen, wird das bei *Bortz (1984)* und *Clauß & Ebner (1970)* beschriebene Verfahren der Konfidenzintervallbestimmung angewendet. Definitionsgemäß hat die Normalpopulation den standardisierten Mittelwert T=50 bei einer Standardabweichung von s = 10. Um die Abweichung der Untersuchungsstichprobe von der Norm festzustellen, wird mit Hilfe des Standardfehlers das Intervall berechnet, in dem die Untersuchungsstichprobe liegen müßte, um signifikant von der Norm abzuweichen ($p \leq 0,05$). Würde die Nullhypothese zugunsten der Alternativhypothese verworfen werden, dann müßte das Konfidenzintervall, in dem der wahre Mittelwert der Untersuchungsstichprobe liegt, größer oder kleiner sein als der statistische Mittelwert der Norm (T=50).

Von Interesse sind die *Antwortverteilungen* innerhalb der einzelnen Standardskalen. Hierzu werden die Standardskalen in Bereiche eingeteilt, die analog der Normalverteilung sind. Auf diese Weise ist ein unmittelbarer Vergleich zwischen den beobachteten Antworthäufigkeiten bei Sexualtätern (ausgedrückt in Prozentzahlen) und den Antwortverteilungen bei der Normalpopulation (ebenfalls ausgedrückt in Prozentzahlen) möglich. Als Verfahren zur statistischen Überprüfung von Häufigkeitsverteilungen wird der χ^2-Test herangezogen. Da die Signifikanzprüfung mit Prozentwerten durchgeführt wird, ist eine Korrektur des χ^2-Werts erforderlich. Wegen der unterschiedlichen Grundgesamtheiten von Normstichprobe und Untersuchungsgruppe werden die Prüfungsbedingungen verschärft und auf $p \leq 0,01$ festgelegt.

Auch im *Antwortverhalten* der Untersuchungsgruppe interessiert, ob signifikante Unterschiede gegenüber der Norm auftreten ($p \leq 0,05$). Da die M- und E-Werte nicht normalverteilt sind, wäre ein parameterfreies Prüfverfahren heranzuziehen. In Frage kommt der U-Test nach Mann-Whitney. Da jedoch für die Standardisierungsstichprobe die Einzelwerte nicht bekannt sind, sondern lediglich einige Kennwerte vorliegen, läßt sich der U-Test nicht durchführen. Es wird deshalb der t-Test für unabhängige Stichproben mit der Einschränkung verwendet, daß die für dieses Prüfverfahren erforderliche Verteilungsannahme nicht gegeben ist. Zur Verschärfung der Überprüfung soll die Irrtumswahrscheinlichkeit maximal 1 Prozent sein; d. h. das Signifikanzniveau wird auf $p \leq 0,01$ festgelegt.

Vergleich zwischen Untersuchungskollektiv und Untersuchung Speier beim Selbstbild

Für diesen Vergleich werden die *Skalenmittelwerte* des Untersuchungskollektivs und die der Untersuchung von *Speier (1990)* auf signifikante Abweichungen von der Normalpopulation überprüft. Als statistisches Prüfverfahren dient die Methode zur Ermittlung von Konfidenzgrenzen *(Bortz, 1984; Clauß & Ebner, 1970)*. Es werden für jede Stichprobe gesondert (die eigene und die von Speier) die jeweiligen Konfidenzintervalle berechnet, innerhalb derer die wahren Werte der Stichprobe bei einer vorgegebenen Fehlerquote von $p \leq 0,05$ liegen. Soll die Nullhypothese beibehalten werden, müssen auf jeder Skala die Konfidenzintervalle, in denen die wahren Mittelwerte der Untersuchungsstichprobe und des Vergleichskollektivs liegen, in gleicher Weise vom Skalenmittelwert der Norm (T=50) abweichen. Für diesen Vergleich werden die Ergebnisse der Signifikanzprüfungen beider Stichproben gegenübergestelllt.

Vergleich zwischen Selbstbild und Fremdbildern des Untersuchungskollektivs

Die *Antwortverteilungen* der Untersuchungsgruppe bei ihren Selbstbildern werden auf signifikante Abweichungen von den Antwortverteilungen bei ihren Mutterbeziehungsweise Vaterbildern überprüft. Als statistisches Prüfverfahren dient der χ^2-Test. Da das Datenmaterial auf Prozentwertbasis vorliegt, muß die Prüfgröße χ^2 korrigiert werden. Außerdem sollen die Ergebnisse erst bei $p \leq 0,01$ als statistisch gesichert gelten, um möglichen Untergruppen innerhalb der Stichprobe (und damit möglichen Irregularitäten in der Verteilung) Rechnung zu tragen *(Lienert, 1967)*.

Analog zum Selbstbild wird auch bei dem Vergleich des *Antwortverhaltens* der Untersuchungsgruppe zwischen Selbstbild und Mutter-/Vaterbildern der t-Test für unabhängige Stichproben zur Prüfung auf Signifikanz herangezogen. Auch hierbei gilt, daß die Datenbasis nicht normalverteilt ist. Für eine erhöhte Sicherheit bei der statistischen Überprüfung soll daher das Signifikanzniveau $p \leq 0,01$ betragen.

Vergleich zwischen Untersuchungskollektiv und Untersuchung
Herrmann beim Vaterbild

Das *Antwortverhalten* beim Vaterbild wird zwischen der eigenen Stichprobe und der Untersuchung von *Herrmann (1986)* verglichen. Die statistische Überprüfung erfolgt entsprechend dem Vorgehen beim Selbstbild-Fremdbild-Vergleich mit dem t-Test für unabhängige Stichproben. Auch hierbei wird das Signifikanzniveau auf $p \leq 0,01$ festgelegt.

Zusammenhänge zwischen Selbst- und Fremdbildern
beim Untersuchungskollektiv

Die Standardskalenprofile der Selbstbilder werden auf statistisch signifikante Zusammenhänge mit denen der Fremdbilder untersucht. Da die Daten auf Intervallskalenniveau vorliegen, kommt für lineare Zusammenhänge zweier intervallskalierter Merkmale die Produkt-Moment-Korrelation in Betracht *(Bortz, 1984)*. Die Enge des Zusammenhangs wird mit dem Pearson'schen Korrelationskoeffizienten quantifiziert. Als Verfahren wird eine Korrelationsanalyse durchgeführt, bei der die statistische Bedeutsamkeit des Korrelationskoeffizienten r mit einem zweiseitigen Test auf Signifikanz überprüft wird ($p \leq 0,05$). Die Auswertung erfolgt mit Hilfe des computergestützten Auswertungssystems SPSS/Win.

Ermittlung typischer Fremdbilder beim Untersuchungskollektiv

Um das Untersuchungskollektiv auf differenzierbare Charakteristika für die Fremdbilder zu überprüfen, bietet sich die Clusteranalyse als geeignete Untersuchungsmethode an. Nach *Dreier (1994)* ist es »ein Verfahren, das dazu benutzt wird, die Fälle einer Stichprobe in Gruppen von Fällen, d. h. Clustern, zusammenzufassen. Diese Zusammenfassung wird dabei so vorgenommen, daß die Fälle innerhalb eines Clusters möglichst homogen, die Cluster untereinander aber deutlich verschieden sind«. Ausgangspunkt der Clusteranalyse ist die Datenmatrix, welche aus n Untersuchungsfällen (hier: Probanden) und m Variablen (hier: Skalenmittelwerte der jeweiligen Gießen-Tests von Selbst- und Fremdbildern) besteht. Zur Clusterbildung wird die Prozedur ›Quick Cluster‹ innerhalb des elektronischen Programms SPSS/Win verwendet. »Als oberstes Kriterium gilt dabei, daß Cluster gegeneinander möglichst klar abgegrenzt sein (d.h. möglichst große Distanzen aufweisen) sollten« *(Brosius, 1989, S. 203)*.

Für Mutter- und Vaterbilder werden getrennt Clusteranalysen durchgeführt. Auf diese Weise lassen sich Subgruppen der Untersuchungspopulation feststellen, die in sich Ähnlichkeiten aufweisen, die sich aber hinsichtlich ihrer Fremdbilder deutlich voneinander unterscheiden.

Sodann wird für jede Variable, die in der Clusteranalyse verwendet wurde, eine univariate einfaktorielle Varianzanalyse durchgeführt, wobei die Clusterzugehörigkeit die gruppenbildende Variable darstellt *(Brosius, 1989)*. Das Signifikanzniveau wird auf $p \leq 0,05$ festgesetzt. *Brosius (a.a.0.)* und *Schubö et al.* *(1991)* weisen darauf hin, daß die Resultate allerdings nur deskriptiven Charakter haben, da die Clusterlösung von den gleichen Daten stammt (vgl. hierzu auch *SPSS für Windows, 1994*). Die Auswertung erfolgt mit Hilfe des computergestützten Auswertungssystems SPSS/Win.

Einflußgrößen auf die Clusterbildung

Es soll überprüft werden, inwieweit verschiedene Kenndaten der Untersuchungsstichprobe zu Clusterbildungen beigetragen haben. Ein Verfahren, das Unterschiede zwischen gegebenen Gruppen aufdeckt, ist die Diskriminanzanalyse. Da jedoch die zu überprüfenden Variablen die hierzu erforderlichen Verteilungsvoraussetzungen nicht erfüllen, müssen andere statistische Prüfverfahren herangezogen werden *(Bortz et al., 1990)*.

Als Untersuchungsmethode für nominalskalierte Daten dient der χ^2-Test. Zunächst werden bei den Variablen ›Geburt‹, ›Familienstand‹, ›Familiensituation‹, ›Schule‹ und ›Ausbildung‹ deren Verteilungen innerhalb der einzelnen Cluster ermittelt und in Kreuztabellen dargestellt. Mit Hilfe des χ^2-Tests wird geprüft, ob Subgruppen und Variablen einander beeinflussen oder unabhängig voneinander sind. Entsprechend der Nullhypothese sind Zeilen- und Spaltenvariablen unabhängig. Inhaltlich bedeutet das, daß kein Zusammenhang zwischen der Clusterzuteilung und den Variablen besteht. Die Fragestellung ist zweiseitig, und die Nullhypothese wird bei einer vorgegebenen Irrtumswahrscheinlichkeit von $p \leq 0,05$ angenommen, sofern $\chi^2_{ber} < \chi^2_{krit.p=0,05,Fg}$ *(Bortz et al., 1990)*. Beim χ^2-Test ist zu beachten, daß unter bestimmten Voraussetzungen *(Brosius, 1988)* eine von *Yates* eingeführte Kontinuitätskorrektur vorgenommen werden muß. Dadurch wird der χ^2-Wert abgesenkt, und die Güte der Annäherung verbessert sich.

Die Überprüfung der Variablen ›Alter‹, ›Anzahl der Vorstrafen‹ und ›Haftzeiten‹ erfolgt mit Hilfe des Kruskal-Wallis-H-Tests. Die Fragestellung ist bei diesem Prüfverfahren dieselbe wie beim χ^2-Test, nur ist die Teststärke größer, weil hierbei Rangdaten verwendet werden können. Liegen beim H-Test Verbundränge vor, so ist es angemessen, eine Korrektur der Rangbindungen vorzunehmen und H_{corr} als Prüfgröße zu benutzen *(Bortz et al., 1990)*. Der H-Wert wird dadurch etwas erhöht. Da die Prüfgröße H näherungsweise χ^2-verteilt ist, gilt für die Annahme der Nullhypothese $H_{ber} < H_{krit.p=0,05,Fg}$ bei einer ausgesuchten Irrtumswahrscheinlichkeit von $p \leq 0,05$.

2.4.2 Thematischer Apperzeptionstest

Prüfung der Ergebnisse auf Signifikanz

Der Testkonstruktion entsprechend bezieht sich die Datenauswertung der TAT-Protokolle im wesentlichen auf eine qualitative Analyse, auch wenn Kategorien gebildet und Häufigkeiten ermittelt werden. Um diese, auf qualitativem Wege gewonnenen Ergebnisse quantitativ abzustützen, werden die Werte in den einzelnen Tabellen statistisch überprüft.

Es interessiert, ob die Anzahl der Beobachtungen zufällig ist oder – gemessen am Erwartungswert der Stichprobe – statistisch signifikant auftritt. Zur Analyse eindimensionaler Häufigkeitsverteilungen bietet sich der Binomialtest an *(Bortz et al., 1990)*. Als Nullhypothese wird formuliert: Die Häufigkeit eines Themas (wie beispielsweise ein bestimmter Abwehrmechanismus oder ein spezifisches Gefühl) tritt bei dieser Stichprobe zufällig auf. Die Irrtumswahrscheinlichkeit wird auf $\alpha \leq 5\%$ festgelegt. Für alle tabellarisch erfaßten TAT-Werte werden die Zufallswahrscheinlichkeiten P berechnet. Ist der ermittelte P-Wert kleiner als das vereinbarte Signifikanzniveau, so wird die Nullhypothese verworfen. Es muß dann davon ausgegangen werden, daß die Antworten der Probanden mit $\alpha \leq 5\%$ nicht zufällig erfolgen.

3 Empirischer Teil: Ergebnisse

3.1 Sozio-demographische Kennzeichnung der Stichprobe

Die Datenanalyse bezieht sich auf die Untersuchungsgruppe von 84 Sexualtätern.

3.1.1 Alter

Das Alter der Probanden liegt zum Untersuchungszeitpunkt zwischen 18 und 51 Jahren. Der Durchschnit beträgt 29;3 Jahre. Der am häufigsten vorkommende Wert ist 25 Jahre. Die Hälfte der Probanden ist bei Aufnahme auf die Therapieabteilung zwischen 25 und 35 Jahre alt, ungefähr ein Drittel ist unter 25 Jahren.

Tabelle 3: Altersverteilung der Untersuchungspopulation

Alter der Probanden	Anzahl	Prozent
24 Jahre und jünger	29	34,5
25 bis 35 Jahre	42	50,0
36 Jahre und älter	13	15,5

3.1.2 Familienstand

Tabelle 4 enthält eine Übersicht zum Familienstand der Untersuchungsgruppe.

Tabelle 4: Familienstand der Untersuchungspopulation

Familienstand d. Probanden	Anzahl	Prozent
Ledig	51	60,7
Verheiratet	10	11,9
Geschieden	23	27,4

Wie der Tabelle auf Seite 117 zu entnehmen ist, sind nahezu zwei Drittel der Probanden ledig (60,7 %). 27,4 Prozent sind geschieden, und nur eine geringe Anzahl (11,9 %) ist zu Therapiebeginn verheiratet. Demnach sind 88,1 Prozent der Probanden alleinstehend.

3.1.3 Status der Geburt

Von Interesse ist, inwieweit die Probanden im Rahmen einer ehelichen Beziehung der Eltern auf die Welt kamen. Die folgende Tabelle gibt hierzu eine Übersicht.

Tabelle 5: Geburtsstatus der Untersuchungspopulation

Geburtsstatus d. Probanden	Anzahl	Prozent
Eltern verheiratet	67	79,8
Eltern nicht verheiratet	17	20,2

Von den 84 Probanden der Untersuchung wurden fast 80 Prozent ehelich und zirka 20 Prozent unehelich geboren. Bei dem Anteil unehelich Geborener konnten allerdings diejenigen nicht berücksichtigt werden, die später durch Heirat der Eltern (oder eines Elternteils mit einem neuen Partner) legitimiert wurden.

3.1.4 Familiensituation

Tabelle 6 gibt eine Übersicht zu dem familiären Umfeld, in dem die Probanden aufgewachsen sind.

Tabelle 6: Familiensituation der Untersuchungspopulation

Aufgewachsen: Probanden:	bis 6. Lebensjahr		6.–14. Lebensjahr	
	Anzahl	Prozent	Anzahl	Prozent
Bei den Eltern	50	59,5	44	52,4
Bei Elternteil	13	15,5	23	27,4
Bei Verwandten	14	16,7	5	6,0
Im Heim	3	3,6	8	9,5
In Pflege	4	4,8	4	4,8

Während der ersten sechs Lebensjahre wuchsen nahezu 60 Prozent der Probanden im Elternhaus mit beiden Eltern und 15,5 Prozent mit einem Elternteil auf. Diese Zahlen verschieben sich in der Altersspanne vom 6. bis zum 14. Lebensjahr in Richtung des alleinerziehenden Elternteils (52,4 % gegenüber 27,4 %). Während bis zum 6. Lebensjahr noch 16,7 Prozent der Probanden bei Verwandten leben, sind es mit Schuleintritt nur noch 6 Prozent Prozent. Zum gleichen Zeitpunkt erhöht sich der Anteil der heimuntergebrachten Kinder von knapp 4 Prozent auf über 9 Prozent. Unter der Rubrik ›in Pflege‹ werden Adoptiv- und Pflegeeltern geführt. Weniger als 5 Prozent der Probanden sind in diesem Lebensumfeld aufgewachsen.

3.1.5 Schulbildung

Das schulische Bildungsniveau der Untersuchungsgruppe ist in der folgenden Tabelle 7 enthalten.

Tabelle 7: Schulbildung der Untersuchungspopulation

Schulbildung d. Probanden	Anzahl	Prozent
Sonderschule	14	16,7
Volksschule	58	69,0
Volksschule mit Quali	6	7,1
Mittelschule	6	7,1

Der überwiegende Teil des Untersuchungskollektivs (>75 %) besuchte die Volksschule, davon schlossen 7,1 Prozent mit einem qualifizierenden Abschluß ab. 16,7 Prozent waren auf der Sonderschule, 7,1 Prozent auf der Mittelschule. Oberschüler und Gymnasiasten sind unter den Probanden nicht vertreten.

3.1.6 Berufsausbildung

Tabelle 8 gibt eine Übersicht zur Berufsausbildung des Untersuchungskollektivs.

Tabelle 8: Berufsausbildung der Untersuchungspopulation

Ausbildung d. Probanden	Anzahl	Prozent
Abgeschlossene Lehre	35	41,7
Nicht-beendete Lehre	36	42,9
Sonstige Ausbildung	3	3,6
Keine Ausbildung	10	11,9

Von den 84 Probanden des Untersuchungskollektivs haben knapp 85 Prozent eine Lehre begonnen. Etwa zu gleichen Teilen haben Probanden diese Ausbildung entweder abgeschlossen (n=35) oder vorzeitig abgebrochen (n=36). Mehr als die Hälfte der Probanden (knapp 55%) kann keine erfolgreiche Berufsausbildung nachweisen, davon sind zirka 12 Prozent der Probanden ohne jede berufliche Qualifikation.

3.2   Kriminologische Daten der Stichprobe

Neben den Daten aus dem sozialen Umfeld interessieren ebenfalls die kriminelle Vorbelastung des Untersuchungskollektivs und mögliche, strafrechtlich relevante Auffälligkeiten der Untersuchungsgruppe. Insbesondere Arten und Anzahl der Vorstrafen sind erfaßt, des weiteren der in Haft verbrachte Lebenszeitraum.

3.2.1 Vorstrafen

Bei den Vorstrafen wird zwischen Sexualdelikten einerseits und Straftaten allgemeiner Art, wie zum Beispiel Eigentumsdelikten andererseits unterschieden.

   Tabelle 9 enthält die Art und Anzahl der Vorstrafen des Untersuchungskollektivs. Das Delikt, welches zur aktuellen Inhaftierung geführt hat, ist dabei nicht miterfaßt, sondern es handelt sich bei der Aufstellung ausschließlich um frühere Straftaten.

Tabelle 9a gibt eine Übersicht über die Häufigkeitsverteilungen der allgemeinen, nicht-sexuellen Vorstrafen, Tabelle 9b bezieht sich auf Sexualdelikte.

Tabelle 9: Art und Anzahl der Vorstrafen
der Untersuchungspopulation

Vorstrafen d. Probanten	Mittelwert	Min./Max.
Vorstrafen gesamt	3,1	0 bis 3
Vorstrafe allg. Delikte	2,3	0 bis 13
Vorstrafen Sexualdelikte	0,8	0 bis 7

Die durchschnittliche Anzahl der Vorstrafen beim Untersuchungskollektiv beträgt 3,1. Davon sind statistisch 2,3 allgemeiner Art mit einer Spannweite von keiner Vorstrafe bis zu einem Maximum an 13 strafrechtlich verfolgten Delikten. Statistisch 0,8 der Vorstrafen beziehen sich auf Sexualdelikte in einem Bereich von keinem bis zu 7 strafrechtlich verfolgten Delikten.

Tabelle 9a: Häufigkeiten der nicht-sexuellen Vorstrafen
der Untersuchungspopulation

Allg. Vorstrafen d. Probanten	Anzahl	Prozent
Keine	31	36,9
1 bis 2	28	33,3
3 und mehr	25	29,8

Bei mehr als einem Drittel der Probanden (36,9%) sind in den Akten keine Eintragungen über allgemeine Vorstrafen vermerkt. Der größere Teil der Untersuchungsgruppe ist jedoch wegen nicht-sexueller Delikte vorbestraft (zirka 63%).

Tabelle 9b: Häufigkeiten der sexuellen Vorstrafen
der Untersuchungspopulation

Sex. Vorstrafen	Anzahl	Prozent
keine	42	50,0
1	30	35,7
2 und mehr	12	14,3

Die Hälfte der Probanden ist zuvor mit einem Sexualdelikt strafrechtlich nicht in Erscheinung getreten. Die andere Hälfte der Untersuchungsgruppe besteht aus Wiederholungstätern.

3.2.2 Haftzeiten

Es interessiert, wieviele Jahre Freiheitsentzug die Probanden im Laufe ihres Lebens hinter sich haben. Hierbei wird bei den Vorstrafen die vom Gericht ausgesprochene Dauer der Inhaftierung erfaßt. Vorzeitige Entlassungen konnten in vielen Fällen nicht mehr ermittelt werden und müssen daher unberücksichtigt bleiben. Da einige der Probanden ein Leben in Freiheit im mehrmaligen Wechsel mit freiheitsentziehenden Maßnahmen erfuhren, wird bei der Aufstellung zwischen der Gesamtzeit von Inhaftierungen und dem Zeitraum unmittelbar vor Aufnahme auf die Therapieabteilung unterschieden. Tabelle 10 enthält hierzu eine Übersicht.

Tabelle 10: Haftzeiten der Untersuchungspopulation

Haftzeiten d. Probanden	Mittelwert	Min./Max.	Modalwert
Gesamthaftzeit im Leben	58 Monate	1 bis 238 Monate	24 Monate
Haftzeit vor Therapie-Aufnahme	33 Monate	1 bis 231 Monate	24 Monate

Zum Aufnahmezeitpunkt auf die Sozialtherapeutische Abteilung für Sexualtäter haben die Probanden im Laufe ihres Lebens durchschnittlich 58 Monate Freiheitsstrafe hinter sich gebracht, das sind knapp fünf Jahre. Die Spannbreite liegt hier zwischen einem Monat und 238 Monaten. Der am häufigsten auftretende Wert beträgt 24 Monate. Die unmittelbare Haftzeit vor Therapiebeginn war im Mittel 33 Monate (das sind fast 3 Jahre) mit einem Modalwert von zwei Jahren.

Tabelle 10a: Verteilung der Gesamtfreiheitsstrafen der Untersuchungspopulation

Haftdauer d. Probanden	Anzahl	Prozent	kum./Prozent
0 bis 12 Monate	9	10,7	10,7
12 bis 35 Monate	26	31,0	41,7
36 bis 59 Monate	19	22,6	64,3
60 und mehr Monate	30	35,7	100,0

Auch die Verteilung der Haftzeiten auf vorgegebene Zeitabschnitte ist von Interesse. Tabelle 10a (Seite 122 unten) liefert hierzu eine Übersicht für die gesamte Dauer der Freiheitsstrafen. Weit über die Hälfte der Probanden (58,3 %) hatte im Laufe ihres Lebens mehr als drei Jahre Freiheitsentzug hinter sich, mehr als ein Drittel (35,7 %) über fünf Jahre.

Der Zeitraum, den die Probanden unmittelbar vor Therapiebeginn in Haft verbracht haben, der also nicht durch ein Leben in Freiheit unterbrochen wurde, ist Tabelle 10b zu entnehmen.

Tabelle 10b: Verteilung der Haftdauer vor Therapiebeginn der Untersuchungspopulation

Haftdauer der Probanten	Anzahl	Prozent	kum./Prozent
0 bis 6 Monate	7	8,3	8,3
6 bis 23 Monate	38	45,2	53,6
24 bis 35 Monate	17	20,2	73,8
36 bis 59 Monate	12	14,3	88,1
60 und mehr Monate	10	11,9	100,0

Über die Hälfte der Probanden (53,6 %) war vor Therapiebeginn maximal zwei Jahre, ein Viertel der Probanden (26,2 %) mehr als drei Jahre inhaftiert.

3.3   Gießen-Test

Es liegen jeweils 84 beantwortete und gültige Gießen-Test-Fragebögen für Selbst-, Mutter- und Vaterbilder vor.

3.3.1 Selbstbild

Rohwert-Basisdaten

Nachdem für jeden Probanden die Rohwerte der sechs Standardskalen ermittelt wurden, werden aus diesen Standardskalenrohwerten die deskriptiv-statistische Rohwert-Basisdaten (Mittelwert, Standardabweichung) des Kollektivs berechnet. Tabelle 11 auf Seite 124 enthält die Darstellung dieser Kennwerte.

Tabelle 11: Deskriptiv-statistische Rohwert-Basisdaten
der Untersuchungspopulation

	Mittelwert	Stand.abw.	Minimum	Maximum
Skala 1	26,89	6,49	14	41
Skala 2	26,43	5,69	11	38
Skala 3	23,40	5,68	10	40
Skala 4	27,68	6,38	13	40
Skala 5	24,75	7,64	8	39
Skala 6	20,21	6,30	7	35

3.3.1.1 Selbstbild-Vergleich: Untersuchungskollektiv und Normalpopulation

Vergleich der Standardskalenmittelwerte

Von Interesse ist, ob statistisch signifikante Unterschiede ($p \leq 0,05$) zwischen den Skalenmittelwerten der Untersuchungsstichprobe und denen der Normalpopulation bestehen. Zunächst werden die Skalenrohwerte der Untersuchungsgruppe mit Hilfe der T-Transformation standardisiert. Die Basisdaten (Mittelwert und Standardabweichung) der in T-Werte transformierten Rohwerte sind in Tabelle 12 aufgeführt. Sodann werden die Konfidenzgrenzen bestimmt, innerhalb derer die Untersuchungsstichprobe liegen muß, wenn sie signifikant ($p \leq 0,05$) von der Norm abweichen soll.

Tabelle 12: Deskriptiv-statistische T-Wert-Basisdaten der Untersuchungspopulation, bezogen auf die Standardisierung 1990

	Mittelwert	Stand.abw.
Skala 1	45,29	12,38
Skala 2	51,05	11,98
Skala 3	44,97	11,73
Skala 4	60,40	11,64
Skala 5	56,36	13,61
Skala 6	51,66	12,12

Tabelle 13 sind die Konfidenzintervalle der Untersuchungsstichprobe zu entnehmen. Die Signifikanz der Abweichung vom Mittelwert der Normalpopulation
(T=50) ist durch * kenntlich gemacht.

Tabelle 13: Konfidenzintervalle der Untersuchungsstichprobe bezogen auf
die Standardisierung 1990

	Konfidenzgrenze 5 Prozent	Konfidenzgrenze 1 Prozent	Konfidenzgrenze 0,1 Prozent	
Skala 1	42,60–47,98	41,73–48,86	40,67–49,91	***
Skala 2	48,45–53,65	47,60–54,50	46,58–55,52	
Skala 3	42,42–47,52	41,59–48,35	40,59–49,35	***
Skala 4	57,87–62,93	57,05–63,75	56,06–64,74	***
Skala 5	53,41–59,32	52,44–60,29	51,28–61,44	***
Skala 6	49,03–54,29	48,17–55,15	47,14–56,18	

***$p \leq 0{,}001$

Für die Skala 1 liegt der wahre Wert der Stichprobe zwischen 40,67 und 49,91 bei
Zugrundelegen einer 0,1-prozentigen Fehlerquote. Die Abweichungen der Mittelwerte der Skala 1 der Untersuchungsstichprobe von den Mittelwerten der Normalpopulation (T=50) sind also auf dem 0,1%-Niveau hochsignifikant abweichend
von der Norm ($p \leq 0{,}001$). Die Skalen 3, 4 und 5 der Untersuchungsstichprobe weisen ebenfalls auf dem 0,1%-Niveau hochsignifikante Abweichungen von den statistischen Skalenmittelwerten der Norm auf ($p \leq 0{,}001$). Die Skalen 2 und 6 liegen
innerhalb des Normbereichs ($p \geq 0{,}05$).

Das Konfidenzintervall, in dem der wahre Mittelwert der Untersuchungsstichprobe liegt, ist auf den Skalen 1 und 3 signifikant kleiner, auf den Skalen 4 und 5
signifikant größer als die statistischen Skalenmittelwerte der Norm. Die Nullhypothese muß mit $\alpha \leq 5\%$ zugunsten der Alternativhypothese verworfen werden: Die
Mittelwerte der Skalen 1, 3, 4 und 5 des Untersuchungskollektivs unterscheiden
sich von den Skalenmittelwerten der Norm hochsignifikant ($p \leq 0{,}001$).

Für die Mittelwerte der Skalen 2 und 6 ist kein signifikanter Unterschied zur
Norm festzustellen. Die Nullhypothese wird bei einer Fehlerquote von $\alpha \geq 5\%$ für
diese Skalen angenommen ($p \geq 0{,}05$).

Graphische Darstellung der Standardskalenmittelwerte auf dem Profilblatt

Werden die in Tabelle 11 enthaltenen Skalenmittelwerte auf das Profilblatt übertragen, so erhält man ein Testprofil des Untersuchungskollektivs (Abbildung 3).

Abbildung 3: Gießen-Test-Profil der Skalenmittelwerte des Untersuchungskollektivs
bezogen auf die Standardisierung 1990

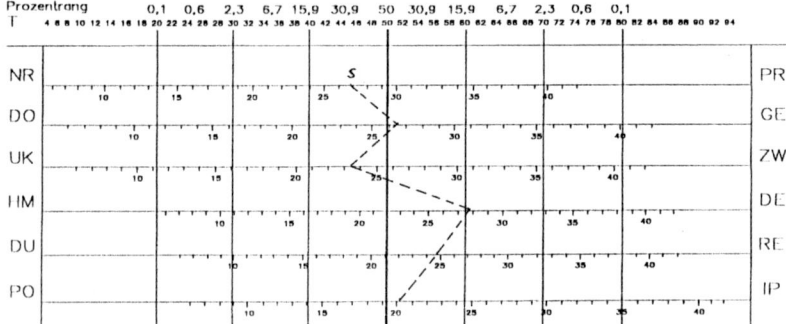

Die graphische Darstellung ermöglicht einen direkten Vergleich zwischen der
Untersuchungsgruppe und der Normalpopulation. In der obersten Zeile des Profil-
blatts können die Prozentränge abgelesen werden, die die Stellung der Untersuchungsgruppe in Relation zur allgemeinen Bevölkerung kenntlich machen. Hier
bedeutet das, daß die Untersuchungsgruppe auf den Skalen 2 und 6 ein ähnlich
›normales‹ Selbstbild hat wie etwa die Hälfte der Normalbevölkerung. Auch auf
den Skalen 1, 3 und 5 sind die Antworten des Untersuchungskollektivs als statistisch unbedeutend zu bezeichnen. Leichte Abweichungen gegenüber dem Norm-
bereich sind auf Skala 4, wo sich nur zirka 15,9 Prozent der Bevölkerung als ähnlich depressiv beschreiben wie die Untersuchungsgruppe.

Inhaltlich bedeutet die Profildarstellung der Skalenmittelwerte des Untersuchungskollektivs im Vergleich zur Normalpopulation folgendes: Das Untersuchungskollektiv fühlt sich in sozialen Interaktionen von der Umgebung eher
abgelehnt (Skala 1). Gegenüber Konflikten sieht es sich als unauffällig mit einer
Tendenz zum Ausweichen und Nachgeben (Skala 2). Es beschreibt sich als eher
unstet (Skala 3), selbstunsicher und depressiv (Skala 4). Im Kontakterleben und
-verhalten herrschen Verschlossenheit und Mißtrauen vor (Skala 5). Hinsichtlich
der sozialen Potenz beschreibt sich das Untersuchungskollektiv als normal mit
einer Tendenz zu Befangenheit (Skala 6).

Vergleich der Antwortverteilungen

Die Verteilung der Antworten auf die Standard-Bereiche I, II, III, IV und V sind bei jeder Skala des Selbstbilds in Balkendiagrammen dargestellt (siehe hierzu die Abbildungen 4 bis 9). Die Ergebnisse werden mit den Skalenmittelwertverteilungen der Normalbevölkerung verglichen. Statistisch signifikante Abweichungen des Untersuchungskollektivs von der Norm sind mit ** gekennzeichnet (p≤0,01).

Abbildung 4: Selbstbild Skala 1 – Antwortverteilungen

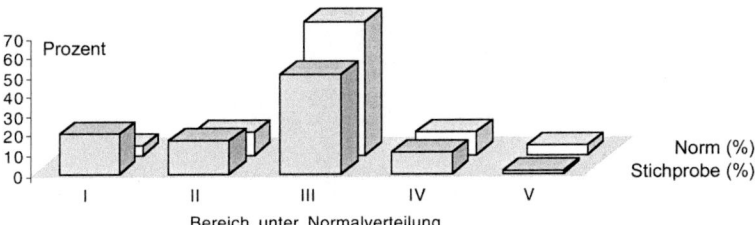

Bereich	I	II	III	IV	V
Norm (%)	4,5	11,4	68,2	11,4	4,5
Stichprobe (n)	17	14	43	9	1
Stichprobe (%)	20,2	16,7	51,2	10,7	1,2
** p<0,01	**				

51,2 Prozent des Untersuchungskollektivs liegen mit ihren Antworten innerhalb des Bereichs III (T-Werte zwischen 40 und 60) gegenüber 68,2 Prozent der Normalpopulation. Staistisch signifikant ist, daß sich 20,2 Prozent der Probanden (n=17; Bereich I) als extrem negativ in ihrer Wirkung auf die Umgebung beschreiben, gegenüber 4,5 Prozent der Normalbevölkerung. Weitere 16,7 Prozent der Probanden (n=14) befinden sich mit ihren Antworten im Bereich II (T-Werte zwischen 33 und 40), so daß sich insgesamt 36,9 Prozent des Untersuchungskollektivs in sozialen Interaktionen eher abgelehnt fühlen (gegenüber 15,9 Prozent der Normalpopulation). Auch dieses Ergebnis ist statistisch signifikant (p ≤ 0,01).

Auf Skala 2 (Abbildung nächste Seite) bestehen keine signifikanten Unterschiede des Untersuchungskollektivs gegenüber der Normalpopulation. Es besteht eine leichte Tendenz, im Selbstbild anpassungsbereites Verhalten zu betonen (Bereiche IV und V).

Abbildung 5: Selbstbild Skala 2 – Antwortverteilungen

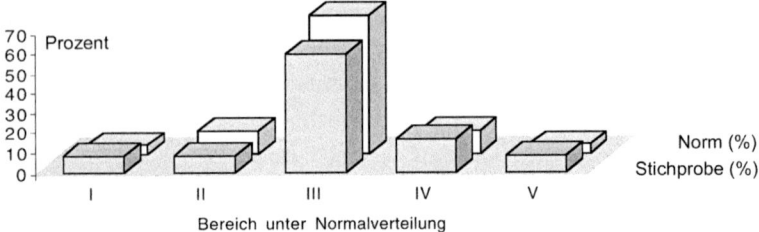

Bereich unter Normalverteilung

Bereich	I	II	III	IV	V
Norm (%)	4,5	11,4	68,2	11,4	4,5
Stichprobe (n)	7	7	49	14	7
Stichprobe (%)	8,3	8,3	58,3	16,7	8,3
** p<0,01					

Abbildung 6: Selbstbild Skala 3 – Antwortverteilungen

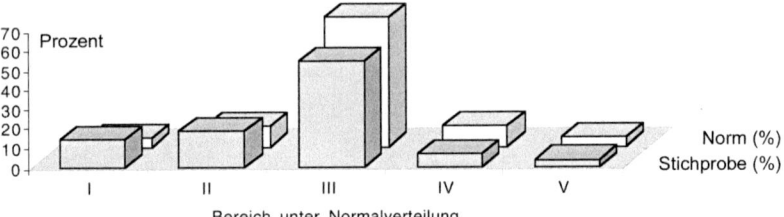

Bereich unter Normalverteilung

Bereich	I	II	III	IV	V
Norm (%)	4,5	11,4	68,2	11,4	4,5
Stichprobe (n)	12	16	47	6	3
Stichprobe (%)	14,3	19,0	56,0	7,1	3,6
** p<0,01	**				

Auf der ›Kontrolle-Skala‹ liegen zwölf Probanden – immerhin 14,3 Prozent – statistisch signifikant im Bereich I, weitere 16 Probanden (19 Prozent) befinden sich mit ihren Antworten im Bereich II. Demnach beschreiben sich 33,3 Prozent des Untersuchungskollektivs als eher unterkontrolliert und unstet; bei der Normalbevölkerung sind es 15,9 Prozent Bereiche I und II). Dieses Ergebnis ist statistisch signifikant (p ≤ 0,01).

Abbildung 7: Selbstbild Skala 4 – Antwortverteilungen

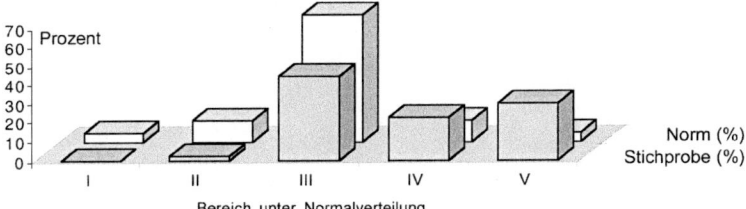

Bereich	I	II	III	IV	V
Norm (%)	4,5	11,4	68,2	11,4	4,5
Stichprobe (n)	0	2	38	19	25
Stichprobe (%)	0,0	2,4	45,2	22,6	29,8
** p<0,01				**	**

Hinsichtlich der Grundstimmung ist beim Untersuchungskollektiv eine erhebliche und statistisch signifikante Verschiebung der Antworten in Richtung ›Depressivität‹ zu erkennen. 52,4 Prozent der Probanden beschreiben sich als depressiv (Bereiche IV und V) gegenüber 15,9 Prozent der Normalbevölkerung (p≤0,01).

Abbildung 8: Selbstbild Skala 5 – Antwortverteilungen

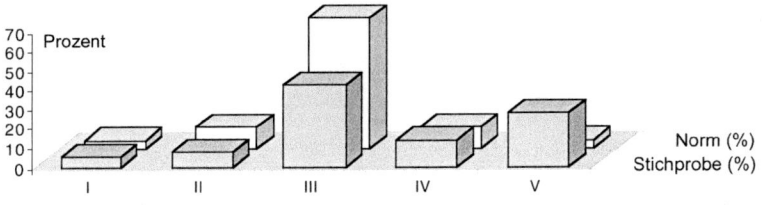

Bereich	I	II	III	IV	V
Norm (%)	4,5	11,4	68,2	11,4	4,5
Stichprobe (n)	5	7	36	12	24
Stichprobe (%)	6,0	8,3	42,9	14,3	28,6
** p<0,01			**		**

Im Kontakterleben und Kontaktverhalten des Untersuchungskollektivs ist eine deutliche Rechtsabweichung erkennbar. Gegenüber der Normalbevölkerung liegen statistisch signifikant weniger Probanden mit ihren Antworten im mittleren

Bereich III (42,9 Prozent der Probanden gegenüber 68,2 Prozent der Normalbevölkerung). Weitere 42,9 Prozent der Probanden befinden sich in den Bereichen IV
und V. Hiervon sehen sich 24 Probanden (28,6 %) statistisch signifikant als verschlossen an (Bereich V; p ≤ 0,01).

Abbildung 9: Selbstbild Skala 6 – Antwortverteilungen

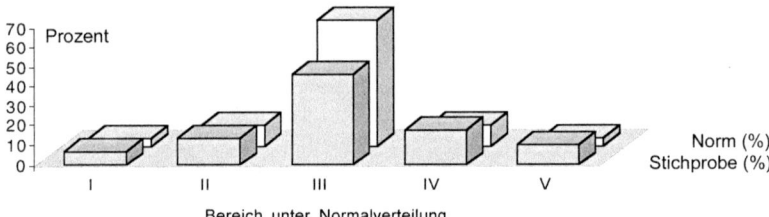

Bereich unter Normalverteilung

Bereich	I	II	III	IV	V
Norm (%)	4,5	11,4	68,2	11,4	4,5
Stichprobe (n)	6	12	41	16	9
Stichprobe (%)	7,1	14,3	48,8	19,0	10,7
** p<0,01				**	

Auf dieser Skala wird bei den Antwortverteilungen der Untersuchungsgruppe eine
Rechtsverschiebung in Richtung ›sozial impotent‹ erkennbar. Statistisch signifikant ist, daß sich 29,7 Prozent des Untersuchungskollektivs als relativ bindungs-
arm und ungesellig sieht (Bereiche IV und V) gegenüber 15,9 Prozent der Normalbevölkerung

Vergleich des Antwortverhaltens

Tabelle 14 stellt den Median sowie Mittelwerte und die zugehörigen Standardabweichungen der M- und E-Werte im Selbstbild des Untersuchungskollektivs dar.
Sie sind der Norm 1990 *(Beckmann et al., 1991)* gegenübergestellt. Das Signifikanzniveau der Abweichung ist mit * gekennzeichnet.

Aus Tabelle 14 ist ersichtlich, daß beim Untersuchungskollektiv die durchschnittliche Anzahl der angegebenen M-Werte 1,18 bei einer Streuung von 1,91
beträgt. Im Vergleich hierzu kreuzt die Normalbevölkerung durchschnittlich 8,66
M-Werte bei einer Streuung von 6,47 an.

Tabelle 14: M- und E-Werte im Selbstbild. Vergleich der eigenen Stichprobe
mit der Normalpopulation

| | Untersuchungskollektiv (n=84) | | Norm 1990 (n=1546) | |
	M-Werte	E-Werte	M-Werte	E-Werte
Median	0	7	7	4
Mittelwert	1,18***	8,60***	8,66	6,04
Standardabw.	1,91	7,25	6,47	6,96

*** $p \leq 0,001$

Während seitens der Normalpopulation durchschnittlich 6,04 Items im Extrembe-
reich angekreuzt werden, sind es beim Untersuchungskollektiv 8,60 Items.

Bei der Prüfung auf Signifikanz der Mittelwertunterschiede zwischen dem
Untersuchungskollektiv und der Normalpopulation ergibt sich für die Anzahl der
M-Werte $t=10,53$. Legt man eine Fehlerquote von $\alpha \leq 0,1\%$ zugrunde, so ist
$t_{krit.}=3,42$ (bei zweiseitiger Fragestellung). Die Unterschiede im Antwortverhalten
sind hochsignifikant. Das Untersuchungskollektiv kreuzt statistisch hochsignifikant weniger Mittelwerte an als die Normalpopulation ($p \leq 0,001$).

Die Prüfung auf Signifikanz der Extremwertunterschiede zwischen dem Untersuchungskollektiv und der Normalpopulation ergibt bei den E-Werten $t=3,51$.
Auch hierbei ist der berechnete t-Wert größer als der kritische t-Wert und damit
der Unterschied zwischen den Stichprobenmittelwerten statistisch signifikant: Die
untersuchte Personengruppe kreuzt hochsignifikant mehr Extremwerte als die
Normalpopulation ($p \leq 0,001$) an.

Zusammenfassend zeigen die Ergebnisse, daß das Untersuchungskollektiv in seinem Antwortverhalten viel stärker zum Extrem neigt als die Normalpopulation.
Hinsichtlich der M-Werte fallen beim Untersuchungskollektiv die bedeutend
geringeren M-Ankreuzungen sowie die niedrigere Standardabweichung im Vergleich zu der allgemeinen Bevölkerung auf.

3.3.1.2 Selbstbild-Vergleich:
Untersuchungskollektiv und Kollektiv von Speier

Vergleich der Standardskalenmittelwerte

Für die direkte Vergleichbarkeit der eigenen mit der Stichprobe von *Speier (1990)* werden für beide Untersuchungen die T-Werte auf der Basis der Standardisierung von 1983 *(Beckmann et al., 1983)* ermittelt und in Tabelle 15 gegenübergestellt.

Tabelle 15: Deskriptiv-statistische T-Wert-Basisdaten des eigenen Kollektivs und des Kollektivs von Speier bezogen auf die Standardisierung 1983

	Eigenes Kollektiv (n=84)		Kollektiv Speier (n=37)	
	M-Werte	Std.abw.	M-Werte	Std.abw.
Skala 1	46,39	12,33	45,57	10,26
Skala 2	48,34	11,24	44,66	10,11
Skala 3	44,04	10,03	47,11	6,17
Skala 4	57,16	10,35	57,99	8,10
Skala 5	54,17	12,90	56,55	11,08
Skala 6	50,29	11,80	51,26	10,83

Auf der Grundlage der T-Werte werden sodann sowohl die eigene Stichprobe als auch die von *Speier (1990)* mit der Normalpopulation verglichen und auf bedeutsame Abweichungen überprüft.

Tabelle 16 enthält die Konfidenzintervalle, innerhalb derer die wahren Werte des eigenen Kollektivs liegen. Die Signifikanz der Abweichungen von der Norm mit T=50 ist durch * markiert. Bei dem eigenen Kollektiv liegt für Skala 1 der wahre Wert der Stichprobe zwischen 40,67 und 49,91 bei Zugrundelegen einer 0,1-prozentigen Fehlerquote. Die Abweichung des Mittelwertes des Untersuchungskollektivs auf Skala 1 von dem Skalenmittelwert der Norm (T=50) ist demnach hochsignifikant (p≤0,001). Hochsignifikante Abweichungen von der Normalpopulation (p≤0,001) sind ebenfalls auf den Skalen 3, 4 und 5 der Untersuchungsstichprobe. Die Skalenmittelwerte des Untersuchungskollektivs auf den Skalen 2 und 6 liegen innerhalb des Normbereiches.

Tabelle 16: Konfidenzintervalle des eigenen Kollektivs, bezogen auf die
Standardisierung von 1983

	Konfidenzgrenze 5 Prozent	Konfidenzgrenze 1 Prozent	Konfidenzgrenze 0,1 Prozent	
Skala 1	42,60 – 47,98	41,73 – 48,86	40,67 – 49,91	***
Skala 2	48,45 – 53,65	47,60 – 54,50	46,58 – 55,52	
Skala 3	42,42 – 47,52	41,59 – 48,35	40,59 – 49,35	***
Skala 4	57,87 – 62,93	57,05 – 63,75	56,06 – 64,74	***
Skala 5	53,41 – 59,32	52,44 – 60,29	51,28 – 61,44	***
Skala 6	49,03 – 54,29	48,17 – 55,15	47,14 – 56,18	

*** $p \leq 0,001$

Die Ergebnisse der Überprüfung der Stichprobe von Speier auf bedeutsame Abweichungen von der Normalpopulation enthält Tabelle 17. Signifikante Abweichungen sind durch * gekennzeichnet.

Tabelle 17: Konfidenzintervalle des Kollektivs von Speier bezogen auf die
Standardisierung von 1983

	Konfidenzgrenze 5 Prozent	Konfidenzgrenze 1 Prozent	Konfidenzgrenze 0,1 Prozent	
Skala 1	42,15 – 48,99	40,97 – 50,17	38,86 – 52,28	*
Skala 2	41,29 – 48,03	40,12 – 49,20	38,04 – 51,28	**
Skala 3	45,05 – 49,17	44,34 – 49,88	43,07 – 51,15	**
Skala 4	55,29 – 60,69	54,35 – 61,63	52,69 – 63,29	***
Skala 5	51,85 – 59,25	50,58 – 60,52	48,30 – 62,80	**
Skala 6	47,65 – 54,87	46,40 – 56,12	44,17 – 58,35	

* $p \leq 0,05$; ** $p \leq 0,01$; *** $p \leq 0,001$

Aus Tabelle 17 geht hervor, daß der wahre Wert der Stichprobe von *Speier* für Skala 1 zwischen 42,15 und 48,99 liegt bei Berücksichtigung einer 5-prozentigen Fehlerquote. Auf Skala 1 ist die Abweichung des Skalenmittelwertes des Kollektivs von *Speier* von dem Skalenmittelwert der Norm (T=50) signifikant ($p \leq 0,05$). Sehr signifikante Abweichungen existieren auf den Skalen 2, 3 und 5 ($p \leq 0,01$), hochsignifikante Abweichungen   auf Skala 4 (p≤0,001). Der Skalenmittelwert der Stichprobe von *Speier* auf Skala 6 liegt innerhalb des Normbereichs. Soll die Nullhypothese als bestätigt gelten, müssen auf jeder Skala die Konfidenzintervalle, in denen die wahren Mittelwerte der Untersuchungsstichprobe und der *Speiers* liegen, in gleicher Weise vom Skalenmittelwert der Norm (T=50) abweichen. Für diesen Vergleich sind die Ergebnisse der Signifikanzprüfungen (sowohl die der Konfidenzintervallbestimmung – siehe oben die Tabellen 13, 16 und 17 – als auch jene nach den Angaben von *Speier*) in Tabelle 18 gegenübergestelllt.

Tabelle 18: Gegenüberstellung der Signifikanzniveaus der eigenen Untersuchung und der von Speier

	Kollektiv Speier (n=37)		Eigenes Kollektiv (n=84)	
	Angabe Speier, Norm 1983	Intervallberechn., Norm 1983	Intervallberechn., Norm 1983	Intervallberechn., Norm 1990
Skala 1	1,0 %	1,0 %	1,0 %	0,1 %
Skala 2	1,0 %	1,0 %	–	–
Skala 3	5,0 %	1,0 %	0,1 %	0,1 %
Skala 4	1,0 %	0,1 %	0,1 %	0,1 %
Skala 5	1,0 %	1,0 %	1,0 %	0,1 %
Skala 6	–	–	–	–

Während *Speier (1990)* in seiner Arbeit Signifikanzniveaus zwischen 1 Prozent und 5 Prozent angibt, liegen die der eigenen Untersuchung bei Zugrundelegung der neuesten Normierung des Gießen-Tests (1990) bei 0,1 Prozent. Unmittelbar vergleichbar sind die Untersuchungen erst durch die Verwendung derselben Berechnungsgrundlage (Konfidenzintervallberechnung) sowie den Bezug auf dieselbe Norm (1983). Demnach ergeben sich *identische Ergebnisse* bei den Skalen 1, 4, 5 und 6. Auf Skala 1 sind die Normabweichungen beider Untersuchungen auf dem 1-Prozent-Niveau sehr signifikant (p≤0,01). Die Tendenz der Antworten ist gleichermaßen in Richtung ›negativer Resonanz‹.

Ebenfalls sehr signifikante Abweichungen (p≤0,01) finden sich bei beiden Untersuchungsstichproben auf der Skala 5, und zwar in Richtung ›Retentivität‹. Auf der Skala 4 weisen beide Untersuchungen hochsignifikante Abweichungen auf in Richtung ›Depressivität‹ (p≤0,001).

Auf Skala 6 sind keine der beiden Untersuchungsstichproben signifikant verschieden von der Norm. Die Tendenz der Antworten geht in Richtung ›Impotenz‹. Voneinander *abweichende Ergebnisse* bestehen bei Skala 3 bezüglich des Signifikanzniveaus. Hier sind die Normabweichungen des eigenen auf dem 0,1-Prozent-Niveau hochsignifikant ($p \leq 0,001$). Bei den Probanden des Kollektivs von Speier ist die Abweichung von der Norm mit $p \leq 0,01$ sehr signifikant. Die Tendenz geht bei beiden Untersuchungen gleichermaßen in Richtung ›unterkontrolliert‹.

Unterschiedliche Ergebnisse zwischen beiden Untersuchungen im Vergleich zur Normalpopulation finden sich auf der Skala 2. Das eigene Kollektiv beschreibt sich als normal, d.h. es sind keine signifikanten Unterschiede zur Normalpopulation, die Tendenz geht in Richtung ›gefügig‹. Die Probanden bei *Speier* unterscheiden sich als von der Norm sehr signifikant dominant ($p \leq 0,01$).

Wie Tabelle 18 zu entnehmen ist, wird die Nullhypothese mit $p \leq 0,05$ für alle Skalen außer Skala 2 bestätigt. Für Skala 2 muß die Nullhypothese zurückgewiesen werden.

Vergleichende, graphische Darstellung der Standardskalenmittelwerte

Nach dem Eintragen der Standardskalenmittelwerte beider Untersuchungen auf dem Gießen-Test-Profilblatt ergeben sich Profile wie in Abbildung 10 dargestellt. Der Gegenüberstellung sind die Rohwerte beider Untersuchungen zugrunde gelegt.

Abbildung 10: Gegenüberstellung der Gießen-Test-Profile der Standardskalenmittelwerte eigenes Kollektiv und Kollektiv von Speier, bezogen auf die Standardisierung 1990

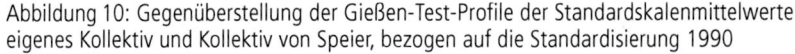
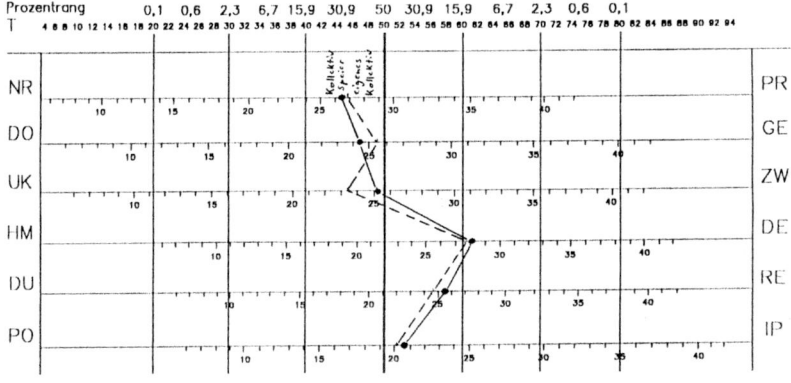

Wie bereits bei der statistischen Hypothesenüberprüfung festgestellt, zeigt sich auch im Profilblatt, daß die Ergebnisse der eigenen Untersuchung denen von *Speier* ähneln. Im Vergleich zum statistischen Mittelwert der Normalpopulation beschreiben sich beide Kollektive als eher negativ sozial resonant (Skala 1), unterkontrolliert (Skala 3), depressiv (Skala 4), retentiv (Skala 5) sowie mit einer negativen Tendenz hinsichtlich ihrer sozialen Potenz (Skala 6). Unterschiede zwischen beiden Stichproben finden sich auf Skala 2. Während sich die Probanden von *Speier* als dominant sehen, hat der Skalenmittelwert des eigenen Untersuchungskollektivs eine Tendenz zur Gefügigkeit. Die Unterschiede auf Skala 2 bedürfen einer weiteren Betrachtung. Dennoch kann zusammenfassend festgestellt werden, daß die Standardskalenmittelwertprofile des eigenen Kollektivs sehr gut vergleichbar mit denen des Kollektivs von *Speier* sind.

3.3.2 Fremdbilder

Bei den Fremdbildern werden für jeden Probanden die Rohwerte auf den einzelnen Skalen erfaßt. Mutter- und Vaterbilder des Untersuchungskollektivs sind durch Mittelwerte und Standardabweichung sowie durch den niedrigsten und höchsten Rohwert auf jeder Skala charakterisiert.

Rohwert-Basisdaten beim Mutterbild

Die Skalenmittelwerte und Standardabweichungen für das im Gießen-Test erfaßte Mutterbild enthält Tabelle 19a. Der Tabelle lassen sich weiterhin die niedrigsten (Minimum) und höchsten (Maximum) Standardskalenwerte entnehmen.

Tabelle 19a: Deskriptiv-statistische Rohwert-Basisdaten des Mutterbilds der Untersuchungspopulation

	Mittelwert	Stand.abw.	Minimum	Maximum
Skala 1	30,98	5,93	15	41
Skala 2	24,98	7,12	7	38
Skala 3	30,18	5,48	13	40
Skala 4	25,99	6,54	10	42
Skala 5	26,39	7,53	9	41
Skala 6	22,27	5,74	12	38

Das Mutterbild der Untersuchungsgruppe zeichnet sich auf Skala 1 durch einen Mittelwert von 30,98 bei einer Standardabweichung von 5,93 aus. Über die einzelnen, untersuchten Probanden verteilt schwanken auf dieser Skala die Werte zwischen 15 und 41. Weitere Daten sind in gleicher Weise aus der Tabelle abzulesen.

Rohwert-Basisdaten beim Vaterbild

Analog zum Fremdbild ›Mutter‹ enthält Tabelle 19b deskriptiv-statistische Rohwert-Basisdaten für das Fremdbild ›Vater‹.

Tabelle 19b: Deskriptiv-statistische Rohwert-Basisdaten des Vaterbilds der Untersuchungspopulation

	Mittelwert	Stand.abw.	Minimum	Maximum
Skala 1	29,06	7,06	10	42
Skala 2	23,49	6,58	7	39
Skala 3	27,29	6,80	11	41
Skala 4	20,17	6,33	6	35
Skala 5	27,25	7,67	11	40
Skala 6	21,55	6,57	8	37

Beim Vaterbild beträgt beispielsweise auf Skala 1 der mittlere Rohwert der Untersuchungsgruppe 29,06 bei einer Streuung von 7,06. Die Spannweite der Einzelergebnisse liegt auf dieser Skala zwischen 10 als dem niedrigsten bis zu 42 als dem höchsten Wert. Die Daten für die Skalen 2 bis 6 sind in gleicher Weise der Tabelle zu entnehmen.

3.3.2.1 Vergleich des Selbstbilds mit den Fremdbildern

Vergleichende, graphische Darstellung der Standardskalenmittelwerte

Für den graphischen Vergleich zwischen Selbstbild sowie Mutter- bzw. Vaterbild werden die Skalenmittelwerte aus den Tabellen 11, 19a und 19b auf das Profilblatt übertragen. Abbildung 11 veranschaulicht die Gegenüberstellung der Profilverläufe bei Selbst- und Fremdbildern.

Abbildung 11: Gegenüberstellung der Gießen-Test-Profile Skalenmittelwerte von Fremdbild ›Mutter‹, Fremdbild ›Vater‹ und Selbstbild

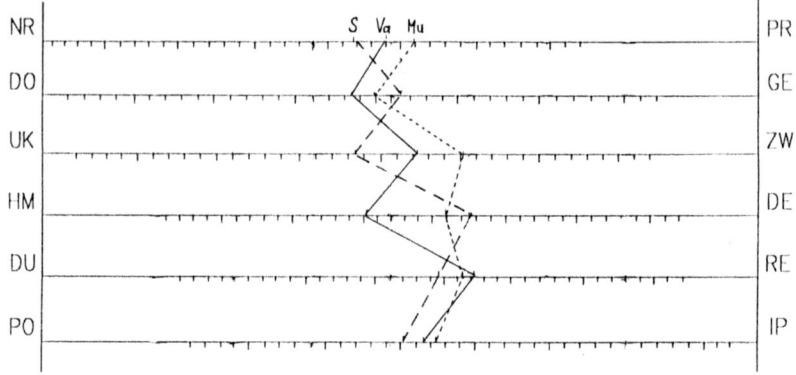

Skala 1: Während sich das Untersuchungskollektiv in sozialen Interaktionen eher abgelehnt fühlt und die Väter in dieser Hinsicht als unauffällig beschreibt, sieht es die Mütter als positiv resonanter.

Skala 2: Väter und Mütter werden im Vergleich zum Selbstbild als dominante Personen gesehen, sich selbst betrachten die Probanden als eher gefügig.

Skala 3: Die Mütter werden als besonders überkontrolliert beschrieben, die Väter immer noch mit einer Tendenz zur Zwanghaftigkeit. Dem Bild von strengen, auf Regeln achtenden Eltern steht das Selbstbild eines bequemen, unsteten und kontrollschwachen Menschen gegenüber.

Skala 4: Hier finden sich antagonistische Aussagen zwischen Vater- und Selbstbild, während zwischen Mutter- und Selbstbild Ähnlichkeiten wahrgenommen werden. Die Probanden beschreiben sich und ihre Mütter als unsicher und depressiv.

Skala 5: Hinsichtlich ihres Kontaktverhaltens werden Väter und Mütter als verschlossen und eher mißtrauisch gesehen, wobei die Mütter als etwas zugänglicher erscheinen als die Väter. Beide Eltern erscheinen jedoch den Probanden in Relation zum Selbstbild unzugänglich.

Skala 6: Hinsichtlich der sozialen Potenz beschreiben sich die Probanden als normal, ihre Väter ähnlich mit einer Tendenz zu sozialer Impotenz. Im ausgeprägten Maße werden die Mütter als wenig liebesfähig gesehen.

Vergleich der Antwortverteilungen zwischen Selbst- und Mutterbild

Die folgenden Balkendiagramme (Abbildungen 12 bis 17) zeigen die Antworten-Verteilungen des Untersuchungskollektivs beim Mutterbild für jede Standardskala. Signifikante Abweichungen der Antwortverteilungen gegenüber dem Selbstbild sind mit ** gekennzeichnet (p≤0,01).

Abbildung 12: Selbst- und Fremdbild ›Mutter‹ Skala 1 – Antwortverteilungen

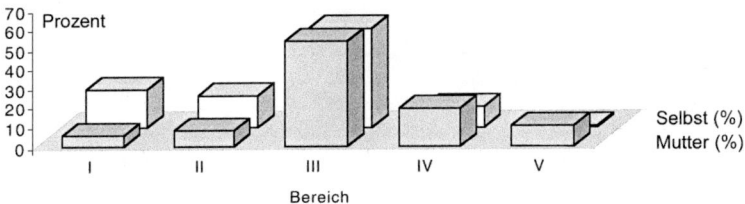

Bereich	I	II	III	IV	V
Selbst (%)	20,2	16,7	51,2	10,7	1,2
Mutter (n)	5	7	46	17	9
Mutter (%)	6,0	8,3	54,8	20,2	10,7
** p<0,01	**			**	**

Bei Skala 1 zeigen sich statistisch signifikante Abweichungen zwischen Selbst- und Mutterbild nach beiden Polen der Skala. Im Vergleich zur Mutter sehen die Probanden ihre eigene Wirkung auf die Umgebung als besonders negativ (Bereich I), während die Mutter als besonders beliebt erscheint. Beim Mutterbild zeigt sich eine statistisch signifikante Antworthäufung in Richtung ›positive Resonanz‹: Während nur 11,9 Prozent der Probanden (n=10) ihre eigene Wirkung auf die Umgebung als vorteilhaft beschreiben, sind es 30,9 Prozent (n=26) bei den Mutterbildern (Bereiche IV und V).

Zu Abbildung 13 auf Seite 140 läßt sich folgendes sagen: Während sich die Untersuchungsgruppe als normal, wenngleich mit einer Tendenz zur Nachgiebigkeit beschreibt, sehen 21,4 Prozent der Probanden (n=18) ihre Mutter in signifikant abweichender Häufigkeit als dominant an (Bereich I).

Abbildung 13: Selbst- und Fremdbild ›Mutter‹ Skala 2 – Antwortverteilungen

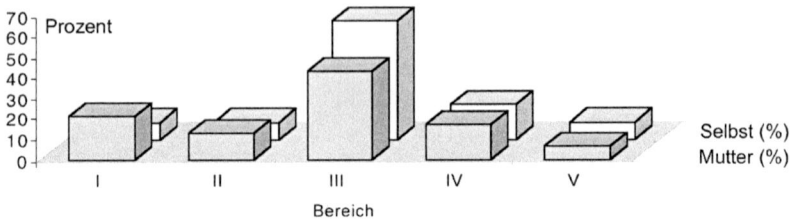

Bereich	I	II	III	IV	V
Selbst (%)	8,3	8,3	58,3	16,7	8,3
Mutter (n)	18	11	36	14	5
Mutter (%)	21,4	13,1	42,9	16,7	6,0
** p<0,01	**				

Abbildung 14: Selbst- und Fremdbild ›Mutter‹ Skala 3 – Antwortverteilungen

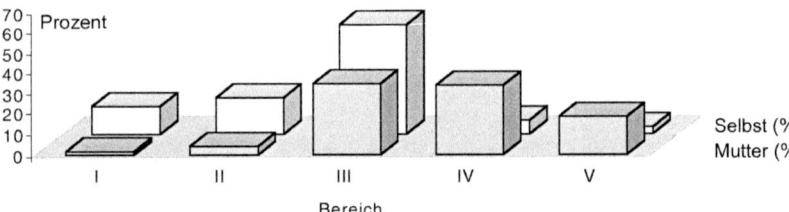

Bereich	I	II	III	IV	V
Selbst (%)	14,3	19,0	56,0	7,1	3,6
Mutter (n)	2	4	31	30	17
Mutter (%)	2,4	4,8	36,9	35,7	20,2
** p<0,01	**	**		**	**

Bei Abbildung 14 fällt die ausgeprägte Betonung der rechten Skalenseite auf. Über die Hälfte der Mütter (55,9 Prozent) werden als zwanghaft geschildert (Bereiche IV und V). Dieses Ergebnis ist signifikant. Ebenfalls signifikante Abweichungen gegenüber dem Selbstbild gibt es in Richtung Unterkontrolliertheit. Während sich 33,3 Prozent der Probanden als unterkontrolliert beschreiben, erleben nur 7,2 Prozent von ihnen ihre Mütter in dieser Weise (Bereiche I und II). Diese Skala zeichnet sich durch einen auffälligen Antagonismus zwischen Selbst- und Mutterbild aus.

Abbildung 15: Selbst- und Fremdbild ›Mutter‹ Skala 4 – Antwortverteilungen

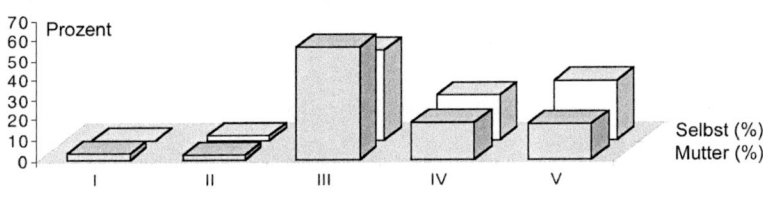

Bereich	I	II	III	IV	V
Selbst (%)	0,0	2,4	45,2	22,6	29,8
Mutter (n)	3	2	48	16	15
Mutter (%)	3,6	2,4	57,1	19,0	17,9
** p<0,01					

Bei der Grundstimmung ist eine auffällige Parallelität zwischen Selbst- und Fremdbild erkennbar. Bestehende Unterschiede sind nicht signifikant. Sowohl im Selbstbild als auch im Mutterbild ist eine starke Verschiebung der Antwortverteilungen nach rechts in Richtung Depressivität zu erkennen.

Auf Skala 5 (Abbildung unten) bestehen keine signifikanten Unterschiede zwischen Selbst- und Mutterbild. Die Probanden erleben ihre Mütter in vergleichbarer Weise als verschlossen und zurückhaltend wie sich selbst (Bereich V).

Abbildung 16: Selbst- und Fremdbild ›Mutter‹ Skala 5 – Antwortverteilungen

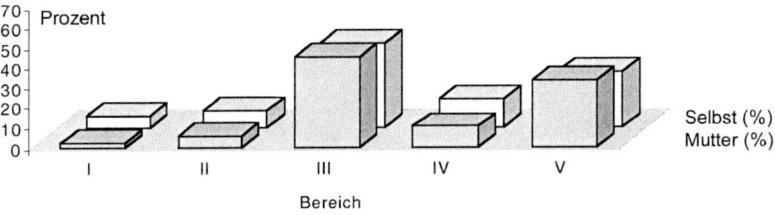

Bereich	I	II	III	IV	V
Selbst (%)	6,0	8,3	42,9	14,3	28,6
Mutter (n)	2	5	39	9	29
Mutter (%)	2,4	6,0	46,4	10,7	34,5
** p<0,01					

Abbildung 17: Selbst- und Fremdbild ›Mutter‹ Skala 6 – Antwortverteilungen

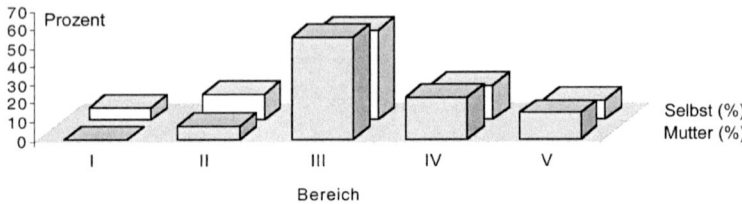

Bereich	I	II	III	IV	V
Selbst (%)	7,1	14,3	48,8	19,0	10,7
Mutter (n)	0	6	47	19	12
Mutter (%)	0,0	7,1	56,0	22,6	14,3
** p<0,01	**				

Auf dem linken Pol von Skala 6 gibt es statistisch signifikante Unterschiede zwischen Selbst- und Mutterbildern (Bereiche I und II). Die Probanden beschreiben sich im Vergleich zu ihren Müttern als wesentlich liebesfähiger (p≤0,01).

Vergleich der Antwortverteilungen zwischen Selbst- und Vaterbild

Analog dem Mutterbild werden bei dem Fremdbild ›Vater‹ die Skalenmittelwerte der Antworten ebenfalls entsprechend Tabelle 2 den Bereichen I bis V zugeordnet. Die Verteilung der Antworten auf diese Bereiche im Vergleich zum Selbstbild ist aus den Abbildungen 18 bis 23 ersichtlich. Statistisch signifikante Abweichungen zwischen Selbst- und Vaterbild sind mit ** gekennzeichnet (p≤0,01).

Abbildung 18: Selbst- und Fremdbild ›Vater‹ Skala 1 – Antwortverteilungen

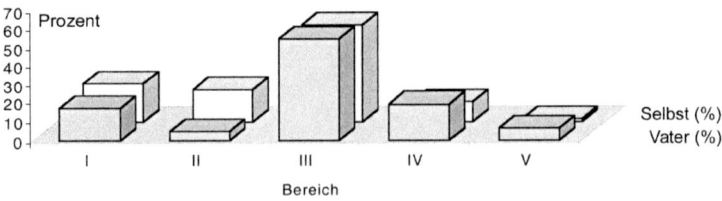

Bereich	I	II	III	IV	V
Selbst (%)	20,2	16,7	51,2	10,7	1,2
Vater (n)	14	4	45	16	5
Vater (%)	16,7	4,8	53,6	19,0	6,0
** p<0,01		**			

Im Vergleich zum Selbstbild erscheint das Vaterbild insgesamt positiver resonant. Signifikante Unterschiede bestehen im Bereich II, wo der Vater in seiner Wirkung auf die Umgebung als bedeutend weniger negativ beschrieben wird. Ebenfalls signifikante Abweichungen zwischen Selbst- und Vaterbild sind in den Bereichen IV und V. Die Tendenz zu positiver Resonanz schildern 11,9 Prozent der Probanden beim Selbstbild gegenüber 25 Prozent beim Vaterbild ($p \leq 0,01$).

Abbildung 19: Selbst- und Fremdbild ›Vater‹ Skala 2 – Antwortverteilungen

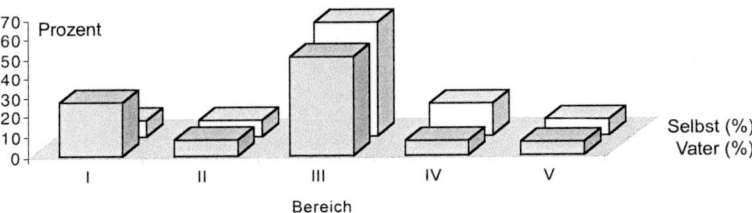

Bereich	I	II	III	IV	V
Selbst (%)	8,3	8,3	58,3	16,7	8,3
Vater (n)	23	7	43	6	5
Vater (%)	27,4	8,3	51,2	7,1	6,0
** p<0,01	**				

27,4 Prozent der Probanden erleben ihre Väter in statistisch signifikanter Weise als dominant ($p \leq 0,01$). Im Selbstbild ist eine Tendenz zu gefügigem Verhalten zu erkennen, wenngleich diese Antwortverteilungen gegenüber dem Vaterbild nicht signifikant sind.

Auf Skala 3 (Abbildung 20, Seite 144) verteilen sich die Antworten beim Fremdbild ›Vater‹ nach beiden Polen in ähnlicher Weise. Demnach gibt es sowohl das Bild des unterkontrollierten und unsteten als auch das des überkontrollierten und zwanghaften Vaters. Im Vergleich zum Selbstbild wird der Vater als statistisch signifikant zwanghafter geschildert (Bereich V).

Bei der Grundstimmung sind zwischen Selbstbild und Fremdbild antagonistische Zuschreibungen zu erkennen (Abbildung 21, Seite 144). Beim Vaterbild wird die linke Skalenseite, im Selbstbild die rechte Skalenseite betont. Während sich nur 2,4 Prozent der Probanden als hypomanisch beschreiben, zeichnen 35,7 Prozent das Bild eines Vaters, der dazu neigt, seine Aggressionen nach außen abzuführen

Abbildung 20: Selbst- und Fremdbild ›Vater‹ Skala 3 – Antwortverteilungen

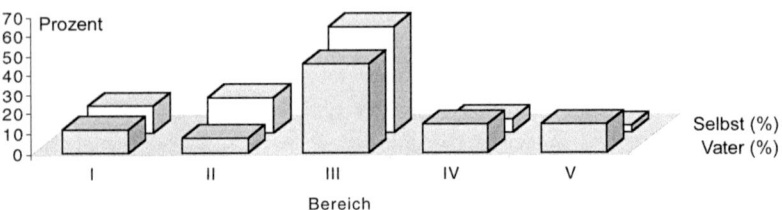

Bereich	I	II	III	IV	V
Selbst (%)	14,3	19,0	56,0	7,1	3,6
Vater (n)	11	7	40	13	13
Vater (%)	13,1	8,3	47,6	15,5	15,5
** p<0,01					**

Abbildung 21: Selbst- und Fremdbild ›Vater‹ Skala 4 – Antwortverteilungen

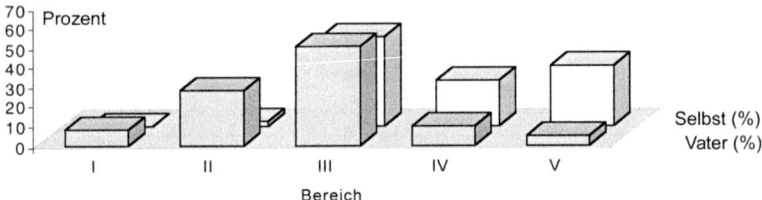

Bereich	I	II	III	IV	V
Selbst (%)	0,0	2,4	45,2	22,6	29,8
Vater (n)	7	23	42	8	4
Vater (%)	8,3	27,4	50,0	9,5	4,8
** p<0,01	**				**

(Bereiche I und II). Diese Unterschiede sind statistisch signifikant (p≤0,01). Ebenfalls signifikante Abweichungen zwischen den Antwortverteilungen gibt es im Bereich V. Hier schildern sich 29,8 Prozent der Probanden als besonders depressiv gegenüber 4,8 Prozent beim Vaterbild (p ≤ 0,01).

Bei Skala 5 (Abbildung 22, Seite 145) fällt sowohl im Selbstbild als auch im Fremdbild eine starke Akzentuierung des Pols ›RE (retentiv)‹ auf. Zwischen beiden Antwortverteilungen gibt es keine signifikanten Unterschiede. Sich selbst ähnlich erlebt die Untersuchungsgruppe auch ihre Väter als Personen, die besonders verschlossen sind und wenig von sich preisgeben.

Abbildung 22: Selbst- und Fremdbild ›Vater‹ Skala 5 – Antwortverteilungen

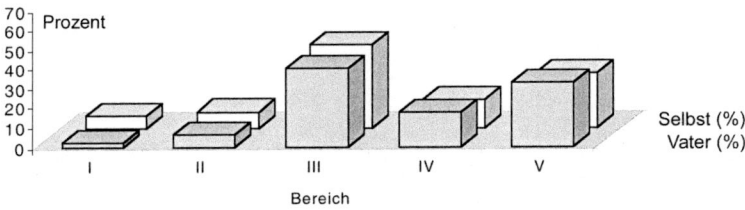

Bereich	I	II	III	IV	V
Selbst (%)	6,0	8,3	42,9	14,3	28,6
Vater (n)	2	5	34	15	28
Vater (%)	2,4	6,0	40,5	17,9	33,3
** p<0,01					

Abbildung 23: Selbst- und Fremdbild ›Vater‹ Skala 6 – Antwortverteilungen

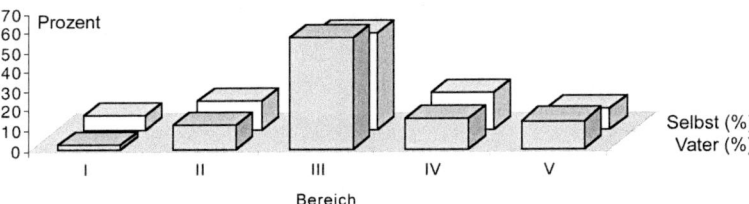

Bereich	I	II	III	IV	V
Selbst (%)	7,1	14,3	48,8	19,0	10,7
Vater (n)	2	10	47	13	12
Vater (%)	2,4	11,9	56,0	15,5	14,3
** p<0,01					

Auch auf Skala 6 gibt es zwischen dem Selbstbild und Vaterbild keine signifikanten Unterschiede. Allerdings erscheint beim Vaterbild eine geringere Zuschreibung sozialer Potenz (Bereich I) und eine stärkere Betonung von sozialer Impotenz (Bereich V).

Vergleich des Antwortverhaltens zwischen Selbst- und Fremdbildern

Für den Vergleich des Antwortverhaltens zwischen Selbst- und Fremdbildern dienen deskriptiv-statistische Basisdaten (Median, Mittelwert, Standardabweichung). Der Tabelle 20 sind die entsprechenden Basisdaten der M- und E-Werte im Selbstbild sowie in den Mutter- und Vaterbildern zu entnehmen.

Tabelle 20: M- und E-Werte im Selbstbild und in den Fremdbildern des Untersuchungskollektivs

	Selbstbild		Mutterbild		Vaterbild	
	M-Werte	E-Werte	M-Werte	E-Werte	M-Werte	E-Werte
Median	0,00	7,00	0,00	6,00	0,00	8,00
Mittelwert	1,18	8,60	1,29	9,19	1,27	10,20
Standard-Abw.	1,91	7,25	1,94	8,14	2,34	8,35

Wie aus Tabelle 20 ersichtlich, neigen die Probanden des Untersuchungskollektivs in ihrem Antwortverhalten nicht nur bei ihrem Selbstbild, sondern auch bei ihren Fremdbildern sehr stark zum Extrem. Am ausgeprägtesten ist dieses Muster beim Vaterbild. Die Prüfung auf Signifikanz der Extremwertunterschiede zwischen dem Selbstbild und den Fremdbildern ergibt für die E-Werte $t = 0{,}50$ beim Mutterbild und $t = 1{,}72$ beim Vaterbild. Bei einer Fehlerquote von $\alpha \leq 1\%$ und zweiseitiger Fragestellung ist der berechnete t-Wert bei beiden Fremdbildern jeweils kleiner als der kritische t-Wert. Das bedeutet, daß der Mittelwert der E-Ankreuzungen beim Mutter- bzw. Vaterbild statistisch nicht bedeutsam abweicht von dem des Selbstbilds ($p \leq 0{,}01$). Allerdings läßt sich die Anzahl der Extremwertankreuzungen beim Vaterbild als statistisch auffälliger Trend bezeichnen ($t_{krit.\ a \leq 10\%}$).

Die Anzahl der Mittelwertankreuzungen ist bei allen Bildern niedrig. Beim Vaterbild fällt im Vergleich zum Selbst- und Mutterbild eine etwas größere Streuung der M-Werte auf. Die Prüfung auf Signifikanz der Mittelwertunterschiede zwischen dem Selbstbild und den Fremdbildern ergibt für die M-Werte $t = 0{,}37$ beim Mutterbild und $t = 0{,}28$ beim Vaterbild. Auch hier sind die berechneten t-Werte kleiner als der kritische t-Wert ($t_{krit.\ a \leq 1\%}$).

Die Nullhypothese H_0 wird bei einem Signifikanzniveau von $p \leq 0{,}01$ angenommen: Es gibt keine Unterschiede im Antwortverhalten der Untersuchungsgruppe bei den Selbst- und Fremdbildern.

Antwortverhalten beim Vaterbild im Vergleich mit der
Untersuchung von Herrmann

Die Werte des Vaterbildes aus der Untersuchung von *Herrmann (1986)* sind denen
der eigenen Untersuchung in Tabelle 21 gegenübergestellt.

Tabelle 21: M- und E-Werte beim Vaterbild. Vergleich eigene Untersuchung mit
Untersuchung von Herrmann

	Eigene Untersuchung Vaterbild (n=84)		Untersuchung Herrmann Vaterbild, Gesunde (n=102)		Vaterbild, Pyschoso-matiker (n=108)	
	M-Werte	E- Werte	M-Werte	E-Werte	M-Werte	E-Werte
Mittelwert	1,27	10,20	9,41	6,80	7,42	10,57
Standard-Abw.	2,34	8,35	5,41	6,64	6,31	9,35

Herrmann (1986) ermittelt hochsignifikante Unterschiede bei den Vaterbildern
von Gesunden und Psychosomatikern hinsichtlich der Anzahl der Extremwertankreuzungen (p = 0,007) und signifikante Unterschiede bezüglich der M-Werte
(p = 0,0203). Die statistische Signifikanz-Prüfung der Mittelwertunterschiede zwischen den Vaterbildern der eigenen Untersuchung und jener von *Herrmann* ergibt
– bezogen auf die M-Werte – im Vergleich zu den ›Gesunden‹ t = 12,77 und im
Vergleich zu den ›Psychosomatikern‹ t = 8,45. Bei einer Fehlerquote von $\alpha \leq 1\%$
und zweiseitiger Fragestellung ist der berechnete t-Wert bei beiden Vergleichen
jeweils größer als der kritische t-Wert. Das bedeutet, daß der Mittelwert der M-Ankreuzungen beim Vaterbild des eigenen Untersuchungskollektivs hochsignifikant
von dem der Vaterbilder bei Herrmann abweicht ($p \leq 0,001$).

Die Überprüfung der Extremwertunterschiede ergibt beim Vergleich zwischen
der eigenen Stichprobe und *Herrmanns* ›Gesunden‹ einen Wert von t = 3,08, beim
Vergleich mit Herrmanns ›Psychosomatikern‹ t = 0,28. Die Unterschiede zwischen
den Probanden der eigenen Untersuchung und den ›Gesunden‹ der Fremduntersuchung hinsichtlich der Anzahl der Extremwertankreuzungen sind signifikant
($p \leq 0,01$). Allerdings gibt es keine signifikanten Unterschiede bezüglich der E-Ankreuzungen zwischen den Vaterbildern der eigenen Stichprobe und denen der
›Psychosomatiker‹ ($t_{ber.} \leq t_{krit. \; a \leq 1\%}$).

Nur für den Vergleich des Antwortverhaltens mit den Psychosomatikern auf der Skala E kann die Nullhypothese angenommen werden. In den anderen Fällen unterscheidet sich die eigene Stichprobe signifikant vom Antwortverhalten der Untersuchungsgruppen bei *Herrmann (1986)*, und hierbei muß H_0 verworfen werden ($p \le 0,01$).

Zusammenfassend läßt sich festhalten, daß auch beim Vergleich der Vaterbilder der eigenen Untersuchung mit den Vaterbildern von Gesunden und Psychosomatikern, wie sie *Herrmann* in seiner Untersuchung erfaßt hat, das bereits im Kapitel 3.3.1 beschriebene Antwortmuster des eigenen Untersuchungskollektivs auffällt: Einer niedrigen Anzahl von M-Ankreuzungen stehen zahlreiche E-Ankreuzungen gegenüber. In Relation zu den Gesunden ist die Streuung der M-Werte erheblich niedriger, die der E-Werte höher.

3.3.2.2 Zusammenhänge zwischen Selbstbild und Fremdbildern

Die Untersuchung zur Prüfung bivariater Zusammenhanghypothesen mit Hilfe des Pearson'schen Korrelationskoeffizienten r zwischen Selbst- und Fremdbildern des Untersuchungskollektivs liefert nachstehende, in den Tabellen 22a bis 22c aufgelistete Ergebnisse. Statistisch signifikante Zusammenhänge ($p \le 0,05$) sind mit * gekennzeichnet.

Tabelle 22a: Korrelationen zwischen Selbstbild und Mutterbild

Skala 1	Skala 2	Skala 3	Skala 4	Skala 5	Skala 6
0,0673	0,1640	0,1170	0,2261*	0,0819	0,1702
(p=0,543)	(p=0,136)	(p=0289)	(p=0,039)	(p=0,459)	(p=0,122)

n=84; 2-seitige Fragestellung; *p ≤ 0,05)

Tabelle 22b: Korrelationen zwischen Selbstbild und Vaterbild

Skala 1	Skala 2	Skala 3	Skala 4	Skala 5	Skala 6
0,0396	0,0265	0,2098	0,1429	0,0634	0,2110
(p=0,721)	(p=0,811)	(p=0,055)	(p=0,195)	(p=0,567)	(p=0,054)

n=84; 2-seitige Fragestellung; p ≤ 0,05

Tabelle 22c: Korrelationen zwischen Mutter- und Vaterbild

Skala 1	Skala 2	Skala 3	Skala 4	Skala 5	Skala 6
0,0159	-0,1238	-0,0616	0,1552	0,2345*	0,0723
(p=0,886)	(p=0,262)	(p=0,578)	(p=0,159)	(p=0,032)	(p=0,513)

n=84; 2-seitige Fragestellung; *p ≤ 0,05

Erläuterung der Ergebnisse aus den Tabellen 22a bis 22c

1. Es bestehen keine statistisch signifikanten Zusammenhänge zwischen dem Selbstbild und dem Mutterbild auf den Skalen 1, 2, 3, 5 und 6 der Gießen-Tests (Tabelle 25a), keine statistisch signifikanten Zusammenhänge zwischen dem Selbstbild und dem Vaterbild auf allen Skalen (Tabelle 25b) sowie keine statistisch signifikanten Zusammenhänge zwischen dem Mutterbild und dem Vaterbild auf den Skalen 1, 2, 3, 4 und 6 (Tabelle 25c). Für diese Variablen wird die Nullhypothese bestätigt (p≤0,05).

2. Zwischen dem Merkmal ›Selbstbild Skala 4‹ und dem Merkmal ›Mutterbild Skala 4‹ besteht ein positiver Zusammenhang von r=0,2261. Dieser Wert ist bei einer Irrtumswahrscheinlichkeit von α≤ 5% statistisch signifikant (p=0,039). Für Variablen dieser Skala wird die Nullhypothese zugunsten der Alternativhypothese zurückgewiesen. Inhaltlich bedeutet das, daß die Probanden des Untersuchungskollektivs bezüglich ihrer depressiven Grundstimmung eine Übereinstimmung zwischen sich selbst und dem Bild ihrer Mütter beschreiben.

3. Zwischen Selbst- und Vaterbild sind statistisch auffällige Zusammenhänge auf Skala 3 mit r=0,2098 (p=0,055) und auf Skala 6 mit r=0,2110 (p=0,054), wenngleich im strengen, statistischen Sinne bei diesen Variablen die Nullhypothese angenommen werden muß. Dennoch ist eine Tendenz zu beobachten, bei der die Probanden Ähnlichkeiten zwischen sich und den Vätern hinsichtlich des intrapsychischen Kontrollbereichs (Skala 3) und hinsichtlich der sozialen Potenz (Skala 6) sehen.

4. Zwischen dem Merkmal ›Mutterbild Skala 5‹ und dem Merkmal ›Vaterbild Skala 5‹ ist der errechnete Korrelationskoeffizient r=0,2341. Dieser Wert ist mit p=0,032 statistisch signifikant. Die Nullhypothese wird zugunsten der Alternativhypothese zurückgewiesen: Auf Skala 5 besteht zwischen dem Mutter- und

dem Vaterbild ein statistisch signifikanter Zusammenhang. Demnach sehen die Probanden ihre Mütter und Väter im gleichen Maße als verschlossen und wenig zugänglich.

Die Überprüfung der Zusammenhanghypothesen ergibt gleichgerichtete positive Zusammenhänge zwischen Selbstbild und Fremdbildern. Die Enge des linearen Zusammenhangs ist allerdings nur bei Skala 4 (Selbstbild/Mutterbild) statistisch signifikant. Die Ähnlichkeiten auf den Skalen 3 und 6 (Selbstbild/Vaterbild) werden als Trend beachtet. Der Anteil gemeinsamer Varianz, der auf die lineare Beziehung zurückführbar ist, liegt bei allen Skalen unter zehn Prozent. So erklärt beispielsweise der Korrelationskoeffizient $r = 0,2261$ auf Skala 4 zirka fünf Prozent gemeinsamer Varianz zwischen Selbst- und Mutterbild. Bei den anderen Skalen ist der Anteil aufgeklärter Varianz ähnlich niedrig.

3.3.2.3 Typische Fremdbilder

Bisher wurde das Datenmaterial auf Zusammenhänge zwischen den Variablen überprüft. Hier wird nun mit Hilfe der Clusteranalyse der Frage nachgegangen, ob bei dem Untersuchungskollektiv differenzierbare Charakteristika für die Fremdbilder auszumachen sind.

Typische Mutterbilder des Untersuchungskollektivs

Mit den Skalenmittelwerten der Mutterbilder auf Rohwertbasis können bei dem Untersuchungskollektiv über eine Clusteranalyse sieben in sich homogene Teilstichproben mit typischen Mutterbildern nachgewiesen werden. Eine univariate einfaktorielle Varianzanalyse ergibt, daß diese Clusterergebnisse bei $p \leq 0,05$ als statistisch gesichert gelten können.

Berücksichtigt man bei den Clustern nur solche Untergruppen mit genügend großer Fallzahl ($n > 10$), so lassen sich 87 Prozent der Probanden ($n = 73$) insgesamt vier Subgruppen mit typischen Mutterbildern zuordnen (Tabelle 23).

Tabelle 23 auf der nächsten Seite sind Mittelwerte und Standardabweichungen bei den vier Subgruppen über alle Gießen-Test-Skalen zu entnehmen. Die Subgruppe 1 umfaßt demnach 27 Probanden. Diese 27 Fälle sind auf Skala 1 durch einen Mittelwert von 30,89 im Mutterbild und von 22,37 im Selbstbild charakterisiert. Weitere Daten lassen sich der Tabelle entsprechend ablesen.

Tabelle 23: Skalen mittelwerte im GT von typischen Selbstbild-Mutterbild-Mustern

	Subgruppe 1 n=27		Subgruppe 2 n=11		Subgruppe 3 n=22		Subgruppe 4 n=13	
	Selbst	Mutter	Selbst	Mutter	Selbst	Mutter	Selbst	Mutter
Skala 1, $\bar{\times}$	22,37	30,89	24,73	28,73	30,36	34,36	32,31	30,31
s	4,33	5,34	6,17	6,07	4,12	4,27	4,79	5,85
Skala 2, $\bar{\times}$	26,15	25,19	22,82	27,91	29,91	30,73	27,54	19,38
s	5,76	5,22	3,79	5,15	5,64	3,72	3,20	6,10
Skala 3, $\bar{\times}$	19,59	30,15	29.64	32,91	24,05	29,00	25,85	33,62
s	4,51	4,53	4,86	4,39	4,19	5,22	4,74	4,31
Skala 4, $\bar{\times}$	29,89	24,41	31,00	34,45	24,23	25,86	24,85	20,46
s	6,12	4,90	5,83	5,35	6,47	4,58	4,30	5,13
Skala 5, $\bar{\times}$	29,41	26,48	32,91	27,64	19,50	19,86	18,92	34,38
s	4,25	5,38	3,42	7,35	6,26	5,91	5,81	4,29
Skala 6, $\bar{\times}$	25,96	23,37	20,73	22,55	17,09	19,27	15,85	22,54
s	3,76	6,12	4,78	5,45	4,02	3,91	5,29	5,67

$p \leq 0,05$

Um die Clusterbildungen zu verdeutlichen, werden die Skalenmittelwerte auf das Profilblatt übertragen. Die Abbildungen 24 bis 27 zeigen die Skalenmittelwertprofile mit dem für die jeweilige Subgruppe typischen Selbstbild-Fremdbild-Muster.

Abbildung 24: Gießen-Test-Profil von typischen Selbstbild-Mutterbild-Mustern des Untersuchungskollektivs – Skalenmittelwerte von Subgruppe 1

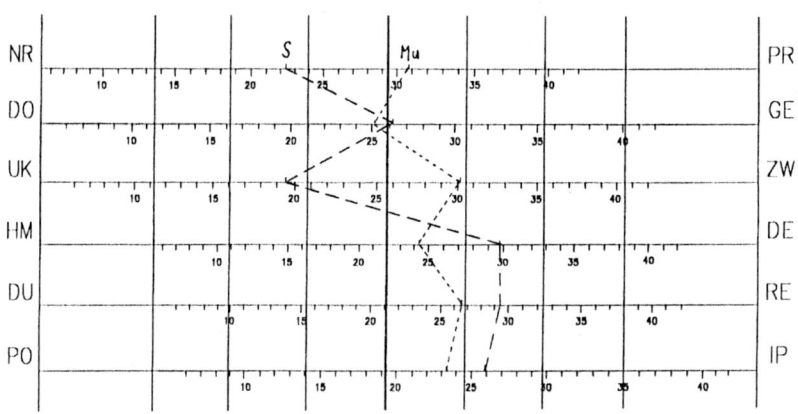

Die *Subgruppe 1* des Untersuchungskollektivs zeichnet von sich ein eher negatives Selbstbild. Die Probanden fühlen sich in sozialen Interaktionen abgelehnt (Skala 1). Sie sehen sich als besonders unterkontrolliert (Skala 3), außerdem depressiv (Skala 4) und verschlossen (Skala 5).

Im Vergleich hierzu beschreiben die Probanden dieser Gruppe ihre Mütter als beliebt (Skala1), aber auch als zwanghaft und kontrollierend (Skala 3) mit Tendenzen zu depressivem (Skala 4) und retentivem (Skala 5) Verhalten. Hinsichtlich ihrer sozialen Potenz gelten die Mütter als etwas weniger befangen (Skala 6). Selbst- und Mutterbilder ähneln einander beim Umgang in Konfliktsituationen (Skala 2).

Abbildung 25: Gießen-Test-Profil von typischen Selbstbild-Mutterbild-Mustern des Untersuchungskollektivs – Skalenmittelwerte von Subgruppe 2

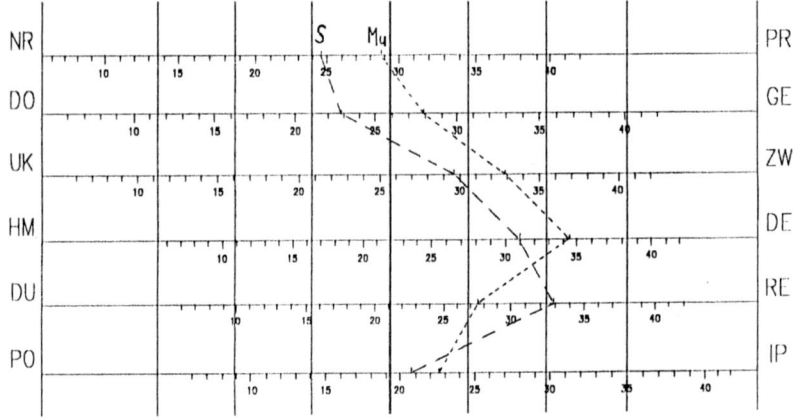

Auch bei der *Subgruppe 2* fällt im Selbstbild die ausgeprägte Depressivität (Skala 4) und betonte Verschlossenheit (Skala 5) auf. Die Probanden sehen sich mit einer eher negativen Wirkung auf ihre Umgebung (Skala 1) und Tendenzen zu dominantem (Skala 2) und zwanghaftem (Skala 3) Verhalten. Ähnlich wie ihre Mütter betrachten sie auch sich selbst als wenig potent im sozialen Kontakt (Skala 6). Ihre Mutterbilder zeigen Merkmale von Zwanghaftigkeit (Skala 3), starker Depressivität (Skala 4) und Retentivität ((Skala 5). Sie erscheinen als anpassungswillig (Skala 2) mit einer Tendenz zu negativer sozialer Resonanz (Skala 1).

Abbildung 26: Gießen-Test-Profil von typischen Selbstbild-Mutterbild-Mustern des
Untersuchungskollektivs – Skalenmittelwerte von Subgruppe 3

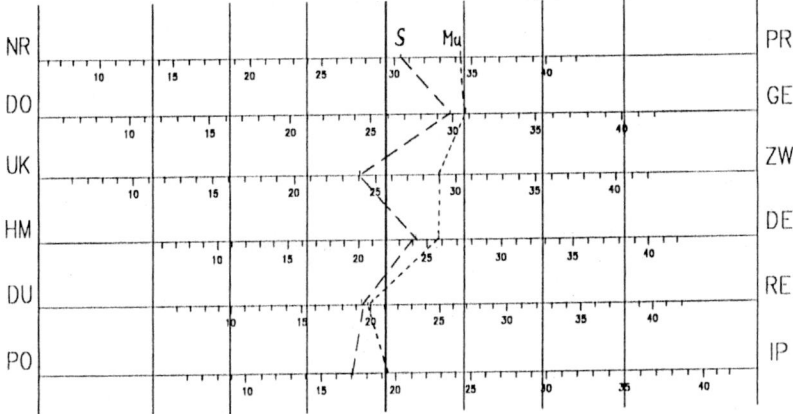

Subgruppe 3 des Untersuchungskollektivs beschreibt im Selbst- und Mutterbild
ähnliche Abweichungen im Hinblick auf nachgiebiges (Skala 2) und kontaktbe-
reites (Skala 5) Verhalten. Während bei den Müttern Tendenzen zu überkontrol-
lierenden (Skala 3) und depressiven (Skala 4) Zügen bemerkt werden, haben die
Mütter eine positivere Wirkung auf ihr soziales Umfeld als es die Probanden für
sich selbst darstellen (Skala 1).

Abbildung 27: Gießen-Test-Profil von typischen Selbstbild-Mutterbild-Mustern des
Untersuchungskollektivs – Skalenmittelwerte von Subgruppe 4

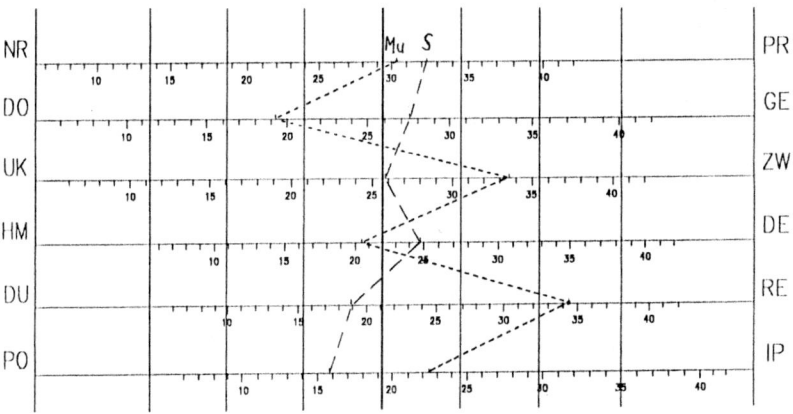

Das Selbstbild der *Subgruppe 4* verläuft relativ unauffällig mit Tendenzen hin zu positiver sozialer Resonanz (Skala 1), Gefügigkeit (2), Zwanghaftigkeit (3) und Depressivität (4). Diese Probanden zeichnen ein Mutterbild, das Merkmale von Dominanz (Skala 2), Zwanghaftigkeit (3) und Verschlossenheit (5) mit Tendenzen zu hypomanischem Verhalten (4) besitzt. Die Mütter werden als beliebt in ihrer Umgebung gesehen (Skala 1), hinsichtlich ihrer eigenen sozialen Potenz jedoch als wenig liebesfähig und einfühlsam beschrieben (Skala 6).

Überprüfung von Einflußgrößen auf die Clusterbildungen beim Mutterbild

Um zu prüfen, inwieweit soziodemographische oder kriminologische Daten zu den Clusterbildungen beitragen, wird für die Variablen ›Geburt‹, ›Familienstand‹, ›Familiensituation‹, ›Schul-‹ und ›Berufsausbildung‹ ein χ^2- Test durchgeführt. Für die Subgruppen sind die Ergebnisse den Tabellen 24a bis 24f zu entnehmen.

Tabelle 24a: Kreuztabelle und χ^2-Test: Subgruppen Mutterbild/
Variable ›Geburt‹

	Ehelich $n=58$	Nichtehelich $n=15$	Gesamt $n=73$
Subgruppe 1	17	10	$n=27$
Subgruppe 2	10	1	$n=11$
Subgruppe 3	19	3	$n=22$
Subgruppe 4	12	1	$n=13$

$\chi^2_{ber.} = 4,8 < \chi^2_{krit.\ p=0,05} = 7,81$

Tabelle 24b: Kreuztabelle und χ^2-Test: Subgruppen Mutterbild/Variable
›Familienstand‹

	Ledig $n=43$	Verheiratet $n=9$	Geschieden $n=21$	Gesamt $n=73$
Subgruppe 1	19	3	5	$n=27$
Subgruppe 2	5	3	3	$n=11$
Subgruppe 3	13	2	7	$n=22$
Subgruppe 4	6	1	6	$n=13$

$\chi^2_{ber.} = 3,29 < \chi^2_{krit.\ p=0,05} = 12,6$

Tabelle 24c: Kreuztabelle und χ^2-Test: Subgruppen Mutterbild/Variable ›Familiensituation bis zum 6. Lebensjahr‹

	Eltern n=45	Elternteil n=9	Angeh. n=12	Heim n=3	Pflege n=4	Gesamt n=73
Subgruppe 1	13	4	4	3	3	n=27
Subgruppe 2	7	1	2	0	1	n=11
Subgruppe 3	15	2	5	0	0	n=22
Subgruppe 4	10	2	1	0	0	n=13

$\chi^2_{ber.} = 4,58 < \chi^2_{krit.\ p=0,05} = 21,0$

Tabelle 24d: Kreuztabelle und χ^2-Test: Subgruppen Mutterbild/Variable ›Familiensituation 6. bis 14. Lebensjahr‹

	Eltern n=45	Elternteil n=9	Angeh. n=12	Heim n=3	Pflege n=4	Gesamt n=73
Subgruppe 1	12	7	2	3	3	n=27
Subgruppe 2	5	3	0	2	1	n=11
Subgruppe 3	15	4	1	2	0	n=22
Subgruppe 4	8	2	2	1	0	n=13

$\chi^2_{ber.} = 2,96 < \chi^2_{krit.\ p=0,05} = 21,0$

Tabelle 24e: Kreuztabelle und χ^2-Test: Subgruppen Mutterbild/Variable ›Schulbildung‹

Schulform	Sonderschule n=13	Volksschule n=55	Mittelschule n=5	Gesamt n=73
Subgruppe 1	7	17	3	n=27
Subgruppe 2	2	8	1	n=11
Subgruppe 3	4	18	0	n=22
Subgruppe 4	0	12	1	n=13

$\chi^2_{ber.} = 4,08 < \chi^2_{krit.\ p=0,05} = 12,6$

Tabelle 24f: Kreuztabelle und χ^2-Test: Subgruppen Mutterbild/Variable ›Berufsbildung‹

Berufsaus- bildung	Lehre n=32	Lehrabbruch n=29	sonst. Angabe n=3	keine Angabe n=9	Gesamt n=73
Subgruppe 1	11	12	1	3	n=27
Subgruppe 2	6	3	1	1	n=11
Subgruppe 3	7	11	1	3	n=22
Subgruppe 4	8	3	0	2	n=13

$\chi^2_{ber.} = 2{,}64 < \chi^2_{krit.\ p=0{,}05} = 16{,}9$

Die statistische Überprüfung der Clusterzuteilungen hinsichtlich der Variablen ›Alter‹, ›Anzahl der Vorstrafen‹ und ›Haftzeiten‹ erfolgt mit Hilfe des Kruskal-Wallis-H-Test. Die Ergebnisse beim Mutterbild enthalten die Tabellen 25a bis 25e.

Tabelle 25a: Kruskal-Wallis-H-Test:
Subgruppen Mutterbild/Variable ›Alter‹

	Mittlerer Rangplatz	Gesamt n = 73
Subgruppe 1	33,20	n=27
Subgruppe 2	41,00	n=11
Subgruppe 3	36,05	n=22
Subgruppe 4	43,12	n=13

$\chi^2_{ber.} = 2{,}84;\ p = 0{,}42$

Tabelle 25b: Kruskal-Wallis-H-Test: Subgruppen Mutterbild/
Variable ›Anzahl der allgemeinen Vorstrafen‹

	Mittlerer Rangplatz	Gesamt n = 73
Subgruppe 1	33,78	n=27
Subgruppe 2	34,82	n=11
Subgruppe 3	34,55	n=22
Subgruppe 4	49,69	n=13

$\chi^2_{ber.} = 6{,}42;\ p = 0{,}09$

Tabelle 25c: Kruskal-Wallis-H-Test: Subgruppen Mutterbild/
Variable ›Anzahl der sexuellen Vorstrafen‹

	Mittlerer Rangplatz	Gesamt n = 73
Subgruppe 1	37,26	n = 27
Subgruppe 2	39,11	n = 11
Subgruppe 3	38,36	n = 22
Subgruppe 4	32,31	n = 13

$\chi^2_{ber.} = 1,03; p = 0,80$

Tabelle 25d: Kruskal-Wallis-H-Test: Subgruppen Mutterbild/
Variable ›Gesamt-Haftzeiten‹

	Mittlerer Rangplatz	Gesamt n = 73
Subgruppe 1	32,24	n = 27
Subgruppe 2	45,32	n = 11
Subgruppe 3	36,98	n = 22
Subgruppe 4	39,88	n = 13

$\chi^2_{ber.} = 3,58; p = 0,31$

Tabelle 25e: Kruskal-Wallis-H-Test: Subgruppen Mutterbild/
Variable ›Haftzeiten vor Therapiebeginn‹

	Mittlerer Rangplatz	Gesamt n = 73
Subgruppe 1	33,20	n = 27
Subgruppe 2	46,23	n = 11
Subgruppe 3	37,20	n = 22
Subgruppe 4	36,73	n = 13

$\chi^2_{ber.} = 3,31; p = 0,35$

Die Tabellen 24 und 25 zeigen, daß beim Mutterbild kein statistisch signifikanter Zusammenhang zwischen der Clusterzuteilung und den überprüften Variablen besteht ($\chi^2_{ber.} < \chi^2_{krit. \, p=0,05}$). Die Nullhypothese wird angenommen ($p \geq 0,05$).

Typische Vaterbilder des Untersuchungskollektivs

Bei den Vaterbildern des Untersuchungskollektivs ergibt die Auswertung der Clusteranalyse eine Abgrenzung von fünf in sich homogenen Teilstichproben. Durch diese fünf Subgruppen werden 100 Prozent der Probanden (n=84) mit differenzierbaren Charakteristika für ihre Vaterbilder erfaßt. Auch diese Ergebnisse können anhand einer univariaten einfaktoriellen Varianzanalyse als statistisch gesichert gelten ($p \leq 0{,}05$). Tabelle 26 enthält deskriptiv-statistische Kennwerte von Selbst- und Vaterbildern der Untergruppen.

Tabelle 26: Skalenmittelwerte im GT von typischen Selbstbild-Vaterbild-Mustern

	Subgruppe 1 n=22		Subgruppe 2 n=12		Subgruppe 3 n=13		Subgruppe 4 n=20		Subgruppe 5 n=17	
	Selbst	Vater	Selbst	Vater	Selbst	Vater	Selbst	Vater	Selbst	Vater
Skala 1, $\bar{x}$	32,59	29,86	21,17	19,58	21,85	32,54	27,70	26,45	26,47	35,12
s	2,59	6,03	5,75	5,53	4,04	4,84	6,95	5,52	5,11	3,30
Skala 2, $\bar{x}$	28,64	21,91	21,50	19,50	26,31	28,77	25,35	27,05	28,41	20,12
s	5,74	7,05	7,42	5,42	3,97	4,27	4,06	4,882	5,00	5,59
Skala 3, $\bar{x}$	23,50	26,41	20,42	18,25	20,31	29,54	27,55	31,35	22,88	28,29
s	3,80	6,15	4,21	6,11	5,50	2,96	5,05	5,09	6,42	6,24
Skala 4, $\bar{x}$	24,36	18,41	28,58	19,67	27,62	20,00	30,20	26,45	28,41	15,53
s	6,18	4,73	6,43	6,23	5,39	6,54	5,56	5,37	7,04	2,94
Skala 5, $\bar{x}$	16,05	27,82	28,25	31,83	31,69	23,69	26,55	31,50	26,12	21,00
s	4,56	7,12	3,79	5,08	3,82	6,42	7,19	6,08	5,88	7,46
Skala 6, $\bar{x}$	14,95	17,96	21,58	29,00	26,00	22,23	18,60	25,35	23,53	15,94
s	4,28	3,82	5,20	3,38	3,34	3,30	6,13	6,73	5,37	4,88

$p \leq 0{,}05$

Wie aus Tabelle 26 ersichtlich, umfaßt Subgruppe 1 insgesamt 22 Probanden des Untersuchungskollektivs. Die Kenndaten dieses Clusters zeigen zum Beispiel beim Selbstbild auf Skala 1 den Standardskalenmittelwert von $\bar{x} = 32{,}59$ bei einer Streuung von $s = 2{,}59$. Die zugehörigen Werte beim Vaterbild betragen $\bar{x} = 29{,}86$ und $s = 6{,}03$. Entsprechend lassen sich aus der Tabelle Daten für weitere Skalen und Subgruppen ablesen.

Auch hier werden die Skalenmittelwerte der Tabelle 26 wieder auf Profilblätter übertragen, so daß sich die verschiedenen Cluster graphisch verdeutlichen lassen. In den Abbildungen 28 bis 32 sind die Skalenmittelwertprofile der fünf Subgruppen mit den für sie charakteristischen Selbstbild-Vaterbild-Mustern dargestellt.

Abbildung 28: Gießen-Test-Profil von typischen Selbstbild-Vaterbild-Mustern des Untersuchungskollektivs – Skalenmittelwerte von Subgruppe 1

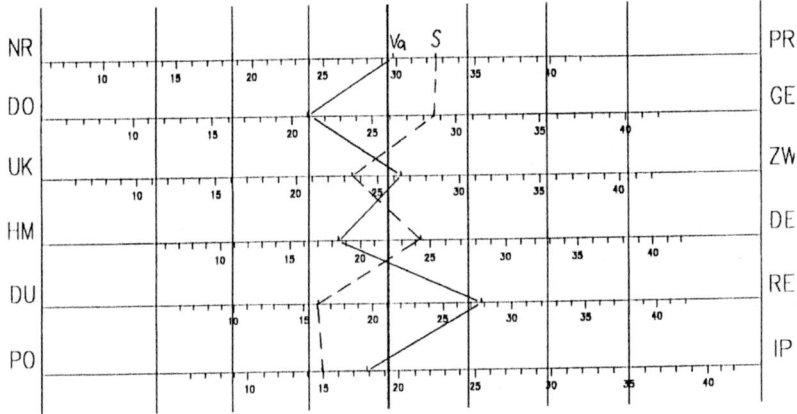

Bei *Subgruppe 1* zeichnet sich das Vaterbild vor allem durch Dominanz (Skala 2) und erhebliches Mißtrauen (Skala 5) aus. Der Vater wird als jemand beschrieben, der in seiner Umgebung unauffällig (Skala 1) und tendenziell gesellig ist (Skala 6). Er neigt zu zwanghaftem (Skala 3) und depressivem (Skala 4) Verhalten. Im Selbstbild beschreiben sich die Probanden dieser Gruppe als positiv resonant und gefügig mit einer Neigung zu unkontrolliertem Auftreten und depressiver Grundstimmung (Skalen 1, 2, 3, 4). Im Kontaktverhalten sehen sie sich als offen und liebesfähig (Skalen 5 und 6).

Subgruppe 2 (siehe Abbildung nächste Seite) stellt sich und die Väter als ähnlich negativ resonant, dominant und unterkontrolliert mit mißtrauisch-paranoiden Zügen dar (Skalen 1, 2, 3, 5). Während das Bild vom Vater als das einer Person mit hypomanischen Merkmalen und erheblicher Befangenheit im (hetero-) sexuellen Kontakt (Skalen 4 und 6) be-schrieben wird, sehen sich die Probanden dieser Untergruppe als depressiv sowie als weniger verschlossen und weniger ungesellig im Vergleich zum Vater (Skalen 4 bis 6).

Abbildung 29: Gießen-Test-Profil von typischen Selbstbild-Vaterbild-Mustern des
Untersuchungskollektivs – Skalenmittelwerte von Subgruppe 2

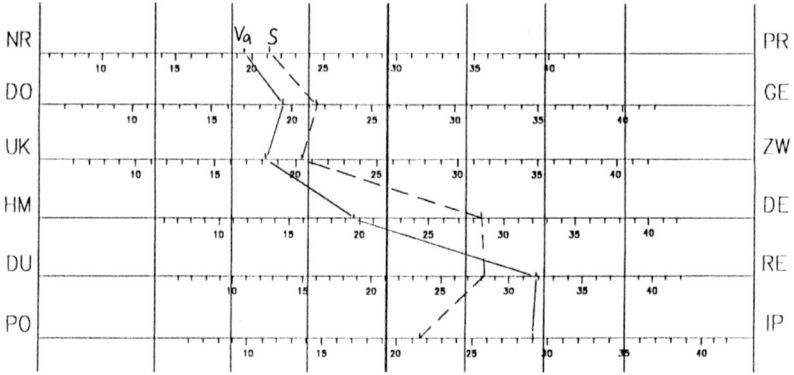

Das Vaterbild von *Subgruppe 3* (Abbildung unten) ist relativ unauffällig. Es beschreibt Personen, die in ihrer Umgebung relativ gut ankommen (Skala 1), die
eher nachgiebig und zwanghaft sind mit einer Tendenz zu geringer Selbstkritik
(Skalen 2 bis 4). Im Kontaktbereich werden sie als eher verschlossen und befangen gesehen (Skalen 5 und 6). Dagegen beschreiben sich die Probanden selbst als
unterkontrolliert (Skala 3), depressiv (Skala 4) und verschlossen (Skala 5). Sie
sehen sich als wenig liebesfähig (Skala 6) und negativ resonant (Skala 1).

Abbildung 30: Gießen-Test-Profil von typischen Selbstbild-Vaterbild-Mustern des
Untersuchungskollektivs – Skalenmittelwerte von Subgruppe 3

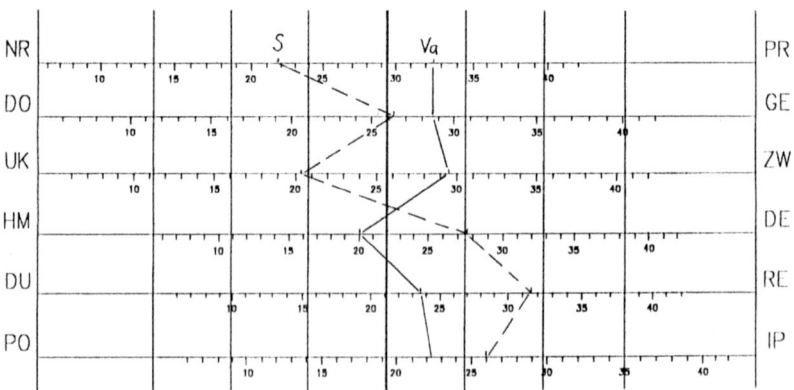

Abbildung 31: Gießen-Test-Profil von typischen Selbstbild-Vaterbild-Mustern des Untersuchungskollektivs – Skalenmittelwerte von Subgruppe 4

Subgruppe 4 beschreibt ein ähnliches Selbstbild wie das Vaterbild. Der Vater erscheint allerdings als etwas mehr negativ resonant (Skala 1), mit einer Tendenz zu nachgiebigem und verstärkt zwanghaftem Verhalten (Skalen 2 und 3). Die Probanden sehen sich selbst im Vergleich zu den Vätern als depressiver, weniger verschlossen und liebesfähiger (Skalen 4 bis 6).

Das Selbstbild von *Subgruppe 5* zeichnet sich durch erhöhte Depressivität aus (Skala 4). Die Probanden beschreiben sich als eher nachgiebig, unstet und verschlossen im Kontakt (Skalen 2, 3, 5) mit tendenziell negativer Wirkung auf das

Abbildung 32: Gießen-Test-Profil von typischen Selbstbild-Vaterbild-Mustern des Untersuchungskollektivs – Skalenmittelwerte von Subgruppe 5

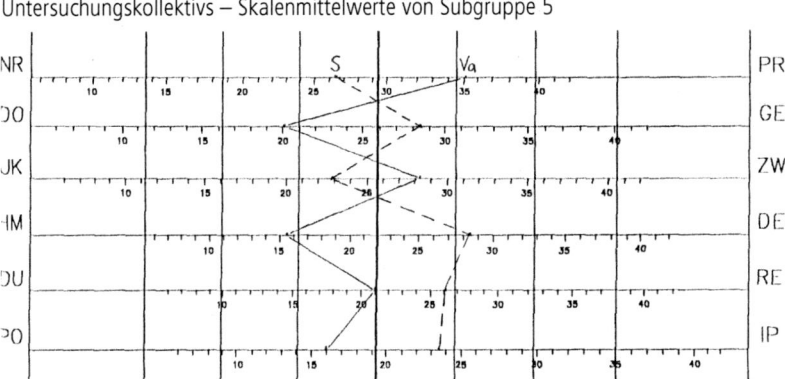

Umfeld (Skala 1) und negativer sozialer Potenz (Skala 6). In Abgrenzung hierzu werden die Väter mit Merkmalen von erhöhter positiver Resonanz in ihrer Umgebung und größerer Liebesfähigkeit ausgestattet (Skalen 1 und 6). Die Väter erscheinen als Personen mit aggressiv-dominanten Zügen (Skala 2) und Rigidität (Skala 3), bei einer Neigung zu wenig selbstkritischem Verhalten (Skala 4). Im Kontaktverhalten werden sie als unauffällig beschrieben (Skala 5).

Überprüfung von Einflußgrößen auf die Clusterbildungen beim Vaterbild

Auch bei dem Vaterbild wird mit Hilfe des χ^2-Tests überprüft, inwieweit sich die Cluster mit einer Sicherheit von p≤ 0,05 durch die Variablen ›Geburt‹, ›Familienstand‹, ›Familiensituation‹, ›Schulausbildung‹ und ›Berufsausbildung‹ unterscheiden lassen. Die Tabellen 27a bis 27f enthalten die Ergebnisse.

Tabelle 27a: Kreuztabelle und χ^2-Test: Subgruppen Vaterbild/ Variable ›Geburt‹

	Ehelich n = 67	Nichtehelich n = 17	Gesamt n = 84
Subgruppe 1	19	3	n = 22
Subgruppe 2	11	1	n = 12
Subgruppe 3	8	5	n = 13
Subgruppe 4	18	2	n = 20
Subgruppe 5	11	6	n = 17

$\chi^2_{ber.} = 4,65 < \chi^2_{krit. p=0,05} = 9,49$

Tabelle 27b: Kreuztabelle und χ^2-Test: Subgruppen Vaterbild/Variable ›Familienstand‹

	Ledig n=51	Verheiratet n=10	Geschieden n=23	Gesamt n = 84
Subgruppe 1	15	1	6	n=22
Subgruppe 2	5	2	5	n=12
Subgruppe 3	9	2	2	n=13
Subgruppe 4	10	5	5	n=20
Subgruppe 5	12	0	5	n=17

$\chi^2_{ber.} = 5,26 < \chi^2_{krit. p=0,05} = 15,5$

Tabelle 27c: Kreuztabelle und χ^2-Test: Subgruppen Vaterbild/Variable
›Familiensituation bis zum 6. Lebensjahr‹

	Eltern n=50	Elternteil n=13	Angeh. n=14	Heim n=3	Pflege n=4	Gesamt n = 84
Subgruppe 1	15	4	3	0	0	n=22
Subgruppe 2	8	1	2	1	0	n=12
Subgruppe 3	5	3	4	1	0	n=13
Subgruppe 4	14	2	2	0	2	n=20
Subgruppe 5	8	3	3	1	2	n=17

$\chi^2_{ber.} = = 4,22 < \chi^2_{krit. p=0,05} = 26,3$

Tabelle 27d: Kreuztabelle und χ^2-Test: Subgruppen Vaterbild/Variable
›Familiensituation vom 6. bis 14. Lebensjahr‹

	Eltern n=50	Elternteil n=13	Angeh. n=14	Heim n=3	Pflege n=4	Gesamt n = 84
Subgruppe 1	12	5	3	2	0	n=22
Subgruppe 2	5	4	0	2	1	n=12
Subgruppe 3	6	3	1	3	0	n=13
Subgruppe 4	12	6	0	0	0	n=20
Subgruppe 5	9	5	1	1	1	n=17

$\chi^2_{ber.} = 5,45 < \chi^2_{krit. p=0,05} = 26,3$

Tabelle 27e: Kreuztabelle und χ^2-Test: Subgruppen Vaterbild/Variable ›Schulbildung‹

Schulform	Sonderschule n=35	Volksschule n=36	Mittelschule n=3	Gesamt n = 84
Subgruppe 1	2	20	0	n=22
Subgruppe 2	2	8	2	n=12
Subgruppe 3	5	6	2	n=13
Subgruppe 4	4	14	2	n=20
Subgruppe 5	1	16	0	n=17

$\chi^2_{ber.} = 7,83 < \chi^2_{krit. p=0,05} = 15,5$

Tabelle 27f: Kreuztabelle und χ^2-Test: Subgruppen Vaterbild/Variable ›Berufsausbildung‹

Berufs- ausbildung	Lehre n=35	Lehrabbruch n=36	sonst. Angabe n=3	keine Angabe n=10	Gesamt n = 84
Subgruppe 1	10	9	0	3	n=22
Subgruppe 2	5	7	0	0	n=12
Subgruppe 3	4	7	1	1	n=13
Subgruppe 4	8	7	1	4	n=20
Subgruppe 5	8	6	1	2	n=17

$\chi^2_{ber.} = 2{,}43 < \chi^2_{krit.\ p=0{,}05} = 21{,}0$

Die Überprüfung der Variablen ›Alter‹, ›Anzahl der Vorstrafen‹ und ›Haftzeiten‹ erfolgt mit Hilfe des Kruskal-Wallis-H-Tests. Nachfolgend die Ergebnisse.

Tabelle 28a: Kruskal-Wallis-H-Test:
Subgruppen Vaterbild/Variable ›Alter‹

	Mittlerer Rangplatz	Gesamt, n = 84
Subgruppe 1	48,68	n=22
Subgruppe 2	46,21	n=12
Subgruppe 3	38,96	n=13
Subgruppe 4	41,80	n=20
Subgruppe 5	35,41	n=17

$\chi^2_{ber.} = 4{,}11; p = 0{,}39$

Tabelle 28b: Kruskal-Wallis-H-Test:
Subgruppen Vaterbild/Variable ›Anzahl der allgemeinen Vorstrafen‹

	Mittlerer Rangplatz	Gesamt, n = 84
Subgruppe 1	50,70	n=22
Subgruppe 2	39,83	n=12
Subgruppe 3	35,96	n=13
Subgruppe 4	40,33	n=20
Subgruppe 5	41,32	n=17

$\chi^2_{ber.} = 4{,}25; p = 0{,}37$

Tabelle 28c: Kruskal-Wallis-H-Test: Subgruppen Vaterbild/
Variable ›Anzahl der sexuellen Vorstrafen‹

	Mittlerer Rangplatz	Gesamt, n = 84
Subgruppe 1	46,32	n = 22
Subgruppe 2	46,00	n = 12
Subgruppe 3	31,42	n = 13
Subgruppe 4	41,90	n = 20
Subgruppe 5	44,26	n = 17

$\chi^2_{ber.} = 4,32; p = 0,36$

Tabelle 28d: Kruskal-Wallis-H-Test: Subgruppen Vaterbild/
Variable ›Gesamt-Haftzeiten‹

	Mittlerer Rangplatz	Gesamt, n = 84
Subgruppe 1	50,23	n = 22
Subgruppe 2	46,25	n = 12
Subgruppe 3	29,15	n = 13
Subgruppe 4	44,05	n = 20
Subgruppe 5	38,24	n = 17

$\chi^2_{ber.} = 7,66; p = 0,11$

Tabelle 28e: Kruskal-Wallis-H-Test: Subgruppen Vaterbild/
Variable ›Haftzeiten vor Therapiebeginn‹

	Mittlerer Rangplatz	Gesamt, n = 84
Subgruppe 1	48,77	n = 22
Subgruppe 2	42,75	n = 12
Subgruppe 3	38,42	n = 13
Subgruppe 4	42,33	n = 20
Subgruppe 5	37,53	n = 17

$\chi^2_{ber.} = 2,83; p = 0,59$

Wie die Ergebnisse der Tabellen 27 und 28 zeigen, trägt bei den Vaterbildern keine der untersuchten Variablen statistisch signifikant ($p \leq 0{,}05$) zu den Clusterbildungen bei ($\chi^2_{ber.} < \chi^2_{krit.\ p=0{,}05}$). Die Nullhypothese gilt als bestätigt.

3.4 Thematischer Apperzeptionstest

Um die Untersuchungsergebnisse übersichtlich darzustellen, werden die Wortprotokolle nicht zusätzlich in dieses Kapitel aufgenommen. Die transkribierten Texte zu den einzelnen TAT-Tafeln können bei der Autorin angefordert werden.

3.4.1 Querschnittanalyse Tafel 1

Formale und inhaltliche Aspekte (manifeste Ebene)

Eine erste kursorische Durchsicht der Wortprotokolle zu Tafel 1 ergibt die in Tabelle 29 aufgelisteten Themenbereiche. Der Tabelle ist zu entnehmen, bei welchem Probanden ein spezielles Thema auftaucht, und wie häufig es in der gesamten Stichprobe erscheint.

Tabelle 29: Häufigkeit von Themen in den Geschichten der Probanden zu Tafel 1

Pb-Nr.	1	2	3	4	5	6	7	8	9	10	11	12	13	Σ
Stimuluswert der Tafel	+	+	+	+	+	+	+	+	+	+	+	+	+	13*
Eltern	+	+				+	+		+	+		+	+	8
Forderung, Zwang	+			+	+	+			+	+		+	+	8
Hilfe, Unterstützung	+			+	+			+				+	+	6
Geschenk, Erbe						+	+	+		+				4
Erfolg			+			+	+						+	4
Mißerfolg				+	+		+			+	+		+	6
Zweifel, Unsicherheit		+	+	+	+		+	+		+	+	+	+	10*
Aggression	+					+			+			+		4
Freude, Spaß			+			+								2*
Lustlosig-, Müdig-, Traurigkeit	+				+		+		+	+	+	+	+	8
Größenphantasien, Träume			+	+					+	+			+	5

*p<0,05

Tabelle 29 zeigt, daß alle Probanden (n=13) den Stimuluswert der Tafel 1 aufnehmen. Selbstverwirklichungs- und Geltungsstreben, wie es diese Tafel als thematische Valenz nahelegt, bringt allerdings der überwiegende Teil der Probanden (n=10) in Verbindung mit Zweifeln an der eigenen Leistung und Unsicherheit gegenüber eigenen Fähigkeiten. Diese Häufigkeit ist mit p≤0,05 statistisch signifikant. Die Leistungsthematik steht bei mehreren (n=8) in einem Zusammenhang mit den Eltern. Acht Probanden betrachten ihnen gestellte Aufgaben als Forderung und Zwang. Mißerfolg wird eher geäußert (n=6) als Erfolg (n=4). (Den Wunsch nach) Hilfe und Unterstützung bzw. den Anreiz zur Leistung durch ein Geschenk thematisieren sechs bzw. vier Probanden.

Während vor allem Lustlosigkeit, Müdigkeit und Traurigkeit betont werden (n=8), finden sich nur vereinzelt (n=2) in signifikanter Form (p≤0,05) Freude und Spaß in den Erzählungen. Bei vier Probanden kommen aggressive Regungen zum Vorschein. Fünf Probanden verbinden ihr Bedürfnis nach Selbstverwirklichung mit Träumen und Größenphantasien.

Auffallend ist, daß sich die Probanden mit der Beachtung der Instruktion schwer tun. Sie beschreiben weniger einen Prozeß der Geschichte, in dem Vergangenheit, Gegenwart und Zukunft eine Rolle spielen. Auch konflikthaftes Geschehen bleibt eher auf einer deskriptiven Ebene.

Fast alle Probanden (außer Pb 2) verwenden lange Pausen in den Erzählungen. Ihre Protagonisten zeigen im Verlauf der Geschichte unterschiedlich wechselnde Stimmungen, oder die beschriebene Gefühlslage der Hauptfigur stimmt nicht mit dem Tonfall des jeweiligen Probanden überein. Hier deutet sich eine Affektlabilität an.

Zentrale Problematik (latente Ebene)

In einem weiteren Schritt wird zu jeder TAT-Geschichte ein Fokus gebildet. Die Foki der einzelnen Probanden lauten:

Pb 1: Ich bin sauer, daß ich Geige spielen muß, und dabei bin ich so müde.

Pb 2: Ich habe Angst zu versagen; aber wenn ich mir etwas zutraue, kann ich Erfolg haben und finde Freunde; ihnen zuliebe verzichte ich auf etwas, was mir wichtig ist; es ist unvorstellbar, beides zu verbinden.

Pb 3:   Ich bin mir unsicher über meine Fähigkeiten; die Entscheidung über meinen Wert liegt bei den anderen.

Pb 4:   Ich fühle mich verlassen, weil ich etwas gegen meinen Willen tun soll; ich warte auf die Erlaubnis, daß ich Nichtwollen darf.

Pb 5:   Ich bin ratlos und sauer über die Anforderung; ich habe keine Lust, mich damit näher zu befassen und tue so, als ob.

Pb 6:   Ich möchte es meinen Eltern recht machen und bin traurig, daß es mir nur mühsam gelingt.

Pb 7:   Ich möchte gern etwas tun, aber ich bin unsicher und brauche Unterstützung.

Pb 8:   Ich bin klein und weiß nichts und brauche Hilfe.

Pb 9:   Ich habe keine Lust zum Geigespielen und träume lieber von anderen Dingen; mit der Zeit wird sich das Problem lösen.

Pb 10:   Ich bin mir unschlüssig, ob ich Geige spielen mag und kann; aber wenn, sollte es etwas Großes sein.

Pb 11:   Ich habe keine Lust zum Geigespielen, und ich weiß garnicht, wo ich stehe und was ich will.

Pb 12:   Ich weiß nicht, was ich möchte; ich bin traurig und aggressiv.

Pb 13:   Ich bin unsicher und habe Angst vor Versagen; ich will dem Wunsch meiner Eltern nachkommen und etwas Großes schaffen; aber mich bedrücken diese Erwartungen.

In den Foki wird die Schwierigkeit der Probanden, autonome Fähigkeiten, wie Eigenständigkeit und Eigenverantwortung zu übernehmen, erkennbar. Man möchte zwar »gern etwas tun«, aber benötigt hierzu Unterstützung. Wenn Anforderungen von aussen gestellt werden, so gibt man sich lustlos, müde oder »sauer«. Auch hinsichtlich des eigenen Wertes, einer ›Potenz‹ im weitesten Sinne, besteht bei den Probanden große Unsicherheit. Ängste vor Versagen und Vorstellungen von »etwas Großem« werden ausgedrückt. Ein näheres Eingehen auf die eigene ambivalente Haltung sowie auf mögliche Konfliktbereiche findet allerdings nicht statt.

Abwehrmechanismen

Die Probanden greifen zwar die thematische Valenz der Tafel auf, wie oben bereits festgestellt, von Interesse ist aber, wie sie mit auftauchenden Problemfeldern umgehen, und welche innerseelischen Verarbeitungsmechanismen sie bei dem, durch den Stimulus der Tafel nahegelegten Konfliktbereich verwenden.

In Tabelle 30 sind die vorherrschenden Abwehrmechanismen aufgeführt, die die Probanden zur Reduzierung ihrer Konfliktspannung einsetzen.

Tabelle 30: Häufigste Abwehrmechanismen bei Tafel 1

Pb-Nr.	1	2	3	4	5	6	7	8	9	10	11	12	13	Σ
Regression	+	+	+	+	+	+	+	+	+	+	+	+	+	13*
Projektion	+		+		+		+	+			+		+	7
Verleugnung			+			+		+	+		+			5
Allmachts-, Ohnmachts-phantasien		+			+				+					3*
Spaltung		+	+						+			+		4
Identifikation mit dem Aggressor	+					+							+	3*
Entwertung					+									1*
Verkehrung ins Gegenteil	+		+	+	+	+	+		+	+		+	+	10*

*p<0,05

Bei allen Probanden tauchen in signifikanter Form (p≤ 0,05) regressive Tendenzen auf. Sie sind müde, traurig, hilflos oder ängstlich. Indem sie eigene Forderungen auf andere projizieren, können sie einen ›Opferstatus‹ einnehmen. Hiermit lassen sich auch aggressive Impulsdurchbrüche und eigener Widerstand rechtfertigen. Mögliche Fähigkeiten, im weitesten Sinne ›Potenz‹, werden verleugnet. Aktivität wird in das Gegenteil, in passiv-abwartendes Verhalten verkehrt. Auf diese Weise können Wünsche nach Kindsein und nach Versorgung erfüllt werden. Zur Kompensation des brüchigen Selbstwertgefühls dienen Omnipotenzphantasien, Identifikation mit dem Aggressor sowie Entwertung. Diese Abwehrmechanismen treten bei der Untersuchungsgruppe signifikant wenig auf (p≤0,05). Zuflucht zu (Tag-)Träumen und Spaltungen werden eingesetzt, um die volle Realität mit positiven und negativen Aspekten, mit Wünschen und Ängsten nicht wahrnehmen zu müssen.

Objektbeziehungen

Einen Überblick der Analyse der Objektbeziehungen liefert Tabelle 31.

Tabelle 31: Kategorisierung der Objektbeziehungen bei Tafel 1

Pb-Nr.	1	2	3	4	5	6	7	8	9	10	11	12	13	Σ
Konflikthafte Objektbeziehung	+	+	+	+	+	+	+	+	+	+	+	+	+	13*
Unterstützendes, förderndes Objekt	+	w	w				w				+	+		6
Hemmendes, zwingendes Objekt	+			+	+	+			+	+		+	+	8
›Opferstatus‹	+			+	+	+		+		+	+	+	+	9
Konstruktive Problemlösung Beziehungsebene														0*

w bedeutet: Wunsch nach ... ; *p<0,05

Die Geschichten aller Probanden (n=13) enthalten konflikthafte Objektbeziehungen. Es sind hierbei überwiegend die Eltern, die als fordernde, ängstigende oder erdrückende Instanz erscheinen (vgl. Tabelle 29). Man »bekommt die Geige vorgesetzt«, fühlt sich »alleingelassen« und »abgeschnitten von der Außenwelt«. Man wünscht Unterstützung, hofft auf Erfolg oder eine weitere Chance. Bemerkenswert bei der Analyse der abgegebenen Erzählungen und statistisch abgesichert (p≤0,05) ist, daß es in den Geschichten keine konstruktiven Problemlösungen auf einer Beziehungsebene gibt. Die Protagonisten nehmen eher eine Opferhaltung ein, sie sehen sich zur Leistung gezwungen und erhalten wenig Anerkennung. Hiermit legitimieren sie ihren Widerstand. Bei Anforderungen, die an sie gestellt sind, bedienen sie sich trotzig-aggressiver Reaktionen oder Träumereien und Phantasien über die eigene Großartigkeit. Man wird die Geige »zu Kleinholz verarbeiten« oder »schmeißt's hinten ins Eckerl«. Man stellt sich vor, »vor allen mit einem großen Orchester zu spielen«. Es tauchen aber auch regressive Tendenzen auf, indem man es den Eltern recht machen möchte und auf deren Zuspruch wartet, sei es als Ansporn, sei es als Erlaubnis zum Aufhören.

Trotz der (angedeuteten) Konflikte werden zwischen den Protagonisten keine vertieften Interaktionen geschildert; d.h. auf der Beziehungsebene findet nur ein geringer Austausch statt.

Zusammenfassung zur Tafel 1

In den Geschichten zu dieser Tafel bringen die Probanden ihre Autonomiekonflikte zum Ausdruck. Einerseits haben sie den Wunsch nach größerer Eigenständigkeit und gleichzeitig die Befürchtung, diese zu verlieren und sich nur noch dem Willen des anderen beugen zu müssen. Andererseits besteht bei ihnen Angst vor dem Erlangen von Autonomie, und gleichermaßen Wünsche nach Versorgung und Unterstützung. Hierzu finden sich in den Geschichten passiv-abwartende oder unterwürfige Verhaltensweisen. Die eigene Potenz muß verleugnet werden, um Hilfe und Unterstützung zu erhalten. Auf der Beziehungsebene wird ein ›Opferstatus‹ hergestellt, aus dem sich sowohl Widerstand gegen erdrückende Forderungen einer Überich-Instanz als auch Anlehnungswünsche ableiten lassen.

Eng verbunden mit dem Autonomiekonflikt ist eine Selbstwertproblematik zu erkennen. Die in den Geschichten zum Ausdruck kommende Affektlabilität der Probanden weist auf geringes Selbstvertrauen hin. Die Probanden verbinden an sie gestellte Forderungen zur Leistung mit eigenem Versagen. Um diese Vorstellung des persönlichen Unvermögens abzuwehren, setzen sie in erster Linie regressive Tendenzen ein, indem sie sich als hilflos, ratlos und den Forderungen der Außenwelt (hier vor allem der Eltern) ausgeliefert fühlen. Größenphantasien und die Zuflucht zu Träumen helfen ihnen, die Angst vor dem eigenen Versagen abzuwehren. Auch projektive Mechanismen dienen der Angstabwehr, indem sie anderen zuweisen über sie zu entscheiden.

3.4.2 Querschnittanalyse Tafel 6BM

Formale und inhaltliche Aspekte (manifeste Ebene)

Art und Anzahl der Themen, die in den Geschichten zu dieser Tafel auftauchen, sind in Tabelle 32 zusammengestellt.

Tabelle 32: Häufigkeit von Themen in den Geschichten der Probanden zu Tafel 6BM

Pb-Nr.	1	2	3	4	5	6	7	8	9	10	11	12	13	Σ
Mutter-Sohn-Beziehung	+	+	+	+	+	+	+	+	+	+		+	+	12*
Konfliktthema Mutter-Sohn-Beziehung	+	+	+	+	+		+	+	+	+		+	+	11*
Konfliktthema externalisiert	P	P				+	P			+		P	P	7
Konfliktlösung unbestimmt, harmonisch	+	+		+	+			+			+			6
Keine Konfliktlösung	+		+			+	+		+	+		+		7
Abhängigkeit		+												1*
Unterschiede, Distanz, Abgrenzung	+		+	+	+	+	+	+				+		8
Trennung, Ablösung	+		+											2*
Einsamkeit, Alleinsein	>													1*
Tod		+		+			+				+		+	5
Angst	>			+										2*
Aggression				+	+				+					3*
Trauer				+		+	>-	+		+	+			6
Unsicherheit, Hilflosigkeit	+		+	>				+	+	+		+		7
Verständnis, Hilfe, emotionale Nähe	+		+			+		+				+		5
Anerkennung, Stolz			+											1*
Körperkontakt	+													1*
Kränkung, Enttäuschung				>				+	+			+		4
Verlegenheit, Scham							+	+						2*
Schuldgefühl	+									+		+	+	4

> bedeutet: Zuweisung an Mutter; – bedeutet: in Negation
P bedeutet: externalisierter Partnerschaftskonflikt; * $p < 0{,}05$

Nahezu alle Probanden (n=12) thematisieren in ihren Geschichten eine Mutter-Sohn-Beziehung, das heißt sie greifen den Stimuluswert der Tafel 6BM auf. In signifikanter Form (p≤0,05) erwähnen die meisten (n=11) in ihren Geschichten Schwierigkeiten zwischen Mutter und Sohn. Diese Probleme zwischen den Protagonisten, also im Beziehungsbereich, werden größtenteils angedeutet (n=8) und nur teilweise konkret benannt (n=3). Letzteres ist signifikant (p≤0,05). Darüber hinaus bezieht sich die Hälfte (n=7) auf externe Konflikte, wie sie in der Partnerschaft, beim Todesfall oder anläßlich der Arbeit vorkommen. Für auftauchende Schwierigkeiten finden sieben Probanden keine Lösungen, die anderen (n=6) bieten vage bzw. harmonisierende ›Konfliktlösungen‹ an. Verständnis, Hilfe und Anerkennung durch die Mutter wird in sechs Fällen erwähnt.

In den Erzählungen von fünf Probanden spielt der Tod eine Rolle. Trennung, Einsamkeit, aber auch Abhängigkeit oder körperliche Nähe werden nur vereinzelt in signifikanter Weise auf der manifesten Ebene aufgegriffen (p≤ 0,05). Allerdings thematisieren acht Probanden beim Anschauen der Tafel Distanz, Unterschiede oder Abgrenzung. Hierzu gehören Inhalte wie beispielsweise »sie schaut weg, kann nicht verstehen«, »jeder ist in Gedanken« oder die Verbindung der Tafel mit ›Film‹ bzw. ›Märchen‹.

Im Gefühlsbereich äußert die Untersuchungsgruppe vor allem Unsicherheit und Hilflosigkeit (n=7), Trauer (n=6), Enttäuschung (n=4) und Schuldgefühle (n=4). Auffallend ist, daß Wut, Angst, Stolz oder Scham nur in geringer Zahl und statistisch signifikant (p≤0,05) in den Geschichten von jeweils einem bis drei Probanden auftaucht.

Die kursorische Durchsicht der Protokolle ergibt Anhaltspunkte für Schwierigkeiten in der Mutter-Sohn-Beziehung. Distanz und Unterschiede werden angedeutet. Gefühlsmäßig herrscht Unsicherheit vor. Konflikte werden nicht konkret angeschaut. Lösungen der Probleme werden, wenn überhaupt, in vager oder einer den Konflikt zudeckenden Weise angeboten.

Zentrale Problematik (latente Ebene)

Um den latenten Gehalt der Tafel 6BM zu erfassen, wird auch hier für jede Geschichte ein Fokus gebildet. Die Foki lauten:

Pb 1:   Ich fühle mich meiner Mutter verbunden und verpflichtet; die Trennung von ihr fällt mir schwer und ist mit Schuldgefühlen verbunden.

Pb 2:   Ich finde sehr schwer Distanz zu meiner Mutter; wir sind wie ein Paar; und wenn wir nicht gestorben sind, dann leben wir noch heute.

Pb 3:   Ich wünsche mir Verständnis bei meiner Mutter; ich bin unsicher, ob ich das finde.

Pb 4:   Ich finde keinen verständnisvollen Kontakt zu meiner Mutter; ich bin wütend, habe aber Angst.

Pb 5:   Ich nehme meine Mutter und die Konflikte mit ihr nicht ernst, denn wir brauchen einander.

Pb 6:   Ich bin traurig, wenn ich Probleme habe; aber meine Mutter löst die Probleme für mich.

Pb 7:   Meine Mutter ist nicht einverstanden mit meinen Frauenbekanntschaften; ich schäme mich für meine Wünsche an Frauen und verstecke meinen Ärger.

Pb 8:   Ich wünsche mir Verständnis von meiner Mutter; ich bin unsicher und schäme mich für meine Gefühle.

Pb 9:   Ich möchte nicht immer nachgeben und das machen, was meine Mutter sagt; ich bin verzweifelt und hilflos.

Pb 10: Ich weiß nicht, wie ich mich meiner Mutter verständlich machen kann; für die Differenzen zwischen uns trage ich die Schuld.

Pb 11: Ich bin traurig und fühle mich auch in Gegenwart einer anderen Person alleine.

Pb 12: Ich habe Schuldgefühle, wenn ich eigene Wege gehe; den Ärger meiner Mutter versuche ich nicht ernst zu nehmen.

Pb 13: Ich bin enttäuscht von meiner Mutter, so wie sie es von mir ist; es ist nicht klar, wer die Schuld trägt, aber es gibt keine Lösung zwischen uns.

Den Foki gemeinsam ist eine Nähe-Distanz-Thematik.

Die Kategorisierung der Foki nach dem Gefühl der Nähe bzw. der Distanz zur Mutter enthält Tabelle 33.

Tabelle 33: Gemeinsame Thematik der Foki bei Tafel 6BM

Pb-Nr.	1	2	3	4	5	6	7	8	9	10	11	12	13	Σ
Gefühl der Nähe Sohn-Mutter	+	+	–	–	+	+	–	–	–	–				10*
Gefühl der Distanz Sohn-Mutter	–	–		–		–			–	+	–	–		8

*p<0,05

Wie aus der Tabelle hervorgeht, beschreiben unter allen Probanden nur insgesamt fünf von ihnen ein eindeutigeres Gefühl der Nähe (Pb 1, 2, 5, 6) beziehungsweise Distanz (Pb 11) zur Mutter (Signierung ›+‹). Acht Probanden betonen eine Distanz in der Beziehung zur Mutter. Zehn Probanden legen den Schwerpunkt ihrer Geschichten eher auf die Nähe zu ihr und auf die Schwierigkeiten damit umzugehen. Diese Häufigkeit ist signifikant ($p \leq 0,05$). Die Beziehung zur Mutter wird als verunsichernd und ambivalent erlebt. Zum einen fühlt man sich der Mutter verbunden, möchte aber von Schuldgefühlen entlastet sein, wenn man eigene Wege geht. Zum anderen wird der Wunsch nach Verständnis und Anerkennung durch die Mutter zum Ausdruck gebracht. Man möchte nicht immer nachgeben und das machen, was die Mutter sagt.

Ein Vergleich zwischen den Tabellen 31 und 33 zeigt unterschiedliche Ergebnisse zur Thematik von Nähe und Distanz. Bemerkenswert ist, daß in den Geschichten auf der manifesten Ebene (Tabelle 31) weniger häufig Nähe thematisiert wird wie auf der latenten Ebene (Tabelle 33), während Distanz auf beiden Analyseebenen in gleicher Anzahl erscheint. Hier besteht ein Hinweis auf ein unbewußtes Konfliktgeschehen in der Beziehung zwischen Sohn (Proband) und Mutter. Möglicherweise kann Distanz in der Beziehung zur Mutter bewußtseinsnaher erlebt werden, während das Gefühl der Nähe und Verbundenheit zu ihr stärker abgewehrt werden muß.

Abwehrmechanismen

Auch bei dieser Tafel stellt sich die Frage, in welcher Form die Probanden mit den in der Mutter-Sohn-Beziehung bestehenden Problemen umzugehen versuchen. Tabelle 34 enthält eine Übersicht der vorherrschenden Abwehrmechanismen.

Tabelle 34: Häufigste Abwehrmechanismen bei Tafel 6BM

Pb-Nr.	1	2	3	4	5	6	7	8	9	10	11	12	13	Σ
Projektion	+								+		+	+		4
Regression		+		+		+			+		+			5
Verleugnung		+		+			+				+			4
Verschiebung				+	+			+				+		4
Ungeschehenmachen	+									+		+		3*
Entwertung						+	+					+	+	4

*p<0,05

Zur Bewältigung der zwischen Mutter und Sohn auftauchenden Schwierigkeiten kommen vor allem regressive Tendenzen zum Tragen. Der Protagonisten-Sohn beschreibt sich gegenüber der Mutter als hilfloses, trotziges oder trauriges kleines Kind. Schwierigkeiten werden projektiv abgewehrt, verschoben, verleugnet oder – statistisch signifikant ($p \leq 0,05$) – ungeschehen gemacht. Und indem die Gefühle der Mutter nicht ernst genommen, sondern entwertet werden, muß sich der Sohn (Proband) mit den eigenen Wünschen und Ängsten hinsichtlich des Liebesobjekts ›Mutter‹ nicht befassen.

Objektbeziehungen / Mutterbild

Zunächst fällt auf, daß die Mutter nicht so beschrieben wird, daß sie als Person vorstellbar ist. Das Bild von ihr bleibt eher ›blaß‹. Des weiteren fällt auf, daß in fast allen Erzählungen eine Zweier-Beziehung geschildert wird, bei der ›der andere‹ (Dritte) keine zentrale Bedeutung im Beziehungsgeschehen zugewiesen erhält.

Tabelle 35 gibt hierzu eine Übersicht.

Tabelle 35: Beziehungskonstellation beim Mutterbild Tafel 6BM

Pb-Nr.	1	2	3	4	5	6	7	8	9	10	11	12	13	Σ
Paarbildung Sohn-Mutter	+	+	+	+	+	+	+	+	+	+	+	+	+	13*
Der/die ›Dritte im Bunde‹	a	a	a		a	+			a	+		a		8
›Opferstatus‹ des Pb	+		+	+	+		+		+	+		+	+	9

a bedeutet: angedeutete trianguläre Beziehung; *p<0,05

Alle Probanden (n=13) thematisieren in ihren Geschichten Zweier-Beziehungen. Diese wird nur zweimal (Pb 7, 12) als konfliktbelastet im triangulären Beziehungsgeschehen geschildert. Dabei handelt es sich um die Freundin des Probanden, gegen die die Mutter Einwände erhebt. In sechs weiteren Erzählungen wird ›der andere‹ nicht unmittelbar mit dem Beziehungskonflikt zwischen Sohn und Mutter in Verbindung gebracht, sondern andeutungsweise als trianguläres Element eingeführt. Dreimal sind es Ehepartner (Pb 2, 3, 13), mit denen Schwierigkeiten bestehen. Zwei Personen aus der Untersuchungsgruppe erwähnen einen Sterbefall bzw. den Tod eines Dritten (Pb 4, 11), eine weitere den Chef (Pb 6). In statistisch signifikanter Form (p≤0,05) spielen sich in keinem der Fälle die Geschichten unmittelbar im Beziehungsdreieck Vater-Mutter-Sohn ab.

Wie aus Tabelle 35 ebenfalls hervorgeht, betrachtet sich die Mehrzahl (n=9) in Interaktionen als diejenigen, mit denen etwas geschieht (in Tabelle 35 wird das mit ›Opferstatus des Pb‹ bezeichnet). »Man erhält eine schlechte Nachricht« oder »befindet sich in aussichtsloser Lage« und trägt somit keine Verantwortung für das Geschehen.

Um die *Repräsentation der Mutter* in den Geschichten zu Tafel 6BM zu erfassen, wird für jede abgegebene Erzählung die Darstellung der Mutter in eine Formel gebracht. Daraus ergibt sich folgendes:

Pb 1: Sie hat Angst vor dem Alleinsein und vor der Nähe zum Sohn; sie hat dem Sohn viel zu sagen.

Pb 2: Sie lebt in einer eigenen Welt; indem sie sich mit dem Sohn beschäftigt, kann sie ihre Probleme überwinden und glücklich und stolz sein.

Pb 3: Sie kann dem Sohn Ratschläge geben, die anzuzweifeln sind.

Pb 4: Sie flößt dem Sohn Angst und Respekt ein; sie ist hilflos gegen ihre Gefühle.

Pb 5:   Sie ist bei Streitereien mit dem Sohn beleidigt und stur; aber sie gibt dann wieder nach und verträgt sich.

Pb 6:   Sie hilft aus Sorge um ihren Sohn immer und löst dessen Probleme.

Pb 7:   Sie mischt sich in Belange des Sohnes ein und will dort mitreden; sie achtet auf den Ruf der Familie.

Pb 8:   Sie hört dem Sohn zu und ist nachdenklich und traurig.

Pb 9:   Sie ist gegenüber dem Sohn stur und bringt ihren Willen durch.

Pb 10: Sie ist durch schlechte Nachrichten seiten des Sohnes schockiert und verletzt und weint; sie verzeiht schlecht, was der Sohn getan hat.

Pb 11: Sie ist geschockt, traurig und ratlos.

Pb 12: Sie gängelt den Sohn und ist sauer, kann aber geködert werden; sie hat Angst vor dessen Freundin.

Pb 13: Sie hilft dem Sohn nicht; sie enttäuscht ihn und handelt falsch.

Diese Foki für das Mutterbild lassen sich hinsichtlich ihrer *Ähnlichkeiten* folgendermaßen kategorisieren (Tabelle 36):

Tabelle 36: Kategorisierung von Ähnlichkeiten der Foki beim Mutterbild Tafel 6BM

Pb-Nr.	1	2	3	4	5	6	7	8	9	10	11	12	13	Σ
Auf Sohn bezogenes mütterliches Objekt	+	+	+		+	+	+	+	+	+		+	+	11*
Helfend, verstehend, vertrauensvoll	+	+			+	+		+						5
Frustrierend, verständnislos			T	T			+		+	+	T		+	7
Fordernd, kontrollierend, mächtig				+	+	+	+	+		+	+	+	+	9
Ängstlich, hilflos, abhängig	+	+			+	+			+		+	+	+	8

T bedeutet: Tendenz zum versagenden mütterlichen Objekt; * p<0,05

Nahezu alle Personen (n=11) beschreiben die Mutter als ein auf den Sohn bezogenes, mütterliches Objekt. Diese Sichtweise tritt in statistisch signifikanter Form auf (p≤0,05). Die Mutter erscheint einerseits als gebend und nährend, als ein für den Sohn verfügbares Objekt (n=5). Andererseits wird sie als versagendes (und für den Sohn nicht verfügbares) Objekt dargestellt (n=7).

Wie Tabelle 36 ebenfalls zu entnehmen ist, steht das Mutterbild im Kontext von Macht und Ohnmacht. Zu etwa gleichen Teilen sehen die Probanden die Mutter als dominant (n=9) beziehungsweise als hilflos und abhängig (n=8).

Die Kategorisierung der *emotionalen Besetzung des Mutterbildes* in den Foki zu Tafel 6BM ist Tabelle 37 zu entnehmen.

Tabelle 37: Kategorisierung der emotionalen Besetzung des Mutterbildes in den Foki von Tafel 6BM

Pb-Nr.	1	2	3	4	5	6	7	8	9	10	11	12	13	Σ
Positives Mutterbild						+								1*
Negatives Mutterbild								+		+			+	3*
Ambivalentes Mutterbild	+	+	+	+	+			+			+	+	+	9

*p<0,05

Wie hier ersichtlich, besitzt die Mehrzahl der Probanden (n=9) ein ambivalentes beziehungsweise unscharfes Mutterbild. In signifikanter Weise wird lediglich einmal ein überwiegend positives Mutterbild geäußert, und drei Personen haben überwiegend negative Mutterbilder (p≤0,05).

Zusammenfassung zur Tafel 6BM

Zentrales Thema der Untersuchungsgruppe zu Tafel 6BM ist ihre Abhängigkeit von der Mutter sowie Zweifel und Unsicherheiten in der Beziehung zu ihr.

In den Geschichten drücken die Probanden ein ambivalentes Mutterbild aus. Einerseits fühlen sie sich mit der Mutter verbunden und äußern Wünsche nach Verständnis, die mit Gefühlen von Scham oder Ärger einhergehen. Die Mutter wird als verstehende, nährende Person gesehen. Andererseits wird ihr eine kontrollierende, dominierende Rolle zugewiesen, und die Probanden haben ihr gegenüber Schuldgefühle, wenn sie eigene Wege gehen wollen.

Konflikte mit der Mutter werden zwar im allgemeinen thematisiert, wenn auch von der überwiegenden Mehrzahl nur andeutungsweise, aber Lösungen werden – wenn überhaupt – nur in vager Form oder auf harmonisierende, den Konflikt zudeckende Weise angeboten. Vorherrschende Abwehrmechanismen sind regressive Tendenzen, ferner Projektion, Verleugnung, Verschiebung, Entwertung und Ungeschehenmachen. Eine Konfliktlösung im Sinne gegenseitiger Anerkennung findet sich bei keinem der Probanden.

In den Geschichten wird die Mutter kaum so geschildert, daß sie als Person mit einem persönlichen Profil vorstellbar ist, sondern sie erscheint als eine auf den Sohn bezogene, für diesen verfügbare Person ohne eigene Subjektivität. Sie wird als hilflos, abhängig, unsicher oder beleidigt beschrieben. Die emotionale Besetzung des Mutterbildes ist ambivalent. Die Mutter wird als verständnisvoll, aber auch als stur und Angst auslösend gesehen. Die Beziehung steht vor allem im Kontext von Kontrolle, Abhängigkeit oder Vergeltung statt von gegenseitigem Respekt.

Das Beziehungsgeschehen spielt sich vor allem in der Zweier-Konstellation Mutter-Sohn ab. Der Vater/der andere hat eine untergeordnete Bedeutung in den abgegebenen Erzählungen. Sohn und Mutter erscheinen wie ein Paar, bei dem die ödipale Thematik kaum auftaucht. Ein triangulärer Beziehungskonflikt zwischen beiden entsteht erst durch Hinzukommen einer Partner*in*, aber in diesen Fällen wird das Problem bei der Mutter lokalisiert. Und für die Probanden bedeutet es, daß in keinem Fall die Mutter mit dem Vater als dem anderen geteilt werden muß.

Schließlich soll noch auf die Thematisierung von ›Tod‹ und ›Sterben‹ in den Geschichten einiger Probanden zu Tafel 6BM hingewiesen werden.

3.4.3 Querschnittanalyse Tafel 7BM

Formale und inhaltliche Aspekte (manifeste Ebene)

Wie bei den vorangegangenen Tafeln werden auch hier zunächst bei einer kursorischen Durchsicht der Protokolle Art und Häufigkeiten der auftauchenden Themen erfaßt und in Tabelle 38 dargestellt.

Tabelle 38: Häufigkeit von Themen in den Geschichten der Probanden zu Tafel 7BM

Pb-Nr.	1	2	3	4	5	6	7	8	9	10	11	12	13	Σ
Vater-Sohn-Beziehung	+	+		+	+	+	+	+	+		+	+	+	11*
Kein Konfliktthema							+	+		+	+			4
Konfliktthema Vater-Sohn-Beziehung	−			+					+			+	+	5
Konfliktthema externalisiert	P	P		+	+				A			A	P	7
Konfliktlösung vage, harmonisch	+	+		+	+				+			+		6
Keine Auflösung Problem, Differenz				+		+	+	+	+			+		6
Heile Welt, Harmonisierung	+	+			+	+					+	+		6
Unterschiede, Distanz, Abgrenzung		+		+	+		+	+	+	+		+	+	9
Rivalität							+		+			+	+	4
Aggression, Vorwürfe	−	−		+					+			+		5
Erbe, Tradition							+					+	+	3*
Trauer		+			+	+					+			4
Unsicherheit, Zweifel			+					+		+				3*
Verständnis, Hilfe, Kontakt, emotionale Nähe	+	+	+	+	+	+	+		+		+		+	10*
Anerkennung, Stolz	+	+			+						+			4
Entwertung		+			+								+	3*
Kränkung, Enttäuschung													+	1*

− bedeutet: Verneinung bzw. Verschiebung;
P bzw. A bedeutet: externalisierter Partnerschafts- bzw. Arbeitskonflikt;
*p<0,05

Elf Personen der Untersuchungsgruppe thematisieren in ihren Geschichten eine Vater-Sohn-Beziehung und greifen somit den Stimuluswert der Tafel 7BM auf. Diese Anzahl ist statistisch abgesichert signifikant ($p \leq 0,05$). Die meisten ($n=9$) deuten Unterschiede und Abgrenzung zwischen den Protagonisten an. Allerdings wird lediglich fünfmal die Möglichkeit eines direkten Konflikts zwischen Vater und Sohn erwähnt. Drei dieser Probanden versuchen die Schwierigkeiten zu externalisieren, indem sie in signifikanter Form Probleme mit dem Vater zusätzlich in den Arbeits- oder Partnerbereich verlagern ($p \leq 0,05$). Ebenfalls signifikant ist, daß sich ein Proband einen Streit zwischen Vater und Sohn erst gar nicht vorstellen kann. Etwa bei der Hälfte ($n=7$) werden externe Schwierigkeiten thematisiert. Kein Konfliktthema findet sich bei vier Probanden, wenngleich drei von ihnen Unterschiede und Distanz zwischen den Protagonisten erwähnen. Eine Auflösung der geschilderten Unterschiede oder Probleme erfolgt entweder gar nicht ($n=6$) oder in vager oder harmonisierender Form ($n=6$).

Mehrheitlich ($n=8$) entwirft die Untersuchungsgruppe eine heile Welt. Statistisch signifikant ($p \leq 0,05$) sind als zentrale Themen Verständnis und Hilfe ($n=10$).

Im Gefühlsbereich werden vor allem Ärger ($n=5$), Stolz ($n=4$) und Trauer ($n=4$) sowie in signifikant geringerem Umfang ($p \leq 0,05$) Entwertung ($n=3$), Unsicherheit ($n=3$) und Enttäuschung ($n=1$) ausgedrückt.

Zentrale Problematik (latente Ebene)

Die psychodynamischen Formeln zu Tafel 7BM werden wie folgt zusammengefaßt:

Pb 1: Ich habe Vertrauen zu meinem Vater und fühle mich von ihm anerkannt.

Pb 2: Ich bin froh über die Verbindung zu meinem Vater; er übernimmt und löst meine (Beziehungs-) Probleme.

Pb 3: Ich wünsche mir bei meinen Problemen Unterstützung durch einen Mann, aber ich bezweifle, ob ich das finde.

Pb 4: Ich fühle mich meinem Vater eher fern; auf seine Kontaktversuche gehe ich nur teilweise ein.

Pb 5: Ich finde verständnisvolle Unterstützung bei meinem Vater; Zweifel an dieser Beziehung lasse ich nicht aufkommen.

Pb 6: Bei Problemen bin ich traurig; von meinem Vater erhalte ich dann (finanzielle) Unterstützung und keinerlei Vorwürfe.

Pb 7: Ich bin als Stammhalter auserkoren und finde Unterstützung bei meinem Vater; Differenzen oder Rivalitäten zwischen uns verstecke ich.

Pb 8: Zwischen meinem Vater und mir ist keine Verständigung; ich weiß nicht, woran ich mit ihm bin, und das verunsichert mich.

Pb 9: Ich meide den Kontakt zu meinem Vater; ich will nicht zugeben, daß er recht hat; auf diese Weise halte ich Distanz zu ihm.

Pb 10: Zwischen einem Mann und mir gibt es keinerlei Annäherung; ich bin unsicher und mir fehlt jegliche Orientierung.

Pb 11: Ich finde Verständnis und Unterstützung bei meinem Vater, auch wenn ich traurig bin.

Pb 12: Ich habe einige Gemeinsamkeiten mit meinem Vater; aber ich mache viele Fehler, die er auszubügeln hat; ich rivalisiere mit ihm.

Pb 13: Ich fühle mich von meinem Vater nicht verstanden; ich enttäusche ihn, wenn ich meinen eigenen Weg gehe.

Wie bereits bei Tafel 6BM sind auch bei dieser Tafel Ähnlichkeiten zwischen den Foki hinsichtlich einer Nähe-Distanz-Thematik. Die Foki werden analog zu Tafel 6BM kategorisiert. Die Ergebnisse sind in Tabelle 39 schematisch dargestellt.

Tabelle 39: Gemeinsame Thematik der Foki bei Tafel 7BM

Pb-Nr.	1	2	3-	4	5	6	7	8	9	10	11	12	13	Σ
Gefühl der Nähe Sohn-Vater	+	+	−	−	+	+	+	−	−	−	+	+	−	13*
Gefühl der Distanz Sohn-Vater				+	−	−	−	+	−	+		+	−	9

*p<0,05

Alle Probanden (n=13) thematisieren in ihren Geschichten Nähe und Verbundenheit zum Vater, wobei ein Teil (n=7) diese Gemeinsamkeiten positiv erlebt (Signierung »+«). Der andere Teil (n=6) meidet eher den Kontakt zum Vater (Signierung »−«). Differenzen oder Rivalität zwischen Vater und Sohn gibt es bei neun Probanden. In diesen Fällen, auch in denen mit betonter Distanz zum Vater (Pb 4, 8, 10, 12; Signierung »+«), ist das Bedürfnis nach Kontakt und Orientierung an einer väterlichen Figur erkennbar.

Abwehrmechanismen

Die Art der Abwehrmechanismen, die die Probanden einsetzen, um mit den in der Vater-Sohn-Beziehung bestehenden Schwierigkeiten umzugehen, enthält die folgende Tabelle 40.

Tabelle 40: Häufigste Abwehrmechanismen bei Tafel 7BM

Pb-Nr.	1	2	3	4	5	6	7	8	9	10	11	12	13	Σ
Projektion												+	+	2*
Regression						+		+			+			3*
Verleugnung	+				+	+	+	+		+	+			6
Verschiebung			+	+									+	3*
Ungeschehenmachen			+									+		2*
Verkehrung ins Gegenteil					+				+					2*
Spaltung			+								+			2*
Idealisierung	+	+			+					+	+			5
Omnipotenzphantasien			+			+	+	+						4
Identifizierung mit dem Angreifer								+						1*

*p<0,05

Die zwischen Vater und Sohn auftauchenden Konflikte werden von etwa der Hälfte der Probanden verleugnet. Vereinzelt und das in signifikanter Form (p≤0,05) werden die Konflikte verschoben, ungeschehen gemacht oder in das Gegenteil verkehrt. Auch projektive Mechanismen und regressive Tendenzen erscheinen bei einer signifikant geringen Anzahl der Untersuchten (p≤0,05).

Es fällt auf, daß mehr als die Hälfte der Probanden mögliche Schwierigkeiten zwischen den Protagonisten durch Idealisierung des Vaters und auf die väterliche Imago gerichtete Omnipotenzphantasien begegnet. Hierbei handelt es sich fast identisch um die Personen, bei denen der Abwehrmechanismus der Verleugnung zu beobachten ist. Auffallend und statistisch signifikant ist, daß nur ein Proband zur Identifizierung mit dem Angreifer als persönliche Form der Konfliktbewältigung greift (p≤0,05).

Objektbeziehungen / Vaterbild

Wie bereits bei Tafel 6BM fällt auch hier auf, daß die Untersuchungsgruppe überwiegend Zweier-Beziehungen beschreibt.

Tabelle 41: Beziehungskonstellation beim Vaterbild Tafel 7BM

Pb-Nr.	1	2	3	4	5	6	7	8	9	10	11	12	13	Σ
Zweierbeziehung Sohn-Vater	+	+	+	+	+	+	+	+	+	+	+	+	+	13*
Der/die ›Dritte im Bunde‹		a	a									a	a	4
›Opferstatus‹ des Pb														0*

a bedeutet: angedeutete trianguläre Beziehung; * p<0,05

Die Geschichten beziehen sich immer (n=13) und in statistisch signifikanter Form (p≤0,05) auf Interaktionen zwischen Vater und Sohn. Viermal ist ein trianguläres Beziehungsgeschehen angedeutet, indem Probleme mit einer Partnerin (Pb 2, 3, 13) oder ein rivalisierendes Verhältnis zum Vater (Pb 12) thematisiert sind. Statistisch signifikant ist, daß in keinem Fall eine unmittelbare Beziehungsaufnahme in einer Dreier-Konstellation erwähnt wird (p≤0,05).

Auch hier wird, wie schon beim Mutterbild, die Darstellung des Vaters in den vorliegenden Geschichten in Formeln gebracht. Die Formeln lauten:

Pb 1: Er ist stolz auf den Sohn, vertraut ihm und respektiert ihn; er diskutiert und ist nicht aggressiv.

Pb 2: Er ist stolz und traurig über seinen Sohn; Gefühle täuscht er vor; indem er psychische Probleme des Sohnes übernimmt, steht er ihm bei.

Pb 3: Er spricht über Probleme; der Sinn des Gesprächs ist fraglich; er gibt Ratschläge.

Pb 4: Er hält Moralpredigten; er hat Distanz zum Sohn und sucht Kontakt zu ihm; er redet so lange, bis der Sohn weggeht oder redet.

Pb 5: Er ist dem Sohn ein verständnisvoller Freund; er schaut auf ihn etwas herab; er hilft und weiß von vornherein, daß er helfen kann.

Pb 6: Er grüßt den Sohn und fragt nach dessen Problemen; er verneint Probleme des Sohnes und regelt diese mit dem Sohn zusammen, indem er aktiv handelt.

Pb 7:   Er baut ein Unternehmen auf, will den Sohn eingliedern und bestimmt ihn zum Nachfolger; er gibt dem Sohn Instruktionen und bietet ihm Rat an.

Pb 8:   Er betrachtet den Sohn, sagt aber nichts und ist undurchsichtig.

Pb 9:   Er ist korrekt gekleidet; er meint es gut mit dem Sohn und will, daß dieser auf ihn hört; er kann das Problem mit dem Sohn nicht lösen.

Pb 10:   Er macht einen positiven Eindruck; er hat mit dem Sohn eine Unterredung unter vier Augen; er ist verschiedener Meinung wie der Sohn und sagt ihm etwas Positives.

Pb 11:   Er hilft und unterstützt den Sohn; er schmunzelt und versucht, den Sohn froh zu stimmen.

Pb 12:   Er muß die Fehler des Sohnes ausbügeln und macht diesem Vorwürfe; er ist nett, aber zu den Arbeitskollegen nicht so nett wie der Sohn.

Pb 13:   Er meint es gut mit dem Sohn und hat Vorstellungen für dessen Zukunft; ihn betrübt die Laune des Sohnes; er will und kann den Sohn nicht verstehen und ist enttäuscht; er sagt Negatives über die Frau des Sohnes.

Diese Foki für das Vaterbild lassen sich hinsichtlich ihrer *Ähnlichkeiten* folgendermaßen kategorisieren (Tabelle 42):

Tabelle 42: Kategorisierung von Ähnlichkeiten der Foki beim Vaterbild Tafel 7BM

Pb-Nr.	1	2	3	4	5	6	7	8	9	10	11	12	13	Σ
Auf Sohn bezogenes väterliches Objekt	+	+		+	+	+	+	+	+	T	+	+	+	12*
Helfend, verstehend, vertrauensvoll	+	+	+	+	+	+	+		+	+	+	+	+	12*
Frustrierend, verständnislos			T									+		2*
Fordernd, kontrollierend, dominant					+							+	+	3*
Abgrenzend			+				+							2*

T bedeutet: Tendenz; *p<0,05

Nahezu alle Probanden (n=12) zeichnen vom Vater das Bild eines helfenden, verstehenden Menschen, an den man sich vertrauensvoll wenden kann. Für fast alle (n=12) ist der Vater ein auf den Sohn bezogenes Objekt. Auffallend ist, daß Frustrationen, Forderungen oder Grenzsetzungen in der Beziehung zum Vater statistisch signifikant (p≤0,05) nur vereinzelt angesprochen werden.

Die Überprüfung der Foki auf die *emotionale Besetzung* des Vaterbildes ist in Tabelle 43 schematisch dargestellt.

Tabelle 43: Kategorisierung der emotionalen Besetzung des Vaterbildes in den Foki von Tafel 7BM

Pb-Nr.	1	2	3	4	5	6	7	8	9	10	11	12	13	Σ
Positives Vaterbild	+	+		+	+					+				5
Negatives Vaterbild														0*
Ambivalentes Vaterbild			+	+			+	+	+	+		+	+	8

*p<0,05

Statistisch signifikant (p≤0,05) wird ein durchweg negatives Vaterbild überhaupt nicht abgegeben. Mehrheitlich (n=8) ist das Vaterbild ambivalent, und fünfmal ist es überwiegend positiv besetzt. Eine nähere Betrachtung der Personen mit einem positivem Vaterbild zeigt, daß sie zu denjenigen gehören, die mögliche Konflikte zwischen Vater und Sohn negieren oder externalisieren (vgl. Tabelle 38). Sie versuchen, in ihren Geschichten eine heile Welt zu schildern. Ihre Hauptabwehrmechanismen sind Verleugnung und Idealisierung (vgl. Tabelle 40).

Zusammenfassung zur Tafel 7BM

In den zur Tafel 7BM abgegebenen Geschichten thematisieren alle Probanden Gemeinsamkeiten mit dem Vater, wenngleich nur die Hälfte von ihnen diese Verbundenheit auch positiv beschreibt. Bei der überwiegenden Mehrzahl kommt eine ambivalente Einstellung zum Ausdruck. Einerseits wird der Vater als streng und vorwurfsvoll erlebt. Andererseits wird er als helfend und verstehend bei Schwierigkeiten gesehen. Direkte Konflikte zwischen Vater und Sohn werden nur vereinzelt angegeben. Die meisten Probleme sind externer Art. Eine Auflösung der Probleme wird nur in vager oder harmonisierender Weise angeboten.

Das Geschehen verläuft überwiegend auf einer dualen Beziehungsebene. Nur in wenigen Erzählungen wird eine dritte Person eingeführt, die dann auch nur andeutungsweise die Vater-Sohn-Beziehung beeinflußt. Der Vater wird als ein auf den Sohn bezogenes Objekt beschrieben. Die Protagonisten sind weniger ebenbürtige Partner, zwischen ihnen besteht ein Ungleichgewicht.

Der Vater hat vor allem die Aufgabe einer helfenden, verstehenden Person, an die man sich vertrauensvoll wenden kann. Die Probanden nehmen überwiegend die Rolle des Sohnes ein, der von der väterlichen Hilfe abhängig ist und sich dem Vater unterordnet. Die am häufigsten auftretenden Abwehrmechanismen sind Verleugnung und Idealisierung.

Aus den Geschichten geht hervor, daß es sich bei der Vater-Sohn-Thematik um eine in sich inkonsistente, unklare Beziehung handelt. Divergenzen zwischen Vater und Sohn werden erwähnt, aber nicht konkretisiert. Der Schwerpunkt liegt auf einer verständnisvollen, harmonischen Beziehung, in welcher der Vater den Sohn aktiv unterstützt und die Tendenzen zu einer Idealisierung aufweist.

3.4.4 Gegenüberstellung der Tafeln 6BM und 7BM

Vergleich der Gefühlsäußerungen

Tabelle 44 enthält eine Übersicht zu den abgegebenen Gefühlsäußerungen bei Tafel 6BM.

Tabelle 44: Schematische Darstellung von Gefühlsäußerungen bei Tafel 6BM

Pb-Nr.	1	2	3	4	5	6	7	8	9	10	11	12	13	Σ
Gefühlsäußerung allgemein	+	+		+	+	+	+	+	+	+	+	+	+	12*
Gefühlsäußerung bei Mutter	+	+		+	+	+	+			+	+	+	+	10*
Gefühlsäußerung bei Sohn	+	+		+	+	+	+			+	+	+	+	10*

* p<0,05

Aus der Tabelle ist ersichtlich, daß bei der Vorlage von Tafel 6BM nahezu alle Probanden (n=12) Gefühle äußern. In jeweils zehn Fällen werden die Gefühlsäußerungen der Mutter bzw. dem Sohn zugewiesen. Diese Ergebnisse sind statistisch signifikant (p≤0,05).

Das Gefühlsspektrum der Mutter umfaßt Angst, Glück, Stolz, Enttäuschung, Beleidigtsein, Ärger, Trauer, Verletzbarkeit, Erschütterung. Das des Sohnes beinhaltet Schuldgefühle, Glück, Verstörtheit, Ängstlichkeit, Ärger, Trauer, Verlegenheit, Verzweiflung, Enttäuschung.

Für den Vergleich zwischen ›Mutter‹- und ›Vater-Tafeln‹ sind in Tabelle 45 die Einzelergebnisse für Tafel 7BM schematisch dargestellt.

Tabelle 45: Schematische Darstellung von Gefühlsäußerungen bei Tafel 7BM

Pb-Nr.	1	2	3	4	5	6	7	8	9	10	11	12	13	Σ
Gefühlsäußerung allgemein	+	+		+	+		+	+	+		+			8
Gefühlsäußerung bei Mutter	+	+		+					+		+			5
Gefühlsäußerung bei Sohn	+	+		+	+		+	+	+					7

*p<0,05

Beim Vorlegen der Tafel 7BM benennen nur wenig mehr als die Hälfte der Probanden (n=8) Gefühle. Die übrigen Probanden (n=5) bleiben mit ihren Geschichten auf einer eher beschreibenden Verhaltensebene. Gefühlsäußerungen werden von fünf Probanden dem Vater, von sieben Probanden dem Sohn zugewiesen. Keines dieser Ergebnisse ist statistisch signifikant (p≤0,05).

Das Gefühlsspektrum umfaßt beim Vater Stolz, Glücklichsein, Trauer, Enttäuschung, Verständnis und Aggressivität, beim Sohn Glücklichsein, Trauer, Aggressivität, Ratlosigkeit, Freude, Trotz, Nachdenklichkeit und Desorientiertheit.

Vergleich der Unterstützung bei Problemen

Es interessiert, inwieweit Mutter oder Vater aktiv-unterstützend bei Schwierigkeiten der Probanden geschildert werden. Tabelle 46 enthält eine vergleichende Gegenüberstellung.

Tabelle 46: Aktive Unterstützung – vergleichende Gegenüberstellung
Tafel 6BM und Tafel 7BM

Pb-Nr.	1	2	3	4	5	6	7	8	9	10	11	12	13	Σ
Aktive Unterstützung durch Mutter						+								1*
Aktive Unterstützung durch Vater		+	+	+	+	+	+					+	+	8

*p<0,05

In acht Fällen wird aktive Unterstützung seitens des Vaters bei Schwierigkeiten thematisiert gegenüber nur einem Fall seitens der Mutter. Dieses Ergebnis ist signifikant mit p≤ 0,05. Die Hilfestellung des Vaters bezieht sich vor allem auf

Probleme im Arbeits- und Beziehungsbereich und ist verbunden mit (männlicher) Bestätigung.

Längsschnittanalyse

Die Längsschnittanalyse der beiden Tafeln 6BM und 7BM ist nachfolgend für jeden Probanden aufgeführt.

Pb 1: *Tafel 6BM* – Angst vor zu großer Nähe mit Mutter; Trennung mit Schuldgefühlen verbunden; Abhängigkeit/Verbundenheit zur Mutter als narzißtische Kränkung für männliches Selbstwertgefühl; Mutter wird Fähigkeit zur Eigenständigkeit abgesprochen (ihre Angst vor Alleinsein).

Tafel 7BM – Nähe zum Vater; Vater als akzeptierte väterliche Autorität; Vater zur narzißtischen Bestätigung als Mann.

Pb 2: *Tafel 6BM* – Sohn gebunden in Beziehung zur Mutter; Mutter wird erlebt ohne eigene Subjektivität, statt dessen sehr auf den Sohn bezogen.

Tafel 7BM – Vater respektiert Sohn; Vater als Autorität; Vater zeigt Verständnis und Unterstützung bei Lösung von Beziehungsproblemen.

Pb 3: *Tafel 6BM* – Unsicherheiten in Beziehung zur Mutter; Zweifel über Potenz/Fähigkeiten der Mutter.

Tafel 7BM – Eigenen Unsicherheiten/Zweifeln wird geholfen durch väterlich-autoritäre Unterstützung.

Pb 4: *Tafel 6BM* – Fremdheit in Beziehung zur Mutter; Flucht als Lösung; Standhalten in Beziehung zur Mutter weniger möglich, da mit Trauer verbunden; Mutter wird Fähigkeit zur Eigenständigkeit abgesprochen (sie ist hilflos).

Tafel 7BM – Vater bringt Sohn eher dazu standzuhalten; Anerkennung des Vaters als unterstützende Autorität.

Pb 5: *Tafel 6BM* – Narzißtisch-fusionäre Beziehung zur Mutter; beim Sohn Gefühl der Einzigartigkeit, aber auch Gefühl des Erdrücktwerdens; Beziehung als narzißtische Kränkung für männliches Selbstwertgefühl; Nicht-Anerkennung der mütterlichen Authentizität (sie macht auf beleidigt).

Tafel 7BM – Verständnisvolle Unterstützung durch Vater; Vater als väterlicher Freund, als Autorität; Vater in Funktion zur narzißtischen Bestätigung als Mann.

Pb 6: *Tafel 6BM* – Abhängigkeitsbeziehung zur Mutter; Mutter als versorgende Instanz (sie regelt Dinge des Sohnes) ohne Anerkennung ihrer Autorität (sie verliert die Fassung).

Tafel 7BM – Vater hilft und gesteht Sohn Eigenständigkeit zu; Anerkennung des Vaters als Autorität (er bewahrt die Fassung).

Pb 7: *Tafel 6BM* – Unsicherheit in Beziehung zur Mutter; Abhängigkeit von Mutter und Ablösebestrebungen; Bruch mit dem Erbe, der Verbindung zur Mutter; Nicht-Anerkennung der mütterlichen Autorität (Partnerin des Sohnes ist nicht genehm).

Tafel 7BM – Beziehung zum Vater bringt Möglichkeit der Anerkennung des (väterlichen) Erbes; Vater unterstützt und respektiert Sohn (sein Nachfolger); Anerkennung des Vaters als Autorität.

Pb 8: *Tafel 6BM* – Beziehung zur Mutter schambesetzt, mit Trauer verbunden.

Tafel 7BM – Unsicherheit über den Standort des Vaters; Vater als Orientierungshilfe nicht vorhanden bzw. wird als solche nicht betrachtet (Sohn schaut woanders hin).

Pb 9: *Tafel 6BM* – Abhängigkeitsbeziehung zur Mutter; Sohn kann nicht zu eigener Position stehen, statt dessen Kampfsituation; keine Anerkennung der Differenz; keine Anerkennung der Mutter in ihrer Eigenständigkeit (sie ist stur).

Tafel 7BM – Fortsetzung der Kampfsituation auch mit Vater; Sohn trotzig, jedoch überlegend; Vater verständnisvoll, als Orientierungshilfe; Problemlösung vorstellbar; Anerkennung der väterlichen Autorität (Argumente).

Pb 10: *Tafel 6BM* – Abhängigkeitsbeziehung zur Mutter; Sohn verantwortlich für Wohlergehen der Mutter; asymmetrisches Beziehungsmuster; Nicht-Anerkennung der Mutter als erwachsene Person (sie ist nicht belastbar).

Tafel 7BM – Differenzen und Desorientiertheit in der Beziehung zum Vater; Beziehung auf gleicher Ebene, kein hierarchisches Beziehungsgefälle (Unterredung unter vier Augen).

Pb 11: *Tafel 6BM* – Verbundenheit (mit Mutter) nur über externes Problem; Zwei-Einsamkeit; kein Benennen der (Geschlechter-) Differenz, statt dessen Neutralisierung/Gleichmachen; depressiver Verarbeitungsmodus.

Tafel 7BM – Vater als Hilfe bei Depression; Abhängigkeit von väterlicher Hilfe; Anerkennung des Vaters als positive, väterliche Autorität (Nachhilfe).

Pb 12: *Tafel 6BM* – Abhängigkeitsbeziehung zur Mutter; Sohn mit Schuldgefühlen bei Autonomiebestrebungen; beim gemeinsamen Konflikt (ödipale Problematik) gesteht der Sohn seiner Mutter keine von ihm unabhängige Subjektivität zu (Argumenten der Mutter wird mit Blumen begegnet).

Tafel 7BM – Aufgreifen der ödipalen Problematik; Rivalität Vater/Sohn; Sohn ordnet sich unter; Sohn versucht sein Selbstwertgefühl zu stabilisieren in Abgrenzung zum Vater (größere Beliebtheit bei Arbeitskollegen); Anerkennung der väterlichen Autorität.

Pb 13: *Tafel 6BM* – Abhängigkeit von Mutter und Wunsch nach Unterstützung; narzißtische Wut und Rache bei Erkennen der Differenz; Mutter/Oma wird Fähigkeit zur Eigenständigkeit abgesprochen (sie hilft nicht, sie handelt falsch); keine Anerkennung des Andersseins und einer eigenen Potenz von Mutter/Oma.

Tafel 7BM – Ambivalente Beziehung des Sohnes zum Vater mit Wünschen nach Verständnis und Unterscheidung; Anerkennung der väterlichen Autorität durch den Sohn (Vater unterbreitet Vorschlag; er ist enttäuscht, aber nicht hilflos); keine Anerkennung seitens des Vaters (Laune des Sohnes, Entwertung der Frauenbeziehung des Sohnes).

Wie die Längsschnittanalyse ergibt, wird das Beziehungsthema von Tafel 6BM in den nachfolgenden Geschichten bei Tafel 7BM fortgeführt. Zunächst äußern nahezu alle Probanden (bis auf Pb 4) ihre Verbundenheit mit der mütterlichen Person. Allerdings wird der Mutter keine Fähigkeit zur Abgrenzung vom Sohn und von dessen Problemen zugestanden. Bei den darauffolgenden Geschichten zur ›Vater‹-Tafel wird vor allem (außer bei Pb 8 und Pb 10) die unterstützende Funktion des Vaters aufgegriffen und der Vater als Autorität anerkannt.

Zu jedem Elternteil drücken die Probanden Verbundenheit aus. Die Beziehungen unterscheiden sich jedoch darin, daß die Mutter in ihrer Subjektivität weniger anerkannt wird als der Vater. Dementsprechend ergibt sich ihr gegenüber eine größere Notwendigkeit zur Abgrenzung als im Vergleich zum Vater. Die Rolle des Vaters besteht vor allem darin, den Sohn in dessen Eigenständigkeit zu unterstützen und ihm (männliche) Bestätigung zu geben.

Offen ist, welche Rolle dem Vater (und der Mutter) zugewiesen wäre, wenn erst die Präsentation der Tafel 7BM und anschließend die der Tafel 6BM erfolgt wäre. Diese Frage muß im Rahmen dieser Untersuchung unbeantwortet bleiben.

Zusammenfassung zur Gegenüberstellung der Tafeln 6BM und 7BM

Bei einer vergleichenden Gegenüberstellung von ›Mutter‹- und ›Vater‹-Tafeln wird deutlich, daß die Probanden auf der emotionalen Ebene zum Vater eine größere Distanz haben als zur Mutter. Der Vater wird als jemand erlebt, der eher die Fassung bewahrt und dessen Gefühlsspektrum nicht so umfangreich erscheint wie das der Mutter. Er wird als emotional weniger erreichbar und weniger erlebbar beschrieben. Gefühlsäußerungen finden in der Beziehung zwischen Vater und Sohn weniger Raum als im Kontakt von Mutter und Sohn.

Der Vater wird jedoch als derjenige benannt, der bei auftauchenden Schwierigkeiten aktiv eingreift und dem Sohn Unterstützung bietet. Hiermit zusammenhängend ist eine Anerkennung der väterlichen Autorität und eine Hinwendung zum Vater. Der Vater wird in der Rolle desjenigen gesehen, der dem Sohn bei dessen Eigenständigkeitsbemühungen Hilfestellung und Bestätigung gibt. Demgegenüber besteht seitens des Sohnes zur Mutter zwar eine Verbundenheit, aber die Beziehung steht eher im Kontext der fehlenden Anerkennung mütterlicher Subjektivität und Autorität.

3.4.5 Querschnittanalyse Tafel 13MF

Formale und inhaltliche Aspekte (manifeste Ebene)

Bei der Aufnahme der Protokolle zu dieser Tafel fällt auf, daß die Geschichten im allgemeinen relativ kurz sind. Der Redefluß der Erzählenden ist stockend mit sehr häufigen, mehr oder weniger längeren Pausen.

Eine erste, kursorische Durchsicht der Protokolle zeigt, welche Erzählinhalte bei der Tafel 13MF abgegeben wurden (Tabelle 47, nächste Seite).

Die von Tafel 13MF nahegelegte Schilderung der Beziehung zwischen Mann und Frau wird von zwölf Probanden aufgegriffen. Straftaten gegen Leib und Leben einer anderen Person spielen in den Geschichten von insgesamt sieben Probanden eine Rolle, während Partnerschaftskrisen vage bleiben und in signifikanter Form nur zweimal thematisiert werden ($p \leq 0,05$).

Tabelle 47: Häufigkeit von Themen in den Geschichten der Probanden zu Tafel 13MF

Pb-Nr.	1	2	3	4	5	6	7	8	9	10	11	12	13	Σ
Beziehung Mann-Frau		+	+	+	+	+	+	+	+	+	+	+	+	12*
Sexualität		+	+				−				a		a	5
Liebe		−										+		2*
Konflikt, Streit		−				+								2*
Straftat gegen andere Person					+	+	+		+	+	+		+	7
Krankheit								+						1*
Tod					+		+		+	+	+	+	+	7
Aggression						+	+							2*
Enttäuschung, Trauer			+			+					+		+	4
Unsicherheit, Verwirrtheit	+					+			+	+	+		+	6
Schuld, Scham					+				+	+				3*

− bedeutet: thematisiert in Negation; a bedeutet: angedeutet; * p<0,05

Der Bereich der Sexualität in der Partnerschaft wird fünfmal berührt. Zwei Personen sprechen die sexuelle Beziehung zwischen Mann und Frau direkt an. Zwei weitere deuten sie durch das Ambiente eines Schlafzimmers oder durch Fremdgehen des Protagonisten an. Einer thematisiert Sexualität in der Negation. Acht befassen sich in ihren Erzählungen mit Krankheit (n=1) oder Tod (n=7) der Partnerin.

An Gefühlen überwiegen Unsicherheit und Verwirrtheit (n=6), einige (n=4) äußern Enttäuschung und Trauer, und nur wenige (n=2) Aggression. Schuld- und Schamgefühle tauchen in drei Erzählungen auf.

Die geringe Häufigkeit von Aggression, Schuld und Scham in den Geschichten der Untersuchungsgruppe ist statistisch signifikant (p≤0,05).

Zentrale Problematik (latente Ebene)

Zu Tafel 13MF lassen sich folgende Foki formulieren:

Pb 1:   Auf Beziehungsgeschichten zwischen Männern und Frauen mag ich mich nicht einlassen; es gibt keine Unterschiede.

Pb 2:   Die Sexualität mit meiner Frau ist für sie enttäuschend; ich will damit nichts mehr zu tun haben, um meine Ehe zu retten.

Pb 3: Ich möchte es einer Frau recht machen, damit sie sich mir zuwendet.

Pb 4: Ich schäme mich dafür, was ich der Frau angetan habe; aber ich kann und muß nichts mehr sehen.

Pb 5: Ich bin sauer, wenn ich an meine Straftat erinnert werde; ich werde mich aber keinesfalls auf Beziehungskonflikte einlassen.

Pb 6: Auseinandersetzungen zwischen Mann und Frau führen bei mir zu mörderischer Aggression; anschließend bin ich enttäuscht und mir selbst fremd.

Pb 7: Ich bin verantwortlich für das Wohlergehen der Frau und froh, wenn das endlich eintrifft; ich muß nur lange genug warten.

Pb 8: Ich will die Probleme nicht sehen; und sollte ich einer Frau etwas angetan haben, weiß ich nicht, was ich jetzt machen soll.

Pb 9: Beziehungskonflikte will ich nicht sehen; ich habe eine Mordswut auf die Frau, aber ich schäme mich für das, was ich getan habe; ich muß rasch aus der Angelegenheit herauskommen und ergreife die Flucht.

Pb 10: Es gibt keine direkte Beziehung zwischen einer Frau und mir; ich hasse sie und bringe sie um und bin anschließend verzweifelt.

Pb 11: Mich macht es fertig, daß die Beziehung zwischen einer Frau und mir tot ist; am besten komme ich darüber hinweg, wenn ich andere Leute treffe und mich ablenken lasse.

Pb 12: Ich habe Angst vor zu engen Beziehungen zu Frauen; nur durch Beziehungswechsel schaffe ich mir ein Gefühl von Freiheit.

Pb 13: Mit meinen Wünschen und Ängsten in Beziehungen zu Frauen kann ich nicht anders umgehen als mit Gewalt.

Eine Übersicht zu Ähnlichkeiten der Foki von Tafel 13MF enthält Tabelle 48.

Tabelle 48: Gemeinsame Thematik der Foki bei Tafel 13MF

Pb-Nr.	1	2	3	4	5	6	7	8	9	10	11	12	13	Σ
Beziehungsproblematik	+	+	+	+	+	+	+	+	+	+	+	+	+	13*
Rückzug / Flucht	+	+		+	+		+	+	+		+	+		9
Aggression						+		+	+				+	4

*p<0,05

Als zentraler psychodynamischer Konflikt stellt sich statistisch signifikant bei allen Probanden eine Beziehungsproblematik heraus ($p \leq 0,05$). Den Foki gemeinsam ist ein Nichteinlassen auf eine konflikthafte Partnerbeziehung. Differenzen werden nicht ausgehalten und führen entweder zu Versuchen von (passivem) Rückzug oder Flucht beziehungsweise zu (mörderischer) Aggression.

Abwehrmechanismen

In welcher Form versucht wird, die in der Partnerschaft bestehenden Konflikte abzuwehren, ist in der Übersicht von Tabelle 49 zusammengefaßt.

Tabelle 49: Häufigste Abwehrmechanismen bei Tafel 13MF

Pb-Nr.	1	2	3	4	5	6	7	8	9	10	11	12	13	Σ
Verleugnung	+		+	+	+	+	+	+	+	+	+	+	+	12*
Verkehrung ins Gegenteil		+			+	+				+	+	+	+	7
Wendung gegen die eigene Person		+	+	+	+	+				+	+	+	+	9
Regression		+		+				+	+		+			5
Projektion		+										+		2*
Verneinung							+							1*

*$p < 0,05$

In statistisch signifikanter Form thematisieren zwölf Probanden die durch die Tafel nahegelegten Partnerschaftskonflikte nicht oder formulieren sie sehr vage ($p \leq 0,05$). Die meisten (n=9) wehren einen möglichen Konflikt durch Wendung gegen die eigene Person ab, indem sie sich selbst leiden machen. Hiermit eng verknüpft ist der Abwehrmechanismus der Verkehrung ins Gegenteil, welcher bei sieben Probanden anzutreffen ist. Mit regressiven Tendenzen reagieren fünf Probanden, indem sie die Flucht ergreifen, sich von der Realität zurückziehen oder sich Gefühlen von Trauer und Verlassenheit hingeben. Projektive Mechanismen werden signifikant nur zweimal eingesetzt ($p \leq 0,05$). Hierbei wird eine ödipale Problematik angedeutet, indem ein Dritter (ein Kollege oder Freund) in die Geschichte eintritt oder der Protagonist ›fremdgeht‹. Diese ödipale Thematik wird dann jedoch fallengelassen und projektiv umgewandelt. Das Ergebnis ist, daß es nun der andere ist, der noch liebt, enttäuscht ist oder verlassen kann. Den Abwehrmechanismus der Verneinung verwendet ein Proband hinsichtlich einer sexuellen Problematik, die in Krankheit der Frau gewandelt wird. Auch dieses Ergebnis ist signifikant ($p \leq 0,05$).

Objektbeziehungen

Die Analyse der Objektbeziehungen und der Beziehungsstrukturen in den Erzählungen zu Tafel 13MF ist schematisch in Tabelle 50 enthalten.

Tabelle 50: Objektbeziehungen und Beziehungsstruktur bei Tafel 13MF

Pb-Nr.	1	2	3	4	5	6	7	8	9	10	11	12	13	Σ
Direkte Beziehungsaufnahme Protagonisten														0*
Abhängigkeit Frau vom Mann	+						+					+		3*
Unabhängigkeit Frau vom Mann	+	+												2*
Abhängigkeit Mann von Frau	+	+					+					+	+	5
Unabhängigkeit Mann von Frau	+										+	+	+	4
›Opferstatus‹ des Mannes	+	+		+	+	+	+	+	+					8
›Täterstatus‹ des Mannes	+	+	+	+	+	+	+		+			+	+	10*

*p<0,05

Statistisch signifikant ist, daß eine direkte Beziehungsaufnahme zwischen den Partnern von keinem der Untersuchungsgruppe beschrieben wird (p≤ 0,05). Die Bedürfnisse der Partnerin werden – wenn überhaupt – nur in allgemeiner Form zum Ausdruck gebracht. »Die Frau schläft« (Pb 2, 10), »sie liebt ihn« (Pb 12) oder »sie kann ihn verlassen« (Pb 13). In diesen Fällen, in denen die Frau als handelndes Subjekt auftaucht, reagiert der männliche Protagonist mit Enttäuschung (Pb 2), Haß (Pb 10), Flucht (Pb 12) oder Mord (Pb 13).

In der Beziehung zu einer Frau beschreiben sich die Probanden (n=8) einerseits als passiv im Sinne eines ›Opfers‹, mit dem etwas geschieht, »der nicht weiß, was er machen soll«, dem »sowas vorgesetzt wird« oder dem »die Frau eine zweite Chance geben will«. Andererseits treten sie in signifikanter Form als handelndes Subjekt im Sinne eines ›Täters‹ auf (n=10). Der Mann »schläft mit der Frau«, »er pflegt sie«, »er hat sie gemordet« oder »er geht fremd«.

Das Gefühl der Abhängigkeit von einer Frau bringen fünf Probanden zum Ausdruck. Es bestehen Ängste vor dem Alleinsein oder dem Verlassenwerden. Die Freiheit des Mannes muß betont werden, oder es wird als Aufgabe gesehen die Frau zu befriedigen. Auch hierin drückt sich Abhängigkeit in Gestalt der Zufriedenheit der Frau aus.

Vier Probanden beschreiben den Mann als unabhängig von einer Frau: »Er trennt sich« (Pb 12), »er geht fremd« (Pb 13), »er kauft der Frau einen Vibrator« (Pb 2) oder »er trifft andere Leute« (Pb 11). Die Freiheit, die darin zum Ausdruck gebracht werden soll, kann allerdings nicht als Ergebnis einer reifen Auseinandersetzung innerhalb einer konflikthaften Partnerschaft betrachtet werden, sondern ist als ein Ausweichen vor angedeuteten Schwierigkeiten zu verstehen.

Allgemein ist festzustellen, daß in den Erzählungen zur Tafel 13MF das Bild der Frau eher ›blaß‹ bleibt. Auch die partnerschaftliche Beziehung ist wenig vorstellbar. Die Frau wird vereinzelt (n=3) im Kontext von Abhängigkeit beschrieben. »Sie liebt ihn« oder »sie ist krank und pflegebedürftig«. Ebenfalls vereinzelt (n=2) erscheint sie als unabhängig, indem »sie schläft« oder »sich vom Manne abwendet«. Diese Ergebnisse sind signifikant (p≤0,05).

Sexualität in der Partnerschaft wird fünfmal erwähnt (vgl. Tabelle 47). Diejenigen (n=2), die eine sexuelle Beziehung zwischen Mann und Frau direkt ansprechen, sind unsicher oder sehen sich als Versager. Sie beschreiben die Frau als unbefriedigt und enttäuscht vom Mann, und sie sollte von ihm zufriedengestellt werden.

Zusammenhang der Tafel 13MF mit dem Delikt

Tabelle 51 gibt eine Übersicht über das Thematisieren einer strafbaren Handlung in den abgegebenen Erzählungen zu Tafel 13MF.

Tabelle 51: Thematisieren einer Straftat bei Tafel 13MF

Pb-Nr.	1	2	3	4	5	6	7	8	9	10	11	12	13	Σ
Thematisieren der eigenen Straftat					a				a					2*
Mord				+		+		+	+	+		+		6
Vergewaltigung					+			+	+					3*
Emotionale Betroffenheit				+	+	+		+	+	+				6
Emotionale Entlastung				+	+	+		+	+	+		+		7

a bedeutet: angedeutet; * p<0,05

Bemerkenswert und mit p≤0,05 statistisch signifikant ist zunächst, daß von der Mehrzahl der Probanden (n=11) die eigene Straftat nicht thematisiert wird. In zwei Fällen wird sie angedeutet durch die Selbstzuschreibung:»Ich bin der Vergewaltiger« oder durch Worte, wie:»Nach dem, warum ich hier bin...««

Wenn Straftaten benannt werden, dann handelt es sich in den Erzählungen vor allem um Mord (n=6) und bei signifikant wenigen (n=3) um ein Sexualdelikt (p≤0,05). In diesen Fällen reichen die emotionalen Äußerungen von »gefällt mir net« (Pb 5) und »leid tun« (Pb 8) zu Bestürzung (Pb 4), Enttäuschung (Pb 7) und Scham (Pb 9).

Eine emotionale Entlastung von der benannten Straftat versuchen die Protagonisten zu erreichen, indem die männliche Hauptfigur »nicht weiß, was er getan hat« (Pb 6), »die Tat nicht machen wollte« (Pb 8, 10), »keinen Rat mehr weiß« (Pb 13) oder sich fragt:»Bin ich verrückt« (Pb 9).

Auch wird versucht, Distanz zum Geschehen zu finden, indem man sich die »Augen verdeckt und niemand mehr sehen kann und muß« (Pb 4) oder betont, daß man selbst »nicht mit solcher Armhaltung« dastand (Pb 5).

Zusammenfassung zur Tafel 13MF

Beim Vorlegen der ›Partnerschafts‹-Tafel ist die Untersuchungsgruppe erkennbar bemüht, die Fassung zu bewahren und Distanz zu halten. Der Redefluß ist stokkend. Die wenigsten sind in der Lage, eine im Sinne der Instruktion zusammenhängende Geschichte zu produzieren.

Als zentraler psychodynamischer Konflikt zeigt sich eine Beziehungsproblematik, auf die die Probanden allerdings nicht näher eingehen. Durch Rückzüge, Flucht oder Aggression wird versucht, diesen Schwierigkeiten zu begegnen. Als Abwehrmechanismen werden vor allem Verleugnung, Wendung gegen die eigene Person und Verkehrung ins Gegenteil eingesetzt.

Zwischen Partnern erscheint eine direkte Beziehungsaufnahme nicht vorstellbar. Eine sexuelle Beziehung wird nur vereinzelt erwähnt. In diesen Fällen fällt dem Mann die Aufgabe zu, die Frau zufriedenzustellen. Schwierigkeiten innerhalb der Partnerschaft bleiben vage. Das Geschehen ist ichbezogen, bei dem die Beziehungen einem asymmetrischen Beziehungsmuster folgen. Der Frau wird nur vereinzelt Subjektivität zugewiesen, während der Mann sowohl als aktive als auch als passive Person in Erscheinung tritt.

Das eigene Sexualdelikt wird von den Probanden fast gar nicht thematisiert. Beim Benennen von Straftaten verbalisieren sie ihre emotionale Betroffenheit nur in eingeschränkter Form. Allerdings versuchen alle Probanden, für sich als Täter (emotionale) Entlastung zu finden.

3.4.6 Querschnittanalyse Tafel 16

Formale und inhaltliche Aspekte (manifeste Ebene)

Tabelle 52: Häufigkeit von Themen in den Geschichten der Probanden bei Tafel 16

Pb-Nr.	1	2	3	4	5	6	7	8	9	10	11	12	13	Σ
Arbeit, Wohnen			+	+							+	+		4
Partnerschaft, Ehe, Familie			+	+	+	+					+	+		6
Eigenständigkeit	+	+	+	+	+		+	+			+	+	+	10*
Eigene Straftat					+				+					2*
Therapie	+	+		+	+									4
Zeit	V	Z		Z	+		V				+		V	7
Wünsche	+	+		+										3*
Idylle, Scheinwelt, Harmonie			+	+	+		+		+		+	+	+	8
Unsicherheit, Zweifel	+	+	+		+		+		+	+				7
Aggression, Wut, Haß	+				+								+	3*
Trauer, Enttäuschung					+								+	2*
Hoffnung	−			+							−			3*
Tod			+										+	3*

− bedeutet: in Negation; V, Z bedeuten: Vergangenheit, Zukunft
*p<0,05

Der manifeste Inhalt der meisten Geschichten (n=10) bezieht sich in signifikanter Form auf autonomes bzw. eigenständiges Handeln (p≤0,05). In knapp der Hälfte der Erzählungen (n=6) wird Partnerschaft oder Familie thematisiert. Arbeit beziehungsweise Wohnen wird viermal eingebracht. Vier Probanden sprechen die bevorstehende Therapie an. Signifikant ist, daß sich in lediglich zwei Erzählungen die eigene Straftat, in drei weiteren Geschichten das Thema Tod beziehungsweise Sterben findet (p≤0,05).

Die Mehrzahl der Untersuchten (n=8) ist um idyllische Geschichten bemüht, in denen Harmonie bis hin zum Aufbau einer Scheinwelt betont wird. Konkrete Wünsche finden sich in signifikanter Form vereinzelt (n=3). Überwiegend werden Unsicherheit und Zweifel zum Ausdruck gebracht (n=7). Diese reichen bis hin zur Hoffnungslosigkeit (n=2). Trauer und Enttäuschung finden zweimal Eingang in die Geschichten. Gefühle wie Wut und Haß werden dreimal benannt. Diese Ergebnisse sind statistisch signifikant ($p \leq 0{,}05$).

Zentrale Problematik (latente Ebene)

Bei der Durchsicht der Wortprotokolle fällt auf, daß alle Probanden in ihren Erzählungen an einem ›äußeren Rahmen‹ festhalten. Dabei handelt es sich um aktuelle Anlässe (bevorstehendes Gespräch bei Pb 1, die aktuelle Lebenssituation bei Pb 5) oder alte Geschichten (Pb 13). Einige der Probanden beziehen sich auf ›Bilder‹, die von dem konkreten, leeren Blatt Papier (wie bei Pb 7, 10) über die vorangegangenen Tafeln (Pb 9) bis hin zu festgefügten Bildern von Normalität reichen. Hierbei zentrieren sich die Themen auf Wohnung, Arbeit und dem eines Zuhause mit Ehe oder Familie (Pb 2, 3, 4, 6, 11, 12), oder es wird die Vorstellung einer ›heilen Welt‹ entworfen (Pb 8). Das Festhalten an diesen Rahmen vermittelt den Erzählungen etwas Starres, nahezu Unlebendiges. Weiterhin ist erwähnenswert, daß alle Probanden eine Angst vor ihren eigenen, ›dunklen Seiten‹ und ihre Schwierigkeiten damit umzugehen ausdrücken.

Werden diese Beobachtungen unter psychodynamischer Perspektive als Wunsch und dessen Abwehrseite verstanden, so kann der ›äußere Rahmen‹ als etwas gesehen werden, das den Probanden Sicherheit im Umgang mit ihrer Angst bietet.

Die emotionale Befindlichkeit ist bei den meisten depressiv. Lediglich in zwei Fällen wird versucht, lebensfrohe Gefühle zu äußern (Pb 8, 11). Allerdings stehen diese Geschichten im krassen Gegensatz zur persönlichen Realität und können damit als Wunschbild ebenfalls unter einem Abwehraspekt verstanden werden.

Auch zu dieser Tafel werden Foki gebildet, die folgendermaßen lauten:

Pb 1: Meine Eltern spielen in meinem Leben eine starke Rolle; ich fühle mich ihnen gegenüber unsicher mit einem schlechten Gewissen; ich möchte Vergangenes in unserem Verhältnis ändern; ich möchte angenommen werden und habe Angst vor Zurückweisung.

Pb 2:   Die Zukunft ist für mich ein abstraktes Gemälde; wenn ich an meine Selbständigkeit erinnert werde, bin ich sehr durcheinander; ich weiß nicht, wer ich bin und ob ich es schaffe erwachsen zu werden; meine Wünsche geben mir Halt.

Pb 3:   Ich habe große Probleme mit einer Partnerschaft; ich suche ein Zuhause und Halt in einer festen Beziehung; ich habe Zweifel, ob mein Einsatz wertvoll genug ist.

Pb 4:   Ich bin völlig durcheinander und muß jetzt nur fest glauben, daß alles normal wird.

Pb 5:   Ich bin durcheinander und weiß nicht, wo ich stehe; ich habe Angst vor Nähe und bin enttäuscht, wenn jemand zu mir Distanz hält, denn dann fühle ich mich verlassen.

Pb 6:   Über eine eigene Familie und die Geburt eines Sohnes zeige ich, daß ich ein erwachsener Mann bin.

Pb 7:   Ich bin vorsichtig gegenüber Neuem und greife lieber auf Vertrautes zurück; Vergangenes möchte ich nicht aufgeben.

Pb 8:   Ich tue so, als wüßte ich von keinen Problemen; indem ich am Hellen festhalte, brauche ich mich nicht mit dem Dunklen zu befassen.

Pb 9:   Ich habe wenig Hoffnung, daß sich in meinem Leben etwas ändert; ich fühle mich unfähig, eine Lösung in der Beziehung zu einer Frau herzustellen.

Pb 10:   Ich bin völlig durcheinander und will mich auf nichts einlassen; ich brauche meinen Kopf, damit keine Gefühle aufkommen.

Pb 11:   Ich sehe keinerlei Probleme in meinem äußeren Lebensumfeld; ich habe Angst vor der inneren Veränderung.

Pb 12:   Indem ich an meiner großen Liebe festhalte, kann sie mich auch nicht verlassen; was sie mir angetan hat, lasse ich andere Frauen spüren.

Pb 13:   Solange ich Frauen vor dem Abgrund retten kann, bin ich ein ganzer Mann; ich bin nicht schuld, wenn ich abrutsche.

Als zentrales Problem zeigt sich bei allen Probanden ein brüchiges Selbstwertgefühl. Sie sind unsicher, orientierungslos und haltsuchend. In ihrer männlichen Identität erscheinen sie wenig gefestigt.

Abwehrmechanismen

Tabelle 53 enthält eine Übersicht der vorherrschenden Abwehrmechanismen. Diese treten in statistisch signifikanter Form auf (p≤0,05).

Tabelle 53: Häufigste Abwehrmechanismen bei Tafel 16

Pb-Nr.	1	2	3	4	5	6	7	8	9	10	11	12	13	Σ
Verleugnung	+	+	+	+	+	+	+	+	+	+	+		+	12*
Verkehrung ins Gegenteil	+					+					+			3*
Wendung gegen die eigene Person					+			+						2*
Projektion					+						+	+		3*
Isolierung				+										1*
Allmachts-, Ohnmachtsphantasien		+						+						2*
Spaltung							+					+		2*
Entwertung	+													1*

*p<0,05

Bemerkenswert ist, daß bei nahezu allen Probanden die Tendenz zur Verleugnung besteht (n=12). Dieses Ergebnis ist statistisch signifikant (p≤0,05). Weitere Abwehrmechanismen sind die der Verkehrung ins Gegenteil und der Wendung gegen die eigene Person. Auch projektive Mechanismen sind anzutreffen, bei denen eigene negative Anteile auf andere Personen projiziert werden. Des weiteren finden sich Spaltung, Isolierung, Allmachts- und Ohnmachtsphantasien sowie Entwertung, mit deren Hilfe Probanden angstbesetzte Inhalte abwehren.

Objektbeziehungen

Die meisten Erzählungen zur Leertafel beziehen sich auf die eigene Person. Die Tabelle 54 auf der nächsten Seite enthält eine Übersicht zu den Objektbeziehungen, die in den Geschichten zu dieser Tafel abgegeben werden.

Fünf Probanden beziehen konkrete Personen des eigenen Lebensumfelds, wie beispielsweise Eltern oder Freundinnen in ihre Erzählungen mit ein. Weitere sechsmal werden Personen in anonymisierter Form erwähnt, indem beispielsweise vom ›Elternhaus‹, von ›Ehemann/Ehefrau‹ oder von der ›Familie‹ die Rede ist. In zwei Erzählungen erscheinen keine Hinweise auf Personen. Dieses Ergebnis ist statistisch signifikant (p ≤ 0,05). Konflikthafte Beziehungen im Beziehungsbereich werden von acht Probanden angedeutet, wobei es in keinem Fall zu einer, die Beteiligten zufriedenstellenden Problemlösung kommt. Auch hierbei handelt es sich bei einer Irrtumswahrscheinlichkeit von p ≤ 0,05 um ein statistisch signifikantes Resultat.

Tabelle 54: Kategorisierung der Objektbeziehungen bei Tafel 16

Pb-Nr.	1	2	3	4	5	6	7	8	9	10	11	12	13	Σ
Konkrete Personen (z.B. Angehörige)	+				+					+	+	+		5
Anonymisierte Personen		+	+	+		+		+	+					6
Keine Personen							+		+					2*
Angedeutete konflikthafte Beziehung	+	+	+	+	+			+				+	+	8
Konstruktive Problemlösung auf Beziehungsebene														0*

* p < 0,05

Zusammenfassung zur Tafel 16

Die Untersuchungsgruppe bringt in den zur Leertafel abgegebenen Geschichten vor allem ein Bestreben um Normalität zum Ausdruck, wobei nahezu zwei Drittel der Probanden um Harmonie bemüht ist. Konkrete Konflikte werden kaum benannt. Die eigene Straftat findet lediglich zweimal Eingang in den Erzählungen. Auch die bevorstehende Therapie wird von nur wenigen erwähnt. Vorherrschender Abwehrmechanismus ist die Verleugnung.

Im Beziehungsbereich werden Schwierigkeiten angedeutet. Die Mehrzahl der Probanden erwähnt Personen in allgemeiner Weise, ohne diese konkreter zu fassen. Nur knapp die Hälfte bezieht sich in ihren Erzählungen auf Menschen aus dem eigenen Lebensumfeld. Sofern konflikthafte Beziehungen angedeutet sind, findet sich in keinem Fall eine konstruktive, partnerschaftliche Lösung.

In den meisten Geschichten geht es um die eigene Person, die unsicher, orientierungslos oder haltsuchend erscheint. Aus Angst vor dem Sichtbarwerden des eigenen ›Inneren‹ halten die Probanden an Äußerlichkeiten fest, um auf diese Weise Sicherheit zu erlangen.

4 Diskussion

Zentrales Anliegen dieser Untersuchung ist die Klärung der Frage, ob sexuelle Gewalt als Symptom eines zugrunde liegenden Identitätskonflikts aufgefaßt werden kann, welcher in der männlichen Sozialisation angelegt ist. Neuere Publikationen auf dem Gebiete der Sexualdelinquenz stellen heraus, daß Sexualtäter im allgemeinen Personen sind, die weder spezielle Sexualtriebe noch abnorme Persönlichkeitsprofile aufweisen, sondern Männer mit ›normaler‹ männlicher Sozialisation. Sie sind in einem gesellschaftlichen Umfeld aufgewachsen, zu dem traditionelle Elemente der patriarchalen Kultur gehören. Hierzu zählen eine männliche Gewaltkultur sowie frauenfeindliche Einstellungen *(Harten, 1995)*. Ausgehend von der Annahme, daß (sexuelle) Gewalt eine Form zur Bewältigung einer Identitätsproblematik darstellt, bei der ›weibliche‹ identifikatorische Anteile und männliche Sozialisation scheinbar unvereinbar sind und zu erheblichen Verunsicherungen in der männlichen Identität führen, müßten sich diese Schwierigkeiten in Vorstellungen zeigen, die Sexualtäter von ihrer eigenen Person haben. So besteht ein wesentlicher Teil dieser empirischen Untersuchung in der Frage nach dem Selbstbild von Vergewaltigern. Die vorhandenen Thesen über Selbstwert- und Beziehungsprobleme von Sexualtätern sollen überprüft und bestätigt oder zurückgewiesen werden.

Die Vorstellung, die jemand von sich hat, spiegelt immer auch die Stellung der Person in ihrer spezifischen Lebenswelt wider. Also sind auch die Vorstellungen der Vergewaltiger von sich dementsprechend in ihrem sozialen Kontext eingebettet. Bilder von Männlichkeit und Weiblichkeit bildeten sich im Laufe ihrer Sozialisation heraus. Früheste Repräsentanten einer ›männlichen‹ und ›weiblichen‹ Welt sind Väter und Mütter. So gilt eine weitere Fragestellung dieser Untersuchung den Vater- und Mutterbildern von Vergewaltigern. Die bestehende These, nach der sexuelle Gewalt mit den in der männlichen Sozialisation angelegten Brüchen und Widersprüchen zusammenhängt, müßte sich demnach auch in den Vorstellungen wiederfinden, die sie von ihren Vätern und Müttern haben. Das bedeutet, daß die Diskrepanz zwischen ihren emotionalen Bedürfnissen einerseits und den normativen Aspekten von Männlichkeit andererseits in ihren Vater- und Mutterbildern als Repräsentanten der ›männlichen‹ und ›weiblichen‹ Welt erkennbar sein müßte. Aufgrund dieses Spannungsfeldes wird vermutet, daß Sexualtäter Schwierigkeiten haben, sich von ihrer Mutter abzulösen, weil sie ihre tiefe, unbewußte Bindung an die Mutter verleugnen. Es wird ebenfalls angenommen, daß der Vater als positive Identifikationsfigur, als Vorbild für eine, die ›männlichen‹ und ›weiblichen‹ Anteile integrierende Persönlichkeit nicht zur Verfügung stand und statt dessen gesellschaftlich vorgegebene Männlichkeitsmuster einen zentralen Stellenwert erhalten.

Die Untersuchungspopulation

Die Untersuchung wurde an 84 rechtskräftig verurteilten Sexualtätern durchgeführt. Bei den ihnen angelasteten Straftatbeständen handelt es sich um Vergewaltigungen und sexuelle Nötigungen entsprechend den §§ 177 und 178 StGB. Die Untersuchungsgruppe umfaßt einen Personenkreis, der sich freiwillig um eine intramurale Therapie auf einer sozialtherapeutischen Abteilung beworben hatte.

Ihre Altersstruktur zum Zeitpunkt der Untersuchung spiegelt die Aufnahmekriterien der Therapieabteilung wider, sollte also weniger als Altersverteilung für Sexualtäter gesehen werden. So hat *Schmitt (1996)* eine Untersuchung in Rheinland-Pfalz durchgeführt, bei der er inhaftierte Sexualtäter mit Strafgefangenen insgesamt verglich. Er konnte bei der Deliktstruktur keine signifikanten Unterschiede zwischen den Altersgruppen feststellen. Trotz dieser Befunde und der eingeschränkten Aussagekraft der Altersverteilung der Untersuchungsgruppe gibt es in der Literatur zahlreiche Angaben zur Altersstruktur von Sexualtätern, die strafrechtlich in Erscheinung traten und deren Delikte unter Einsatz von Gewalt erfolgten (vgl. u. a. *Schorsch, 1971; Berner & Karlick-Bolten, 1986; Speier, 1990; Rehder, 1990; Warren et al., 1991*). Wenngleich sich einige der Erhebungen auf das Alter zum Tatzeitpunkt beziehen (u. a. *Rehder, 1990*), andere das Alter zum Untersuchungszeitpunkt ermitteln (u. a. *Speier, 1990*), wird die Altersspanne bei Vergewaltigern zwischen etwa 20 bis 55 Jahren, bei einem Durchschnittsalter von zirka 30 Jahren, angegeben. *Schorsch (1971)* stellt fest, daß Vergewaltigungen jenseits von 35 Jahren eher selten seien. Dem entspricht auch die Altersverteilung der Untersuchungspopulation, nach der zirka 85 Prozent der untersuchten Sexualtäter unter 35 Jahre sind.

Berner & Karlick-Bolten (1986) sehen als kritische Variable für Vergewaltigungstäter allerdings nicht so sehr das Alter, sondern den unverheirateten Status (a.a.O., zit. nach *McNamara & Sagarin*). Der Familienstand ist in unserem Kulturkreis ein – wenn auch formales – Kriterium für Beziehungsfähigkeit. So interessierte er auch bei der Untersuchungsgruppe. Ihre hohe Quote Lediger von über 60 Prozent ist ein Hinweis dafür, daß Sexualtäter mit Beziehungen und festen Bindungen Schwierigkeiten haben. Das unterstützt ein Vergleich mit der Normalbevölkerung der Bundesrepublik Deutschland. Danach betrug 1985 der Anteil Alleinstehender an der Gesamtbevölkerung 38 Prozent *(Statistisches Bundesamt, 1998)*. Interessant sind verschiedene Untersuchungen zur Sexualdelinquenz, deren Angaben zum Familienstand sich auf den Zeitraum der Straftatbegehung beziehen. Dabei schwankt der Anteil der Sexualtäter, die zur Zeit der Vergewaltigung allein lebten und keine feste Beziehung hatten, zwischen 21 Prozent und 65 Prozent (vgl. u.a. *Schorsch, 1971; Berner & Karlick-Bolten, 1986; Hedlund, 1986; Warren et al., 1991)*.

In den vorgestellten Daten drücken sich allerdings nicht nur die persönliche Problematik von Sexualtätern, sondern auch die Auswirkungen ihrer Inhaftierung auf partnerschaftliche Beziehungen aus. Während 1972 ziemlich genau jede zweite Person in der Bundesrepublik Deutschland verheiratet war und der Anteil Geschiedener an der Gesamtbevölkerung zwischen 1972 und 1996 von zwei Prozent auf vier Prozent stieg *(Statistisches Bundesamt, 1998)*, sind bei der Untersuchungsgruppe lediglich zirka 12 Prozent verheiratet und zirka 27 Prozent geschieden. Die durchschnittliche Haftzeit der Sexualtäter vor dem Untersuchungszeitpunkt betrug immerhin knapp drei Jahre, und es ist davon auszugehen, daß – abgesehen vom Sexualdelikt an sich – auch die unzulänglichen Kontaktmöglichkeiten, die ein Gefängnis für Insassen und deren Angehörige bietet, eine erhebliche Belastung für Beziehungen darstellen. Unterstützt wird diese Annahme durch Daten aus dem Maßregelvollzug, der mit seiner unbestimmten Aufenthaltsdauer für Straftäter im besonderen Maße zu Belastungen im persönlichen und familiären Bereich beiträgt. So hat *Speier (1990)* bei im Maßregelvollzug untergebrachten Sexualtätern einen Anteil Alleinstehender von zirka 95 Prozent ermittelt. Und *Schmitt (1996)* kann keinen statistisch signifikanten Unterschied zwischen Familienstand und verschiedenen Deliktgruppen erkennen, was bedeute, daß »die Ledigen, wegen Sexualstraftaten Inhaftierten nicht häufiger Vergewaltiger sind, als dies ihrem prozentualen Anteil an dieser Gefangenengruppe zukommt« (a.a.O., S. 15).

Weitere Hinweise auf Lebensumstände von Sexualtätern geben der Status ihrer Geburt und die Familiensituation, in der sie aufgewachsen sind. Immerhin nahezu 80 Prozent der Untersuchungsgruppe sind ehelich geboren. Ähnliche Angaben macht *Müller-Küppers (1991)* in einer Studie über (jugendliche) Sexualtäter, wohingegen *Schorsch (1971)* in seiner Stichprobe 93 Prozent ehelich Geborene und 7 Prozent nicht-ehelich Geborene ermittelt. An diesen Daten, zwischen denen 20 Jahre liegen, zeigt sich der gesellschaftliche Wandel in den familialen Strukturen *(Statistisches Bundesamt, 1998)*. Während in Deutschland die Bereitschaft, sich in jungen Jahren ehelich zu binden, zurückging, stieg die Zahl der nichtehelichen Lebensgemeinschaften erheblich an. Das schlägt sich nicht nur im Geburtsstatus der Kinder nieder, die aus diesen Partnerschaften heraus geboren sind, sondern auch in der Familiensituation, in der sie aufwachsen. Immerhin 75 Prozent der untersuchten Sexualtäter lebten während ihrer ersten Lebensjahre bei mindestens einem Elternteil. *Beier (1995)* ermittelte in einer Auswertung von Gutachtenunterlagen zu Sexualtätern, daß 72 Prozent der begutachteten, sexuell aggressiven Täter im Elternhaus aufgewachsen sind, somit ihr Werdegang »nicht mit ungünstigen Rahmenbedingungen der sozialen Entwicklung erklärt werden kann« (S. 64). Andererseits stellt *Schorsch (1971)* fest, daß in etwa der Hälfte seiner Untersuchungspopulation von begutachteten Vergewaltigern das Elternhaus zerbrochen oder zerrüttet sei, und daß es sich häufig um Zerrüttungen in einer formal fortbestehenden Familie handle. In seiner Stichprobe haben 29 Prozent der Vergewaltiger Erfahrungen mit Heimaufenthalten. Auch bei *Rehder (1990)* waren 30,8 Prozent der untersuchten, aggressiven Sexualdelinquenten im Laufe ihres Heranwachsens in einem Heim untergebracht. Da auch ein Großteil nicht bei den leiblichen Eltern aufgewachsen ist, nimmt der Autor bei mindestens der Hälfte seiner Untersuchungsgruppe Sozialisationsstörungen an. Diese Daten unterscheiden sich deutlich von der Untersuchungspopulation, bei der der überwiegende Teil im Elternhaus aufwuchs und – je nach Lebensphase – nur maximal 9,5 Prozent im Heim untergebracht waren.

Daß die Untersuchungsgruppe trotz dieser formal bestehenden, familiären Situation Belastungen ausgesetzt war, läßt sich am Bildungsstand ablesen. Zirka 76 Prozent von ihnen haben die Volksschule besucht, gegenüber zirka 73 Prozent der bundesdeutschen, männlichen Bevölkerung im Jahre 1978 *(Statistisches Bundesamt, 1998)*. Aber nur etwa sieben Prozent von ihnen haben einen Realschulabschluß, und fast 17 Prozent haben die Sonderschule besucht. Diese Angaben liegen deutlich unter dem Bildungsstand der männlichen Bevölkerung in Deutschland, wonach 1978 zirka 17 Prozent die Realschule beendet und zirka 10 Prozent die Hochschulreife erworben haben *(Statistisches Bundesamt, 1998)*. Zu ähnlichen Ergebnissen kommen verschiedene Autoren, die insgesamt ein geringes Bildungsniveau bei Sexualtätern feststellen (u.a. *Schorsch, 1971; Rehder, 1990; Beier, 1995)*. Allerdings wirft *Rehder (1990)* die Frage auf, ob in unserem Kulturkreis Angehörige der Mittelschicht bei Vergewaltigungsdelikten häufiger auf Bewährung verurteilt werden – und damit nicht in eine Stichprobe eingehen, die sich aus einer Haftpopulation zusammensetzt. In dieser Richtung lassen sich Untersuchungsergebnisse von *Warren et al. (1991)* bei Sexualtätern interpretieren. Danach haben 54 Prozent ihrer Stichprobe einen (G.E.D.-)Abschluß, der ihnen den College-Besuch ermöglicht. Und immerhin 22 Prozent verfügen über einen Hochschulabschluß. Wenngleich diese Daten auf hiesige Verhältnisse nicht uneingeschränkt übertragbar sind (es bestehen soziale, kulturelle und gesellschaftliche Unterschiede), lassen sie doch erkennen, daß Sexualdelikte nicht ausschließlich durch sozial randständige, dissoziale Personen begangen werden.

Die herabgesetzte, individuelle Leistungsfähigkeit des Untersuchungskollektivs läßt sich auch an Daten zur Berufsausbildung ablesen. Nur zira 42 Prozent der Sexualtäter haben eine Lehre erfolgreich abgeschlossen, aber immerhin mehr als die Hälfte von ihnen hat die Lehre entweder vorzeitig abgebrochen oder keine Ausbildung. Wenngleich die eigene Stichprobe ein besseres Ausbildungsniveau hat als Sexualtäter in anderen Untersuchungen (u.a. *Schorsch, 1971; Müller-Küppers, 1991; Beier, 1995)*, liegen die Zahlen dennoch deutlich unter dem Ausbildungsstand der männlichen Bevölkerung in Deutschland. Hier haben 1978 zirka 60 Prozent einen Lehr- und zirka 18 Prozent einen Meister- oder Hochschulabschluß erreicht, während zirka 22 Prozent keinen berufsbildenden Abschluß nachweisen können *(Statistisches Bundesamt, 1998)*. So sind die Daten zur Schul- und Berufsausbildung ein Hinweis, daß die Probanden in ihrem sozialen und familiären Bereich unter Belastungen standen, bei denen sie keine ausreichende Förderung und Unterstützung durch das Umfeld erhielten. Außerdem kann auch das Berufsausbildungsniveau der Untersuchungsgruppe, wie schon bei der Schulbildung erwähnt, ebenfalls ein Indikator dafür sein, daß die Probanden aus einer sozialen Schicht stammen, die nicht über Mittel verfügt, eine Inhaftierung zu umgehen.

Psychische Belastungen können sich im Agieren bis hin zu strafrechtlich relevanten Verhaltensweisen ausdrücken. Psychodynamisch handelt es sich dabei um

Versuche der Entlastung von inneren Konflikten, indem sie in (äußere) Aktionen umgesetzt werden. Neben dem aggressiven oder destruktiven Potential enthalten kriminelle Handlungen auch den Wunsch, auf sich aufmerksam zu machen. Sie können als ein Signal verstanden werden, entdeckt und möglicherweise vor schlimmeren Handlungen geschützt zu werden (u. a. *Blum, 1994; Johnson & Szurek, 1952*). In diesem Sinne sind die Vorstrafen wegen allgemeiner Delikte, die nahezu zwei Drittel der Untersuchungsgruppe aufweist, als frühe Zeichen von intrapsychischen Konflikten zu sehen. Da bei der Datenerhebung auf Strafvollzugsakten zurückgegriffen wurde und dort im allgemeinen Verwarnungen oder Jugendarrest nicht vermerkt sind, ist davon auszugehen, daß die Quote allgemeiner Kriminalität bei der Untersuchungsgruppe sogar noch höher liegt als die ermittelten 63 Prozent. In der Erhebung von *Hedlund (1986)* sind über drei Viertel der befragten Sexualtäter vorbestraft. In weiterer Literatur finden sich Angaben zwischen 40 Prozent und 66 Prozent (vgl. u. a. *Schorsch, 1971; Rehder, 1990*). Ein etwas anderes Bild ergibt sich bei den Daten zu sexuellen Vorstrafen von Sexualtätern. Während sich die Untersuchungsgruppe zu etwa gleichen Teilen aus Erst- und Wiederholungstätern zusammensetzt, schwanken in der Literatur die Angaben zwischen zirka 20 Prozent und zirka 75 Prozent – je nach der erfaßten Stichprobe (vgl. u. a. *Berner & Karlick-Bolten, 1986; Rehder, 1990; Schmitt, 1996*). In einer Studie von *Speier (1990)* befinden sich 75,7 Prozent einschlägig vorbestrafte Probanden. Diese, im Vergleich zum hier untersuchten Kollektiv bedeutend höhere Quote an einschlägiger Vordelinquenz kann mit der Einweisungspraxis in den Maßregelvollzug zusammenhängen. Demgegenüber erwähnt *Hedlund (1986)* in ihrer Unter-suchung 20 Prozent vorbestrafte Sexualtäter. Ihre Studie bezieht sich zwar auf verurteilte Vergewaltiger, aber nicht alle von ihnen befinden sich in Haft. Die unterschiedlichen Angaben zu einschlägigen Vorstrafen von Sexualtätern sind also im Zusammenhang mit der erfaßten Stichprobe zu sehen. Die Daten in dieser Untersuchung spiegeln die Aufnahmekriterien der Therapieabteilung wider, nach denen der verbleibende Strafrest von therapiewilligen Sexualtätern mindestens zwei Jahre betragen sollte. In Frage kamen von daher nur Erst- oder Wiederholungstäter mit entsprechend hohen Haftzeiten. Dieses Kriterium schlägt sich auch darin nieder, daß die unmittelbare Haftzeit vor Aufnahme auf die Sozialtherapeutische Abteilung bei der Untersuchungsgruppe im Mittel fast drei Jahre beträgt.

Ein weiterer Gesichtspunkt, der bei dem Vergleich kriminologischer Daten dieser Untersuchung mit Angaben in der Literatur berücksichtigt werden muß, betrifft die Therapiemotivation von Sexualtätern (vgl. u.a. *Rauchfleisch, 1990; Coleman et al., 1996*). Ihre im allgemeinen geringe Bereitschaft zu persönlicher Veränderung macht sich bei der Untersuchungsgruppe in den Haftzeiten und der Anzahl einschlägiger Vorstrafen bemerkbar. Danach haben die Sexualtäter im Laufe ihres Lebens durchschnittlich knapp fünf Jahre Freiheitsstrafe hinter sich gebracht, bevor sie sich um Aufnahme auf der Therapieabteilung bemühten. Die Hälfte der Untersuchungsgruppe stand bereits mindestens einmal zuvor wegen eines Sexualdelikts vor Gericht. Gerade vor dem Hintergrund präventiver Maßnahmen von Sexualdelikten könnte eine weiterführende Untersuchung zur Therapiemotivation von Vergewaltigern von Interesse sein.

Bei der Untersuchungsgruppe wurden im Kontext der Aufnahmediagnostik Gießen-Tests erhoben. Der Gießen-Test ist als Forschungsinstrument zur Selbst- und Fremdbeurteilung geeignet. Für die hier durchgeführte Untersuchung schätzen die Sexualtäter sich selbst, ihre Mutter und ihren Vater ein. Die Bilder, die dabei entworfen werden, entsprechen nicht unbedingt dem, wie die Elternteile real sind, sondern wie Mutter und Vater vom Sohn wahrgenommen werden. Gegenstand der Untersuchung ist der Erfahrungshintergrund der Konflikte von Sexualtätern, und hierfür ist das subjektive Erleben von Müttern und Vätern bedeutend. Um die so gewonnenen Daten zu ergänzen und zu vertiefen, wurde darüber hinaus innerhalb eines Zeitraumes von zwei Jahren bei allen Neuzugängen auf der Therapieabteilung der Thematische Apperzeptionstest durchgeführt. Damit liegen von 13 der insgesamt 84 Sexualtäter dieser Untersuchung Ergebnisse sowohl im Gießen-Test als auch im Thematischen Apperzeptionstest vor.

Das (negative) Selbstbild

Aus den Ergebnissen geht hervor, daß sich die untersuchten Sexualtäter im Vergleich zur Normalbevölkerung als selbstunsicher und im besonderen Maße als verschlossen erleben. Zu ihrer eigenen Gefühlswelt finden sie nur geringen Zugang. Sie haben ein hohes Bedürfnis nach emotionaler Zuwendung, scheinen aber aufgrund ihrer signifikant starken Hemmungen im Kontaktbereich wenig in der Lage zu sein, diese Wünsche und Sehnsüchte adäquat zufriedenzustellen. Hierzu trägt möglicherweise auch ihre insgesamt negative Selbsteinschätzung bei, denn sie halten sich für unbeliebt und unattraktiv, sie verspüren weder eine soziale Bestätigung noch eine Wertschätzung, sondern haben den Eindruck, in ihrem Umfeld auf Ablehnung zu stoßen. Sie leiden unter dieser Zurückweisung durch die

Umgebung, was sich in ihrer – im Vergleich zur Normalbevölkerung ausgeprägten – depressiven Stimmung bemerkbar macht.

Die erhebliche Selbstunsicherheit der Untersuchten wird auf vielfältige Weise erkennbar. So bemühten sie sich während der Untersuchung mit dem Thematischen Apperzeptionstest, in ihren Erzählungen auf einer deskriptiven Ebene zu bleiben – sie versuchten also, sich am Bildmaterial ›festzuhalten‹ und sich weniger auf einen prozeßhaften Verlauf der Geschichten mit Vergangenheit, Gegenwart und Zukunft einzulassen. Aber auch ihre in den Erzählungen zum Ausdruck kommende Affektlabilität drückt eine Verunsicherung aus. Bestärkt werden diese Erkenntnisse durch die Ergebnisse bei den Selbstbildern des Gießen-Tests. Danach schildern sie sich als unbeständig und wenig zuverlässig, mit einer Neigung zu impulsivem Verhalten. Es ist anzunehmen, daß ihre Umgebung vielfach unter den Folgen dieser Verhaltensweisen zu leiden hat. Das wiederum kann eine negative Resonanz auf die Sexualtäter hervorrufen und eine Ablehnung ihrer Person verstärken. Da sie sich unsicher in Beziehungen fühlen, was insbesondere im Umgang mit auftauchenden Problemen erkennbar wird, ziehen sie sich eher zurück, sind mißtrauisch und verschließen sich gegenüber anderen.

Es ist nicht auszuschließen, daß die Sexualtäter diese grundlegende Haltung auch gegenüber dieser Untersuchung hatten. Das Gefängnis als feindlich erlebte Umwelt verstärkt möglicherweise noch Ängste und Urmißtrauen. Allerdings hatten sie sich freiwillig für die Therapieabteilung entschieden mit dem Anliegen, mehr über sich zu erfahren. Das läßt den Wunsch nach Veränderung und eine Bereitschaft zu größerer Offenheit erkennen, die auch bei der Datenerhebung für die Untersuchung als maßgebend angenommen wird.

Die negative Selbstwahrnehmung der Untersuchungsgruppe mit den dazugehörigen Störungsmustern stimmt mit Darstellungen in fachspezifischen Publikationen überein (vgl. u. a. *Schorsch, 1971; Groth et al., 1977; Hedlund, 1986*) und bestätigt die Annahme, daß Sexualtäter vorwiegend unter Störungen des Selbstwertgefühls und der Beziehungsfähigkeit leiden, welche signifikant von denen einer normalen Population abweichen.

Das Bedürfnis nach Anerkennung und Verständnis

Eine Selbstwertschätzung spiegelt im gewissen Umfang westlich orientierte, kulturelle Werte wider, so zum Beispiel Unabhängigkeit, Überlegenheit oder Entschluß- und Durchsetzungsfähigkeit, die häufig mit ›männlich‹ assoziiert werden, und die eine Anerkennung im sozialen Umfeld gewährleisten *(Babl, 1979)*. Dementsprechend kann Selbstunsicherheit den Wunsch beinhalten, von anderen wahrgenommen zu werden, weil der Austausch mit ihnen zu einem Gefühl von Sicherheit führen kann *(Sandler, 1982)*. Die Mitglieder der Untersuchungsgruppe haben – wie bereits weiter oben beschrieben wurde – wenig Vertrauen zu sich; sie sind unsicher, zweifelnd und auf der Suche nach Halt und Orientierung. Beziehungen erleben sie als verunsichernd, obwohl sie Personen benötigen, die ihnen Interesse und Anerkennung entgegenbringen. In den Vater- und Mutterbildern werden diese Bedürfnisse nach einer verständnisvollen Beziehung erkennbar, nach einem helfenden und bestätigenden mütterlichen bzw. väterlichen Objekt.

In diese Richtung weisen die *dyadischen Beziehungsmuster*, die in Geschichten zum Thematischen Apperzeptionstest enthalten sind. Vater bzw. Mutter ist im signifikanten Ausmaß auf den Sohn bezogen und führt kein Eigenleben, sondern wird mehr in der Rolle gesehen, auf Gefühle oder Verhaltensweisen des Sohnes zu reagieren. Vor allem gegenüber Müttern kommt diese Beziehungskonstellation zum Ausdruck: Mutter und Sohn werden wie ein Paar geschildert. Es geht dabei weniger um eine ödipale Thematik, sondern um narzißtische Komponenten des Selbst. Das bedeutet, daß mit Hilfe von Zweierbeziehungen eine Illusion der Einzigartigkeit geschaffen wird. Die andere ist nur für den Sohn da und keine von ihm unabhängige Person mit eigenen Bedürfnissen. In der Fachliteratur wird darauf hingewiesen, daß insbesondere bei dissozialen Personen mit schwachem Selbstwertgefühl Bezugspersonen als Selbstobjekte dienen (u. a. *Rauchfleisch, 1986*). Diese haben die Funktion, das brüchige, narzißtische Gleichgewicht zu stabilisieren.

Weitere Hinweise zur Selbstwertproblematik der Untersuchungsgruppe enthalten die Ergebnisse im Gießen-Test. Sowohl in den Selbst- als auch in den Fremdbildern fällt die starke Betonung von Verschlossenheit und Mißtrauen im Kontaktbereich auf. Nach Erkenntnissen aus der Fachliteratur manifestieren sich in diesen Fällen schwere Kontaktstörungen, die sich aus Erfahrungen mit frühen Objektbeziehungen entwickeln können *(Beckmann & Richter, 1979)*. Die hier untersuchten Sexualtäter nehmen sowohl sich als auch ihre Mütter und Väter als äußerst unzugänglich wahr. Es kennzeichnet eine Familienatmosphäre, in der ein grundlegendes Vertrauen in andere Menschen fehlt. Dahinter kann eine Befürchtung stehen, von anderen ausgenutzt oder möglicherweise auch bloßgestellt zu werden. Offenbar hält jeder seine Bedürfnisse an die andere Person zurück, und es gibt wenig Bezug zueinander. Anstatt aufgeschlossen bei Kontakten zu sein, besteht eher die Grundeinstellung zur Vorsicht und wenig von sich preiszugeben. Vor allem gegenüber dem Vater fühlt sich die Untersuchungsgruppe unsicher und empfindet eine größere psychische Distanz als zur Mutter.

Man kann sich nun fragen, wie die geschilderten Kontaktstörungen mit den Beziehungsmustern der Untersuchten zusammenhängen. Die Ergebnisse zeigen, daß die Untersuchungsgruppe kein Gefühl von Sicherheit im Umgang mit anderen Menschen besitzt und ihre Objektbeziehungen unbefriedigend sind. Aus der Forschung zu klinischen Fragestellungen (u. a. *Sandler & Freud, 1989*) ist bekannt, daß sich Menschen in eine innere Welt ihrer Seele zurückziehen, wenn die äußere unerträglich erscheint, oder zu Tagträumereien neigen, um unangenehmen Erlebnissen auszuweichen. Überträgt man nun diese Kenntnisse auf die Sexualtäter, so können sich in ihren geschilderten Beziehungsmustern Wunschvorstellungen ausdrücken, auf die sie zurückgreifen, weil sie sich selbst einsam fühlen. Ihre eigene, ausgeprägte Veschlossenheit gibt Hinweise auf eine innerseelische und zwischenmenschliche Isolation. Die Schilderungen von dyadischen Beziehungen enthalten Sehnsüchte nach Kontakt und Anerkennung, denn dabei wird auf Beziehungsmuster zurückgegriffen, die vertraut erscheinen, und mit denen möglicherweise bereits zufriedenstellende Erfahrungen gemacht werden konnten: Die Dyade enthält die Illusion der Einzigartigkeit – wie sie in einer frühen Mutter-Kind-Beziehung erfahrbar ist. Objektbeziehungstheoretiker sehen als zentrales Agens libidinösen Strebens die Suche nach zwischenmenschlichen Beziehungen (u. a. *Sutherland, 1980*). Darin enthalten ist der Wunsch nach Geliebtwerden und nach (Selbst-) Bestätigung – so wie es bei der Untersuchungsgruppe erkennbar ist. Und das bedeutet ebenfalls: der Wunsch nach Kontakt zu Personen und eine Abhängigkeit von ihrer Anerkennung.

Das Bedürfnis nach einem unterstützenden, verständnisvollen Objekt wird auch im *Umgang mit Schwierigkeiten* deutlich. Bei der Untersuchungsgruppe sind erheblich regressive Tendenzen zu beobachten, die sich über Vorstellungen von Harmonie und dem Ausweichen vor Verantwortung ausdrücken. Generell fällt ihr Bemühen auf, Konflikte möglichst zu vermeiden und schwierigen Situationen aus dem Wege zu gehen. Es ist ein Verhalten, das in der Literatur als häufig anzutreffendes Phänomen bei Sexualdelinquenten beschrieben wird (vgl. u. a. *Judith, 1995*). Um sich Schwierigkeiten nicht stellen zu müssen, dient insbesondere der Mechanismus der Verleugnung. Diese Form der Abwehr äußert sich bei den untersuchten Sexualtätern darin, daß Probleme nicht wahrgenommen werden und statt dessen versucht wird, harmonische Geschichten zu produzieren, um damit eine Sehnsucht nach einer konfliktfreien Umwelt auszudrücken. Als weitere Möglichkeit mit Schwierigkeiten umzugehen, bedient sich die Untersuchungsgruppe projektiver Mechanismen: Eigene Anteile, die bei sich selbst abgelehnt werden, werden außerhalb des Selbst lokalisiert. Indem anderen Personen diese negativen Eigenschaften zugeschrieben werden, lassen sie sich dort auch kritisieren oder bekämpfen. Die eigene Person scheint dann zumindest von diesen unerwünschten Persönlichkeitsanteilen befreit zu sein, die nun nur noch bei anderen Menschen bestehen.

Geht es bei auftauchenden Schwierigkeiten um Unterstützung von außen, so zeigen sich in den Untersuchungsergebnissen bemerkenswerte, geschlechtsspezifische Unterschiede. Die Sexualtäter gestehen vorrangig Vätern die Fähigkeit zur aktiven Hilfestellung bei Problemen zu. Im Hinblick auf die Mütter findet sich entweder gar keine Lösung oder Schwierigkeiten werden auf zudeckende und harmonisierende Weise ›bewältigt‹. Eine Erklärung dieser Unterschiede geben Erkenntnisse aus der Sozialforschung: In unserer Gesellschaft ist die geschlechtsspezifische Arbeitsteilung eines der zentralen Strukturelemente, wonach Väter der Außenwelt zugeordnet werden, während Mütter als zuständig für den (familiären) Innenbereich gelten. Damit erhalten Väter die Kompetenz, realitätsbezogene Unterstützung zu geben, während Mütter mit Gefühlen wie Geborgenheit, aber auch Enge, und regressiven Sehnsüchten nach Harmonie assoziiert werden. Wie den Ergebnissen zu entnehmen ist, hat die Untersuchungsgruppe diese geschlechtsbezogenen Rollenzuweisungen verinnerlicht, wobei sich allerdings der Ausprägungsgrad ihrer Einstellung signifikant von dem ›normal‹ sozialisierter Personen unterscheidet. Auf die Bedeutung sozialisatorischer Einflüsse für die Geschlechtsidentitätsentwicklung wird zu einem späteren Zeitpunkt näher eingegangen.

Anerkannt zu werden als der Mensch, der man ist, und in seinem ›So-Sein‹ respektiert zu werden, ist Inhalt zwischenmenschlicher Beziehungen. *Emotionen* in ihrer verbindenden und trennenden Funktion spielen dabei eine nicht unerhebliche Rolle. Was den Gefühlsbereich betrifft, spiegeln die Untersuchungsergebnisse eine familiäre Atmosphäre wider, in der Väter wie Mütter emotional wenig erreichbar und statt dessen extrem verschlossen und mißtrauisch sind – Eigenschaften, die die Untersuchungsgruppe auch bei sich selbst wahrnimmt, und in denen sie sich signifikant von der Normalbevölkerung unterscheidet. Während man sich einerseits zum Vater emotional näher hingezogen fühlt, ist er andererseits emotional noch weniger ansprechbar als die Mutter. Darauf verweisen die Antwortmuster beim Gießen-Test. Hierin kann sich eine Erfahrung niederschlagen, die mit gesellschaftsstrukturellen Faktoren zusammenhängt. Es sind im allgemeinen Mütter und Frauen, die den Alltag mit Kindern teilen und dadurch für diese stärker erlebbar werden. Im Unterschied dazu sind Väter häufig nur abends und an Wochenenden zu Hause oder beispielsweise bei Schichtdienst nur unregelmäßig ansprechbar. Auf Auswirkungen dieser ›Unerreichbarkeit‹ des Vaters wird in der Entwicklungspsychologie zunehmend hingewiesen (u. a. *Schmauch, 1993*). Da der Vater im Alltag wenig präsent sei, erscheine er dem Kind in partieller Anwesenheit als allmächtig. Teils werde er idealisiert, teils verkörpere er eine Strafgewalt. Einerseits werde eine verständnisvolle Nähe zum Vater gewünscht, andererseits sei diese Nähe häufig mit Angst verbunden: Die Vorstellung eines Vaters, der Macht hat, bedeutet auch, daß man ihm hilflos ausgeliefert sein könnte und daß man dementsprechend vor ihm Angst haben muß. Daß diese Beziehungskonstellation auf die Untersuchungsgruppe zutrifft, wird in einem auffälligen Antagonismus zwischen den Vater- und Selbstbildern erkennbar: Während der Vater dazu neigt, seinen Ärger irgendwie abzureagieren, erlebt sich der Sohn als ängstlich und bedrückt. Angesprochen werden diese Gefühle allerdings eher gegenüber der Mutter als in der Beziehung zum Vater, wo das emotionale Spektrum insgesamt nicht so breit angelegt erscheint.

Auch hierzu bietet die Sozialisationsforschung Erklärungsansätze. Danach werden durch den Sozialisierungsprozeß menschliche Eigenschaften oder Verhaltensweisen zu ›geschlechtstypischen‹ Merkmalen (u. a. *Hyde, 1996*). Dementsprechend werden Gefühle, die als nicht-männlich gelten, bei Männern im Laufe ihrer Sozialisation verschüttet. Hierzu zählen beispielsweise Angst und Verletzbarkeit, die auch bei der Untersuchungsgruppe eher im mütterlichen / weiblichen Kontext festzustellen sind. Im Umgang unter Männern sind es im allgemeinen keine adäquaten Ausdrucksformen, Gefühle dieser Art können untereinander nur schwer zugelassen werden. Dagegen müssen sie in Beziehungen zu Frauen weniger stark abgewehrt werden, weil der Druck, sich als Mann zu beweisen, nicht so stark ist wie unter Männern (u. a. *Böhnisch & Winter, 1994*). Selbst wenn verschiedene Gefühle aufgrund des eigenen, männlichen Rollenverständnisses weniger gezeigt werden, können sie in der Beziehung zu einer Frau zumindest eher wahrgenommen werden als im Umgang mit Männern.

Aggressivität und das Bemühen um Anpassung

Bei Überlegungen zu Emotionen stellt sich die Frage nach den *aggressiven Strebungen*, die im Laufe des Sozialisierungsprozesses bei Jungen gefördert werden und als Stärke oder Durchsetzungsvermögen eine positiv-männliche Wertung erhalten. Bei der Untersuchungsgruppe ist von diesen Eigenschaften wenig zu erkennen. Sie sieht sich als ›normal‹, d.h. eher als geduldig und gefügig und weniger als aggressiv, impulsiv oder eigensinnig, obwohl gerade Aggressivität in Gestalt von Gewalthandlungen eine erhebliche Rolle im Sexualdelikt spielt. In diesem Punkt unterscheiden sich die Ergebnisse der eigenen Untersuchung von denen einer ansonsten durchaus vergleichbaren, an Sexualtätern im Maßregelvollzug durchgeführten Studie (vgl. *Speier, 1990*): Während sich dort die Stichprobe als schwierig und eigensinnig beschreibt, stellt sich das eigene Kollektiv als vergleichsweise gefügiger und unterordnungswilliger dar.

Einflußfaktoren für diese Unterschiede könnten mit dem andersartigen Lebensumfeld der beiden Untersuchungsgruppen erklärt werden. Die Sexualtäter der eigenen Untersuchung sind Strafgefangene und befinden sich auf einer sozialtherapeutischen Abteilung. Mit ihrem Wunsch eine Therapie zu beginnen, haben sie möglicherweise ihren inneren Konfliktdruck an die Therapieabteilung resp. die Therapeuten im Sinne eines Hilfs-Ichs delegiert (u.a. *Beckmann et al., 1991; Richter, 1969*). Ihre Therapiebereitschaft ließe sich als Anpassungswunsch sehen, und ihr Antwortverhalten wäre damit im Sinne sozialer Erwünschtheit und als spezifische psychosoziale Abwehrformation zu interpretieren.

Die Sexualtäter der Studie von *Speier (1990)* stammen dagegen aus einer forensisch-psychiatrischen Klinik. Sie hatten bereits einige therapeutische Angebote während einer durchschnittlichen Verweildauer von knapp drei Jahren erhalten. Das könnte bei ihnen zu größerer Konfliktfähigkeit und zu geringerer Anpassungsbereitschaft gegenüber der Therapie geführt haben. Allerdings stand ihre Untersuchung im unmittelbaren, zeitlichen Zusammenhang mit dem jährlich anfallenden Prognosegutachten *(Speier, 1990)*. Es ist von daher nicht auszuschließen, daß diese Sexualtäter gerade zum Untersuchungszeitpunkt verunsichert waren, was ihre Zukunftsperspektive betraf, und daß sie möglicherweise deshalb ungeduldiges und eigensinniges Verhalten im Selbstbild zum Ausdruck brachten. Auch wird aus der klinischen Praxis berichtet, daß speziell im Maßregelvollzug die allgemeine Dynamik der Anstalt eine Affekt-Eskalation in Gang setzen kann, d.h. Patienten reagieren auf das Klinik-Setting mit einer verstärkten Aggressivität *(Böllinger, 1995).*

Die Anpassungsbemühungen der Untersuchungsgruppe sind aber nicht nur in bezug auf den therapeutischen Rahmen zu sehen. Während die Sexualtäter im Maßregelvollzug als Patienten gelten, die im strafrechtlichen Sinne von ihrer Verantwortung gegenüber dem Tatgeschehen weitgehend freigesprochen wurden, sind die Sexualtäter der eigenen Untersuchung Straftäter, die strafrechtlich gesehen als ›voll schuldfähig‹ gelten. So kann ihr Wunsch nach Normalität im innerseelischen Bereich als ein Versuch verstanden werden, mit ihrer Täterschaft klar zu kommen. Er drückt ein Bemühen aus, den inneren Spannungszustand zwischen den Seiten des Täters und denen des Nichttäters zu lindern und kennzeichnet einen Konflikt, nämlich eine unerträgliche Ambivalenz gegenüber eigenen, aggressiven Impulsen.

Aus der psychoanalytischen Therapieforschung ist bekannt, daß Personen Affekte oder Phantasien benutzen, um deren Gegenteil abzuwehren (u.a. *Reich, 1995).* Überträgt man diesen Gesichtspunkt auf die Untersuchungsergebnisse, so wird die Hilflosigkeit, die die Untersuchungsgruppe bei sich schildert, oder ihre Bereitschaft zur Unterordnung verständlich. Beides sind Möglichkeiten, die eigene (sexuelle) Gewalttätigkeit abzuwehren: Aus Macht und Gewalt werden Ohnmacht und Gefügigkeit. Das Ausmaß der aggressiven Problematik drückt sich außerdem in einer stark depressiven Grundstimmung aus. Sie ist eine spezifische Form von Aggression, nämlich in der Wendung gegen die eigene Person und hat im Selbsterleben der Untersuchungsgruppe eine signifikant größere Rolle als bei der Normalbevölkerung. Verschiedene Forscher (u.a. *Feather, 1979)* stellen Männlichkeit und Depression in einen umgekehrten Zusammenhang, wobei sie das Selbstwertgefühl der Person als intervenierende Variable ansehen. Demnach sind Männer umso depressiver je weniger Möglichkeiten sie haben, sozial anerkannte Verhaltensweisen auszubilden, die ihnen gleichermaßen als Ressourcen für ein positives Selbstwertgefühl dienen. Das bedeutet auf die Untersuchungsgruppe bezogen, daß die bei ihr feststellbaren hohen Depressivitätswerte (sie liegen signifikant höher als in der Normalbevölkerung) mit fehlenden Möglichkeiten für soziale Anerkennung zusammenhängen und sie daher kaum Grundlagen für eine Selbstwertschätzung besitzt.

Orientierungspunkte für Männlichkeit: die Beziehung zum Vater

Für den Prozeß der Selbstfindung, der auch ein Entwicklungsprozeß für Wertschätzung ist, spielen Bezugspersonen eine wichtige Rolle: Bei Jungen dienen insbesondere Väter als Modell für Männlichkeit und geben ihren Söhnen Orientierung und Bestätigung. In welcher Weise das für die Untersuchungsgruppe erfahrbar war und welche Auswirkungen Beziehungen zu Vätern auf die männliche Geschlechtsidentität haben, wird im folgenden diskutiert.

An früherer Stelle wurde auf die generelle Verschlossenheit der Väter, wie sie von der Untersuchungsgruppe beschrieben wird, hingewiesen. Untersucht man nun die Väter nach dem Ausmaß ihrer Kontaktfähigkeit - eine Clusteranalyse bot hierzu den Anhaltspunkt – so ergibt sich ein bemerkenswert differenziertes Bild, auf das sich näher einzugehen lohnt. Die Mehrzahl der Väter erscheint emotional überhaupt nicht zugänglich. Es ist anzunehmen, daß diese Väter nicht nur im allgemeinen Umgang mit Menschen als verschlossen erlebt werden, sondern auch innerhalb der Familie. Es wird also die Erfahrung gemacht, daß diese Väter wenig auf andere Menschen eingehen und auch ihren Söhnen nur unzureichend offenes Interesse und Unterstützung entgegenbringen. In der Literatur wird die Bedeutung einer teilnahmsvollen Gegenwart des Vaters hervorgehoben, aus der heraus Jungen ein gewisses Maß an Selbstwert gewinnen (u. a. *Blos, 1990*). Stark zurückhaltende, eher mißtrauische Väter können danach für Sexualtäter bedeuten, daß sie keine Wertschätzung durch Väter erfahren und ihre Beziehungen nicht von gegenseitiger Anerkennung getragen werden.

Es gibt aber auch eine (kleinere) Anzahl von Vätern, die als etwas weniger verschlossen wahrgenommen wird. Hier sieht sich die Untersuchungsgruppe als grundsätzlich verschieden von ihren Vätern, und es scheint keine Berührungspunkte miteinander zu geben. Die Rollenverteilungen sind auffällig gegenläufig. Zum Teil erscheint der Vater in der Rolle des angepaßten, biederen Bürgers, dem das Bild des mißratenen Sohnes gegenübergestellt wird. Zum Teil wird der Vater aber auch so beschrieben, wie ein Mann den gängigen Vorstellungen entsprechend sein sollte: kontaktfreudig, durchsetzungsfähig, aggressiv, erfolgreich bei Frauen und festgefügt in seinen Maßstäben – und auch hier zeichnet die Untersuchungsgruppe von sich ein einseitiges, negatives Selbstbild mit geringem Selbstvertrauen. Trotz der als relativ aufgeschlossen beschriebenen Väter enthalten die geschilderten Rollenverteilungen bemerkenswert distanzierte Beziehungen. Es ist daher wahrscheinlich, daß sich die Söhne in ihrer Individualität vom Vater nicht ausreichend liebevoll unterstützt fühlen. Während sich die Väter normativen Wertvorstellungen anpassen und auf ihre Weise erfolgreich (d.h. anerkannt) sind, scheinen sie nicht in der Lage zu sein, einem weniger angepaßten Sohn, der seinen eigenen Weg finden möchte, väterliches Wohlwollen entgegen zu bringen. Hierauf wird auch in der Literatur hingewiesen (vgl. u.a. *Cath et al., 1982; Lamb, 1976*). Danach halten insbesondere Väter (und weniger die Mütter) an traditionellen Rollenvorgaben fest und haben festgefügte Vorstellungen von ihren Söhnen, wie diese sein sollen.

Die Untersuchungsergebnisse machen deutlich, daß sich Sexualtäter in ihrem persönlichen Entwicklungsprozeß durch ihre Väter nicht genügend anerkannt sehen und ein Gefühl von Unzulänglichkeit und mangelndem Selbstwert entwickeln. Denn unabhängig von dem, was sie tun, scheint es nicht zu gelingen, die ausreichende, väterliche Aufmerksamkeit zu erhalten, womit es auch wenig erstrebenswert ist, dem Vater nachzueifern. Eine konkurrierende Haltung seitens des Sohnes gegenüber dem Vater gilt allgemein als bedeutsam für die männliche Identitätsentwicklung. Es heißt, Jungen brauchten den Vater zur Orientierung, als Vor-Bild zur Männlichkeit, der sie ermutige, ihn nachzuahmen oder mit ihm zu wetteifern. Aber die von der Untersuchungsgruppe geschilderten Beziehungsmuster zeigen in dieser Hinsicht Schwierigkeiten zwischen Vätern und Söhnen auf. Die Väter werden durchweg als Personen beschrieben, von denen die Söhne wenig Bestätigung auf ihrem individuellen Lebensweg erfahren. Die positive Wertschätzung, die für ein emotionales Wachstum wichtig ist, vermissen die Sexualtäter. Ihr Gefühl von geringer Attraktivität im eigenen Umfeld (und das bedeutet hier: in der Beziehung zum Vater) sowie ihre bedrückte Stimmung weisen darauf hin. Es bleibt das Selbstbild deprimierender Unzulänglichkeit – wie sie es signifikant schildern –, eine dauerhafte Suche nach männlicher (Selbst-) Bestätigung und eine ebenso dauerhafte Abhängigkeit vom Vater, von dem sie diese Anerkennung erhoffen.

Wie gezeigt werden konnte, erscheint der Vater auf einer manifesten Ebene als wenig zugänglich und eher aggressiv-ängstigend. Das Verhältnis zu ihm ist durch Unsicherheit und emotionale Distanz gekennzeichnet. Ein Gesichtspunkt, auf den in der Literatur als spezifische Problematik in der Beziehung zwischen Vätern und Söhnen hingewiesen wird, ist der der *Homosexualität* (u.a. *Blos, 1990; Rauchfleisch, 1993; Schmauch, 1993; Böhnisch & Winter, 1994*). Dabei geht es nicht um

Homosexualität im engeren Sinne, sondern um die Fähigkeit zum empathischen Umgang mit dem gleichen Geschlecht. Indem in unserem Kulturraum Gefühle mit Weiblichkeit assoziiert und demzufolge als nicht-männlich eingestuft und entwertet werden, enthält auch ein einfühlsames Verständnis unter Männern für diese normativ-stigmatisierende Aspekte. Dieser gesellschaftlich verankerte, abwertende Umgang mit Homosexualität und die Angst, als homosexuell zu gelten, erschwert den empathischen Umgang zwischen Vater und Sohn und verhindert eine persönliche Nähe. Dieses wird auch bei der Untersuchungsgruppe deutlich. Ist der Vater emotional stärker zugänglich, so scheint darin eine Gefahr zu liegen, die Vater und Sohn in gegenläufigen Rollenverteilungen − hier der sozial anerkannte Vater, dort der wenig erfolgreiche Sohn − zu bannen suchen. Aber auch gegenüber den als verschlossen charakterisierten Vätern scheinen Söhne auf emotionale Distanz bedacht sein zu müssen. Die in diesen Beziehungen beobachteten, rivalisierenden Aspekte zwischen Vater und Sohn könnten dabei helfen, beide vor allzugroßer Nähe zu schützen.

Dem tendenziell negativen Vaterbild auf der manifesten Ebene steht auf einer weniger bewußten Ebene das einer verständnisvollen Bezugsperson gegenüber, zu der ein Vertrauensverhältnis besteht, deren väterlicher Rat akzeptiert wird, und deren Autorität man sich unterordnet. Das weist auf eine *Idealisierung* hin. Die Bedeutung der Idealisierung des Vaters für die männliche Geschlechtsidentitätsentwicklung ist unbestritten (u. a. *Tyson, 1982; Lerner, 1991b*), aber bei der Untersuchungsgruppe enthält sie eine besondere Dimension. Den Ergebnissen ist zu entnehmen, daß das Bedürfnis der Sexualtäter nach liebevoller Unterstützung durch ihre Väter nur unzureichend befriedigt ist, so daß eine ständige Sehnsucht nach Anerkennung und Aufmerksamkeit bestehen bleibt. In der Adoleszenzforschung findet sich hierfür das Wort ›Vaterhunger‹ *(Blos, 1990)*. Es umschreibt ein Gefühl der Entbehrung innerhalb der Vater-Sohn-Beziehung, und Idealisierungen erhalten dann eine Abwehrfunktion. Sie dienen dazu, den Vater zu entschuldigen, der für seinen Sohn (emotional) nicht genügend zur Verfügung steht. Mit ihrer Hilfe kann der ›gute‹ Vater bewahrt werden, der für das (emotionale) Wachstum seines Sohnes so dringend gebraucht wird. Verdrängt ist die Wut auf einen Vater, der seinen Sohn in dessen männlicher Identitätsfindung nicht ausreichend bestärkt hat. Die Folgen sind Wunschbilder von Vätern, die zwar die Enttäuschung mildern helfen, die aber eine konstruktive Auseinandersetzung mit dem realen Vater erschweren. Eine solche theoriegeleitete Betrachtung trifft sehr gut auf empirische Befunde dieser Untersuchung zu und kann erklären, weshalb in den Ergebnissen ›negative‹ Komponenten in der Beziehung zum Vater, wie beispielsweise konkrete Auseinandersetzungen mit ihm, kaum erscheinen. Die Sexualtäter brauchen den ›guten‹ Vater zur Stabilisierung des fragilen, narzißtischen Gleichgewichts, wenngleich die Beziehung weniger als unterstützend, als vielmehr verunsichernd erlebt wird. Aber mit Hilfe seiner Idealisierung kann die Enttäuschung über ihn abgewehrt und gleichzeitig eine erhöhte Wertschätzung von Männlichkeit ermöglicht werden, an der dann Söhne – aufgrund des gleichen Geschlechts – teilhaben können. So dient den Sexualtätern letztlich das Festhalten an einem idealisierten väterlichen Objekt der Kompensation ihres unsicheren männlichen Selbstwertgefühls.

–

Das Bemühen um Abgrenzung und die Beziehung zur Mutter

Eine weitere Möglichkeit, Anerkennung und Orientierung zu finden, bieten männliche Leitbilder, wie sie das Werte- und Normsystem der patriarchalen Gesellschaft vorgibt. Beim Ausfall väterlicher Orientierungsfiguren erhalten gesellschaftlich vorgegebene Männlichkeitsmuster umso größere Bedeutung. Hierzu gehört, daß in unserem Kulturkreis bei der männlichen Entwicklung die *Abgrenzung* gegenüber dem Nicht-Männlichen betont wird, und die Unterscheidung vom anderen Geschlecht erhält für Männer eine starke Bedeutung. Das erklärt, daß die Untersuchungsgruppe Differenzen in den Beziehungen zu Müttern bewußter wahrnimmt als zu Vätern. Konflikte dienen in diesem Sinne der Abgrenzung gegenüber dem Weiblichen. Es geht dann weniger um konkrete Situationen – so wie die untersuchten Sexualtäter es auch größtenteils bei Andeutungen von Problemen belassen – sondern vorrangig um eine Betonung des Andersseins. Diese Einschätzung wird durch Resultate im Gießen-Test verstärkt: Den Bildern von dominierenden, durchsetzungsfähigen Müttern, die streng und kontrollierend auf die Einhaltung von Regeln pochen und auf Ordnung achten, stehen Selbstbilder der Untersuchungsgruppe in der Rolle unordentlicher und unzuverlässiger Söhne gegenüber. Es ist vorstellbar, daß diese geschilderten Beziehungsmuster zwischen den Beteiligten zu Auseinandersetzungen führen: Die Mütter reagieren auf die bequemen Einstellungen ihrer Söhne mit Vorhaltungen, während die Söhne in trotziger oder gar provozierender Form den mütterlichen Vorschriften begegnen und auf ihre Weise damit für Distanz sorgen. Im beständigen Bemühen um diese Abgrenzung dient somit das erkennbar größere Konfliktpotential zwischen Mutter und Sohn dazu, sich der Tatsache zu versichern, kein ›Muttersöhnchen‹ zu sein.

Weitere und differenzierte Hinweise auf patriarchal verankerte Einstellungsmuster bei Sexualtätern gegenüber Weiblichkeit liefern Ergebnisse einer Clusteranalyse bei den Mutterbildern. Dabei hebt ein Großteil der Untersuchten hervor, daß er sich deutlich von seinen Müttern unterscheidet. Er stellt einem relativ unauffällig-normalen Bild von sich (resp. der Mutter) ein Extrembild der Mutter (resp. von sich) gegenüber. In diesen antagonistischen Beziehungskonstellationen spiegelt sich eine betonte Abgrenzung der Sexualtäter gegenüber ihren Müttern. Jede Seite ist grundsätzlich verschieden von der anderen. Die Bezogenheit besteht darin, daß man das ist, was der/die andere nicht ist. Mit dem Blick auf geschlechtsspezifische Sozialisationsmodelle entsprechen diese Beziehungsmuster einer Männlichkeitskonstruktion, die sich über Negation gegenüber dem Weiblichen definiert. Männlich sein heißt danach: nicht weiblich zu sein – wie es eingangs bereits erwähnt wurde.

Ein Teil der Untersuchten beschreibt aber auch Parallelen zwischen Mutter und Sohn. In diesen Fällen bilden sich zwischen den Beteiligten klassische Rollenstereotypen ab. Die Mütter werden ihrer weiblichen Rolle gemäß als nachgiebig, ordentlich und eher ängstlich beschrieben. Demgegenüber erscheinen die Sexualtäter entweder als potent und unabhängig oder als dominant und sehr verschlossen. Diese Beziehungsmuster enthalten komplementäre Partnerkonstellationen, bei denen Mütter depressiv abhängig von ihren Söhnen sind. Sie erscheinen gefühlsbetonter und ordnen sich unter – Merkmale, die im patriarchalen System Frauen zugewiesen werden. Männlichkeit hieße auch in diesem Zusammenhang, nicht-weibliche Eigenschaften zu haben.

Die Ergebnisse machen deutlich, daß die Beziehungsmuster zwischen Sexualtätern und ihren Müttern in doppelter Hinsicht identitätsstiftende Elemente für Männlichkeit enthalten: zum einen in einer Abgrenzung gegenüber dem Weiblichen, die zum anderen gleichzeitig eine Bezogenheit bedeutet – sie stellt einen Bezug zu dem, was nicht männlich ist, her. Dementsprechend kann die Verbindung zum Mütterlich-Weiblichen nur in einer negativen Form anerkannt werden.

Sandler (1982) bemerkt, daß die Pathologie eines Menschen in Begriffen seiner Objektbeziehungen zu anderen Menschen zu sehen sei. Es ginge dabei um zentrale Beziehungsmuster, die auf den Erhalt von Selbstwert und Sicherheit gerichtet sind. Sie würden zwar ständig modifiziert werden, enthielten aber dennoch einen dauerhaften Kern, der ganz spezifisch für die jeweilige Person sei. So kann angenommen werden, daß sich in den Mutter- und Vaterbildern der Sexualtäter deren zentrale Symptomatik einer Selbstwertstörung ausdrückt. In Beziehungen zu Vätern scheinen sie eine emotionale Anteilnahme an ihrem Wachstumsprozeß, der auch ein Entwicklungsprozeß der geschlechtlichen Identität ist, nicht gefunden zu haben. Die Folge ist eine fehlende Sicherheit sich selbst gegenüber. Damit erlangt das Hervorheben von Unterschieden gegenüber anderen Personen Bedeutung, weil es zu einer Stärkung des Selbstwerts führen kann. Im männlich ausgerichteten Gesellschaftssystem ist die Negation von Weiblichkeit Teil der Geschlechtersozialisation und trägt zur Stabilisierung einer unsicheren, männlichen Identität bei. Hierzu gehört vor allem eine Abgrenzung von Müttern, wobei selbst die partiell bestehende Nähe und Verbindung zu ihnen abgewehrt werden muß.

An dieser Stelle soll noch auf einen weiteren, speziellen Aspekt hingewiesen werden, der besondere Beachtung verdient, wenn es um Abgrenzungsbemühungen der Untersuchungsgruppe geht: die Vorstellung von einer Mutter, die zwar sehr beliebt in ihrem Umfeld, aber kontaktunfähig zu sein scheint. Es kann davon ausgegangen werden, daß die Mütter nicht nur in ihrer Umgebung gegenüber anderen Menschen, sondern auch für die Sexualtäter eine gewisse Anziehungskraft ausstrahlen. Aber gerade dieses Bild einer attraktiven Mutter kann nicht nur Wünsche nach Nähe, sondern auch Gefühle von Angst auslösen. Das kulturell festgeschriebene *Inzest-Tabu* spielt hierbei eine Rolle, und vor diesem Hintergrund läßt sich die Beschreibung verstehen, die die Untersuchungsgruppe von ihren Müttern gibt. Indem sie sie als wenig potent oder liebesfähig schildert, kann die Bedrohung abgewehrt werden, die von der mütterlichen Attraktivität ausgeht. Wie stark die Anziehungskraft ist, wird in den regressiven Sehnsüchten deutlich: der Wunsch nach einer konfliktfreien, harmonischen Umgebung und einer Zwei-Einheit in Beziehungen, der vor allem in den Erzählungen zum Thematischen Apperzeptionstest ausgedrückt wird. So erhält die Abgrenzung gegenüber Müttern eine Abwehrfunktion des inzestuösen Impulses.

Orientierungspunkte für Männlichkeit: soziokulturelle Einflüsse

Bei den Bemühungen um Abgrenzung spielt die Verinnerlichung patriarchaler Normen für Männlichkeit eine Rolle, die im Laufe des Sozialisationsprozesses erworben werden. Hierzu zählen insbesondere eine Außenorientierung sowie hierarchische und polarisierende Beziehungsmuster.

Die *Außenorientierung* der Untersuchungsgruppe wird beispielhaft an ihrem Umgang mit Konflikten deutlich. An früherer Stelle wurde darauf hingewiesen, daß nahezu ausnahmslos im Verhältnis zu Müttern Probleme erwähnt werden und die Beziehungen zu Vätern weniger konfliktbehaftet zu sein scheinen. Im Kontakt zwischen Vätern und Söhnen werden aber Schwierigkeiten thematisiert, die insbesondere den Arbeitsbereich oder Partnerschaftsprobleme betreffen, also außerhalb ihrer unmittelbaren Beziehung bestehen. Diese Form der ›Externalisierung‹ wird in der Fachliteratur als eine der Grundlagen männlicher Sozialisation angesehen und als ›Grundstruktur‹ des männlichen Selbst beschrieben: Männer werden von klein auf in Verhaltensweisen bestärkt, die nach außen gerichtet sind und autonom wirken. Als Resultat dieser geschlechtsspezfischen Sozialisation fehlt häufig der innere Kontakt zu sich oder einer anderen Person, oder der Bezug ist nur schwach ausgeprägt. Das kann dazu führen, daß sie sich leichter über andere hinweg zu setzen scheinen, und die Auswirkungen ihres Handelns auf andere erhalten für sie weniger an Bedeutung. Dieses Nicht-Bezogensein gilt ebenso wie die Externalisierung als Dimension (normaler) männlicher Lebensbewältigung (u. a. *Böhnisch & Winter, 1994*). Beide Mechanismen enthalten eine Nähe zu Gewalt, weil diese mit einer Unterdrückung der eigenen Gefühle beginnt, mit einer gewissen Distanz und Härte gegenüber der eigenen Person gekoppelt ist und sich in ihrer äußeren Erscheinungsform als Nichtwahrnehmen und Nichtrespektieren einer anderen Person manifestiert. In diesem Sinne ist Gewalt ein Ausdruck einer gestörten Beziehung, bei der ein Ungleichgewicht zwischen Menschen hergestellt wird.

Auch bei der Untersuchungsgruppe sind derartige Kontakt- und Beziehungsmuster vorhanden, allerdings in einem signifikant extremen Ausprägungsgrad. Es werden weniger gleichberechtigte Beziehungen aufgenommen, sondern die Kontakte sind narzißtisch geprägt: Ein Austausch von Gefühlen oder eine Schilderung vielfältiger Interaktionen zwischen Partnern findet nicht statt. Da anzunehmen ist, daß nicht nur die Untersuchungsgruppe, sondern auch deren Väter in vergleichbarer Weise ›männlich‹ sozialisiert sind, wird erklärbar, daß Schwierigkeiten innerhalb dieser Beziehungen weniger thematisiert, sondern eher nach außen verlagert werden. Etwas anders sieht das im Verhältnis zu den Müttern aus. Die Probleme, die innerhalb der Beziehung bestehen, treten deutlicher hervor. Das ließe sich mit der ›weiblichen‹ Sozialisation der Mütter erklären, die weniger auf den Außenbereich, sondern stärker nach innen, d. h. beziehungsorientiert ausgerichtet ist. Danach müssen Konflikte weniger stark externalisiert werden, sondern sind eher unter den Beteiligten, also bei Müttern und Söhnen, wahrnehmbar. Offenbar sind die in der Beziehung zur Mutter erworbenen, emotionalen und empathischen Fähigkeiten sowohl durch Defiziterfahrungen im Kontakt zu Vätern (z.B. hinsichtlich des väterlichen Einfühlungsvermögens) als auch durch männliche Sozialisationsbedingungen verschüttet (vgl. *Heiliger & Engelfried, 1995*).

Neben der Außenorientierung gelten *hierarchische Beziehungsstrukturen* als weiterer Teil patriarchal organisierter Sozialisationsmuster. Sie sind bei der Untersuchungsgruppe in den dyadischen Mustern zwischen Mutter bzw. Vater auf der einen Seite und Söhnen auf der anderen Seite enthalten. Zwischen den Beteiligten besteht keine Gleichwertigkeit, sondern eine Asymmetrie, solange ein Teil ohne Eigenleben ausschließlich auf den anderen bezogen ist. Aber ein ausgeprägtes Bewußtsein für Herrschaftsverhältnisse in Beziehungen drückt sich bei der Untersuchungsgruppe vor allem in ihrem Bild von dominierenden und bestimmenden Müttern aus, die sie darüberhinaus im besonderen Maße als kontrollierend, streng und zwanghaft schildert. Die Vorstellung einer mächtigen Mutter wird in der Literatur als Projektionsfläche beschrieben, die (kindlichen) Gefühlen der Machtlosigkeit entstamme. Eigene Wünsche nach Dominanz und Herrschaft werden auf die Mütter projiziert, um auf diese Weise in einer kindlich-abhängigen Position verharren zu können. Indem Gefühle von Ohnmacht und Hilflosigkeit gegenüber dem allmächtigen Objekt betont werden, ist es dann die Mutter, die umklammernd, verschlingend oder beherrschend ist. Einstellungen dieser Art gegenüber dem mütterlichen Objekt treten bei der Untersuchungsgruppe auf, und mit Hilfe des Thematischen Apperzeptionstests ließen sich diese Erkenntnisse vertiefen. Danach befindet sich die Hauptfigur der Geschichten in einer Opferrolle: Es ist der Held, der etwas erdulden oder erleiden muß. Dieses passive Erleben findet insbesondere im Kontext der Beziehung Mutter – Sohn statt. Da sich der Konstruktion des Thematischen Apperzeptionstests entsprechend der Test-Proband mit dem Helden identifiziert, bedeuten diese Ergebnisse, daß sich die untersuchten Sexualtäter vor allem der Mutter ohnmächtig ausgeliefert fühlen. In der Beziehung zu ihr sehen sie sich als hilflos, passiv und handlungsunfähig, und diese Erfahrungen scheinen für sie nicht auflösbar zu sein.

Nach entwicklungspsychologischen Erkenntnissen kommt dem Vater an dieser Stelle besondere Bedeutung zu: Er ist der Dritte im familiären Bunde und sollte sein Kind in dessen Bemühungen zu Wachstum und Individuation unterstützen.

Hierzu gehört die Anerkennung von Verbundenheit und Unterschieden zwischen den Geschlechtern. Aber im speziell patriarchalen Sinne geht es darum, daß sich ein Kind im Laufe seiner Entwicklung aus der Beziehung zur Mutter lösen muß, um eigenständig zu werden. Dem Vater fällt hierbei die Rolle des ›unbelasteten‹ Dritten zu, dessen väterliche Parteinahme für das Kind und Interventionen gegenüber der Mutter erforderlich erscheinen, um es aus einer Abhängigkeitsbeziehung zu befreien. Die in der Gesellschaft vorhandenen Vorstellungen von Vätern, die ihre Macht der mütterlichen Allmacht entgegensetzen müssen, um Kinder aus der umschlingenden Beziehung zu retten, ist auch bei der Untersuchungsgruppe zu beobachten. Sie beschreibt ihre Väter überwiegend als dominant und streng. Versteht man auch dieses Bild als Projektion, so gesteht sie den Vätern Macht und Autorität zu, während sie selbst zunächst hilflos und frei von Verantwortung in der Rolle des Kindes verharrt. Erst der Aufbau einer attraktiven Beziehung zum Vater könnte dann – patriarchalem Verständnis gemäß – ihre Autonomie fördern.

Aber hier erhält eine weitere Dimension des Erlebens der Untersuchungsgruppe signifikante Bedeutung, denn sie schildert ihre Väter nicht nur als autoritär, sondern auch als aggressiv und wenig zugänglich. Es stellt sich die Frage, wie hilfreich diese Väter bei den Bemühungen um Unabhängigkeit erlebt werden. Eine Antwort bieten die Ergebnisse des Thematischen Apperzeptionstests. In den hierzu abgegebenen Geschichten ist der Vater in der Rolle einer helfenden, verständnisvollen Person, an die sich der Protagonist vertrauensvoll wenden kann. Der Held erlebt sich nicht als Opfer väterlicher Allmacht, sondern er betont die väterliche Hilfe und Fürsorge. An dieser Stelle wird eine Diskrepanz in den Vaterbildern deutlich: Während auf der bewußtseinsnahen Ebene (auf die sich der Gießen-Test bezieht) Väter als wenig unterstützend geschildert werden, erscheinen sie auf einer unbewußten Ebene (wie sie der Thematische Apperzeptionstest erfaßt) als hilfreich. In diesen scheinbar widersprüchlichen Wahrnehmungen sind Abwehrtendenzen erkennbar: Das Bild des aggressiven, ängstigenden Vaters wird durch Idealisierungen abgewehrt. Auf diese Weise kann die Vorstellung eines väterlichen ›Befreiers‹ erhalten bleiben, auch wenn der Vater in Wirklichkeit wenig unterstützend bei der ›Rettung‹ erscheint.

Aber welche Bedeutung hat es für die Untersuchungsgruppe, wenn sie sich gegenüber der mütterlichen Macht hilflos ausgeliefert fühlt, die väterliche Macht jedoch als hilfreich anerkennt? Erklärungsansätze bieten Ergebnisse aus der Frauenforschung. Dabei wird auf Einstellungen einer patriarchal organisierten Gesellschaft mit hierarchisch angeordneten Beziehungsmustern verwiesen: Die Herrschaft des Vaters werde benötigt, um sich aus dem mütterlichen Einflußbereich lösen zu können. Damit dient nach Ansicht verschiedener AutorInnen die Vorstellung von mütterlicher Dominanz der Legitimation väterlicher (männlicher) Macht (u.a. *Benjamin, 1990*). Auf die Untersuchungsgruppe bezogen heißt das, daß sich in ihren Vater- und Mutterbildern Vorstellungen über das Geschlechterverhältnis wiederfinden, die im gesellschaftlichen System verankert sind, und die sie in extremer Weise vertritt: Während in der Beziehung zur Mutter (allgemein: gegenüber Frauen) scheinbar unauflösbare Ohnmachtserfahrungen liegen, erscheint die Macht des Vaters (allgemein: des Mannes) als Weg zur Befreiung. Es sind Herrschaftsverhältnisse zwischen den Geschlechtern, bei denen es um Macht und Unterwerfung, nicht jedoch um gegenseitige Anerkennung geht. Da Macht und Gewalt nahe beieinander liegen, kann Gewalt als Möglichkeit zum Erleben von Macht eingesetzt werden – und diese ist eines der Elemente von Vergewaltigungsdelikten. Aus der Sozialforschung ist bekannt, daß Gewalt vor allem bei Männern mit einem geringen Selbstwertgefühl beobachtbar ist. Gewalttätiges Handeln kann bei diesen Personen als Kompensation eines unzulänglichen Selbst dienen, insbesondere wenn andere Kompensationsmöglichkeiten fehlen sollten (u.a. *Babl, 1979*).

Das Gefälle in Beziehungen, verbunden mit fehlender *Wertschätzung* des Gegenübers, wird bei der Untersuchungsgruppe noch auf andere Weise deutlich. Sie sieht die Mütter zwar als machtvoll und beherrschend, aber ebenfalls als ängstlich und gehemmt. Die Beziehung ist von Kontrolle und Abhängigkeit, statt von Respekt geprägt. Das wird an der Beschreibung mütterlichen Verhaltens in konflikthaften Situationen erkennbar: Sie gäbe sich enttäuscht, beleidigt oder stur bei Streitereien. Eine konstruktive Auseinandersetzung mit dem Beziehungskonflikt erscheint nicht vorstellbar, sondern einer von beiden gibt möglicherweise um des ›lieben Friedens‹ willen nach. An dieser Art des Umgangs wird deutlich, daß Gefühle, Kompetenz oder Autorität der Mütter nicht anerkannt werden. Auch die geschlechtsbezogenen Rollenzuweisungen bei der Unterstützung in schwierigen Situationen enthalten eine fehlende Anerkennung der Mütter als gleichwertige Gegenüber: Während die Untersuchungsgruppe konkrete Hilfsangebote von Vätern schildert, nimmt sie bei Müttern eher unspezifische, harmonisierende Problemlösungsmuster wahr. Vorstellungen dieser Art entsprechen gesellschaftlich verankerten Bildern, in denen die Mutter nicht als Subjekt, als sich selbstbehauptende und kompetente Person wahrgenommen wird. Vor allem feministische Forscherinnen weisen darauf hin, daß in derartigen Mutterbildern frauenverachtende Einstellungen des patriarchalen Systems enthalten sind (u. a. *Chodorow, 1985; Benjamin, 1990; Rohde-Dachser, 1991; Metz-Göckel, 1993)*, die demnach als Teil einer ›normalen‹ männlichen Sozialisation betrachtet werden können. Allerdings sind sie bei der Untersuchungsgruppe signifikant ausgeprägt und leisten damit möglicherweise für Sexualtäter einen wichtigen Beitrag zur Abgrenzung von Müttern und zur Stabilisierung ihres Selbstwertgefühls.

Auch in der Beziehung zu Vätern ist bei den untersuchten Sexualtätern ein Ungleichgewicht zwischen Beteiligten erkennbar, aber hier sind sie es, die von Vätern kaum Wertschätzung erfahren. Es wird das Bild eines Vaters vermittelt, an den sich der Sohn hilfesuchend wenden kann, zu dem allerdings keine ebenbürtige Beziehung besteht. Aus der Sozialisationsforschung ist bekannt, daß Jungen bereits sehr früh lernen, Abgrenzungen in Beziehungen zu betonen. Dieses wird vor allem möglich, indem sie lernen, (Geschlechts-) Unterschiede in hierarchisch angeordnete Beziehungsstrukturen zu bringen. Es wurde gezeigt, in welcher Weise die Untersuchungsgruppe asymmetrische (hierarchisierende) Beziehungsmuster verinnerlicht hat und diese Strukturen sowohl in den Mutter- als auch in den Vaterbildern ausdrückt. Das Machtgefälle existiert zwar innerhalb der Beziehungen, scheinbar ›geschlechtsneutral‹, aber es organisiert sich nach dem väterlichen (männlichen) Prinzip: Vater-Sohn-Mutter.

Zur Stabilisierung des Beziehungsgefälles insbesondere zwischen den Geschlechtern, tragen *polarisierende Geschlechtsrollenzuschreibunge*n bei (u. a. *Buchen, 1991)*. Dabei handelt es sich um sexualisierte Rollenzuweisungen, d. h. willkürlich mit dem biologischen Geschlecht verknüpfte Eigenschaften, die wenig Bezug zum inneren Selbst einer Person, aber auch wenig Verbindung zum anderen Geschlecht haben. Zu den Folgen zählt eine Betonung von Unterschieden, ohne (An-) Erkennung des Gegenübers. Bei der Untersuchungsgruppe drückt sich die fehlende Wertschätzung des anderen in den eher entwertenden Tendenzen des Mutterbildes aus. Dagegen ermöglicht es Vater und Sohn, über ihre gemeinsame Teilhabe an Männlichkeit eine gesellschaftlich verankerte Wertschätzung des Mannseins zu erfahren. Dementsprechend enthalten die Vaterbilder der Sexualtäter weniger abwertende, als vielmehr idealisierende Beziehungsanteile.

In den Untersuchungsergebnissen finden sich Polarisierungen beispielsweise in den Vorstellungen eines ›aktiven‹ Vaters oder einer ›passiven‹ Mutter. Es handelt sich dabei um tradierte Rollenstereotype: Problemlösungen durch den Vater (als männlicher Repräsentant) werden mit Aktivität verknüpft, durch die Mutter (als weibliches Bezugsmodell) mit Passivität. Allerdings fällt bei den Ergebnissen auf, daß die Untersuchungsgruppe trotz der eigenen, männlichen Rolle kaum konkrete und aktive Handlungen von sich schildert, wenn es um den persönlichen Umgang mit Problemen geht. Statt dessen beschreibt sie eher ein Verhalten, das dem ihrer Mütter ähnelt: abwartend und wenig in Geschehnisse eingreifend. Das jedoch entspricht nicht typischen Männlichkeitsmustern und führt bei Sexualtätern zu intrapsychischen Spannungen, die sie mit Hilfe gewalttätigen Verhaltens ›neutralisieren‹ müssen. Insbesondere über die Verknüpfung von Gewalt mit Sexualität besteht für sie sodann die Möglichkeit, ihr beschädigtes Selbstwertgefühl zu ›heilen‹.

Das Gefühl ihrer eigenen Minderwertigkeit und Selbstunsicherheit bewältigen Sexualtäter demnach nicht nur u. a. über eine projektive Abwehr (die sich in frauenverachtenden Einstellungen äußert), sondern ebenfalls über eine kompensatorische Überbetonung phallischer Aggressivität. In diesem Sinne erhält das Sexualdelikt die Funktion einer ›Plombe‹ *(Morgenthaler, 1987)*, mit dessen Hilfe der Gefahr von (männlichem) Identitätsverlust begegnet wird. Neben dieser Abwehrfunktion eines drohenden Selbstwertverlusts enthält das Delikt für den Täter auch eine lustvolle Seite, die für ihn wunscherfüllenden Charakter besitzt: dem Beweis seiner Männlichkeit, bei der er Überlegenheit, Geltungsbewußtsein, Härte und Handlungsfreiheit dokumentieren kann.

Die Täter–Opfer–Perspektive und sexuelle Gewalt

Eine Erklärung zu dem eher abwartenden Verhalten der Sexualtäter, wie es aus den Untersuchungsergebnissen hervorgeht, ist in der Straftat selbst zu finden. Die Begriffe ›Täter‹ und ›Opfer‹ werden häufig mit ›aktiv‹ und ›passiv‹ verknüpft: Das Opfer muß passiv etwas erleiden, wohingegen der Täter eine (strafbare) Handlung aktiv begeht. Aus der Begutachtungspraxis ist bekannt, daß das Begehen von Sexualdelikten bei Tätern zu erheblichen Selbstzweifeln führen und zuvor bereits bestehende Selbstunsicherheiten nach der Tat verstärkt werden können (u.a. *Schorsch, 1995)*. Wie schon mehrfach betont, besteht bei den Sexualtätern ein äußerst geringes Selbstwertgefühl. Es wird an ihrer insgesamt negativen Selbsteinschätzung deutlich, bei der sie auch erhebliches Mißtrauen sich selbst gegenüber ausdrücken. Wenn diese Männer also bei Schwierigkeiten eine eher abwartende

Haltung einnehmen und nicht ›aktiv‹ tätig werden, so zeigt sich darin ihre ängstliche und zweifelnde Einstellung gegenüber der eigenen Person.

An dieser Stelle kann man sich fragen, wie die negativen Vorstellungen über die eigene Person verarbeitet werden. Aus der klinischen Arbeit mit Tätern ist bekannt, daß das Begehen von Straftaten, insbesondere wenn sie gegen Leib und Leben eines anderen Menschen gerichtet sind, für Täter traumatisierende Wirkungen haben kann. Es wird dann versucht, das Geschehene zu verleugnen oder in irgendeiner anderen Form zu ›bewältigen‹. Konflikte führen also nicht nur zur Straftat, sondern diese kann auch zu einem intrapsychischen Konflikt führen: der Konfrontation mit sich selbst als Täter. Um sich schwieriger Situationen zu entledigen oder von Konflikten zu befreien, gibt es eine Vielzahl von Möglichkeiten. Auf zwei Formen wurde bereits hingewiesen, mit deren Hilfe die Untersuchungsgruppe psychische Entlastung im Konfliktfall erreicht: verleugnende und projektive Abwehrmechanismen. Als weitere Möglichkeit kann die Verkehrung einer Situation in ihr Gegenteil dienen: Indem eigene Handlungen und Aktivitäten in passiv-abwartendes Verhalten umgedeutet werden, kann intrapsychisch eine Entlastung erfolgen. Auf der objektalen Stufe äußert sich diese Verkehrung in das Gegenteil als Wendung gegen die eigene Person. Es ist dann nicht mehr der Sexualtäter derjenige, der die Tat begangen hat, sondern er wird zu demjenigen, dem etwas widerfährt. Dieses Abwehrmuster wird insbesondere in den Erzählungen zum Thematischen Apperzeptionstest in der Beziehung zur Mutter deutlich. Damit erhält die weiter oben beschriebene, mütterliche Macht eine weitere Dimension: Sie ist nicht nur ein Thema bei der Legitimierung männlicher Herrschaft, sondern hat eine spezifische Bedeutung im Kontext des Sexualdeliktes. Da die Mutter nicht nur Mutter als solche, sondern auch eine Metapher für Weiblichkeit und Frausein ist *(Buchholz, 1993)*, erscheint auch in den Mutterbildern der Untersuchungsgruppe die Täter-Opfer-Perspektive: auf der einen Seite die Frau als (passives) Opfer, auf der anderen Seite der Mann als (aktiver) Täter. Aber diese Beziehungsmuster werden mit Hilfe von Projektionen, Verkehrungen ins Gegenteil oder Wendungen gegen die eigene Person abgewehrt, so daß Frauen zu Täterinnen und Männer zu Opfern werden[1]. Deutlich wird dies bei der Vorstellung einer dominanten Mutter und eines hilflosen und sich unterordnenden Sohnes, die ebenfalls

---

1 Es handelt sich hierbei im übrigen um ein Muster, das sich in den Vergewaltigungsmythen unserer abendländischen Kultur wiederfindet.

Täter-Opfer-Zuschreibungen enthält. In diesem Zusammenhang erlangt das Thema der mütterlichen Dominanz für die Sexualtäter Abwehrcharakter: Damit wird nicht nur der patriarchal verankerte Herrschaftsanspruch (über Frauen) gerechtfertigt, sondern gleichzeitig die eigene Herrschaft über die Frau verleugnet, wie sie beim Delikt vom Täter ausgeübt wurde.

Dem Ausmaß an sexueller Gewalt entsprechend ließe sich vermuten, daß die Untersuchungsgruppe – trotz verschiedener Abwehrbemühungen – ihre Straftaten in den projektiven Erzählungen zum Thematischen Apperzeptionstest anspricht. Aber in den Geschichten werden weder Delikte noch aggressive Persönlichkeitsanteile im größeren Umfang thematisiert. Statt die Realität der eigenen, sexuellen Gewalttätigkeit anzuerkennen, wird versucht, die eigene (ängstigende) aggressive Dynamik auszublenden und zu verleugnen. *Bruder (1993)* sieht eine Funktion der Verleugnung darin, das Selbstbild zu schützen und Scham abzuwehren, die sich aus der Diskrepanz zwischen dem, was man sein sollte, und dem, was man zu sein wahrnimmt, entwickelt. Bei den Sexualtätern steht der Erwartungsdruck aus einem patriarchalen Rollenbild im krassen Widerspruch zur negativen Selbstwahrnehmung. Gewaltausübung kann dazu dienen, diesem Rollenbild zu entsprechen – es sei denn, positive Erfahrungen in anderen Bereichen, wie beispielsweise Sicherheit in Beziehungen, können dem entgegenwirken.

Abhängigkeiten und der Wunsch nach Autonomie

Den Untersuchungsergebnissen ist zu entnehmen, daß Sexualtäter Erfahrungen, die zur anhaltenden Stärkung des Selbstwertgefühls beitragen, im Laufe ihres Lebens nicht gemacht haben. Innere Modelle von Männlichkeit werden durch frühe Objektbeziehungen erworben und durch Interaktionen allmählich verfestigt. Selbst wenn Beziehungsmuster ständig modifiziert werden, wirken frühe Identifikationen ein Leben lang unbewußt weiter *(Liebsch, 1994)*. Die Möglichkeit, sich mit einem emotional zugänglichen Vater zu identifizieren, der Anteil an der Entwicklung seines Sohnes nimmt, ist bei den Sexualtätern offenbar nicht gegeben, genauso wenig die Möglichkeit, im Kontakt zu Vätern ein gewisses Maß an Selbstbehauptung und Selbstachtung zu entwickeln. Diese Beziehungen sind weniger unterstützend in der männlichen Identitätsfindung als vielmehr verunsichernd. Es läßt sich vorstellen, daß die Sexualtäter wenig Selbstvertrauen aufbauen konnten und unsicher, zweifelnd und auf der Suche nach Anerkennung waren. Diese Eigenschaften sind im signifikanten Ausmaß aus den Untersuchungsergebnissen zu entnehmen, und es kann davon ausgegangen werden, daß sie nicht nur mit den derzeitigen Lebensumständen, zu denen u. a. Gefängnis und zerbrochenene, persönliche Beziehungen gehören, zusammenhängen, sondern daß es sich dabei um zeitüberdauernde Persönlichkeitsanteile handelt (vgl. *Sandler, 1982*). Ihre ausgeprägten Wünsche nach Personen, die ihnen Interesse entgegenbringen und Orientierung bieten, sind in den Mutter- und Vaterbildern erkennbar. Aber es fällt ein beständiges Bemühen auf, die partiell bestehende Nähe und Verbindung zur Mutter abzuwehren und teilweise zu entwerten. Vorrang haben Unterschiede, wie sie in der männlichen Sozialisation betont werden. In diesem ständigen Bemühen um Abgrenzung, das notwendig für die eigene, männliche Geschlechtsidentität ist, bleiben sie abhängig von Müttern. Das umso mehr als ihre Bedürfnisse nach Anerkennung, liebevoller Zuwendung und Geborgenheit, die aus der abgewehrten Beziehung zur Mutter stammen und die zu einem Gefühl von Selbstwert und Selbstsicherheit beitragen, nicht im Kontakt zu Vätern erfahrbar sind. Die Unsicherheiten in den Beziehungen zu den Vätern und Wünsche nach männlicher Anerkennung führen zur dauerhaften Abhängigkeit von väterlicher Bestätigung. Enttäuschende Aspekte der Beziehung werden über Idealisierungen der Väter abgewehrt, womit eine realitätsbezogene Vorstellung von Männlichkeit erschwert ist. Das äußert sich bei der Untersuchungsgruppe vor allem in der fehlenden Fähigkeit zur konstruktiven Auseinandersetzung in Konflikten. Zusätzlich erlangen normative Vorstellungen von Männlichkeit an Bedeutung, die in der Sozialisationsforschung als prädisponierende Faktoren für Gewaltanfälligkeit gelten. Hierzu gehören Orientierungen nach außen sowie hierarchisierende und polarisierende Beziehungsmuster mit entwertenden Einstellungen. Sie führen zu einem Männlichkeits-Ideal, das einseitig eine autonome Individualität ohne Bezug zu ›weiblichen‹ Teilen des inneren Selbst hervorhebt und erhalten umso mehr Gewicht je weniger die Väter als positive Leitfiguren erfahrbar sind (u. a. *Böhnisch & Winter, 1994*).

Besonders deutlich wird die Wirksamkeit dieser sozialisatorischen Einflüsse, wenn die Untersuchungsgruppe im Thematischen Apperzeptionstest als zentrale Problematik einen ›*Autonomiekonflikt*‹ thematisiert. Auf der einen Seite steht der Wunsch nach Unabhängigkeit, der sich scheinbar nur über eine Abgrenzung ohne Bezug zu anderen ermöglichen läßt. Auf der anderen Seite besteht ein Bedürfnis nach Verbindung mit einer anderen Person, das unvereinbar mit einem Anspruch auf Selbstbehauptung und Eigenständigkeit zu sein scheint.

Versteht man nun Autonomie als denjenigen »Zustand der Integration, in dem ein Mensch in voller Übereinstimmung mit seinen eigenen Gefühlen und Bedürfnissen ist« *(Gruen, 1986, S. 17)*, so drückt sich am Beispiel aggressiver Impulse eben darin die grundlegende Schwierigkeit der Untersuchungsgruppe aus: eine labile männliche Identität. Denn einerseits wird aggressives Verhalten in der männlichen Sozialisation bestärkt, andererseits hat es zu der Straftat beigetragen, weist auf ihre Täterschaft hin und drückt Verunsicherungen aus. In dem für Sexualtäter scheinbar unauflösbaren Widerspruch zwischen den Anforderungen an Männlichkeit mit daraus resultierenden, persönlichen Erfahrungen einerseits und der eigenen Befindlichkeit und Selbstwahrnehmung andererseits ist ihre Aggressivität sehr ambivalent besetzt und wird verleugnet. Der fehlende Zugang zur eigenen Gefühlswelt heißt auch, kaum Zugang zur eigenen Aggressivität zu haben. Das kann die Unsicherheit sich selbst gegenüber verstärken, denn man fühlt sich nicht mehr als ›Herr im eigenen Hause«. Hierzu trägt auch die im Selbstbild beschriebene Impulsivität bei, bei der sie Angst vor ihrer eigenen Unberechenbarkeit entwickeln.

An dieser Stelle wird das ausgeprägte Bemühen der Sexualtäter um Anpassung verstehbar. Als Folge der starken Verunsicherung in ihrer geschlechtlichen Identität möchten sie nicht auffallen und versuchen, sich patriarchal ausgerichteten Sozialisationsmustern anzugleichen. Hierzu gehört, daß sie nicht über ihre Gefühle sprechen, sich damit auch wenig mit der eigenen Problematik auseinandersetzen, was die innere Isolation verstärkt. In dieselbe Richtung weisen die abwehrbedingt überwiegend negativen Mutterbilder mit der Entsprechung väterlicher (männlicher) Idealisierung. Die bei der Untersuchungsgruppe festgestellten Verhaltensmuster werden auch in verschiedenen Studien beschrieben (u. a. *Babl, 1979*). Danach zeigen Männer die Tendenz, auf eine Bedrohung der Geschlechtsrolle mit der Unterdrückung von Gefühlen und mit antisozialem Verhalten zu reagieren[1].

Die Anpassung an äußere Normen vor dem Hintergrund eines männlichen Ideals von Autonomie bedeutet ebenfalls, daß das Bedürfnis nach männlicher Bestätigung und daraus resultierende Abhängigkeitsgefühle (welche sowohl mit dem

---

1 *Babl* stellte den ›traditionally sex-typed males‹ die ›androgynous males‹ gegenüber. Er beobachtete diese Verhaltensschemata vor allem bei Männern, die im traditionellen Sinne ›männlich‹ sozialisiert sind.

Vater als auch mit der Mutter zusammenhängen) zu einer dauerhaften, *narziß-tischen Kränkung* werden, und daß sich aus dieser Beschädigung des Selbst Wut entwickelt (vgl. u. a. *Kohut, 1979*). Denn die Diskrepanz zwischen dem patriarcha-len Rollenbild und der Selbstwahrnehmung als unsichere Person verstärkt die negative Selbsteinschätzung. Es ist eine Wut sowohl auf die eigene Person, die sich in negativen Selbstzuschreibungen, wie beispielsweise ›Versager‹ oder ›Vergewal-tiger‹ ausdrückt, als auch eine externalisierte, auf Vater und Mutter gerichtete Wut.

Eine Form, Aggressionen auszudrücken, ist die Verachtung. *Wurmser (1990)* bezeichnet sie als ›kalten‹ Affekt (S. 142), weil der andere so behandelt wird, als ob er nicht existiere. Eine weitere Form ist die Idealisierung. In den Bildern der Untersuchungsgruppe sind diese beiden Möglichkeiten geschlechtsspezifisch auf-geteilt: gegenüber der Mutter eine geringe, gegenüber dem Vater eine überhöhte Wertschätzung. Es sind polarisierende Beziehungsqualitäten, die nicht im Sinne von Spaltungen, sondern als komplexer Abwehrprozeß gegenüber Identifizierun-gen zu sehen sind (vgl. *Reich, 1995*). Im Kontext der Untersuchungsergebnisse können Idealisierung und Verachtung als Abwehrmöglichkeiten gegenüber Selbst-haß verstanden werden[1].

Autodestruktive Gefühle werden häufig auf andere Personen ›umgeleitet‹, die vermeintlich schwächer sind oder eine Sündenbockfunktion einnehmen (vgl. u. a. *Buchen, 1991*). Wie gezeigt wurde, sind in den Bildern der Sexualtäter Wertvor-stellungen enthalten, die das patriarchale Geschlechterverhältnis kennzeichnen, und die u. a. auf eine Schuldhaftigkeit und Verantwortlichkeit der Mütter hinwei-sen, womit eine konfliktfreie und idealisierende Beziehung zum Vater möglich ist. Demnach werden nicht nur autoaggressive Impulse auf die Mutter verschoben, sondern auch die, die aus der enttäuschenden und kränkenden Beziehung zum Vater resultieren. ›Negative‹ Komponenten in der Beziehung zum Vater werden von der Untersuchungsgruppe nicht nur nicht erwähnt, sondern auf die Mutter

---

1 An dieser Stelle soll kurz erwähnt werden, daß in der Fachliteratur die Verachtung gegenüber Frauen mit der frühen Mutter-Kind-Beziehung und einem daraus resultierenden, unaufgelösten Neid auf die Mutter in Verbindung gebracht wird. Danach werden Haß, Wut und Verachtung in bezug auf Frauen als unbewußte Verleugnung des Wunsches, beide Geschlechter zu verkörpern, verstanden. Die traditionelle Rollenaufteilung gestatte es Männern, den frühen Neid und seine Ängste abzuwehren. Mit der Phantasie von Autonomie als Autarkie, also ohne inneren Bezug zur Mutter, können Wün-sche aus der Beziehung zu ihr abgewehrt werden. Es ist eine Phantasie des Selbst als Universum, ein Bestreben nach voller ›Harmonie‹, bei dem weder die Differenz der Geschlechter noch die eigene Begrenzung anerkannt werden muß (u. a. *Horney, 1932; Lerner, 1991a; Fäh-Barwinski, 1991*).

verlagert. Am Beispiel mütterlicher Macht wurde das bereits dargestellt, wenn die mütterliche Macht als einengend, die väterliche Macht hingegen als befreiend erlebt wird. Auch das geringe Vorhandensein konkreter Auseinandersetzungen mit dem Vater – die Konflikte werden statt dessen externalisiert – und die stärker wahrgenommenen Beziehungskonflikte zur Mutter deuten in diese Richtung.

Die Idealisierung des Vaterbildes bei einer gleichzeitig real enttäuschenden und kränkenden Beziehung[1] wirkt sich auf die spätere Anpassungsfähigkeit des heranwachsenden Jungen nachteilig aus, weil unzureichende Möglichkeiten geboten sind, realistische Vorstellungen eigener Männlichkeit zu entwickeln. Denn der narzißtische Mangel durch eine enttäuschende Beziehung zum Vater trägt zum mangelnden Selbstwertgefühl und zur geringen Fähigkeit für Selbstbehauptung und realitätsangemessenen Umgang mit konflikthaften Situationen bei. Belastende Ereignisse, die im Verlaufe des Lebens auftreten, erfordern innengerichtete Kompetenzen, die weniger eingeübt werden konnten. Allerdings können Schwierigkeiten (auch die hinsichtlich der eigenen Geschlechtsrolle) häufig über berufliche Anerkennung oder soziale Bezüge kompensiert werden. Wenn diese kompensatorischen Möglichkeiten nicht mehr ausreichend gegeben sind, bietet sexuelle Gewalt die Möglichkeit, ›Männlichkeit‹ im Extrem unter ›Beweis‹ zu stellen: über Erniedrigung von und Gewalt gegen Frauen wird ein eigenes Statusbewußtsein erlangt *(Böhnisch & Winter, 1994)*. Der Konflikt psychodynamischer Kräfte im Individuum[2] wird externalisiert und als Dynamik zwischen Individuen, von Männern gegen Frauen in Form sexueller Gewalt agiert.

> *Für die Möglichkeit der Täterschaft spricht ein im Patriarchat verankerter Handlungsvorschlag; für die Möglichkeit der Nichttäterschaft spricht die anthropologische Chance, als Subjekt nicht mit den disponierenden Sozialstrukturen identisch zu sein.*
> *Gravenhorst, 1988, S. 15*

---

1 *Blos (1990)* spricht in diesem Zusammenhang von der präödipalen Vater-Fixierung.

2 Als intrapsychische Spannung zwischen dem Anspruch, einem patriarchalen Rollenbild zu genügen, und der Wahrnehmung eigener Unzulänglichkeit und Abhängigkeit

5 Klinischer Teil

Im folgenden werden die empirisch festgestellten Ergebnisse sowie die theoretische Diskussion zur Problematik von Sexualdelinquenten aus einer klinischen Perspektive veranschaulicht.

Erlebte und verinnerlichte (familiäre und gesellschaftliche) Beziehungsmuster wirken strukturbildend bei der Persönlichkeitsentwicklung. Von daher sind Störungen zwischenmenschlicher Beziehungen als ein In-Szene-Setzen dieser frühen, eingeübten Interaktionsformen zu verstehen. Im Rahmen einer Therapie können über ein ›szenisches Verstehen‹ *(Argelander, 1970; Lorenzer, 1973)* diese unbewußten Anteile und Konflikte erkannt werden. Nach *Lamnek (1988; 1989)* erfolgt in der Gruppensituation eine Rekonstruktion sozialer Wirklichkeit aus der Sicht der Teilnehmer. Insbesondere die Gruppenanalyse versucht, »das gesamte Netzwerk von Störungen unter Übertragungsbedingungen in einer Stellvertretergruppe zu behandeln« *(Foulkes, 1986, S. 41)*. Diese Therapieform wurde über einen längeren Zeitraum auf der Sozialtherapeutischen Abteilung für Sexualtäter in der JVA München durchgeführt, und hierauf beziehen sich die vorgestellten Vignetten. Grundlage des Fallmaterials sind Ausschnitte aus Protokollen, die aus verschiedenen Gruppensitzungen vorliegen. Die Therapiegruppen fanden unter Leitung einer Therapeutin statt, d. h. das dargelegte Fallmaterial beruht auf dieser geschlechtsspezifischen Übertragungskonstellation. Die Gruppen waren halboffen mit einer maximalen Teilnehmerzahl von acht Sexualtätern. Den beteiligten Patienten war bekannt, daß Therapiedaten für die wissenschaftliche Untersuchung zur Erforschung der Hintergründe für Sexualdelinquenz verwendet werden. Sie hatten ihr schriftliches Einverständnis zur Veröffentlichung der Gesprächsinhalte gegeben, unter der vorausgesetzten Zusicherung strikter Anonymität[1]. Aus diesem Grunde wurden sowohl sämtliche Namen als auch re-identifizierbare, biographische Details der Beteiligten verändert.

---

1 An dieser Stelle danke ich den Patienten der Sozialtherapeutischen Abteilung für Sexualtäter in der JVA München für ihre Bereitschaft, an der Untersuchung mitzuwirken.

Vaterbilder ...

Das Bedürfnis der Sexualtäter nach einem verständnisvollen Gegenüber, der ihnen Interesse entgegenbringt und ihnen ein Gefühl von (Selbst-) Sicherheit vermittelt, wird im folgenden Therapieprotokoll erkennbar. Ausgangspunkt der Gruppensitzung ist, daß ein bei den Patienten beliebter Gefängnismitarbeiter die Therapiestation verlassen und seinen Arbeitsplatz in einen anderen Bereich verlegt hat. Hieran anknüpfend machen sich die Patienten Gedanken über das Interesse der eigenen Väter an ihnen als Söhne.

P: Herr... (früherer Mitarbeiter der Abteilung) ist sehr oft da. Warum kommt er nicht auf die Abteilung?

W: Er gehört nicht mehr dazu.

P: Er grüßt aber auch nicht; sieht einen an und tut so, als ob er einen nicht mehr kennt. Kommen mir einige Gedanken durch den Kopf. Er war ja schließlich wer. Auch wenn er nichts mehr mit der Abteilung zu tun hat, könnt' er wenigstens grüßen. Macht mich schon traurig. Gibt's ein Sprichwort: »Aus dem Weg, aus dem Sinn«. Mir kam's so vor, als ob wir ein Spielzeug für ihn waren, weil keine Rückmeldung mehr kam. Da ist mein Mißtrauen wohl berechtigt. Warum grüßt er net?

H: Ich schätz', daß er net will, daß wir an ihm hängen.

R: Hat doch damit nichts zu tun. Ist 'ne Sache der Höflichkeit, daß man sagt: »Hallo« oder »Wie geht's«. Und wenn dann gar nichts kommt, keine Rückmeldung, dann ist man stinksauer.

P: Ich fühle mich gekränkt. Er läuft an mir vorbei, als ob ich Luft wäre.

R: Und wenn er sich irgendwie abkapseln tut oder abgrenzen möchte, dann kann er es zumindest sagen.

(Schweigen)

H: Klar ist's schwer für ihn nach den vielen Jahren, die er hier gearbeitet hat, daß es schwer für ihn ist Abschied zu nehmen. Das ist klar.

(Schweigen)

P: So aus den Augen aus dem Sinn, so kommt es mir vor.

(Schweigen)

P: Ich hatte zu Herrn... so eine Art Vater-Sohn-Beziehung. Ich hab' ihm vertraut. Aber nach dem, was ich mitbekommen hab', fühle ich mich verarscht. Ich hab' den Anschein, daß mein Vertrauen mißbraucht wird, das ich in ihn gesetzt hab', jetzt wo er nicht mehr da ist. Und wenn ich jetzt etwas von mir preisgebe, dann muß das Vertrauen da sein. Ohne geht nix, und deshalb fühle ich mich so gekränkt.

(Schweigen)

K: Also, ich denke, er hat Abschied genommen. Er hat das gefeiert, und daran halte ich fest.

P: Aber trotzdem kann man doch grüßen. Wenn das zwischen uns wäre, dann hätte ich doch das Gefühl, du nimmst mich nicht ernst.

K: Vielleicht steckt hinter dem Grüßen etwas anderes.

G: Kontakt.

N: Ja, und das möchte er vermeiden.

P: Das kann er doch einfach nicht so vergessen von heute auf morgen, daß man lange Zeit mit Sexualtätern gearbeitet hat. Da muß doch Interesse sein. Da kann man doch den anderen nicht so vor den Kopf stoßen.

K: Solltest ihm vielleicht 'nen Brief schreiben.

P: Will keinen Briefkontakt. Er soll mir in die Augen schauen.

Therapeutin: Es fällt vielleicht auch Ihnen schwer Abschied zu nehmen, und man möchte etwas haben, was man nicht mehr bekommen kann.

P: Bei mir ist Bedürfnis gewesen, den Kontakt nicht ganz abbrechen zu lassen.

(kurze Pause)

Kann auch sein, ich ziehe jetzt Vergleiche, jetzt mit dem Abschied von Herrn…, daß mein Vater keinen Kontakt mehr zu mir hat. Das ist sehr ähnlich.

K: Also, was ich schlecht finde ist, daß kein Ersatz da ist in dem Sinne, also kein Vaterersatz.

W: Das wäre auch etwas aus dem Auge aus dem Sinne. Wenn der eine geht, kommt der nächste und man bräuchte nicht…

N: Abschied zu nehmen. Aber andererseits kann man mit den Wünschen nicht umgehen oder die laufen ins Leere. Ist halt voll so'ne Schockphase für manche.

Therapeutin: Weil etwas passiert, was man schon kennt. Und wo es so schwer fällt, etwas in sich aufzuheben, was auch an guten Erfahrungen da war, und gleichzeitig die Enttäuschung zuzulassen.

P: Vielleicht braucht man die Zuwendung und Zuneigung vom Vater, egal wie alt man ist.

W: Das könnte einem ein Gefühl von Sicherheit geben.

O: Oder anerkannt zu werden vom Vater.

P: Trotzdem ist bei mir der Wunsch, obwohl mein Vater Kontakt zu mir abgebrochen hat, von gegenseitigem Respekt und gegenseitiger Achtung. Aber das kommt nicht zum Vorschein, weil da noch Rachegefühle sind. Mir geht nicht in den Kopf, warum er den Kontakt zu mir abgebrochen hat, von heute auf morgen. Wenn ich ihn draussen treffe, dann bringe ich ihn um.

K: Hast du das auch gegenüber Herrn…?

P: Nein, warum, der ist ja nicht mein Vater.

K: Also, ich kenne das von mir anders. Wenn ich auf jemand Rachegefühle hab', übertrage ich das auch auf jemand anders.

P: Wenn er mir gegenüber stünde, dann würde ich ihm ins Gesicht schlagen und sagen: »Danke schön«, obwohl ich noch nie gegen meinen Vater die Hand erhoben hab'.

K: Aber anderen Menschen gegenüber schon, oder?

P: Versteh' ich nicht.

K: Na andere, die ihm ähnlich sehen.

P: Da gibt's keinen. Mein Vater war für mich Vorbild. Ich konnt' zu ihm kommen, egal mit was. Er hat mir zugehört, bis zu der Zeit, wo er Haus baut hat. Und deshalb hab' ich den Vergleich zwischen Herrn... gezogen. Weil ich ihn gegrüßt hab', und da kam nichts. Dem Herrn... kann man verzeihen. Der ist net mei Vater. Aber mei Vater kann ich net verzeihen. Ich hab' wahnsinnige Angst vor dem Tag, ihn mal wiederzusehen.

K: Hast du vor dir Angst?

(Schweigen)

P: Trotzdem san auch Wünsche da, ihn komplett zu vergessen, ihn nie wieder zu sehen.

K: Und andere Wünsche?

P: Bloß, ich kann ihn net vergessen.

K: Wünsche nach Sicherheit oder Zuneigung?

P: Die Wünsche hab' ich gehabt, abgehakt. Trotzdem sind noch Gefühle von Liebe da.

K: Ich möchte wissen, ob es Alternativen gibt, wo man sich Sicherheit holen kann. Ob es etwas gibt, was einem Rückendeckung gibt.

G: Das ist schwierig, weil man untereinander mehr so die Männlichkeit zeigt, also das Unantastbare.

Therapeutin: Da ist etwas, was Sie sich in der Beziehung zum Vater wünschen: daß da ein Mann ist, der Verständnis aufbringt, dem gegenüber auch Gefühle möglich sind. Wo etwas nicht unantastbar ist. In diesem Sinne können Sie miteinander umgehen, Verständnis füreinander aufbringen.

K: Das Sichere in der Beziehung war verlogen oder verraten oder ein Schauspiel. Und die Tatsache der Beziehung ist am Schluß rausgekommen, und somit das Ergebnis. Weil ich mag mich nicht belügen, weil irgendwo hätte ich dann ein schlechtes Gewissen, wenn ich nur die guten Seiten sehe. Aber das Gute ist nicht mehr gut, weil P. sich verraten fühlt, und dann ist das Gute eine Lüge.

Therapeutin: Sicherheit erhalten Sie auch über Ihre Gefühle, auch wenn sie ganz unterschiedlicher Art sind. Darauf können Sie sich verlassen.

K: Ich kann das nicht, ich finde das nicht. Ich schaue mir immer das Gesamtbild an, was am Ende für ein Ergebnis da ist. Und das war bei P.s Vater überwiegend negativ. Also ist die Beziehung schlecht.

N: Wenn es nur gut ist, dann verzeiht man dauernd. Das geht ja nicht.

Therapeutin: Verzeihen könnte auch denkbar sein, wenn beide Seiten da sind, die guten und die negativen.

P: Dann müßte ich erstmal meine Haßgefühle unter Kontrolle bekommen. Mit meinen Haßgefühlen kann ich nicht verzeihen. Dann würde ich heulen, innerlich... Äußerlich müßt' ich zeigen, daß ich ihm verzeihen kann. Und das geht nicht. Da kommt noch der Stolz dazu. Ist bei mir so'ne Frage von Stolz, vielleicht auch von Männlichkeit, ich weiß das nicht. Seitdem mein Vater den Kontakt abgebrochen hat, ist da ein schwarzes Loch, besteht kein Wunsch mehr nach Kontakt. Ich leb' mein eigenes Leben.

K: Ja, irgendwie hast du Probleme mit ihm. Weißt du, warum er Kontakt abgebrochen hat?

P: Wie soll ich das wissen, wenn er das gemacht hat. Von meiner Seite her wäre noch Kontakt da. Äußerlich gibt's für mich keinen Vater... und innerlich ist noch wahnsinnig viel Liebe da. Und ich kann Äußerliches nicht mit dem Inneren fühlen.

Therapeutin: Mir fällt auf, daß einige von Ihnen sehr schweigsam sind, und ich frage mich, wie es Ihnen geht. Vielleicht ist gar nicht mal das Gefühl von Rache im Mittelpunkt, sondern mehr das Gefühl von Traurigkeit, daß man eine schwierige und enttäuschende Beziehung zum Vater hat.

H: Net Traurigkeit ist da, sondern Haß. Bei mir jedenfalls. Das ist einfacher.

Die Enttäuschung über das Fortgehen eines Mitarbeiters und die nachfolgende Nichtbeachtung durch ihn erleben die Sexualtäter als Wiederholung von Erfahrungen, die sie mit ihren Vätern gemacht haben. Vor allem Herr P. drückt die vielfältigen und teilweise widersprüchlichen Gefühle aus, die zwischen Liebe und Haß angesiedelt sind. Die real schwierige Beziehung zum Vater mit Erlebnissen, die wenig zu einem Gefühl von Sicherheit beitragen, ist Thema in einer weiteren Gruppensitzung. Die Patienten erwähnen zwar traumatisierende Erfahrungen, die sie mit Vätern gemacht haben, setzen sich allerdings nicht konkret damit auseinander. Statt dessen halten sie (stellvertretend für die Therapiegruppe äußert sich Herr D.) an einem idealisierten Vaterbild fest.

D: Was ihr da das letzte Mal erzählt habt, das hat mich fasziniert. So mit Sehnsucht, mit Liebe und mit Tralala. Ich war a Mensch, der hat das garnet gewollt.

A: Hm.

D: Was heißt hier: »Hm!« Das ist ja so. Ich wollt' das nicht, daß mich jemand mag.

Therapeutin: Möchten Sie es jetzt?

D: Ich weiß es net. Wenn mich mei Mama als kleines Kind in den Arm genommen hat... Ich hab' mich gewehrt bis zum geht nicht mehr. Ich wollt' das net.

A: Aber vielleicht hast Erfahrung gemacht, daß du ausgenutzt wirst. Warst mißtrauisch, hast gedacht: »Wer weiß, was dahinter steht.«

D: Glaub' ich net, daß ein 12-jähriger so denkt. Ist ein ganz normales, kindliches Verhalten. Von klein auf hab' ich zu mir gesagt: »Ich will das net, daß mich jemand mag«. Seit mei Vater unsere Familie verlassen hat.

A: Jetzt, wo du's sagst mit dei Vater...

D: Hat absolut nichts mit meinem Vater zu tun.

A: Ja, aber Vater hat doch schon gewisse Station im Leben der Kinder, ist doch das Höchste für di. Und da kommt...

D: Naa. Für mich war das ganz anders. Ich hab' scho mei Vater nur positiv gesehen. Ist auch heute noch so. Ich hab' scho von mei Vater Schläge kriegt, mein ganzes Leben. Da bin ich Schrank 'naufkrochen, nicht nur sprichwörtlich. Der hat mi so geschlagen, und nachher hat er geweint. Mei Vater war eigentlich das Sinnbild des Besten, was gibt, weißt. Der hat

Kinder aus brennender Scheune geholt. Konnt'st Äpfel klauen oder Schule schwänzen, aber
da gab's zwei Dinge: Du darfst niemals kleinen Kindern was tun und niemals zulassen, daß
deiner Mutter was passiert. Das war in meinem Schädel drin.

N: Da stimmt doch was nicht. Mich würd' das verunsichern. Weißt net, wo du dran bist mit
Vater.

D: Vater war mei Vorbild, war total fixiert. Ich bin Abbild von dem.

Therapeutin: Wenn das Vorbild zu bröckeln beginnt, kann es zur inneren Verunsicherung beitragen, und man muß noch stärker am Vorbild festhalten.

D: Hab' für Distanz gesorgt. Will nicht, daß mich jemand mag.

N: Ist wie bei mir. Für mich war Vater Sinnbild für Sicherheit. Als der Mann fort war, hatt' ich
das Gefühl, den letzten verloren zu haben, der für mich da war.

D: Sagt mei Mutter: »Gehst zur Schule«. Dann hab' ich geschwänzt. Sagt sie: »Gehst zum
Fußballspielen, da sind nette Buben«. War ich einmal dort, dann nie mehr. Hab' ihr immer
gezeigt: »Mit dir hab' ich nichts zu tun«.

N: Hast immer versucht, für Papa ein braver Bub zu sein. Jetzt geht Papa weg. Du bist lieb und
artig gewesen, aber trotzdem geht Papa weg.

D: Hat kein Mensch später mehr 'ne Chance gehabt bei mir. Vater war mein Lebensbaum, war
der Inbegriff... war alles für mich. Mei Mutter hat alles verhindert, daß ich nicht so werde
wie mei Vater. Wenn ich dran denke, und die hat mich beim Biertrinken erwischt. Hat sie
mir Ohrfeigen geben. Die hat panische Angst gehabt, daß ich so werd' wie mei Vater. Der
ist mit Lohntüte immer im Gasthaus verschwunden. War ein Wahnsinniger hinterher. Hat
ganze Wohnung zerlegt, wenn der unter Alkohol stand. Hab' zu mei Mutter gesagt: »Bist
selber schuld, wenn der sei Geld versoffen hat. Warum paßt net auf.«

N: Kenn' ich. Mutter war schuld, Mutter war verantwortlich. Richtig hat's nur mei Vater
gemacht.

Das Behandlungsprotokoll unterstreicht die Untersuchungsergebnisse, und hierbei sei insbesondere auf Resultate der Clusteranalyse hingewiesen, welche für die
Vaterbilder beim Gießen-Test durchgeführt wurde. Danach machen Sexualtäter
mit ihren Vätern Beziehungserfahrungen, die sie bei ihrer männlichen Identitätsentwicklung weniger als bestätigend als vielmehr als verunsichernd erleben. Wie
Ergebnisse zur Vatertafel beim Thematischen Apperzeptionstest zeigen, retten
Sexualtäter mit Hilfe von Idealisierungen den ›guten‹ Vater (über den sie an positiv
besetzter Männlichkeit teilhaben können), wobei sie Auseinandersetzungen mit
dem realen Vater vermeiden. Dieses Muster ist auch bei den Patienten dieser Therapiegruppe zu beobachten. Trotz der negativen Erfahrungen mit dem realen
Vater bezeichnen sie ihn als »Sinnbild für Sicherheit«, als »das Höchste«, als
»mein Lebensbaum«. Das Festhalten an einem, in dieser Form idealisierten väterlichen Objekt dient den Patienten zur Stabilisierung ihrer unsicheren männlichen

Identität. Mit Hilfe der Idealisierung können sie auch ihre Enttäuschung über die Beziehung zum Vater abwehren und projektiv auf die Mutter verschieben – bis dorthin, daß die Mutter (für alles) verantwortlich gemacht und ihr bedeutet wird, daß man mit ihr »nichts zu tun« hat. Da in der patriarchalen Gesellschaft die Unterscheidung vom anderen Geschlecht für Männer eine grundlegende, identitätsstiftende Bedeutung enthält, dient diese betonte Abgrenzung von der Mutter der Bestätigung von Männlichkeit. Dieselbe Funktion haben Zuweisungen von Schuld und Verantwortung an sie. Es sind Vorwürfe, die zwar den Vätern gelten, aber projektiv abgewehrt und gegenüber den Müttern geäußert werden. Am Fallmaterial wird das beispielhaft besonders deutlich, wenn Herr D. sagt, daß seine »Mutter alles verhindert (hat), daß ich nicht so werde wie mei Vater.« Mit anderen Worten: Die Mutter gilt als diejenige, die es ermöglicht, daß Herr D. so wird wie sein Vater. Geschont wird dabei ein Vater, der ein positives *und negatives* männliches Vorbild für seinen Sohn darstellt.

... und Mutterbilder

Das Dilemma der Sexualtäter bei ihrer männlichen Identitätsfindung offenbart sich, wenn es um ihre Beziehungen zu Müttern geht. Während sie im Kontakt mit Vätern wenig Halt, Orientierung und Selbstbestätigung finden, machen sie persönliche Erfahrungen von Nähe und Unterstützung durch Mütter, von denen sie sich jedoch abgrenzen müssen. Das geht aus den Ergebnissen der Clusteranalyse bei den Mutterbildern ebenso wie denen der Muttertafel beim Thematischen Apperzeptionstest hervor. Das folgende Gespräch zwischen Patienten der Therapiestation veranschaulicht die geschilderte Problematik.

A: Wer hat mich so erzogen? Diese Menschen! Wenn Zuhause mit mei Vater was war, weißt, da war Alkohol im Spiel, ha's Mutter kriegt. San mir Kinder mit Mutter von zu Hause fort. Haben wir irgendwo übernachtet. Zurück, wenn Vater noch geschlafen hat. Frühstück, dann hat's geheißen:»Laß' dir in der Schule nix anmerken.« Was erlebt hast, für dich ist das Normalste von der Welt, daß du deine Gefühle nicht zeigst, wenn's dir schlecht geht. Du lachst statt dessen.

U: Mei Freundin hat nie Hehl draus gemacht, wenn's ihr schlecht ging. Ich hab' auch gesehen, es geht doch anders.

A: Kann net ganzen Tag rumjammern.

R: Frauensache...

T: Kann mich doch net drauf zurückziehen und sagen: »Mama hat gesagt, laß' dir nichts anmerken«. Bloß weil ich meine, meine Rolle spielen zu müssen. Wir treffen doch Entscheidung für uns.

A: Wußtest du, wer du mit 13, 14 bist?

K: Bist unselbständig. Weißt net, wer du bist.

A: Wirst zur Unselbständigkeit erzogen.

U: Selbständigkeit erfordert Mut. Laß' mich in Ruhe, rück' mir nicht zu nahe, das tut weh. Wir lassen den Schmerz nicht zu. Ein Jahr nach der Trennung von meiner Freundin hab' ich Mama angerufen und gesagt: »Mami, hilf mir.«

A: Und wenn nicht du anrufst, sondern Mami. Und Mami ruft wieder und wieder an...

U: ... dann brauch' ich vielleicht auch das Rückgrat zu sagen: »Du, ich schaff's alleine.«

A: Das ist genau der Punkt, daß ich dann vielleicht die Zuneigung verliere. Wenn ich mei Meinung sag', verlier' ich vielleicht die Zuneigung vom anderen.

Therapeutin: Der Preis ist hoch...

U: ... sich herrschenden Vorstellungen so anzupassen, daß man garnicht mehr merkt, wie einsam man ist.

Bei der von Herrn A. beschriebenen, häuslichen Situation stehen auf einer manifesten Ebene ein Bündnis zwischen Mutter und Sohn (Kindern) und die Notwendigkeit der Abgrenzung vom Vater im Vordergrund. Latent vorhanden sind internalisierte Männlichkeitsvorstellungen, zu denen die Abwehr von Beziehungserfahrungen mit Müttern gehört. Am Therapieausschnitt wird das deutlich, wenn die Patienten Gefühle von Unbehagen oder von Wut und Trauer als »rumjammern« bezeichnen und als »Frauensache« entwerten. Auf diese Weise schaffen die Patienten zwar eine Distanz zu dem, was als nicht-männlich gilt. Gleichermaßen verlieren sie aber auch den Bezug zu ihrem eigenen Befinden. Die fehlende innere Verankerung trägt zu ihrer Selbstunsicherheit bei mit der Folge, daß sie sich patriarchalen, »herrschenden Vorstellungen« (Herr U.) anzupassen versuchen. Hierzu gehören polarisierende Geschlechtsrollenzuweisungen mit der betonten Abgrenzung vom Mütterlich-Weiblichen, was wiederum ihre innere Isolation und Einsamkeit verstärkt: ein circulus vitiosus.

Die Unsicherheit in ihrer männlichen Identität macht Sexualtäter von »Zuneigung vom anderen« (Herr A.) abhängig. Aber während ihnen im Kontakt zu Vätern nur unzureichende, positive Erfahrungen männlicher Bestätigung möglich sind, müssen sie Zuwendungen, die sie seitens der Mütter erhalten, abwehren. Das geschieht u. a. über Projektionen: Ihre eigenen Gefühle von Bedürftigkeit projizieren sie auf Mütter, die »wieder und wieder« (Herr A.) anrufen und scheinbar nicht loslassen können.

Die hochgradig ambivalente Beziehung zwischen Sexualtätern und ihren Müttern illustriert eine weitere Gruppensequenz.

L.: Mei Mutter... Ich denk', die hat mich großgezogen.

U: Und was passiert, wenn Mama mal hilflos ist?

L: Kann sie zu mir kommen. Sie hat mich aufgezogen, jahrelang, praktisch alleine, weißt. Mei Vater hat sich net viel um Familie gekümmert. Der hat sei Geschäft gehabt, sei Hunde...

K: Kenn ich. Weihnachten... Wenn's alle verstreut waren und mei Mutter Weihnachten gepfiffen hat, san's alle kommen. Und dann san mir in die Kirche. Sie hat sich umgeschaut, wir hinterher wie die Hühn... äh, Hähnchen...

A: War garnet so hilflos.

K: Naa, die hat uns schon im Griff.

(viel Lachen in der Gruppe)

K: War net leicht für mei Mutter. Hat ihr Leben lang viel arbeiten müssen. Hab' mei Mutter noch nie schwach gesehen. Freilich hat's geweint, aber sie hat jede Situation gemeistert. Für mich ist das normal.

A: Mutter ist ziemlich mächtig.

U: In manchen Situationen ist man mächtiger. Man kann Mutter um den Finger wickeln. Mutter kann einem gegenüber net »nein« sagen.

A: Kenn' ich auch. Denk' manchmal: »Was will die denn jetzt schon wieder.« Dann sag' ich: »Setz' dich mal her, Kleine.« Dann bussel ich die so'n bissel ab. Und dann krieg' ich, was ich will.

U: Bist in gewisser Beziehung zur Mutter überlegen.

W: Ohnmacht in Beziehung zur Mutter hängt damit zusammen, daß man von Mutter etwas haben möchte und nicht bekommt.

U: Geschenkt.

W: Man liebt Mutter, Mutter liebt einen auch. Mutter kann's nicht so zeigen, wie man's erwartet. Man kann's nicht verarbeiten.

S: Man ist immer kleiner Bub, klein und bedürftig.

G: Ist mir zu sehr auf Mutter begrenzt.

W: Ich bin a Mensch, der sehr viel Körperkontakt braucht. Kann mi gut erinnern, mei Mutter hat mich frisiert als Bub. Und wie ich größer war, konnt' ich das schon selbst, aber i hab' Scheitel net hinbracht. I hab' das ganz bewußt net hinbracht. Ich hatt' unheimlich Sehnsucht nach Zärtlichkeit, nach Berührung. Ich hab' das noch heute. Ich bin süchtig danach.

S: Ich bin ohnmächtig, nicht nur in Beziehung zur Mutter, sondern in Beziehungen überhaupt, weil ich in keiner Beziehung bekommen hab', was ich brauch'.

T: Fühlst dich nicht nur ohnmächtig, sondern bist auch ziemlich einsam.

G: San mir nun Männer oder was?

Die Patienten erinnern zwar im Kontakt zur Mutter ihre Bedürfnisse nach Fürsorge und Zärtlichkeit, aber sie schaffen über Entwertungen der Beziehung eine Distanz zur Mutter. Denn was sie erhielten, war nicht das, »was ich brauch«, wie es Herr S. ausdrückt. Herrn U.s Bemerkung »geschenkt« enthüllt als Wortspiel die ambivalente Einstellung zu Sehnsüchten nach (weiblicher) Nähe: Der Wunsch, von der Mutter etwas ›geschenkt‹ zu bekommen ist mit dessen Abwehr, es als ›geschenkt‹ zu betrachten und damit ablehnen zu können, gleichermaßen vorhanden. In diesem Sinne besteht eine dauerhafte Abhängigkeit der Sexualtäter von (mütterlicher) Zuwendung. »Man ist immer kleiner Bub, klein und bedürftig«, weil »man von Mutter etwas haben möchte«, das die Sexualtäter verdrängen müssen, weil sonst allzu rasch die Frage nach ihrer männlichen Identität auftaucht: »San mir nun Männer oder was?«

An dem Behandlungsprotokoll werden die Beziehungsschwierigkeiten von Sexualtätern zu ihren Müttern deutlich: Einerseits erleben sie sich abhängig von Zuwendung, andererseits entspricht das nicht herrschenden Vorstellungen von Männlichkeit. Der Therapieausschnitt weist noch auf einen weiteren Aspekt hin: die Bedeutung von Macht in Beziehungen. Eine Möglichkeit, den Unsicherheiten über die eigene Identität zu begegnen, bieten gesellschaftlich vorgegebene Rollenmuster. Im Vordergrund steht dabei die Betonung von Unterschieden, die über polarisierende Geschlechtsrollenzuschreibungen und hierarchische Strukturen bekräftigt werden. Im vorgenannten klinischen Beispiel stellen die Patienten ihre Bindungen und unscharfen Grenzen zur Mutter in einen Kontext von Unter- bzw. Überlegenheit. Mit Hilfe dieses Beziehungsgefälles erreichen sie sodann die für ihre männliche Identität erforderliche Distanz vom Mütterlich-Weiblichen.

Eng gekoppelt mit Herrschaftsverhältnissen ist eine fehlende Anerkennung des Gegenüber. Während im vorangegangenen Behandlungsausschnitt Respekt gegenüber der mütterlichen Leistung anklingt (dann allerdings auch bagatellisiert wird), wird in einem weiteren Therapiegespräch deutlich, in welchem Ausmaß Sexualtäter ihre Mütter (nicht) wertschätzen.

C: Vater sagt: »Paß' auf: Mutter ist für jeden Menschen tabu. Du bist mein Sohn, sorg' dafür.« Mutter ist wie heilige Mutter Gottes. Heut' bin ich soweit, ich laß' ihr 'nen Freiraum. Bloß ein fremder Mensch hat mei Mutter zu respektieren, ihr gegenüber höflich zu sein, sie in Ruhe zu lassen. Wenn er das net tut, kriegt er Probleme.

A: Aber wenn du's garnet erfährst von ihr.

C: Brauch' ich auch net. Braucht sie mir garnet zu sagen. Ich misch' mich ein.

Therapeutin: Das heißt, Sie respektieren nicht, daß Ihre Mutter die eigenen Probleme selbst lösen kann.

A: Also, Moment mal. Wenn zu meiner Mutter jemand sagt: »Bist a Hure«, dann bin ich der Sohn einer Hure. Dann muß ich was tun, dann kriegt der was.

C: Mir langt's scho, wenn ich in Stadt geh' mit mei Mutter, und es haut jemand der Frau die Türe vor der Nase zu. Dann hört der was. Egal, was mei Mutter dazu sagt.

U: Ich denk' auch, das wird zu deinem Problem.

Die Schwierigkeiten von Sexualtätern, sich von Müttern abzugrenzen, werden an dieser Vignette beispielhaft deutlich, wenn sie Probleme der Mütter zu ihren eigenen umwandeln und sich ungebeten in deren Angelegenheiten einmischen. Sie respektieren weder (Generations-) Grenzen noch Kompetenz und Eigenständigkeit der Mütter. Es sind Beziehungsmuster, bei denen es weniger um gegenseitige Anerkennung geht, sondern um die Betonung eines (Macht-) Gefälles zwischen den Geschlechtern.

Derartige, frauenverachtende Einstellungen gelten als Teil einer ›normalen‹ männlichen Sozialisation. Bei Sexualtätern sind sie allerdings erheblich ausgeprägter anzutreffen, wie aus den Antwortmustern beim Gießen-Test hervorgeht und wie bei der vergleichenden Gegenüberstellung von Mutter- und Vatertafel beim Thematischen Apperzeptionstest gezeigt. Durch ihre Abhängigkeit von (mütterlicher) Zuwendung erleben Sexualtäter Mütter subjektiv als mächtig. Um dieser mütterlichen Überlegenheit bei der eigenen männlichen Identitätsfindung etwas entgegenstellen zu können, benötigen sie die väterliche Autorität. Beispielhaft drückt es Herr C. mit dem Beginn seines Satzes aus: »Vater sagt...« Allerdings haben Sexualtäter kaum positive, sondern vielmehr enttäuschende Erfahrungen mit ihren Vätern gemacht. Vor diesem Hintergrund fehlender positiv besetzter, väterlicher Leitfiguren erhalten gesellschaftlich verankerte Beziehungsstrukturen eine herausragende Bedeutung bei der Stabilisierung ihrer unsicheren männlichen Identität.

Diese Dynamik wird an zwei weiteren Gruppentherapiesequenzen dargestellt. Zuvor soll jedoch der Traum eines Patienten berichtet werden. Er ist ein Beispiel dafür, wie sich die ambivalente Haltung der Sexualtäter gegenüber Müttern auch in ihrer Einstellung zur Sexualität ausdrückt. Dabei schwanken sie zwischen regressiven Sehnsüchten und Ängsten vor der Macht von Frauen.

Ein Traum

Ein Patient, Herr T., erzählt zu Beginn einer Therapiesitzung folgenden, wiederkehrenden Traum:

T: Ich hab' fast immer den gleichen Traum: Ich geh' spazieren, es ist Mittag. Ich geh' spazieren am Friedhof entlang. Und dann beobachte ich so, wie die alte Oma da mit dem Gebiß klappert. Und auf einmal tut sie mich am Friedhof eini jagen. Und dann lauf' ich durch den Friedhof. Und auf einmal steht sie hinter mir und holt ihr Gebiß heraus. Und dann beißt sie mich (lacht). Und dann lauf' ich weg. Und auf einmal werd' ich wach und schwitz' immer. Aber jeden Tag, den gleichen Tag, träum' ich das. Ich weiß nicht, warum. So 'ne alte Frau. Und dann muß ich immer lachen, wenn ich wach werd'. Kommt, tut sein Gebiß heraus und will mich immer beißen (er zeigt mit zusammengedrückten Fingerspitzen der rechten Hand auf seine rechte Halsseite) ohne Zähne aber. Da lach' ich mal wirklich. Aber jeden Tag das gleiche fast.

W: Du hast gerade gesagt, du wachst schweißgebadet auf und im nächsten Satz sagst, wenn du aufwachst, mußt immer lachen. Was mußt denn nun?

T: Lachen. Die Zähne… weil, ich kapier' das net, die Zähne… Sie will mich beißen, aber ohne Zähne. Da hat sie gebissen. Und wenn sie zubeißt, werd' ich immer wach. Aber dann, dann denke ich erst:»Wenn sie die Zähne raustut, wie soll denn das funktionieren überhaupt, wie soll sie denn beißen«. Ich wollte dann immer schauen, daß ich ein bissel länger durchschlaf', daß ich einmal rausfind', wie die zubeißt. Aber jedesmal, wenn sie beißt, zubeißt, wach' ich immer auf. Bin ich wach, tu' ich mich ein bißchen abwaschen. Und dann schlaf' ich weiter.

K: Warum bist du schweißgebadet?

T: Weiß ich nicht. Angst… Angst… Ich weiß nicht, was da passiert dann. Wenn sie mich beißen will, wach' ich auf, mei.

F: Im nächsten Traum mal als Zahnarzt verkleiden (lacht).

T: Als Zahnarzt! Das geht doch gar nicht. Du kannst dich doch nicht als Zahnarzt verkleiden. Vielleicht hat sie hinten noch zwei kleine Zähnerl versteckt. Auf einmal beißt sie mir die Gurgel weg. Sie tut die Zähne raus und auf einmal hat ein größeres Mund als i. Wenn sie die Zähne raustut, dann umarmt sie mi und möcht's beißen in' Hals. Und auf einmal bin ich wach. Aber jedesmal, jedesmal. Und ich möcht' einmal so glücklich wach… Sag' ich, zum Glück werd' ich immer so wach. Was tut die denn ihr Gebiß raus. Kann sie doch ihr Gebiß drin lassen und mich beißen, denke ich.

F: Da gibt's doch so'n Spiel, Batman oder so. Wie heißt das, wo du Punkte kriegst?

(Lachen in der Gruppe)

Bei der Traumschilderung handelt es sich um eine Umkehr ins Gegenteil: Ein Gruppenteilnehmer assoziiert Batman, aber die Eigenschaften der Figur im Traum treffen auf eine, allerdings weibliche Version von Dracula zu[1]. Demnach verkörpert Dracula zu unterdrückende Seiten der eigenen Persönlichkeit, die zum einen Frauen zugewiesen, zum anderen mit Batmans Beistand abgewehrt werden. Die Verkehrung ins Gegenteil ist ein bei Sexualtätern häufig anzutreffender Abwehrmechanismus bei Fragen der Selbstverwirklichung, wie aus den Untersuchungsergebnissen zum Thematischen Apperzeptionstest hervorgeht.

Der sexuelle Inhalt des Traumes ist unübersehbar[2]. Die Reaktionen sowohl des Patienten als auch einiger Gruppenmitglieder bestehen aus einer Mischung von Angst und Lust. Zum einen klingt die Befürchtung an, aus dem weiblichen Einflußbereich nicht herauskommen zu können. Zum anderen enthält Sexualität Möglichkeiten für lustvolle Erfahrungen. Beide Aspekte betreffen zentral die männliche Identität und enthalten sowohl eine Bedrohung als auch eine Bestätigung von Männlichkeit. Da Sexualtäter in ihrer Geschlechtsidentität unsicher sind, verhilft ihnen gerade der sexuelle Bereich dazu, das eigene Geschlecht narzißtisch zu besetzen und das Selbstwertgefühl zu stärken.

Welche weiteren Möglichkeiten sich ihnen bieten, um mit ihren Unsicherheiten im Verhalten als Mann umzugehen, beschreiben zwei weitere Ausschnitte aus Gruppentherapiesitzungen.

Männlichkeitsmuster...

Im Traum von Herrn T. klingt an, daß ›Batman‹ Entlastung bieten könnte. Dort ist die Möglichkeit, ›Punkte zu sammeln‹. Aber auch die Männerclique und der Stammtisch sind Mittel, Männlichkeit einzuüben und zu bestätigen, wie das nächste Beispiel zeigt:

---

1 *Stade (1998)* sieht Menschen als empfänglich für ›Dracula‹, weil dieser mit seinen impulsiven, oral-aggressiven Anteilen in ihnen bereits existiere. Durch Selbstverleugnung, Selbstkontrolle und Widerstand gegen Verführung könne er im Selbst überdeckt werden – und über eben diese Eigenschaften verfügt Batman, eine Figur, die nur das Richtige tut und Menschen in Not hilft. Nach *Delano (1997)* war Batman einst ein Engel, muß aber (vorübergehend) zum Dämon werden, um andere zu erlösen.

2 *Fenichel (1945)* weist auf die unbewußte Gleichsetzung von Vagina und Mund hin. Damit verbunden ist die Befürchtung, daß der Penis während des Koitus verschlungen (kastriert) werden könnte. Der Mund mit Zähnen findet im Ausdruck der ›vagina dentata‹ seine Entsprechung und gilt als verschlüsselte Form der Vagina, die den Penis verletzt.

V: Frühschoppen können nur Männer hin, keine Frauen. Frauen haben erst Mittag Ausgang zum Kaffeekränzchen.

(Lachen in der Gruppe)

Bin mal mit meinem Vater zum Frühschoppen. Sagt mei Schwester, sie möchte auch mit. Hat mein Vater g'sagt, die Wei… die Frauen haben erst Mittag Ausgang zum Kaffeekränzchen.

H: Man ist auch zurückhaltender, manche Diskussion net so frei, wenn eine Frau am Tisch sitzt. Die Erfahrung habe ich gemacht. Das ist dasselbe, wie wenn man einen Chef von der Firma hat, und du gehst zum Volksfest. Solange wie der Chef am Tisch sitzt, ist eine gewisse Zurückhaltung da. Sowie der Chef fortgangen ist, wird es meistens lustiger.

Therapeutin: Es scheint schwerzufallen, sich in Anwesenheit einer Frau unbefangen zu verhalten, wenn Unbefangenheit mit Entwertung zusammenhängt, zum Beispiel die Weiber mit ihrem Kaffeeklatsch.

H: Es ist die Angabe. Es ist wegen der Angabe. Zum Beispiel beim Stammtisch ist die Runde in den Ausdrücken brutaler. Also zum Beispiel wenn man nur sagt: ›die Weiber‹ oder: ›mei Alte daheim‹. Wenn du dann anfängst: "mei Frau", dann klingt das in der Runde so…

S: … nicht männlich genug.

H: Dann ist man Außenseiter, wenn man nicht so mitmacht. Ja, und dann tut man sich auskapseln. Also macht man mit, wenn zwei oder drei sagen: »Oh, mei Alte daheim, die hat scho wieder geschimpft« oder: »mei Drache«. Das sind alles solche Ausdrücke. Und wenn man jetzt hergeht und gewählter redet, ist man Außenseiter in der Runde. Und vieles ist Gaudi, ist net ernst gemeint, zum Beispiel: »Mei Alte schimpft scho wieder, wenn ich jetzt zu der Uhrzeit heimkomme.« Man sagt das mehr aus Gaudi und net, weil man sie net schätzt. Das ist Gaudi, aus Sprachgebrauch her zum Beispiel am Stammtisch. Und der geht länger. Man sagt: »Ich muß heim, mei Frau schimpft«. Dann sagt der andere: »Komm, trink noch einen.« Und sagt der andere: »Oh, mei Alte wird wieder Aufstand machen, die schimpft.« Dann ist das Gaudi. Kann man nicht ernst meinen. Das sehe ich nicht als abwertend seiner Frau. Das sind immer so die üblichen Sprüche. Nur um jetzt Eindruck zu hinterlassen, man hat die Hosen an… Oder Pantoffelheld, das sind Merkmale zu vermeiden. Man macht halt in der Runde mit. Wenn der eine einen Witz erzählt, wird der andere nicht anfangen zu gähnen.

Therapeutin: Man geht auf in der Masse und verliert seinen eigenen Standpunkt.

H: Kann man so sagen, weil man versucht in der Gemeinschaft sich anzupassen.

Auf der Suche nach männlicher Bestätigung bieten den Sexualtätern patriarchale Rollenvorstellungen eine wichtige Orientierung. Im vorgestellten Beispiel ist es ein Stammtisch, zu dem bestimmte Werte männlicher Selbstdarstellung gehören: der Anspruch auf Dominanz und Autonomie, gekoppelt mit Misogynie. Es geht für die Patienten insbesondere darum, sich der Männerrunde anzupassen, um nicht zum Außenseiter zu werden. Wie sie es in der männlichen Sozialisation eingeübt haben, orientieren sie sich nach außen um den Preis, vom persönlichen Erleben und eigenen Gefühlen abgeschnitten zu sein. Im Mittelpunkt steht nicht der eigene Erfahrungshintergrund, sondern eine subkulturelle Bestätigung gesellschaftlich verankerter Vorstellungen von Männlichkeit.

Wie sehr frauenverachtende Einstellungen verinnerlicht sind, wird in der folgenden Vignette, bei der es um das Geschlecht – und somit um den ›Wert‹ eines Kindes – geht, besonders deutlich. Die Gruppenteilnehmer unterhalten sich über die bevorstehende Geburt eines Kindes von einem der Gefängnismitarbeiter.

S: Dann wird er Vater... Das kostet mindestens 3 Hendl oder 2 Gänse
(Kichern in der Gruppe)

B: Ja, macht das eigentlich einen Unterschied, ob es ein Mädchen wird oder ein Junge?

S: Das weiß ich nicht.

B: Beim Stammhalter wird ja meist mehr bezahlt. Ja, mir ist es eigentlich egal, aber die meisten machen halt da Unterschiede.

D: Ja, da gibt's schon einen Unterschied: Für'n Buben muß man 3 Hendl spendieren, für'n Mädel 2 Hendl. Der Bub übernimmt auch diesen Namen und den Stammbaum, und da ist der Bub mehr wert als ein Mädel normalerweise.
(Kichern in der Gruppe)

S: Mit deinem nächsten Einzelgespräch bei Frau... möchte ich nicht tauschen, das sag' ich dir schon.

Therapeutin: Das heißt, Sie denken ähnliches, aber Sie trauen es nicht zu sagen?

S: Nein, ich denke nichts ähnliches. Es kommt darauf an, aus welcher Sicht Sie es sehen. Ich sag' auch nicht, daß es schlecht ist. Aber ich möchte nicht mit ihm tauschen.

B: Als Mann dürfte man sich über einen Stammhalter mehr freuen, zumindest wenn es das erste Kind ist.

S: Meine Meinung ist, also was ich jetzt so mitgekriegt habe und meine Meinung ist, daß die Väter immer eine bessere Beziehung zur Tochter haben als wie zum Sohn.

W: Kontakt zur Tochter ist irgendwie mehr mit Gefühl.

A: Vater-Sohn-Verhältnis ist strenger.

B: So, wie ich das seh', wollen die meisten Männer einen Buben als Stammhalter. Das ist bei mir so. Bei mir ist allerdings erst ein Mädchen gekommen...

Therapeutin: Das klingt nach einer Enttäuschung.

B: ... sicher, Enttäuschung... aber Enttäuschung kann man net sagen, sondern es ist einfach... vom Wunsch her, daß es ein Stammhalter wird. Bis man dann merkt, daß er eigentlich zu klein ist für gewisse Dinge. Wenn man zum Beispiel zum Biertrinken oder Kartenspielen geht und ihn mitnimmt, dann tut er sich langweilen, da muß er erst reifer werden. Man nimmt ihn anfangs gern mit, aber er tut sich langweilen, dann läßt man es sein. Was man bei der Tochter garnicht auf den Gedanken kommt, daß man die Tochter mitnimmt. Ich weiß nicht, da würde ich gar nicht auf den Gedanken kommen.

In diesem Ausschnitt treten mehrere Aspekte hervor. Der männliche Stammhalter erhält für die Patienten seine spezifische Bedeutung bei der Bestätigung der eigenen Männlichkeit und erfährt eine (kulturell verankerte) höhere Wertschätzung, als es die Geburt eines Mädchens beinhaltet. Mit Blick auf die anwesende Therapeutin scheint man sich allerdings dieser frauendiskriminierenden Einstellungen durchaus bewußt zu sein. Das wird am Kichern innerhalb der Gruppe deutlich. Anhand dieser Vignette wird außerdem die spezifische Übertragungssituation der Gruppenteilnehmer im Umgang mit einer Therapeut*in* erkennbar: Die Patienten drücken ihre Unsicherheiten im Geschlechterverhältnis aus und übertragen sie mit ihrem Hinweis auf mögliche Folgen beim Einzelgespräch auf die therapeutische Situation. Und sie bringen – wenn auch in indirekter Form – ihre eigenen Erfahrungen im Vater-Sohn-Verhältnis mit ein. Dabei klingen sowohl enttäuschte Erwartungen als auch der geringere, emotional-verständnisvolle Austausch zwischen Vätern und Söhnen an.

Die bisherigen Therapieausschnitte haben einige der Untersuchungsergebnisse illustriert: Zum einen erhalten Sexualtäter von Vätern nicht die für ihre männliche Selbstfindung erforderliche Unterstützung und Bestätigung, zum anderen müssen sie sich im patriarchalen System von Müttern abgrenzen und verlieren dadurch den Bezug zu ihrem inneren Erleben und frühen Erfahrungen von Halt und Orientierung. Vor diesem Hintergrund erlangen für Sexualtäter gesellschaftlich vorgebene Männlichkeitsmuster bei der Entwicklung einer männlichen Identität an Bedeutung. Da sie jedoch über wenig Ressourcen verfügen und ihnen ein grundlegendes Vertrauen in die eigenen Fähigkeiten fehlt, stimmt ihre Selbstwahrnehmung nicht mit herrschenden Vorstellungen von Männlichkeit überein und führt zu schweren Verunsicherungen in ihrer Geschlechtsidentität. Das wird an weiteren Beispielen aus der therapeutischen Arbeit mit Sexualtätern veranschaulicht.

… *und Selbstbilder*

E: Ich weiß nicht, was ich bei mir finden kann, was mir Sicherheit geben könnte. Ich bin ja komplett unsicher. Also ich hab' nichts, wo ich sagen kann: »Das ist jetzt gut«, wo ich dann drauf aufbauen könnte. Der Wunsch würde ins Leere laufen in mir.

Stellvertretend für die untersuchten Sexualtäter drückt Herr E. eine Befindlichkeit aus, die bei der gesamten Untersuchungsgruppe zu beobachten ist und mit den Ergebnissen zu den Selbstbildern beim Gießen-Test übereinstimmt: die Wahrnehmung eines wenig stabilen Persönlichkeitskerns, auf dem man »aufbauen könnte«, und das Gefühl innerer Leere. Es sind Kennzeichen einer fehlgegangenen Entwicklung, bei der weder ein positives Selbstwertgefühl noch eine darauf aufbauende, stabile Identität hergestellt werden konnten. Grundlagen bilden unbefriedigende Objektbeziehungen sowie die in unserem Kulturkreis gegebene Notwendigkeit für Männer, frühe Identifikationen und emotionale Erfahrungen (mit der Mutter) abzuwehren. Die Folgen sind eine Unterdrückung der eigenen Emotionalität.

M: Ist halt schwer über Gefühle zu reden.

T: Ist leichter, wenn man Zahnweh hat.

E: Ist man ja kein Mann mehr.

M: Kleiner unschuldiger zarter Bub…

L (zu T. gewandt): Müssen alle Männer so sein wie du?

M: Gefühle überspielen…

R: Irgendwo hast ja 'n Muster, wie Männer sein müssen. Du sagst, Männer sind unzerbrechlich, sollten keine Gefühle zeigen. Also sind alle Männer so? Wo sind die denn?

T: Mach' halt die Augen auf.

M: Zum Beispiel John J. Rambo.

(Lachen in der Gruppe)

M: Hast du keine Gefühle?

T: Mußt Augen aufmachen.

R: Ich möchte mal so'n Haufen Männer sehen, alle unzerbrechlich. Die gehen mir ab.

T: Echt? Die zeigen aber nichts, und deswegen wirken sie nach außen unzerbrechlich, unantastbar.

R: Also, ich hab' andere Erfahrungen.

T: Mhm. (Schweigen) Und solche Männer, die nach außen hin unantastbar scheinen, so wie ich mich fühle…

R: So wie du bist.

T: … so wie ich mich fühle, das tut weh.

R: Aber du zeigst ja manchmal nach außen hin deine Gefühle.

T: Hast du schon mal gesehen, daß ich Gefühle zeige?

R: Ja.

T: Das denkst.

R: Darfst du das nicht?

T: Ich darf schon. Aber da sind die Angst und die Scham, die stehen an erster Stelle.

R: Angst... Wer zeigt schon gerne, wie schwach er ist. Man zeigt so was nicht gegenüber anderen.

M: Hat für mich nichts mit Mann zu tun. Hab' die Erfahrung gemacht, daß wenn du Schwäche zeigst, wird's schamlos ausgenutzt.

R: Hat für mich schon was mit allgemeinem Bild vom Mann zu tun.

An diesem Beispiel werden die Widersprüche zwischen den Rollenanforderungen an Männlichkeit und der inneren Befindlichkeit deutlich. Sexualtäter schwanken zwischen dem »Muster, wie Männer sein müssen« und der eigenen Sensibilität und Verletzbarkeit hin und her. Sie geben sich »nach außen hin unantastbar«, nehmen aber ebenfalls wahr, daß dieses Bild mit ihren Gefühlen nicht übereinstimmt. Die damit einhergehenden Verunsicherungen bezüglich ihrer männlichen Identität drücken sich in Ängsten vor Bloßstellung und vor Beschämung aus.

Die Frage, inwieweit ein Mann etwas von sich preisgeben darf, enthält auch das folgende Gespräch.

T: Bei Frau.... (Therapeutin) geht's ja, die hat so 'n treuen Blick. Bei Herrn... (Mitarbeiter der Abteilung) ist das anders, der hat 'nen eiskalten Blick. Wenn ich was erzählt hab', was mir wehgetan hat, hat der 'nen eiskalten Blick. Der macht seinen Job. Bei Frau... ist das anders, da ist mehr Gefühl. Und dann ist da die Angst da, was von sich zu zeigen, bei dem eiskalten Blick.

H: Herr... wehrt sich auch nicht, der schluckt alles.

Z: Kannst nicht ablesen, was in dem vorgeht.

M: Der behauptet immer dann, wir kennen ihn doch.

T: Ich kenn' ihn eben nicht, weil er keine Gefühle zeigt.

R: Mir fällt's auf, daß es immer um ihn geht. Frau... wird in Ruhe gelassen.

Therapeutin: Es geht wohl vor allem darum, wie sind Sie als Männer.

T: Da sind Sie aber ausgeschlossen.

Therapeutin: Um sich als Mann fühlen zu können, gehören die Frauen dazu.

T: Vom Mann aus gesehen ist es leichter, sich in einen Mann zu versetzen als in eine Frau.

Mit dem männlichen Mitarbeiter der Abteilung können sich die Gruppenmitglieder projektiv identifizieren. Sie nehmen bei ihm eine bestimmte Emotionalität wahr, die sie bei sich kennen. Auf diese Weise ist der Mitarbeiter ihnen vertraut, aber zugleich auch fremd, denn der ›eiskalte Blick‹ verhindert eine Nähe. Er führt den Patienten die Schwierigkeit, als Mann Gefühle zu zeigen, vor Augen, und sie erleben die damit zusammenhängenden Kontaktprobleme. Ihre Angst, »was von sich zu zeigen« schließt das Risiko, keine Resonanz zu finden oder verletzt zu werden, mit ein. Diese klinischen Beobachtungen stimmen mit den Ergebnissen beim Gießen-Test überein, nach denen sich die Untersuchungsgruppe in sozialen Interaktionen eher abgelehnt fühlt und im Kontaktbereich als verschlossen beschreibt.

Die geringe Sicherheit von Sexualtätern in ihrem intrapsychischen Erleben führt dazu, daß äußere Kriterien für ihre Selbstbestätigung eine wichtige Rolle einnehmen. Eine der Möglichkeiten, als Mann Anerkennung zu finden, bieten Kontakte zu Frauen. Hierzu ein weiteres Beispiel:

U: Ich denke, Männer richten sich immer nach Frauen, weil... Die Medien wollten ja immer so starke Typen, so auf Motorrad und so. Und jetzt ist halt die Wende da. Und die Frauen wollen Männer, die auch Gefühle haben. Und so hab' ich halt das Gefühl, daß die Männer sich immer nach dem richten, was die Frauen wollen, und net nach dem, was der Mann selber will.

K: Da ist gleich die Befürchtung mit drin. Wenn Medien so sprechen, daß 80 Prozent der Frauen wollen, daß 'n Mann 'n Macho ist, denke ich: »Ich muß mich so verhalten, weil 80 Prozent der Frauen das wollen«. So geht es mir, daß ich dann mir eine Maske aneigne, und dabei das eigene Gefühl verloren geht.

U: Bist ein Schauspieler.

K: Muß ich ja. Wenn ich gegen Frauen ankommen will, muß ich mein Eigenes wegstecken. Muß was anderes zeigen, was sie haben wollen.

U: Tust aber das Gegenteil von dem, was du zeigen tust. Wozu brauchst die Maske? Hast Angst, daß sie dich nicht so akzeptiert, wie du bist?

G (zu U. gewandt): Warum machst du es?

U: Weil ich genauso denke.

G: Eben.

U: Jeder von uns. Und deshalb haben wir 'nen Haß. Er zeigt sich nicht so, wie er ist. Deshalb hat er 'ne Maske.

K: Jeder möchte vor der Frau attraktiv sein und besonders geliebt, hat Angst die Frau zu verlieren, wenn er sich so zeigt, wie er ist, ohne Maske.

W: Jeder betrügt sich.

Die Hoffnung auf Anerkennung und Wertschätzung durch Frauen erfordert nach Sicht der Patienten die Aneignung einer ›Maske‹. Damit geht »das eigene Gefühl verloren«, wie es Herr K. ausdrückt. Mit der Metapher der ›Maske‹ offenbaren die Patienten äußerst anschaulich die grundlegende Problematik von Sexualtätern: Als Folge der männlichen Sozialisation haben sie den Bezug zu Teilen des inneren Selbst verloren. Sie müssen »Eigenes wegstecken«, und statt dessen erhalten äußere Maßstäbe, wie beispielsweise die mediale Vermittlung weiblicher Wünsche, Bedeutung für ihre männliche Geschlechtsrollenorientierung.

Im Unterschied zu den Ergebnissen beim Gießen-Test und beim Thematischen Apperzeptionstest, nach denen die Untersuchungsgruppe eine Abgrenzung gegenüber dem Mütterlich-Weiblichen betont, bringen die Patienten dieser Therapiegruppe ihr Bedürfnis nach Nähe und Akzeptanz durch eine Frau deutlicher zum Ausdruck. Da es sich bei dem Untersuchungskollektiv und den (späteren) Patienten weitestgehend um das gleiche Klientel handelt, ist der festgestellte Unterschied auf einen therapeutischen Einfluß zurückzuführen. Im Verlaufe der Therapie haben die Patienten eine veränderte Wahrnehmung von sich und anderen erwerben können, so daß zur Bestätigung ihrer Männlichkeit nicht mehr eine Abwertung von Frauen zentrales Muster ist. Sie sind eher in der Lage, ihre Ängste vor (Liebes-) Verlust und ihr persönliches Befinden anzusprechen: Mit dem Bewußtsein, Schauspieler zu sein oder sich zu betrügen, thematisieren sie ihre Gefühle von Haß.

Unsicherheiten in der eigenen Identität tragen zu Verunsicherungen im Geschlechterverhältnis bei und umgekehrt: Je weniger Anerkennung Sexualtäter von Frauen erfahren, umso stärker bemühen sie sich um Anpassung an männliche Rollenerwartungen, wie das Beispiel zeigt. Zu den Rollenanforderungen gehören gesellschaftlich vorgegebene Männlichkeitsattribute, zu denen u. a. Kontrolle und Macht zählen. Sie bieten weitere Möglichkeiten zur (Selbst-) Bestätigung als Mann. Auch hierzu ein klinisches Beispiel aus einer Gruppentherapiesitzung mit Sexualtätern:

H: Wenn man sich mit sich selbst beschäftigt, mit seinem Leben, und das auseinanderlegt, da kommen die Fragen auf einen zu, wie ich mein Leben besser handhaben kann. Man tut oft eine Bestätigung suchen, daß man mit seinen Gedanken richtig ist. Man sucht sich selber wo kontrollieren.

W: Fühlst dich unsicher.

H: Sicherheit… Achte ich eigentlich net drauf, sondern ich habe lange Zweifel mit mir rumgeschleppt.

F: Naja, aber Sicherheit ist das ganze Leben. Jedes klitzekleine Risiko bringt Angst mit sich. Und wenn ich etwas mit Sicherheit weiß, dann kann ich es einordnen. Dann kann ich es einstufen. Und dann ist die Angst in dem Moment gebannt. Und deshalb ist es überall so, wenn ich etwas unter Kontrolle hab', dann muß ich keine Angst davor haben. Wenn etwas unkontrolliert ist, wenn es ein Risiko mit sich bringt, dann ist die Angst schon wieder da. Und so muß ich alles kontrollieren.

Der mangelnde Bezug zum eigenen Innenleben ist mit einem wesentlichen Strukturmerkmal männlicher Sozialisation verbunden: dem Prinzip der Außenorientierung. Sexualtätern fehlt ein grundlegendes Vertrauen in ihre Fähigkeiten und Verhaltensweisen, so daß sie eine dauerhafte Rückversicherung in der Außenwelt benötigen. Das wird bei den Ergebnissen besonders deutlich, wenn es um den Umgang der Untersuchungsgruppe mit Konflikten geht: Konstruktive Auseinandersetzungen zwischen einander ebenbürtigen Personen sind bei ihr nicht vorhanden. Vor allem den Vätern weist sie aktive Hilfestellung und Unterstützung als Aufgabe zu. Im vorgestellten Therapieausschnitt führt die fehlende Selbstsicherheit der Patienten zur wiederkehrenden Suche nach Bestätigung, »daß man mit seinen Gedanken richtig ist«. Zweifel und Unsicherheit werden mit Hilfe patriarchaler Strukturmerkmale verborgen: den Aspekten von Macht. Hierzu gehören kontrollierende und hierarchisierende Verhaltensmuster. Indem Sexualtäter etwas kontrollieren oder einstufen können, »ist die Angst... gebannt«. Ein Bedürfnis nach Kontrolle besteht aber nicht nur gegenüber dem eigenen Handeln, sondern ebenfalls im Kontakt mit anderen Personen.

D: Wenn ich Unsicherheit bei anderen merke, freut es mich, daß ich Leute besser einschätzen kann.

P: Einschätzen heißt, daß man über dem anderen steht.

D (zur Therapeutin gewandt): Ihnen gegenüber geht es mehr ums Einschätzen. Bei Herrn... (Mitarbeiter der Abteilung) weniger, da weiß ich, wo ich dran bin. Bei verschiedenen Mitgefangenen auf der Therapie auch nicht. Da kann ich mitfühlen. Da kann ich mich versetzen in die Lage, weil da für mich keine Gefahr ist.

Sexualtäter entwickeln ein Gefühl von Überlegenheit, wenn sie Unsicherheit bei anderen wahrnehmen können. Insbesondere im Kontakt zu Frauen erlangt Bedeutung, »daß man über dem anderen steht«. Sie betonen auf diese Weise ein Ungleichgewicht im Geschlechterverhältnis, wie sie es sich im Zuge männlicher Sozialisation angeeignet haben, wie es aber auch vor dem Hintergrund ihrer erheblichen Selbstunsicherheit notwendig erscheint. Denn das Hervorheben einer hierarchischen Beziehungsstruktur zu Frauen ermöglicht ihnen eine deutlichere Abgrenzung gegenüber dem Weiblichen, gerade weil eine emotionale Nähe und Verbindung zu Frauen eine Gefahr für ihre brüchige, männliche Identität bedeutet. Herr D. drückt diese Problematik in seinen Worten aus: Bei Männern »weiß ich, wo ich dran bin« und »da kann ich mitfühlen..., weil da für mich keine Gefahr ist«.

Aus den empirischen Untersuchungsergebnissen zum Thematischen Apperzeptionstest geht hervor, daß Sexualtäter auf der Suche nach (Selbst-) Bestätigung zu dyadischen Beziehungsmustern neigen. Im Vordergrund stehen Zweierbeziehungen, bei denen sie ihnen nahestehende Menschen nicht als von sich unabhängige Personen mit eigenen Bedürfnissen wahrnehmen. Statt dessen dienen Bezugspersonen als Selbstobjekte. Im folgenden Beispiel wird erkennbar, wie ein inhaftierter Sexualtäter seine Ehefrau zur Stabilisierung des narzißtischen Gleichgewichts benötigt und dabei kontrollierende Elemente einsetzt. Die Kontrolle des anderen dient in diesem Falle weniger der Betonung von Statusdifferenzen, sondern vielmehr der Vergewisserung illusionärer Einzigartigkeit.

D: Ich war mit jemand im Knast zusammen, auch ein Vergewaltiger. Der war verheiratet. Der hat jeden Tag seiner Frau 'nen Brief geschrieben und 'nen Brief von ihr erwartet. Und dann hat er jeden Abend da gesessen und sich mit Klingelzeichen anrufen lassen. Er weiß dann, daß seine Frau an ihn denkt. Und wehe dem, der ist einmal nicht angerufen worden oder hat seinen Brief zu spät gekriegt. Der ist fast ausgerastet.

U: Das ist sicher 'ne Krankheit gewesen, 'ne Sucht.

Therapeutin: Da ist der Wunsch, daß jemand total für einen da ist, weil man sich so unsicher über den eigenen Wert ist, daß man diese Signale so dringend braucht.

U: Ich schätze, das braucht jeder Mensch. Jeder Mensch braucht Geborgenheit, Wärme, Mitgefühl. Das braucht die Frau genauso wie der Mann.

R: Der Mann und das kleine Kind mehr.

D: Und es gibt Leut', die müssen das geben, daß sie für jemand da sind.

R: Sind meistens die Frauen.

S: Eine wertvolle Beziehung braucht sowieso seine Zeit.

D: Ich finde, daß Gefängniszeit eine richtige Bewährungsprobe sein kann. Da kann sich die Frau im klaren sein: »Bleib' ich dem Mann treu; warte ich solange, bis er entlassen ist oder such' ich mir einen anderen«.

M: Also, ich möcht' das nicht mehr mitmachen. Im Knast sitzen, du bist in U-Haft und weißt net, wieviel du kriegst und draußen noch 'ne Frau haben...

Die Vignette stammt zwar aus einer Therapiesitzung mit Sexualtätern, sie enthält jedoch auch eine grundsätzliche, geschlechtsspezifische Einstellung: Das Bedürfnis nach Mitgefühl und menschlicher Nähe wird Männern zwar zugesprochen, aber die Fähigkeit, Gefühle von Wärme und Geborgenheit zu vermitteln, fällt eher den Frauen zu. Es sind Eigenschaften, die in Identifikation mit der frühesten Bezugsperson, der Mutter, erworben wurden, jedoch von Männern im Zuge der Geschlechtersozialisation verdrängt werden müssen. Derartige polarisierende Geschlechtsrollenzuweisungen tragen dazu bei, daß die Verbindung zum anderen Geschlecht heruntergespielt, wenn nicht gar verleugnet werden kann.

Die Angst vor dem Verlassenwerden, die in dem Therapieprotokoll anklingt, hieße für Sexualtäter, sich ihrer Abhängigkeiten (und Identifikationen) bewußt zu werden. Da dieses jedoch eine narzißtische Kränkung bedeutet, erlangen Selbständigkeit und Unabhängigkeit für sie an Wert. Das korrespondiert auch mit einem weiteren, gesellschaftlich vorgegebenen Attribut von Männlichkeit: dem der Freiheit. In welcher Weise Sexualtäter Macht und Kontrolle benötigen, um sich in Beziehungen unabhängig zu fühlen, illustriert der folgende Ausschnitt eines Behandlungsprotokolls. Die Patienten unterhalten sich über einen Mitarbeiter im Strafvollzug, von dessen Beurteilung ihre Urlaubsanträge abhängen. Für einige von ihnen (u. a. für Herrn B.) steht eine Entscheidung unmittelbar bevor.

B: Wenn Herr... (Mitarbeiter) kommt und mit den Zähnen mahlt, dann frag' ich mich: Welche Einstellung hat er zu uns? Wieso ist der so? Vielleicht hat der kein Frühstück gekriegt.

V: Der schaute so bedrückt heut' früh.

B: Den muß man mal beobachten.

A: Vielleicht beim Nervenklempner.

K: Der könnte ruhig mit uns reden.

(großes Gelächter in der Gruppe)

T: Und der hat vorhin genauso reagiert wie... (Mitgefangener), der sich immer verarscht fühlt.

L: Auf mich wirkte der total aggressiv und geladen.

W: Stimmt; hab' 'nen Bogen um ihn rumgemacht.

B: Auf jeden Fall habe ich das Gefühl, daß Herrn... was gegen den Strich geht, daß das mit uns zu tun hat. Sollte mal zu mir in die Sprechstunde kommen.

M: Zu überlegen, was mit dem los ist und wie du ihn klein kriegst, gibt dir wohl Macht über ihn.

B: Sicher gibt mir das Macht. Das ist nicht er, der mir Macht gibt. Die Macht gebe ich mir
selber. Und umso mehr Macht ich mir gebe, umso unabhängiger bin ich. Ich weiß nicht,
warum ich das mache, aber irgendwie werde ich das schon brauchen.

Therapeutin: Das Verhältnis von Macht und Ohnmacht in Beziehungen ist ein Muster, das Sie
gut kennen.

B: Wenn das Ziel wäre, daß ich Macht behalte, dann buttere ich immer weiter. Wenn ich es
anspreche und ihm sage, dann gebe ich es in dem Moment auf.

Eine Möglichkeit, mit anderen Personen in Kontakt zu treten und sich über persönliche Themen auszutauschen oder etwas auszuhandeln, bietet die Sprache. Für
Sexualtäter ist das insofern schwierig, als sie sehr verschlossen sind. Hinzu kommt
ihre geringe Konfliktfähigkeit. Diese Persönlichkeitseigenschaften sind auf ihre
Identitäts- und Selbstwertproblematik zurückzuführen. Der abgewehrte Bezug zur
eigenen Emotionalität und die fehlende innere Sicherheit befähigt sie nicht, in
angemessener Form Konflikte zu bewältigen. Das geht aus den Untersuchungsergebnissen hervor, wie bereits weiter oben dargestellt wurde, und das zeigt das
angeführte Therapiebeispiel. Die Patienten versuchen, den Mitarbeiter vorübergehend in eine unterlegene Position zu bringen, indem sie sich in abwertender
Weise über ihn austauschen. Ihr übergriffiges Verhalten dreht scheinbar das Verhältnis von Macht und Ohnmacht um und bietet ihnen ein Gefühl von Unabhängigkeit. Unangesprochen bleibt die aktuelle Situation, in der sich vor allem Herr
B. befindet, und die für ihn spannungsgeladen ist.

Wie schwer es für Sexualtäter ist, sich Schwierigkeiten im zwischenmenschlichen Kontakt zu stellen und über das zu reden, was sie innerlich bewegt, wird an
einem weiteren Beispiel gezeigt. In einer Therapiesitzung hatte es zwischen Patienten und Therapeutin einen schweren Konflikt mit massiven Angriffen, Unterstel-
lungen und Beleidigungen seitens der Gruppenteilnehmer gegeben. Zu Beginn der
darauf folgenden Stunde spricht die Therapeutin diese vergangene Gruppensitzung an. Sie habe sich gekränkt gefühlt. Aber es sei etwas passiert, was den Patienten nicht unbekannt sei, und was möglicherweise mit einer Situation zusammenhänge, in der die Patienten sehr verunsichert seien.

F: Wenn ich früher nicht wußte, wie es weitergeht, hab' ich versucht zu manipulieren. Ich
hab' Spielchen gespielt oder gesagt: »Leck mich am Arsch«. Womit ich zu kämpfen hatte,
war die Anrede von Ihnen mit ›Sie‹, und daß Sie als Frau Therapie mit Sexualtätern
machen. Das hat mir zugesetzt. Ich wußte nicht, wo ich Sie einordnen sollte in Therapie.

R: Also ich hab' mich gut gefühlt nach Auseinandersetzung. Also mich interessiert's, wie's
Ihnen damit geht, daß Vollzug Briefzensur ausübt.

S: Ja, Ihre Einstellung zur Briefzensur wüßt' ich auch gerne.

K: Ich hab' kei Schuldgefühle gehabt wegen unserem Streit. Vielleicht kommen die mal später auf. Ich entwickle da a Wut, a Aggression, die ist selbstzerstörerisch. Nehm' da kei Rücksicht. Da ist mir das scheißegal, ob ich Herrn ... (Mitarbeiter im Strafvollzug) niederschlag'. Aber wenn ich dann die Quittung krieg', dann denk' ich: »Mei, was hast da wieder gemacht, warum hast net anders gemacht«. Ich hab' Ihnen schon gesagt, ich hab' unheimliche Wut auf Sie gehabt, hätt' Ihnen am liebsten Hals umgedreht. Ich freß' dann Wut in mich rein. Und dann kommt's i-Tüpfelchen, wo ich dann explodier'; wo ich nur noch denk': »Jetzt ist Ende«. Dann ist bloß noch Wut da.

F: Das ist das, was ich vorm Delikt mache. Stellt sich die Frage: »Warum fresse ich immer rein?«

P: Aber könnt' man ja so wie jetzt drüber reden; daß man dann Wut abbaut.

K: Sagst, drüber reden ... Aber wenn sich's aufstaut ... Einer bleibt immer auf Strecke. Weil net weißt, wie lange kannst neifressen. Aber irgendwann kann ich net mehr belasten. Zum Beispiel mei Beziehung zur Mutter, da waren so viele Gefühle. Da haben mei Probleme kei Platz. Da hab' ich immer gedacht: »Hauptsache, der Frau geht's gut«. Und da bleib' ich dann auf der Strecke. Und daher rührt's, daß ich so oft explodiert bin.

F: Ich kenn' das auch. Ich hab' immer gemeint, ich müßte dafür sorgen, daß es mei Mutter gut geht. Und ich glaub' gar nicht mal, daß die Aggressionen auf den andern bezogen ist, sondern eher auf sich selbst. Man steckt zurück, damit's den andern gut geht. Hast Haß auf dich selbst.

K: Aber die Tat ist doch auf den anderen gerichtet. Ich hab' gedacht: »Wenn sie mich kriegen, ist mir egal. Aber du Miststück mußt jetzt bezahlen. Und du bezahlst für den, den und für mich.«

F: Opfer hält her für etwas anderes.

P: Steckst zurück. Irgendwann sagst du: »Es reicht«. Und plötzlich steht man im Mittelpunkt, der kleine Paule, den vorher niemand beachtet hat.

F: Bei mir ist bewußt gewesen, daß ich mich an Frau räche. Aber ich frage mich, ob nicht unbewußt abläuft, eigentlich richtet sich alles gegen dich selbst.

P: Ich hab' net amal nachgedacht über Tat. Ich hab' gewußt, ich hab' unter Mutter gelitten. Und in erster Linie hab' ich Aggressionen gegen Mutter gehabt; die Ohnmacht, bist ausgeliefert. Irgendwann haut's dir den Vogel raus. Und das ist nicht gegen sich selbst; weißt, daß es gegen Mutter ist.

S: Ist auch leichter was vorzuschieben. Dann braucht man sich selbst nicht mit zu befassen. Und die Schuldgefühle ... Ich kann net sagen: »Mei Vater oder mei Mutter ist schuld«, weil schuld bin ich selber.

K: Ist schon verblüffend, wie einen was prägen kann. Ich bezieh' das auf mich und meinen Vater. Da hab' ich lang' braucht, bis ich das sehen kann. Ich bin damit fertig geworden über all die Jahre. Was heißt das. Es ist mir nie so bewußt geworden, was er mir auferlegt hat. Da hab' ich lang' dazu gebraucht.

Z: Ja, das hab' ich mir auch grad gedacht. Bei manchen geht's schneller, bei manchen braucht's länger. Daß ich immer wieder versucht hab', mit Problemen klar zu kommen. Mal hab' ich geschlägert, mal reingefressen. Und irgendwie hat das alles nicht hingehauen.

F: Hat mit Beziehungen überhaupt zu tun. Deswegen mein' ich, daß Vergewaltigung in erster Linie gegen sich selbst gerichtet.

P: Ist für dich, weil du versuchst, dir was zu holen, was du nicht gekriegt hast. Obwohl, wenn du nachdenkst, ist das unmöglich; geht ja gar nicht.

Z: Alle fünf Taten von mir sind geplant gewesen. Ich wußte:»Wenn sie dich erwischen, stehen einige Jahre auf'm Spiel«. Und trotzdem hab' ich's gemacht. Und ich wußte auch, daß ich in Vergewaltigung nicht das krieg', was ich suche.

S: Für mich ist meine Tat beschämend.

K: Das ist für jeden, schätz' ich mal. Wenn ich an die Zeit denke, ist das eine total beschissene Erinnerung.

T: Weil du im Knast bist.

S: Ich schäme mich auch dafür, daß ich die Leute, die gesagt haben:»Das kannst du nicht gemacht haben«, daß ich die enttäuscht hab'. Und ich hätt' mir die Sache selber nicht zugetraut…

T: Also, was mir sehr geholfen hat, war das, daß ich mir Gedanken gemacht hab', wie es meinem Opfer dabei gegangen ist. Das hat mir dabei sehr geholfen, daß ich mir überhaupt im klaren werde, was sie durchgemacht hat, und nicht nur immer ich. Daß mir bewußt wurde, was weiß ich, daß ich eine grausame Tat gemacht hab' und daß es immer nur mir schlecht geht und daß nur immer ich leide, sondern daß jemand anders gelitten hat.

S: Ich denke, das Delikt war ein Hilfeschrei.

K: Ist ein Vergewaltiger zu vergleichen mit Selbstmordversuch? Als ich in U-Haft war, war ich auch kurz davor. Bei mir ist ein Problem nach dem anderen gekommen. Ich hab's in mich reingefressen, konnt' mit keinem sprechen. Also eigentlich hat man ja Angst davor, sowas zu machen.

P: War Rundumschlag für die Leut', die das net merken wollten, wie's mir geht. Gegen die war das gerichtet. Ich selbst hab' mich doch schon aufgegeben.

Z: Woher sollen die denn wissen, wie es dir geht, wenn du es nicht sagst?

Überlegungen zur therapeutischen Arbeit mit Sexualtätern

Erst seit kürzerer Zeit erfährt die therapeutische Arbeit mit Sexualtätern zunehmende wissenschaftliche und praktische Beachtung. Zum einen wird der präventive Nutzen von Strafmaßnahmen als begrenzt erkannt (u. a. *Block et al., 1997; Walther, 1997*), zum anderen werden sexuelle Gewalthandlungen zunehmend als komplexes Beziehungsgeschehen im sozio-kulturellen Kontext verstanden (u. a. *Sanday, 1986; Heinrichs, 1986*). Die Öffentlichkeit erwartet von Fachleuten einen angemessenen Umgang mit dem Problem ›Sexuelle Gewalt‹, wenngleich es derzeit noch an theoretisch fundierten und empirisch erprobten Behandlungskonzepten für Sexualtäter fehlt. So weisen u. a. *Coleman et al. (1996)* darauf hin, daß verstärkte Forschungstätigkeit unabdingbar für eine effektivere, therapeutische Arbeit von Sexualtätern ist. Diesem Anspruch stellt *Böllinger (1997)* kritisch »die Mythologie von Machbarkeit und Effizienz« (S. 364) in unserem gesellschaftlichen Umfeld gegenüber. Dabei handelt es sich um aktuelle, gesellschaftsimmanente Wertvorstellungen, die auf Kontrolle und Macht beruhen, und die sich unter anderem in der zeitgemäßen Diskussion zur Wirksamkeit von Psychotherapie im allgemeinen (vgl. u. a. *Tschuschke et al., 1994*) und zur Straftäterbehandlung im speziellen (vgl. u. a. *Lösel, 1995*) wiederfinden.

Die gesellschaftspolitische Dimension psychotherapeutischer Arbeit zeigt sich besonders deutlich, wenn es um Behandlungsmaßnahmen bei Sexualtätern geht. Denn trotz des wachsenden Bewußtwerdens, daß sexuelle Gewalthandlungen mit internalisierten, geschlechtsspezifischen Rollenvorgaben zusammenhängen, wird diese Erkenntnis bei der therapeutischen Arbeit weitgehend ignoriert (u. a. *Rehder, 1990*). Im Vordergrund der Behandlung steht immer noch ein individuumzentriertes Konfliktgeschehen, bei dem das komplexe Bedingungsgefüge gesellschaftlicher Strukturen unberücksichtigt bleibt.

Auf die Vielschichtigkeit therapeutischer Arbeit mit Sexualtätern kann im Rahmen dieser Untersuchung nicht ausführlicher eingegangen werden, und es wird auf die entsprechende Literatur verwiesen (u. a. *Hauch & Lohse, 1996; Goudsmit, 1974; Judith, 1995*). Es sollen jedoch vor dem Hintergrund der Untersuchungsergebnisse Überlegungen zur psychotherapeutischen Arbeit mit Sexualtätern skizziert werden, insbesondere zu Fragen der Therapiemotivation, der Therapiemethode und des Therapierahmens.

Zur Therapiemotivation

Die Frage nach der Therapiemotivation von Sexualtätern ist ein beachtetes Thema in der Fachliteratur (u.a. *Schorsch et al., 1985*). Dabei beziehen sich Untersuchungen zur Behandlung von Sexualtätern in der Regel auf Personen, die strafrechtlich in Erscheinung getreten sind. Es dominiert die Auffassung, daß Sexualtäter sehr häufig eine ablehnende Haltung gegenüber psychotherapeutischen Angeboten einnehmen. Wieviele Patienten möglicherweise bereits im Vorfeld sexueller Gewalthandlungen einen Veränderungswunsch in sich tragen und aus eigener Kraft entsprechende Hilfe suchen, ist nicht bekannt. Aber Untersuchungen aus dem Gesundheitsbereich ergeben, daß es Männern generell schwer fällt, bei vorliegenden Beschwerden körperlicher oder psychischer Art Hilfe in Anspruch zu nehmen *(Brähler & Felder, 1992)*. Die Gründe werden in der männlichen Geschlechtsrollenstereotypisierung gesehen, und es ist davon auszugehen, daß diese Befunde auch auf Sexualtäter zutreffen. Ihr scheinbar fehlender Leidensdruck läßt sich aus der männlichen Sozialisation in unserem Kulturraum heraus erklären, bei der eine Selbstvergewisserung von Männlichkeit u.a. über Unabhängigkeit erfolgt. Gefühle von Ohnmacht oder Hilfsbedürftigkeit werden dementsprechend abgewehrt, was dazu führen kann, auch in kritischen Lebenssituationen psychotherapeutische Angebote zurückzuweisen[1]. So gesehen entsprechen die Sexualtäter dieser Untersuchung weitgehend geltenden Männlichkeitsmustern, wenn sie in der Regel erst nach längeren Haftzeiten oder mehrmaligen Inhaftierungen eine Therapie beginnen. Ein unmittelbarer Leidensdruck kann auftauchen, wenn die Angst vor dem Risiko erneuter Straffälligkeit größer wird als Vorbehalte gegenüber einer Therapie.

Vor dem Hintergrund der Untersuchungsergebnisse ist die vielfach festgestellte, fehlende Therapiemotivation bei Sexualtätern als Teil ihrer männlichen Identitätsproblematik zu verstehen. Der innerseelische Konflikt zwischen einer abzuwehrenden, »weiblichen« Gefühlslage und einer männlichen Sozialisation kann sich dabei in Form massiver Zurückweisungen oder Abwertungen von Therapie und

---

1 Wie schwierig es für Männer ist, Zugang zu ihrer eigenen Emotionalität zu finden, beschreibt *Elliott (1986)*. Sie beobachtete in der gruppenanalytischen Psychotherapie mit männlichen und weiblichen Teilnehmern geschlechtsbezogene Untergruppen. In den Therapiesitzungen erlebten die anwesenden, männlichen Patienten Frauen mit ihrer Fähigkeit zum emotionalen Ausdruck als potent, während sie selbst verunsichert waren und ängstlich verstummten.

TherapeutInnen ausdrücken. Die sogenannte mangelnde Therapiemotivation muß also in ihrem Symptomcharakter erkannt werden, was nur im Rahmen psychotherapeutischer Arbeit möglich ist. Solange sie allerdings als Hinderungsgrund für Behandlungsmaßnahmen mit diesem Klientel betrachtet wird, stellt sich gleichzeitig die Frage nach der Behandlungsmotivation seitens der TherapeutInnen und seitens gesellschaftlicher Institutionen, wie Justiz und Strafvollzug (vgl. u. a. *Goudsmit, 1974; Schorsch et al., 1985; Rauchfleisch, 1990; Judith, 1995*). Weiterführende Untersuchungen zu dieser Thematik könnten hierüber aufschlußreich sein.

Zum Therapierahmen

Bei der Durchsicht fachspezifischer Literatur zur Therapie von Sexualtätern reicht der Behandlungsrahmen von der ambulanten (u.a. *Hauch & Lohse, 1997*) bis zur intramuralen Psychotherapie (u. a. *Judith, 1995; Rehder, 1990*). Kontrovers diskutiert werden dabei insbesondere die Spannung zwischen einem öffentlichen Bedürfnis nach Sicherung des Täters (als Schutz der Allgemeinheit vor weiteren sexuellen Gewalthandlungen) und der Behandlung des Täters (mit entsprechenden Möglichkeiten zur Erprobung veränderter Einstellungen, aber auch den Risiken der Fremd- und Selbstgefährdung). Auf einen vordergründig fehlenden Leidensdruck bei Sexualtätern und entsprechend mangelnder oder ambivalenter Therapiemotivation wurde bereits hingewiesen. Analog hierzu erfolgt die psychotherapeutische Arbeit mit ihnen oft fremdbestimmt im Kontext sozialer Kontrolle, wie beispielsweise als gerichtliche Auflage oder als eine, im Strafvollzug angeordnete Maßnahme.

Vor dem Hintergrund der Untersuchungsergebnisse ist eine therapeutische Arbeit mit Sexualtätern innerhalb eines Gefängnisses kritisch zu würdigen. Für Sexualtäter bedeutet ein solches Umfeld, daß sich ihre frühen, lebensgeschichtlichen Erfahrungen in der Realität des Strafvollzugs wiederholen. Hierzu einige Beispiele:
    Wie die Ergebnisse dieser Untersuchung zeigen, besteht bei Sexualtätern eine Neigung zur Regression. Diesen regressiven Tendenzen läßt sich in einer Justizvollzugsanstalt nur schwer entgegensteuern: Um einen möglichst reibungslosen Ablauf im Alltag zu gewährleisten, stehen die Versorgung der Gefangenen und Anpassungsleistungen an das vollzugliche System im Vordergrund. Hinzu kommt ein eingeschränkter Bewegungsraum innerhalb des Gefängnisses. Eigenverantwortliches Handeln ist auf diese Weise für Gefangene kaum möglich, und Gefühle

von Abhängigkeit und Ohnmacht verstärken ihre Selbstwertprobleme. Wie die Ergebnisse ebenfalls zeigen, sind Sexualtäter mißtrauisch und verschlossen. Das soziale Kontrollsystem des Strafvollzugs fördert ihre Kontaktprobleme mit der Folge, daß sie sich zurückziehen oder ihre intrapsychischen Spannungen in Form aggressiver Verhaltensweisen agieren.

Aus den Ergebnissen geht hervor, daß Sexualtäter in ihrer männlichen Identität verunsichert sind. Der Ausfall positiv besetzter, väterlicher Leitfiguren trägt dazu bei, daß gesellschaftlich vorgegebene Männlichkeitsmuster für ihre psychische Entwicklung Bedeutung erlangen. Im Umfeld des Strafvollzugs erfahren sie weniger eine Wertschätzung als Menschen, sondern sie erleben Beziehungen im Kontext von Macht, Kontrolle und Abhängigkeit. Fähigkeiten zur konstruktiven Auseinandersetzung mit (Beziehungs-) Konflikten können auf diese Weise kaum eingeübt werden. Statt dessen erleben sie das Gefängnis als feindliche Umwelt, und ihre Abwehrmechanismen werden verfestigt. Hierzu gehören Verleugnungen, Projektionen und Verkehrungen ins Gegenteil, wie sie bei der Untersuchungsgruppe festgestellt wurden. In der Folge sehen sie sich als Opfer (des Strafvollzugs), denen innerhalb des Gefängnisses Schlimmes widerfährt. Eine angemessene Auseinandersetzung mit der eigenen Problematik kann auf diese Weise nicht stattfinden.

Solange in einer Justizvollzugsanstalt patriarchal-hierarchische Strukturen mit einhergehenden misogynen Einstellungen bestehen, solange also das therapeutische Umfeld genau die Mechanismen unreflektiert aufweist, die beim einzelnen zu sexueller Gewalttätigkeit beitragen, erscheint Psychotherapie von Sexualtätern in einem derartigen »therapeutischen« Milieu als äußerst problematisch, wenn nicht sogar kontraindiziert. Gefangene werden re-sozialisiert im Sinne bereits bestehender Männlichkeitsmuster. Für Gefangene als Patienten ist eine Emanzipation von diesen Strukturen kaum zu erbringen. Für PsychotherapeutInnen besteht bei ihrer Arbeit in einem Gefängnis das Risiko, von der Institution einverleibt zu werden[1].

---

1 *Hinshelwood (1987)* beschreibt das Gefängnis als soziales Abwehrsystem, bei dem kollektive Einstellungen gefördert werden, wie beispielsweise omnipotente Kontrolle. PsychotherapeutInnen erhielten eine hierzu komplementäre Funktion und »repräsentier(t)en für die Institution alles das, was die herrschende Kultur verabscheut« (S.190). Sie gehörten zur Gegenkultur, würden deshalb aber nicht abgelehnt, sondern in einer spezifischen Art einverleibt, wie beispielsweise über Entwertungen, was die soziale Abwehr stärke.

Vorstellbar für die Behandlung dieser Patientengruppe sind Ambulatorien oder auch Modellanstalten für therapeutische Gemeinschaften, wie es sie vereinzelt außerhalb Deutschlands bereits gibt (vgl. u. a. *Welldon, 1997*), und bei denen die Wechselwirkungen zwischen internalisierten Beziehungsstrukturen und gesellschaftlich gesetzten, äußeren Rahmenbedingungen Beachtung finden (vgl. u. a. *Halmer, 1979*). Es handelte sich also weniger um eine Behandlung in der Institution, sondern um Psychotherapie durch eine Institution[1]. Hierin könnte auch ein weiterer Forschungsansatz begründet sein: Persönlichkeitsveränderungen von Sexualtätern im Therapieverlauf unter Beachtung der Dialektik zwischen innerer Wirklichkeit und äußerer Realität zu erkunden. Methodisch böten sich hierzu tiefenhermeneutische Verfahren, wie beispielsweise Textanalysen von Behandlungsprotokollen an.

Zur Therapiemethode

So komplex, wie sich die Problematik ›Sexuelle Gewalt‹ darstellt, so unterschiedlich sind auch therapeutische Vorgehensweisen. Als häufigstes Kriterium für Behandlungsmaßnahmen gilt das Risiko erneuter Straffälligkeit, wie Legalbewährungsstudien und Katamneseuntersuchungen zeigen (u a. *Beier, 1995; Berner & Karlick-Bolten, 1986; Schorsch, 1971, 1985*). Hierbei steht das Sexualdelikt als Symptom im Mittelpunkt, dessen Verschwinden als Erfolgskriterium für die angewandte, therapeutische Methode gilt. Rezidive und Wiederholungsrisiko sind zwar bedeutende Gesichtspunkte bei der Behandlung von Sexualtätern, aber es besteht die Gefahr der »Verdinglichung des Symptoms«, auf die *Hauch & Lohse (1997, S. 278)* hinweisen. Die innerpsychische Funktion des Symptoms und der Bedeutungsgehalt sexueller Gewalt im sozio-kulturellen Rahmen gehen dabei verloren.

Wie die Untersuchungsergebnisse zeigen, tragen defizitäre Objektbeziehungen zu sexuellen Gewalthandlungen bei, und die zugrunde liegende Konfliktdynamik verläuft unbewußt. Von daher muß eine therapeutische Arbeit mit Sexualtätern das Verständnis der bewußten und unbewußten Motivationen für sexuelle Gewalt umfassen. Methodisch bietet sich hierfür vorrangig eine therapeutische Arbeit auf psychoanalytischer Grundlage an: Die Psychoanalyse verfügt über eine Theorie,

---

1 Reinke (1987) beschreibt ein Modellprojekt mit Straftätern, das »therapeutische Ziele in eine korrigierende Realität einbettet« (S. 901).

die auf frühe Störungen der Objektbeziehungen und deren Folgen eingeht. Sie bietet mit dem Konzept der Übertragung/Gegenübertragung die Chance, daß unbewußte Beziehungsmuster dem bewußten Erleben wieder zugänglich werden. Sie eröffnet außerdem Möglichkeiten, Zusammenhänge von individueller Problematik und gesellschaftlichen Konstruktionen analysierbar zu machen. Ziel therapeutischer Arbeit ist es dabei nicht, den Täter zu entschuldigen, sondern ihn im Gegenteil in die Lage zu versetzen, im Kontext lebensgeschichtlicher Erfahrungen und sozialer Zusammenhänge sein Handeln verstehbar werden zu lassen. Auf diese Weise wird er dazu befähigt, nicht mehr auf sexuelle Gewalt zur Kompensation einer brüchigen, männlichen Identität zurückgreifen zu müssen.

Erst über eine Bewußtheit unbewußter, psychischer Prozesse, die zu sexueller Gewalt führen, kann das Risiko weiterer, sexueller Gewalt verringert werden. An diesem Punkt sollten nicht nur Behandlungsangebote bei Sexualtätern, sondern vor allem auch präventive Maßnahmen ansetzen. Die Untersuchungsergebnisse legen letztlich nahe, daß erst dann Täterarbeit zu einem effektiven Opferschutz beitragen kann, wenn Veränderungen in den Strukturen des Geschlechterverhältnisses stattfinden. Sexuelle Gewalt ist mehr als eine individuelle Handlung. Erst über ein Erkennen individueller Verknüpfungen mit dem gesellschaftlichen Arrangement der Geschlechter werden die Loslösung aus patriarchalen Strukturen und veränderte Beziehungen möglich. Um den alltäglichen Umgang der Geschlechter mit darin enthaltenen Sexualisierungen und Grenzverletzungen möglichst frühzeitig bewußt zu machen, erscheint insbesondere eine präventive Arbeit mit Kindern und Jugendlichen erforderlich.

6 Zusammenfassung

Gegenstand des Untersuchungsinteresses war die Verknüpfung männlicher Identität mit sexueller Gewalt bei Sexualtätern. Hierzu wurden von 84 Sexualtätern, die wegen sexueller Gewaltdelikte strafrechtlich verurteilt und inhaftiert waren, Mutter-, Vater- und Selbstbilder mit Hilfe des Gießen-Tests untersucht. Zur Vertiefung der Erkenntnisse wurde bei 13 Personen aus dem Untersuchungskollektiv der Thematische Apperzeptionstest mit speziell für die vorliegende Fragestellung ausgewählten Tafeln durchgeführt. Da bei der Untersuchungsplanung ein Kontrollgruppendesign nicht möglich war, wurde die Untersuchung als deskriptiv-explorative Studie angelegt.

Zentrale Aussage der empirischen Ergebnisse ist, daß Sexualtäter eine unsichere männliche Identität aufgebaut haben. (Unbefriedigte) Bedürfnisse nach Zuwendung und Bestätigung, die aus enttäuschenden Beziehungen zu Vätern resultieren, tragen bei ihnen zu einem mangelnden Selbstwertgefühl und zu Selbstunsicherheit bei. Unterstützt wird diese Problematik noch dadurch, daß ihre ursprünglichen Erfahrungen von Nähe und Verbundenheit zu Müttern im Kontext männlicher Sozialisation abgewehrt werden. Sexualtäter haben wenig Selbstvertrauen und geringe Ressourcen, auf die sie in belastenden Situationen zurückgreifen können. Gleichzeitig sind sie normativen Aspekten von Männlichkeit ausgesetzt, zu denen hierarchisierende Beziehungsmuster mit Kontrolle und Macht, Sexualisierungen sowie Externalisierungen mit fehlendem Bezug zu Gefühlen gehören. Die Diskrepanzen zwischen dem Selbsterleben und gesellschaftlich vorgegebenen Männlichkeitsvorstellungen führen bei ihnen zu intrapsychischen Spannungen, die über den Haß auf sich selbst schließlich externalisiert und im Sexualdelikt (vorübergehende) Entlastung finden.

Die Untersuchungsergebnisse wurden anhand klinischer Beispiele aus gruppenanalytischen Sitzungen veranschaulicht. Abschließend wurden Überlegungen zur therapeutischen Arbeit mit Sexualtätern angestellt.

Literaturverzeichnis

Abel, M. (1986). Vergewaltigung: Stereotypen in der Rechtsprechung und empirische Befunde. Berlin: FU Diss.

Abelin, E.L. (1971). The role of the father in the separation-individuation-process. In: J. MacDevitt, Separation-Individuation. New York.

Abelin, E.L. (1975). Some further observations and comments on the earliest role of the father. International Journal of Psycho-Analysis, 56, 293–302.

Abelin, E.L (1980). Triangulation, the role of the father and the origins of core gender identity during the rapprochement subphase. In: R. Lax, S. Bach & J.A. Burland (eds.), Rapprochement. New York: Jason Aronson, 151–169.

Alexander, F. & Staub, H. (1928): Der Verbrecher und seine Richter. In: A. Mitscherlich (Hrsg.), Psychoanalyse und Justiz. Frankfurt a.M. (1971): Suhrkamp.

Anastasi, A. (1968). Psychological Testing. New York: MacMillan. Ch.19: Projective Techniques, 493–519.

Argelander, H. (1970). Die szenische Funktion des Ichs und ihr Anteil an der Symptom und Charakterbildung. Psyche, 24 (4), 325–345.

Babl, J. (1979). Compensatory Masculine Responding as a Function of Sex Role. Journal of Consulting and Clinical Psychology, 47 (2): 252–257.

Badinter, E. (1997). Die Identität des Mannes: seine Natur, seine Seele, seine Rolle. München Zürich: Piper.

Balint, M., Ornstein, P. & Balint, E. (1973). Fokaltherapie. Frankfurt a.M.: Suhrkamp.

Bange, D. (1993). Sexueller Mißbrauch an Mädchen und Jungen: Hintergründe und Motive der Täter. psychosozial, 16, 49–65.

Baumgardt, U. (1991). Zwischen Idealisierung und Entwertung: Das Frauen- und Männerbild in der Psychologie von C.G. Jung. Gruppenpsychotherapie und Gruppendynamik, 27, 223–232.

Baumgart, M. (1991). Psychoanalyse und Säuglingsforschung: Versuch einer Integration unter Berücksichtigung methodischer Unterschiede. Psyche, 45 (9), 780–809.

Bauriedl,T. (1980). Beziehungsanalyse. Frankfurt a.M.: Suhrkamp.

Baurmann, M. (1979). Angezeigte und verurteilte Sexualkontakte aus viktimologischer Sicht. In: K. Albrecht-Désirat & K. Pacharzina (Hrsg.), Sexualität und Gewalt. Bensheim: päd extra, 87–114.

Baurmann, M. (1986). Bundesrepublik Deutschland: Neue Initiativen gegen sexuelle Gewalt. In: J. Heinrichs (Hrsg.), Vergewaltigung – die Opfer und die Täter. Braunschweig: Holtzmeyer, 162–193.

Baurmann, M. (1991). Junge Menschen und sexuelle Delinquenz. in: W. Rotthaus (Hrsg.), Sexuell deviantes Verhalten Jugendlicher. Dortmund: modernes lernen, 49–69.

Baurmann, M. (1983). Sexualität, Gewalt und psychische Folgen. Wiesbaden: BKA-Forschungsreihe, Bd.15.

Beckmann, D. (1979). Zur Konstruktion des Gießen-Test. In: D. Beckmann & H. Richter, H. (Hrsg.), Erfahrungen mit dem Gießen-Test (GT). Praxis, Forschung und Tabellen. Bern Stuttgart Wien: Huber, 165–175.

Beckmann, D. & Richter, H. (Hrsg.), (1979). Erfahrungen mit dem Gießen-Test (GT). Praxis, Forschung und Tabellen. Bern Stuttgart Wien: Huber.

Beckmann, D. & Richter, H. (1983). Gießen-Test (GT). Ein Test für Individual- und Gruppendiagnostik. Handbuch. 3. überarb. Aufl. mit Neustandardisierung 1983. Bern Stuttgart Wien: Huber.

Beckmann, D., Brähler, E. & Richter, H. (1991). Gießen-Test (GT). Ein Test für Individual- und Gruppendiagnostik. Handbuch. 4. überarb. Aufl. mit Neustandardisierung 1990. Bern Stuttgart Toronto: Huber.

Beier, K. (1995). Dissexualität im Lebenslängsschnitt: theoretische und empirische Untersuchungen zu Phänomenologie und Prognose begutachteter Sexualstraftäter. Berlin u. a. u. a.: Springer.

Benedek, T. (1960). Elternschaft als Entwicklungsphase. Ein Beitrag zur Libidotheorie. Jahrbuch der Psychoanalyse, 1, 35–61.

Benjamin, J. (1990). Die Fesseln der Liebe: Psychoanalyse, Feminismus und das Problem der Macht. Basel Frankfurt a.m.: Stroemfeld/ Roter Stern.

Berner, W. & Karlick-Bolten, E. (1986). Verlaufsformen der Sexualkriminalität. Stuttgart: Enke.

Block, P., Egg, R. & Hoch, P. (1997). Legalbewährung und kriminelle Karrieren von Sexualstraftätern – Zwischenbericht. Wiesbaden: Kriminologische Zentralstelle.

Blos, P. (1990). Sohn und Vater. Diesseits und jenseits des Ödipuskomplexes. Stuttgart: Klett-Cotta.

Blum, H. (1994). The secret seed of hatred in a delinquent adolescent. München: Vortragsmanuskript.

Böhnisch, L. & Winter, R. (1994). Männliche Sozialisation. Bewältigungsprobleme männlicher Geschlechtsidentität im Lebenslauf. 2. Aufl. Weinheim München: Juventa.

Böllinger, L. (1995). Ambulante Psychotherapie mit im Maßregelvollzug untergebrachten Sexualstraftätern. Zeitschrift für Sexualforschung, 8, 199–221.

Böllinger, L. (1997). Die Abstinenz der Psychoanalyse gegenüber den sexuellen Störungen. Psyche, 51 (4), 358–383.

Bohner, G. & Schwarz, N. (1996). The threat of rape: its psychological impact on non-victimized women. In: D. Buss & N. Malamuth (eds.), Sex, power, conflict: evolutionary and feminist perspectives. New York Oxford: Oxford University, 162–175.

Bongers, D. (1985). Männerselbstbilder: eine explorative Studie über Auffassungen von Männlichkeit im Selbstbild junger Männer. Berlin: Ritter.

Bortz, J. (1984). Lehrbuch der empirischen Forschung für Sozialwissenschaftler. Berlin Heidelberg u. a.: Springer.

Bortz, J. (1989): Statistik für Sozialwissenschaftler. 3. Aufl. Berlin Heidelberg u. a.: Springer.

Bortz, J., Lienert, G. & Boehnke, K. (1990). Verteilungsfreie Methoden in der Biostatistik. Berlin Heidelberg u. a.: Springer.

Bowlby, J. (1958). The nature of the child's tie to his mother. International Journal of Psycho-Analysis, 39, 350–373.

Bowlby, J. (1961). Die Trennungsangst. Psyche, 15 (7), 411–464.

Brähler, E. & Felder, H. (Hrsg.), (1992). Weiblichkeit, Männlichkeit und Gesundheit. Medizinpsychologische und psychosomatische Untersuchungen. Opladen: Westdeutscher Verlag.

Brede, K., Fehlhaber, H., Lohmann, H.-M., Michaelis, D. & Zeul, M. (1987). Befreiung zum Widerstand: Aufsätze zu Feminismus, Psychoanalyse und Politik. Frankfurt a.M.: Fischer.

Brosius, G. (1988). SPSS/PC+ Basics und Graphics. Hamburg New York u. a.: McGraw-Hill.

Brosius, G. (1989). SPSS/PC+ Advanced Statistics und Tables. Hamburg New York u. a.: McGraw-Hill.

Brownmiller, S. (1978). Gegen unseren Willen: Vergewaltigung und Männerherrschaft. Frankfurt a.M.: Fischer.

Brownmiller, S. (1984). Weiblichkeit. Frankfurt a.M.: Fischer.

Bruder, K.-J. (1993). Verleugnung und Wiederholung. Der mißbrauchende Vater in der Therapie. psychosozial, 16 (11), 67–84.

Brückner, M. (1993). Geschlechterverhältnisse und Gewalt gegen Frauen und Mädchen. Zeitschrift für Frauenforschung, 11 (1+2), 47–56.

Brunotte, E.-R. (1988). Das Bild von der Frau – ein Vorurteil. In: H. Kentler (Hrsg.), Sexualwesen Mensch. München Zürich: Piper, 168–179.

Buchen, S. (1991). Frauen- und Männerbild im Faschismus. Gruppenpsychotherapie und Gruppendynamik, 27, 204–222.

Buchholz, M. (1993). Metaphernanalyse. Göttingen: Vandenhoeck & Ruprecht.

Buchholz, M. (1996). Metaphern der »Kur«. Eine qualitative Studie zum psychotherapeutischen Prozeß. Opladen: Westdeutscher Verlag.

Bundesminister für Jugend, Familie, Frauen und Gesundheit BMJFFG (Hrsg.), (1994). Gewalt gegen Frauen: Ursachen und Interventionsmöglichkeiten. Schriftenreihe Band 212. Stuttgart u. a.: Kohlhammer.

Burlingham, D. (1980). Labyrinth Kindheit. Beiträge zur Psychoanalyse des Kindes. München: Kindler.

Burt, M. (1980). Cultural myths and support for rape. Journal of personality and social psychology, 38, 217–230.

Butzmühlen, R. (1978). Vergewaltigung. Gießen: Prolit.

Cath, S., Gurwitt, A. & Ross, J. (eds.), (1982). Father and child: developmental and clinical perspectives. Boston: Little, Brown and Company.

Chasseguet-Smirgel, J. (1981). Die weiblichen Schuldgefühle. In: dies., Psychoanalyse der weiblichen Sexualität. Frankfurt a.M.: Suhrkamp, 134–190.

Chasseguet-Smirgel, J. (1989). Anatomie der menschlichen Perversionen. Stuttgart: Deutsche Verlagsanstalt.

Chiland, C. (1987). Das Schicksal des Menschen als sexualisiertes Wesen. 7. Symposium Biederstein-Klinik München, Vortragsmanuskript.

Chodorow, N. (1985). Das Erbe der Mütter. Psychoanalyse und Soziologie der Geschlechter. München: Frauenoffensive.

Clauß, G. & Ebner, H. (1970). Grundlagen der Statistik für Psychologen, Pädagogen und Soziologen. Frankfurt Zürich: Deutsch.

Coleman, E., Dwyer, M. & Pallone, J. (eds.)(1996). Sex offender treatment. Biological dysfunction, intrapsychic conflict, interpersonal violence. New York London: Haworth.

Delano, J. (1997). Batman: Manbat. Hamburg: Carlsen.

Dinnerstein, D. (1979). Das Arrangement der Geschlechter. Stuttgart: Deutsche Verlagsanstalt.

Dornes, M. (1993). Der kompetente Säugling. Die präverbale Entwicklung des Menschen. Frankfurt a. M.: Fischer.

Dornes, M. (1997). Die frühe Kindheit. Entwicklungspsychologie der ersten Lebensjahre. Frankfurt a. M.: Fischer.

Dreier, V. (1994). Datenanalyse für Sozialwissenschaftler. München Wien: Oldenbourg.

Dworkin, A. (1981). Pornography: Men possessing women. New York: Perigee.

Earls, F. (1977). The fathers (not the mothers). Their importance and influence with infants and young children. In: T. Manschreck & A. Kleinman (eds.), Renewal in Psychiatry. New York: Wiley, 265–291.

Egg, R. (Hrsg.), (1993). Sozialtherapie in den 90er Jahren: gegenwärtiger Stand und aktuelle Entwicklung im Justizvollzug. Wiesbaden: Kriminologische Zentralstelle.

Elliott, B. (1986). Gender Identity in Group-Analytic Psychotherapy. Group Analysis, 19, 195–206.

Ellis, L. (1989). Theories of Rape: Inquieries into the causes of sexual aggression. New York et al.: Hemispere.

Emde, R. (1991). Die endliche und die unendliche Entwicklung. Psyche, 45 (9), 745–779.

Engelfried, C. (1990). Vergewaltigung – was tun mit den Männern? Braunschweig: Holtzmeyer.

Erdheim, M. (1987). Das Verenden einer Institution. In: Psychoanalytisches Seminar Zürich (Hrsg.): Between the devil and the deep blue sea. Psychoanalyse im Netz. Freiburg: Kore, 245–279.

Erdheim, M. (1991). Zur Problematik der Imagines von Familie und Kultur. In: C. Borer & K. Ley (Hrsg.), Fesselnde Familie: Realität – Mythos – Familienroman. Tübingen: Edition diskord, 155–171.

Erikson, E.H. (1966). Identität und Lebenszyklus. Frankfurt a.M.: Suhrkamp.

Ermann, M. (1989). Die Bedeutung des Vaters bei Patienten mit psychovegetativen Störungen. In: A. Teichmann, W. Dmoch & M. Stauber (Hrsg.), Psychosomatische Gynäkologie und Geburtshilfe. Berlin: Springer, 76–79.

Fäh-Barwinski, M. (1991). Was ist ein Mann? Der Zwang zur Sexualisierung von Identitätsvorstellungen. Journal Nr. 24, 85–94.

Fairbairn, W. (1946). Objektbeziehungen und dynamische Struktur. In: P. Kutter (Hrsg.), Psychologie der zwischenmenschlichen Beziehungen. Darmstadt (1982): Wissenschaftliche Buchgesellschaft, 64–81.

Fast, I. (1991). Von der Einheit zur Differenz. Psychoanalyse der Geschlechtsidentität. Berlin u. a.: Springer.

Feather, N. (1985). Masculinity, Femininity, Self-Esteem, and Subclinical Depression. Sex Roles, 12 (5/6), 491–500.

Fenichel, O. (1945). The psychoanalytic theory of neurosis. New York: Norton.

Finkelhor, D. (1986). Soziale Reaktionen auf Vergewaltigung. In: J. Heinrichs (Hrsg.), Vergewaltigung – die Opfer und die Täter. Braunschweig: Holtzmeyer, 28–36.

Foulkes, S.H. (1986). Gruppenanalytische Psychotherapie. Frankfurt a.M.: Fischer.

Frauen-Gleichstellungsstelle der Landeshauptstadt München, München o.J.

Freud, A. (1954). Psychoanalyse und Erziehung. In: Die Schriften der Anna Freud. Bd.V. München (1980): Kindler.

Freud, A. (1964). Das Ich und die Abwehrmechanismen. München: Kindler.

Freud, S. (1895). Weitere Bemerkungen über die Abwehr-Neuropsychosen. GW I, 479–403.

Freud, S. (1899). Über Deckinnerungen. GW I, 531–554.

Freud, S. (1904). Zur Psychopathologie des Alltagslebens. GW IV.

Freud, S. (1905). Drei Abhandlungen zur Sexualtheorie. GW V, 29–145.

Freud, S. (1909). Der Familienroman der Neurotiker. GW VII, 225–231.

Freud, S. (1912/1913a). Totem und Tabu. GW IX, 3–194.

Freud, S. (1912/1913b). Das Tabu und die Ambivalenz der Gefühlsregungen. GW IX, 26–92.

Freud, S. (1923a). Das Ich und das Es. GW XIII, 234–289.

Freud, S. (1923b). Die infantile Genitalorganisation. GW XIII, 291–298.

Freud, S. (1924). Der Untergang des Ödipus. GW XIII, 393–402.

Freud, S. (1925). Einige psychische Folgen des anatomischen Geschlechtsunterschieds. GW XIV, 17–30.

Freud, S. (1926a). Hemmung, Symptom und Angst. GW XIV, 111–205.

Freud, S. (1926b). Die Frage der Laienanalyse. Unterredungen mit einem Unparteiischen. GW XIV, 207–296.

Freud, S. (1931). Über die weibliche Sexualität. GW XIV, 515–537.

Freud, S. (1933). Die Weiblichkeit. GW XV, 119–145.

Geisel, K. (1995). Die »Schöne« und das »Biest« – Wie die Tagespresse über Vergewaltigung berichtet. Münster: Lit.

Giese, H. (1962). Psychopathologie der Sexualität. Stuttgart: Enke.

Gilligan, C. (1988). Die andere Stimme. Lebenskonflikte und Moral der Frau. München: Piper.

Gilmore, D. (1991). Mythos Mann: Rollen, Rituale, Leitbilder. München u. a.: Artemis & Winkler.

Glöer, N. & Schmiedeskamp-Böhler, I. (1990). Verlorene Kindheit. München: Weismann.

Godenzi, A. (1989). Bieder, brutal. Frauen und Männer sprechen über sexuelle Gewalt. Zürich: Unionsverlag.

Godenzi, A. (1996). Gewalt im sozialen Nahraum. Basel Frankfurt a.M.: Helbing & Lichtenhahn.

Goldberg, A. (1995). The problem of perversion: the view from selfpsychology. New Haven London: Yale.

Goudsmit, W. (1962). Über Abwehrmechanismen bei sogenannten Psychopathen. Psyche, 16 (9), 512–520.

Goudsmit, W. (1974). Bemerkungen zur Indikation der Psychoanalyse bei Tätern von sehr schweren Delikten. Psyche, 28 (8), 684–705.

Gravenhorst, L. (1988). Private Gewalt von Männern und feministische Sozialwissenschaft. In: C. Hagemann-White & M. Rerrich (Hrsg.), FrauenMännerBilder. Bielefeld: AJZ, 12–25.

Greenacre, P. (1969). The fetish and the transitional object. Psychoanalytic Study of the Child, 24, 144–164.

Greenson, R. (1968). Die Beendigung der Identifizierung mit der Mutter und ihre besondere Bedeutung für den Jungen. In: ders., Psychoanalytische Erkundungen. Stuttgart (1982): Klett-Cotta, 257–264.

Griffin, S. (1987). Pornography and silence: culture's revenge against nature. 6. ed. New York u. a.: Harper & Row.

Groth, A.N., Burgess, A.W. & Holmstrom, L.L. (1977). Rape: power, anger, and sexuality. American Journal of Psychiatry, 134 (11), 1239–1243.

Groth, A.N. & Birnbaum, H. (1979). Men who rape: the psychology of the offender. New York: Plenum Press.

Groth, A.N. & Burgess, A.W. (1980). Male rape: offenders and victims. American Journal of Psychiatry, 137 (7), 806–810.

Groth, A.N. & Hobson, W.F. (1986). Die Dynamik sexueller Gewalt. In: J. Heinrichs (Hrsg.), Vergewaltigung: die Opfer und die Täter. Braunschweig: Holtzmeyer, 87–98.

Gruen, A. (1986). Der Verrat am Selbst. Die Angst vor Autonomie bei Mann und Frau. München: dtv.

Hagemann-White, C. (1993). Das Ziel aus den Augen verloren? Zeitschrift für Frauenforschung, 11 (1+2), 57–63.

Hall, R. (1995). Rape in America: a reference handbook. Santa Barbara: Denver Oxford.

Halmer, H. (1979). Regression und spezifische Abwehrmechanismen in Institutionen. Erfahrungen mit einer Gruppe im Strafvollzug. Umgearbeitete und erweiterte Fassung des Trainerreferates ÖAGG, Sektion Linz.

Harten, H.-C. (1995). Sexualität, Mißbrauch, Gewalt. Das Geschlechterverhältnis und die Sexualisierung von Aggressionen. Opladen:Westdeutscher Verlag.

Hauch, M. & Lohse, H. (1996). Ambulante Psychotherapie bei sexueller Delinquenz. In: V. Sigusch (Hrsg.), Sexuelle Störungen und ihre Behandlung. Stuttgart: Thieme, 276–287.

Hausen, K. & Nowotny, H. (Hrsg.), (1986). Wie männlich ist die Wissenschaft? Frankfurt a.M.: Suhrkamp.

Hedlund, E. (1986). Ergebnisse einer Umfrage unter verurteilten Vergewaltigern. In: J. Heinrichs (Hrsg.), Vergewaltigung: die Opfer und die Täter. Braunschweig: Holtzmeyer, 78–86.

Hedlund, E. (1986). Vergewaltigung: Opfer und Täter. In: J. Heinrichs (Hrsg.), Vergewaltigung: die Opfer und die Täter. Braunschweig: Holtzmeyer, 16–23.

Heiliger, A. & Engelfried, C. (1995). Sexuelle Gewalt: männliche Sozialisation und potentielle Täterschaft. Frankfurt a.M. New York: Campus.

Heinrichs, J. (1986). Vergewaltigung: die Opfer und die Täter. Braunschweig: Holtzmeyer.

Herman, J.L. (1990). Sex offenders: a feminist perspective. In: W. Marshall, D. Laws & H. Barbaree (eds.), Handbook of sexual assault. Issues, theories, and treatment of the offender. New York London: Plenum, 177–193.

Herrmann, A. (1986). Das Vaterbild psychosomatisch Kranker. Berlin Heidelberg: Springer.

Hinshelwood, R.D. (1987). Between the devil and the deep blue sea. Relations with the dominant class. In: Psychoanalytisches Seminar Zürich (Hrsg.), Between the devil and the deep blue sea. Psychoanalyse im Netz. Freiburg: Kore, 184–196.

Hörmann, H. (1964). Theoretische Grundlagen der projektiven Tests. In: Handbuch der Psychologie. Bd. 6: Psychologische Diagnostik. Göttingen: Hogrefe, 71–112.

Holder, A. & Dare, C. (1982). Narzißmus, Selbstwertgefühl und Objektbeziehungen. Psyche, 36 (9), 788–812.

Horney, K. (1977). Die Psychologie der Frau. München: Kindler.

Horney, K. (1932). Die Angst vor der Frau. Internationale Zeitschrift für Psychoanalyse, 18, 5–18.

Hummel, P. (1988). Der gegenwärtige Forschungsstand zur Sexualdelinquenz im Jugendalter. Praxis für Kinderpsychologie und Kinderpsychiatrie, 37,198–204.

Hyde, J.S. (1996). Where are the gender differences? Where are the gender similarities? In: D. Buss & N. Malamuth (eds.), Sex, power, conflict: evolutionary and feminist perspectives. New York Oxford: Oxford University, 107–118.

Irigaray, L. (1989). Genealogie der Geschlechter. Freiburg: Kore.

Irigaray, L. (1991). Die Zeit der Differenz: für eine friedliche Revolution. Frankfurt a.M. New York: Campus.

Jacobson, E. (1973). Das Selbst und die Welt der Objekte. Frankfurt a.M.: Suhrkamp.

Janshen, D. (1990). Gewaltverhältnisse: eine Streitschrift für die Kampagne gegen sexuelle Gewalt. 5. Aufl. Sensbachtal: Komitee für Grundrechte und Demokratie.

Johnson, A. & Szurek, S. (1952). The genesis of antisocial acting out in children and adults. Psychoanalytic Quarterly, 21, 323–343.

Judith, U. (1995). Konzept für die intramurale Behandlung von Sexualstraftätern. Mainz: Ministerium für Justiz.

Jung, C.G. (1950). Gestaltungen des Unbewußten. Zürich: Rascher.

Kächele, H. & Dahlbender, R.W. (1993). Übertragung und zentrale Beziehungsmuster. In: P. Buchheim, M. Cierpka & Th. Seifert (Hrsg.), Lindauer Texte. Teil 1: Beziehung im Fokus. Berlin Heidelberg New York: Springer, 84–103.

Kalichman, S. (1990). Affective and personality characteristics of MMPI profile subgroups of incarcerated rapists. Archives of Sexual Behavior, 19 (5), 443–459.

Keller, U. (1991). Was ist eine Perversion? In: W. Rotthaus, Sexuell deviantes Verhalten Jugendlicher. Dortmund 1991: modernes lernen, 31–48.

Khan, M. (1983). Entfremdung bei Perversionen. Frankfurt a.M.: Suhrkamp.

Klein, M. (1957). Neid und Dankbarkeit. Psyche, 11 (5), 241–255.

Klein, M. (1979). Die Psychoanalyse des Kindes. München Basel: Reinhardt.

Klüwer, R. (1995). Studien zur Fokaltherapie. Frankfurt a.M.: Suhrkamp.

Kohut, H. (1979). Die Heilung des Selbst. Frankfurt a.M.: Suhrkamp.

Kornadt, H.-J. (1971). Thematische Apperzeptionsverfahren. In: Handbuch der Psychologie, Bd. 6: Psychologische Diagnostik. 3. Aufl. Göttingen: Hogrefe.

Koss, M., Leonard, K., Beezley, D. & Oros, C. (1985). Nonstranger Sexual Aggression: A Discriminant Analysis of the Psychological Characteristics of Undetected Offenders. Sex Roles, 12 (9/10), 981–992.

Koss, M., Gidycz, C. & Wisniewski, N. (1987). The scope of rape: incidence and prevalence of sexual aggression in a national sample of students in higher education. Journal of Consulting and Clinical Psychology, 55, 162–170.

Koss, M., Goodman, L., Browne, A., Fitzgerald, L., Keita, G., & Russo, N. (1994). No safe haven. Male violence against women at home, at work, and in the community. Washington DC: American Psychological Association.

Krell, G. (1983). Frauen sind anders – und das macht Angst. Zur Kritik des arbeitswissenschaftlichen Frauenbildes am Beispiel Menstruation. In: Initiative kritischer Psychologen e.V. (Hrsg.), Psychologie und Gesellschaftskritik: Frauen und Psychologie, Heft 26/27, 7–23.

Kröhn, W. (1985). Tatmotiv Frauenverachtung. Der Vergewaltiger – Individuelles Fehlverhalten oder gesellschaftliche Determination? Sexualmedizin, 14 (12), 658–664.

Krück, U. (1991). Die Viktimisierung sexuell mißbrauchter Jungen. In: K. Beier (Hrsg.), Sexualität zwischen Medizin und Recht. Stuttgart Jena: G. Fischer, 39–52.

Lamb, M. (ed.), (1976). The role of the father in child development. New York: Wiley.

Lamnek, S. (1988). Qualitative Sozialforschung. Bd. 1: Methodologie. München: PVU.

Lamnek, S. (1989). Qualitative Sozialforschung. Bd. 2: Methoden und Techniken. München: PVU.

Lang, H. (1995). Das Konzept der »strukturalen Triade«. In: P. Buchheim, M. Cierpka & T. Seifert (Hrsg.), Lindauer Texte.Teil 1: Konflikte in der Triade. Berlin Heidelberg: Springer, 50–58.

Laplanche, J. & Pontalis, J. (1980). Das Vokabular der Psychoanalyse. 2 Bde. 5. Aufl. Frankfurt a.M.: Suhrkamp.

Laub, T. (1991). Familie: Realität – Familienroman – Mythos. Die Familie zu Freuds Zeit. In: C. Borer & K. Ley (Hrsg.), Fesselnde Familie: Realität – Mythos – Familienroman. Tübingen: Edition diskord, 12–43.

Lebovici, S. (1987). Die Geburt der Identität. 7. Symposium Biederstein-Klinik München, Vortragsmanuskript.

Lempp, R. (1989).Die Begutachtung der Sexualdelinquenz. in: C. König (Hrsg.), Gestörte Sexualentwicklung bei Kindern und Jugendlichen: Begutachtung, Straffälligkeit, Therapie. München: Reinhardt, 53–65.

Lerner, H. (1991a). Das mißdeutete Geschlecht. Falsche Bilder der Weiblichkeit in Psychoanalyse und Therapie. Zürich: Kreuz.

Lerner, H. (Hrsg.) (1991b). Zur Psychoanalyse des Mannes. Berlin Heidelberg New York: Springer.

Lichtenberg, J. (1991). Psychoanalyse und Säuglingsforschung. Berlin Heidelberg New York: Springer

Lidz, T. (1971). Familie und psychosoziale Entwicklung. Frankfurt a.M.: Fischer.

Liebsch, K. (1994). Feminismus und Psychoanalyse. Zeitschrift für Frauenforschung, 12 (4), 125–140.

Lienert, G. (1967). Testaufbau und Testanalyse. 2. Aufl. Weinheim: Beltz.

Limbach, J. (1986). Wie männlich ist die Rechtswissenschaft? In: K. Hausen & H. Nowotny: Wie männlich ist die Wissenschaft? Frankfurt a.M.: Suhrkamp, 87–126.

Loch, W. & Jappe, G. (1974). Die Konstruktion der Wirklichkeit und die Phantasien. Psyche, 28 (1),1–31.

Löffler, A. & Beier, K. (1991). Zur tiefenpsychologisch fundierten Therapie von Sexualdelinquenten. In: K. Beier (Hrsg.), Sexualität zwischen Medizin und Recht. Stuttgart Jena: G. Fischer, 93–101.

Lösel, F. (1995). Ist der Behandlungsgedanke gescheitert? Eine empirische Bestandsaufnahme. In: Justizministerium Baden-Württemberg (Hrsg.), Sozialtherapie im Strafvollzug. Dokumentation der 5. überregionalen Tagung der sozialtherapeutischen Einrichtungen im Bundesgebiet. Stuttgart, 132–156.

Lohse, H. (1993). Zur ambulanten Psychotherapie von Sexualstraftätern. Zeitschrift für Sexualforschung, 6, 279–288.

Lorenzer, A. (1973). Über den Gegenstand der Psychoanalyse oder: Sprache und Interaktion. Frankfurt a.M.: Suhrkamp.

Lübcke-Westermann, D. (1995). Zur Anwenung einer interaktionistischen Psychologie bei der Diagnostik von Sexualstraftätern. Monatsschrift für Kriminologie und Strafrechtsreform, 78 (1), 3–18.

Mahler, M. (1979). Symbiose und Individuation. Bd. 1: Psychosen im frühen Kindesalter. Stuttgart: Klett-Cotta.

Mahler, M. & Gosliner, B.J. (1955). On symbiotic child psychosis: genetic, dynamic and restitutive aspects. Psychoanalytic Study of the Child, 10, 195–212.

Malamuth, N., Heavey, C. & Linz, D. (1993). Predicting men's antisocial behavior against women: the interaction model of sexual aggression. In: G.C. Nagayama Hall, R. Hirschman, J. Graham & M. Zarazoga (eds.), Sexual aggression: issues in etiology, assessment, and treatment. Washington London: Taylor & Francis, 63–97.

Marolla, J. & Scully, D. (1986). Attitudes toward women, violence, and rape: a comparison of convicted rapists and other felons. Deviant behavior, 7, 337–355.

Marshall, W., Laws, D. & Barbaree, H. (eds.), (1990). Handbook of sexual assault. Issues, theories, and treatment of the offender. New York London: Plenum.

May, R. (1991). Männlichkeit aus psychoanalytischer Sicht. In: R. Friedman & H. Lerner, Zur Psychoanalyse des Mannes. Berlin u. a.: Springer, 171–190.

Mentzos, S. (1988). Interpersonale und institutionaliserte Abwehr. Erw. Neuausg. Frankfurt a.M.: Suhrkamp.

Mentzos, S. (1994). Neurotische Konfliktverarbeitung. Frankfurt a.M.: Fischer.

Mertens, W. (1981). Psychoanalyse. Stuttgart u. a.: Kohlhammer.

Mertens, W. (1994). Entwicklung der Psychosexualität und der Geschlechtsidentität. Bd. 1: Geburt bis 4. Lebensjahr. 2. Aufl. Stuttgart Berlin Köln: Kohlhammer.

Metz-Göckel, S. (1993). Jungensozialisation oder Zur Geschlechterdifferenz aus der Perspektive einer Jungenforschung. Zeitschrift für Frauenforschung, 11 (1+2), 90–110.

Metz-Göckel, S. & Müller, U. (1986). Der Mann: die Brigitte-Studie. Weinheim Basel: Beltz.

Millett, K. (1985). Sexus und Herrschaft: Die Tyrannei des Mannes in unserer Gesellschaft. Reinbek: Rowohlt.

Mitscherlich, A. (1973). Auf dem Weg zur vaterlosen Gesellschaft. 10. Aufl. München: Piper.

Mitscherlich, A. (1993). Bedingungen der Chronifizierung psychosomatischer Krankheiten. Die zweiphasige Abwehr. In: K. Brede (Hrsg.), Einführung in die psychosomatische Medizin: klinische und theoretische Beiträge. 2. Aufl. Frankfurt a.M.: Hain, 396–406.

Money, J. (ed.), (1965). Sex Research: New Developments. New York: Holt, Reinhart & Winston.

Money, J. (1973). Gender role, gender identity, core gender identity: Usage and definitions of terms. Journal American Academy of Psychoanalysis, 1, 397–402.

Money, J., Hampson, J.G. & Hampson, J.L. (1955). An examination of some basic sexual concepts: The evidence of human hermaphroditism. Bulletin John Hopkins Hospital, 97, 301–310.

Morgenthaler, F. (1974). Die Stellung der Perversionen in Metapsychologie und Technik. Psyche, 28, 1077–1098.

Morgenthaler, F. (1987). Homosexualität Heterosexualität Perversion. Frankfurt a.M.: Fischer.

Morrison, T. (1993). Sula. Reinbek: Rowohlt.

Muehlenhard, C., Danoff-Burg, S. & Powch, I. (1996). Is rape sex or violence? Conceptual issues and implications. In: D. Buss & N. Malamuth (eds.), Sex, power, conflict: evolutionary and feminist perspectives. New York Oxford: Oxford University, 119–137.

Müller-Küppers, M. (1991). Jugendliche Sexualstraftäter. In: W. Rotthaus, Sexuell deviantes Verhalten Jugendlicher. Dortmund: modernes lernen, 70–78.

Murray, H. (1971). Thematic Apperception Test. Manual. Harvard.

Nadig, M. (1987). Mutterbilder in zwei verschiedenen Kulturen. Ethnopsychoanalytische Überlegungen. In: Psychoanalytisches Seminar Zürich (Hrsg.), Bei Lichte betrachtet wird es finster: Frauensichten. Frankfurt a.M.: Athenäum, 81–104.

Nordquist, J. (1990). Rape: a bibliography. In: Contemporary social issues: a bibliographic series, No 19. Santa Cruz.

Ortega, R. (1989). Das menschliche Paar. (Einige dialektische Bemerkungen). Journal Nr. 20, 13–24.

Ovesey, L. & Person, E. (1973). Gender identity and sexual psychopathology in men: A psychoanalytic analysis of homosexuality, transsexualism, and transvestism. Journal American Academy of Psychoanalysis, 1, 53–72.

Parin, P. (1961). Die Abwehrmechanismen der Psychopathen. Psyche, 15 (5), 322–329.

Parin, P. (1983). Der Widerspruch im Subjekt. Ethnopsychoanalytische Studien. Frankfurt a.M.: Syndikat.

Person, E. & Ovesey, L. (1993). Psychoanalytische Theorien zur Geschlechtsidentität. Psyche, 47 (6), 505–529.

Pilgrim, V. (1988). Das Männlichkeitsdefizit des Mannes als Ursache seiner Gewaltanfälligkeit. In: R. Heider et al. (Hrsg.), Politik der Seele. München: AG Spak, 315–319.

Porter, R. (1986). Rape – Does it have a historical meaning? In: S. Tomaselli & R. Porter, Rape. Oxford: Basil Blackwell, 216–279.

Prentky, R.A. & Knight, R.A. (1991). Identifying critical dimensions for discriminating among rapists. Journal of consulting and clinical psychology, 59 (5), 643–661.

Pro Familia (Hrsg.), (1993). Aggression und Sexualität. pro familia magazin, 21 (4). Braunschweig: Holtzmeyer.

Rada, R.T. (ed.), (1978). Clinical aspects of the rapist. New York: Grune & Stratton.

Rauchfleisch, U. (1981a). Dissozial: Entwicklung, Struktur und Dynamik dissozialer Persönlichkeiten. Göttingen: Vandenhoeck und Ruprecht.

Rauchfleisch, U. (1981b). Zum Agieren »dissozialer« Persönlichkeiten. Psyche, 35 (6), 527–543.

Rauchfleisch, U. (1986). Die Verwendung des Thematischen Apperzeptionstests (TAT) in der Psychotherapie von Delinquenten. Psyche, 40 (8), 735–754.

Rauchfleisch, U. (1989). Der Thematische Apperzeptionstest (TAT) in Diagnostik und Therapie. Eine psychoanalytische Interpretationsmethode. Stuttgart: Enke.

Rauchfleisch, U. (1990). Probleme der Indikationsstellung für eine psychoanalytische Psychotherapie von Delinquenten. In: W. Schneider (Hrsg.), Indikationen zur Psychotherapie. Anwendungsbereiche und Forschungsprobleme. Weinheim Basel: Beltz, 81–99.

Rauchfleisch, U. (1991). Die Bedeutung des Thematischen Apperzeptionstests (TAT) für die Diagnostik und Therapie von Borderline-Persönlichkeiten. Psyche, 45 (10), 854–889.

Rauchfleisch, U. (1992). Allgegenwart von Gewalt. Göttingen: Vandenhoeck und Ruprecht.

Rauchfleisch, U. (1993). Die Angst vor der Homosexualität. In: ders. (Hrsg.), Homosexuelle Männer in Kirche und Gesellschaft. Düsseldorf: Patmos, 87–108.

Rauchfleisch, U. (1994): Testpsychologie. Eine Einführung in die Psychodiagnostik. 3. Aufl. Göttingen Zürich: Vandenhoeck & Ruprecht.

Rauchfleisch, U. (1997): Alternative Familienformen. Eineltern, gleichgeschlechtliche Paare, Hausmänner. Göttingen: Vandenhoeck & Ruprecht.

Redlich, F.C. & Freedman, D.X. (1976). Theorie und Praxis der Psychiatrie. Frankfurt a.M.: Suhrkamp.

Rehder, U. (1990). Aggressive Sexualdelinquenten. Diagnostik und Behandlung der Täter im Strafvollzug. Lingen: Kriminalpädagogischer Verlag.

Rehder, U. (1996). Klassifizierung inhaftierter Sexualdelinquenten. Monatsschrift für Kriminologie und Strafrechtsreform, 79 (5), 291–304.

Reich, G. (1995). Eine Kritik des Konzepts der »primitiven Abwehr« am Begriff der Spaltung. Forum der Psychoanalyse, 11 (2), 99–118.

Reinke, E. (1987). Psychoanalytisches Verstehen im soziotherapeutischen Setting. Psyche, 41 (10), 900–914.

Revers, W. (1979). Der Thematische Apperzeptionstest (TAT). Handbuch zur Verwendung des TAT in der psychologischen Persönlichkeitsdiagnostik. 5. Aufl. Bern Stuttgart Wien: Huber.

Revers, W. & Allesch, C. (1985). Handbuch zum Thematischen Gestaltungstest (Salzburg). Weinheim Basel: Beltz.

Richter, H.E. (1969). Eltern, Kind und Neurose. Die Rolle des Kindes in der Familie. Reinbek: Rowohlt.

Rohde-Dachser, C. (1989). Abschied von der Schuld der Mütter. Praxis der Psychotherapie und Psychosomatik, 34, 250–260.

Rohde-Dachser, C. (1991a). Expedition in den dunklen Kontinent. Weiblichkeit im Diskurs der Psychoanalyse. Berlin u. a.: Springer.

Rohde-Dachser, C. (1991b). Implizite Eltern- und Familienbilder im Diskurs der Psychoanalyse. In: C. Borer & K. Ley (Hrsg.), Fesselnde Familie: Realität – Mythos – Familienroman. Tübingen: Edition diskord, 131–154.

Rohde-Dachser, C., Baum-Dill, B., Brech, E., Grande, T., Hau, S., Jockenhövel-Poth, A. & Richter, A. (1993). »Mutter« und »Vater« in psychoanalytischen Fallvignetten. Über einige latente Regeln im Diskurs der Psychoanalyse. Psyche, 47 (6), 613–646.

Rotmann, M. (1978). Über die Bedeutung des Vaters in der »Wiederannäherungs-Phase«. Psyche, 32 (12), 1105–1147.

Rotthaus, W. (1991). Sexuell deviantes Verhalten Jugendlicher. Dortmund: modernes lernen.

Sanday, P. (1986). Rape and the silencing of the feminine. In: S. Tomaselli & R. Porter (eds.), Rape. Oxford: Blackwell, 84–101.

Sander, H. & Johr, B. (Hrsg.), (1992). BeFreier und Befreite. Krieg, Vergewaltigung und Kinder. München: Kunstmann.

Sandler, J. (1982). Unbewußte Wünsche und menschliche Beziehungen. Psyche, 36 (1), 59–74.

Sandler, J. & Freud, A. (1989). Die Analyse der Abwehr. Stuttgart: Klett-Cotta.

Schafer, R. (1982). Eine neue Sprache für die Psychoanalyse. Stuttgart: Klett-Cotta.

Scheffé, H. (1963). The Analysis of Variance. New York: Wiley.

Schlötterer, R. (1982). Vergewaltigung: weibliche Schuld – männliches Vorrecht? Berlin: Selbstverlag.

Schmauch, U. (1985). Frühe Kindheit und Geschlecht. In: Theorien weiblicher Subjektivität. Frankfurt a.M.: Neue Kritik, 92–117.

Schmauch, U. (1993). Kindheit und Geschlecht. Anatomie und Schicksal. Zur Psychoanalyse der frühen Geschlechtersozialisation. Frankfurt a.M.: Stroemfeld/Nexus.

Schmidt, G. (1975). Sexuelle Motivation und Kontrolle. in: E. Schorsch & G. Schmidt (Hrsg.) Ergebnisse zur Sexualforschung. Köln: Kiepenheuer & Witsch.

Schmidt, G. (1988). Das große Derdiedas. Über das Sexuelle. Reinbek: Rowohlt.

Schmitt, G. (1996). Inhaftierte Sexualstraftäter. Bewährungshilfe, 43 (1), 3–16.

Schorsch, E. (1971). Sexualstraftäter. Stuttgart: Enke.

Schorsch, E. (1975). Sexuelle Deviationen: Ideologie, Klinik, Kritik. In: V. Sigusch (Hrsg.), Therapie sexueller Störungen. Stuttgart: Thieme, 118–155.

Schorsch, E. (1977). Sexualstraftäter und Stereotaxie – Ätiologische Konzepte und ihre Beziehung zur Behandlungsmethode. In: Justizministerium Baden-Württ. (Hrsg.), Maßnahmen zur Behandlung von Sexualtätern. Eppingen, 137–145.

Schorsch, E. (1983). Gewalt in den Beziehungen der Geschlechter. In: Perversion, Liebe, Gewalt. Aufsätze zur Psychopathologie und Sozialpsychologie der Sexualität 1967–1991. Stuttgart (1993): Enke, 72–76.

Schorsch, E. (1989). Versuch über Sexualität und Aggression. Zeitschrift für Sexualforschung, 2 (1), 14–28.

Schorsch, E. (1995). Kurzer Prozeß? Ein Sexualstraftäter vor Gericht. Hamburg: eva.

Schorsch, E.; Galedary, G.; Haag, A.; Hauch, M. & Lohse, H. (1985). Perversion als Straftat: Dynamik und Psychotherapie. Berlin u. a.: Springer.

Schubö, W., Uehlinger, H., Perleth, Ch., Schröger, E. & Sierwald, W. (1991): SPSS. Handbuch der Programmversionen 4.0 und SPSS-X 3.0. Stuttgart New York: G. Fischer.

Schumacher, W. (1990). Zur Typologie und Dynamik delinquenter Sexualabweichungen. In: R. Wille (Hrsg.), Zur Therapie von sexuell Devianten. Berlin: Diesbach, 1–8.

Schwaber, E. (1995). Empathie: eine Form analytischen Zuhörens. Forum der Psychoanalyse, 11 (2), 160–183.

Scott, R. & Tetreault, L. (1987). Attitudes of rapists and other violent offenders toward women. The Journal of Social Psychology, 127 (4), 375–380.

Scully, D. (1988). Convicted rapists' perceptions of self and victim: role taking and emotions. Gender and society, 2 (2), 200–213.

Sczesny, S. & Krauel, K. (1996). Ergebnisse psychologischer Forschung zu Vergewaltigung und ihre Implikationen für Gerichtsverfahren. Monatsschrift für Kriminologie und Strafrechtsreform, 79 (5), 338–355.

Sellschopp, A. & Buchheim, P. (1993). Selbst- und Fremdwahrnehmung in der Beziehungsdiagnostik. In: P. Buchheim, M. Cierpka & T. Seifert (Hrsg.), Lindauer Texte. Teil 1: Beziehung im Fokus. Berlin Heidelberg New York: Springer, 39–53.

Sick, B. (1993). Sexuelles Selbstbestimmungsrecht und Vergewaltigungsbegriff: ein Beitrag zur gegenwärtigen Diskussion der Strafbarkeit de lege lata und empirische Gesichtspunkte. Berlin: Duncker und Humblot.

Sick, B. (1995). Die sexuellen Gewaltdelikte oder: Der Gegensatz zwischen Verbrechensempirie und Rechtswirklichkeit. Monatsschrift für Kriminologie und Strafrechtsreform, 78 (4/5), 281–293.

Snitow, A.; Stansell, C. & Thompson, S. (1985). Die Politik des Begehrens: Sexualität, Pornographie und neuer Puritanismus in den USA. Berlin: Rotbuch.

Speier, R. (1990). Abweichungen zwischen Fremd- und Selbstbild bei persönlichkeitsgestörten Sexualdelinquenten und ihre Relevanz bei Prognoseentscheidungen. Inaugural-Dissertation. Würzburg.

Spitz, R. (1980). Vom Säugling zum Kleinkind: Naturgeschichte der Mutter-Kind-Beziehungen im 1. Lebensjahr. 6. Aufl. Stuttgart: Klett-Cotta.

Spoden, C. (1995). Jungenarbeit in Schulen als Prävention von Gewalt an Mädchen. Gutachten für die Senatsverwaltung Arbeit und Frauen Berlin. In: Landeshauptstadt München (Hrsg.), »Madl'n tratzen« – Wider die ganz alltäglichen Formen der Gewalt von Buben. München: Stadtkanzlei.

SPSS für Windows (1994). Version 6.0.1: Glossar. Chicago: SPSS.

Stade, G. (1998). Dracula's Women, and Why Men Love to Hate Them. In: G. Fogel, F. Lane & R. Liebert (eds.), The Psychology of Men. New Haven London: Yale University Press, 25–48.

Statistisches Bundesamt (Hrsg.), (1996). Statistisches Jahrbuch 1996. Wiesbaden.

Statistisches Bundesamt (Hrsg.), (1998). Im Blickpunkt: Leben und Arbeiten in Deutschland. Stuttgart: Metzler-Poeschel.

Steffen, W. (1990). Gewalt gegen Frauen und Mädchen im sozialen Nahraum: Konsequenzen aus der Neubewertung eines alten Problems. System Familie, 3, 88–96.

Stern, D. (1992). Lebenserfahrung des Säuglings. Stuttgart: Klett-Cotta.

Stoller, R. (1968). Sex and Gender. Vol.1: On the development of masculinity and feminity. New York: Science House.

Stoller, R. (1979). Perversion: die erotische Form von Haß. Reinbek: Rowohlt.

Stoller, R. (1985). Presentations of gender. New Haven London: Yale University Press.

Stork, J. (Hrsg.), (1974). Fragen nach dem Vater. Französische Beiträge zu einer psychoanalytischen Anthropologie. Freiburg München: Alber.

Stork, J. (1982). Die seelische Entwicklung des Kleinkindes aus psychoanalytischer Sicht. In: D. Eicke (Hrsg.), Kindlers Psychologie des XX. Jahrhunderts. Bd. 2: Tiefenpsychologie. Weinheim Basel: Beltz, 129–195.

Stork, J. (1989). Über die Schwäche der Vaterbilder oder die Angst vor der Frau. In: W. Faulstich & G. Grimm (Hrsg.), Sturz der Götter? Vaterbilder im 20. Jahrhundert. Frankfurt a.M.: Suhrkamp, 153–189.

Strafrecht – Textsammlung – (1998). München: Beck.

Sutherland, J. (1980). The British Object Relations Theorists: Balint, Winnicott, Fairbairn, Guntrip. Journal of the American Psychoanalytic Association, 28 (4), 829–860.

Sutherland, J. (1982). Theorie der Objektbeziehungen und die Modellannahmen der Psychoanalyse. In: P. Kutter (Hrsg.), Psychologie der zwischenmenschlichen Beziehungen. Darmstadt: Wiss. Buchgesellschaft.

Tellenbach, H. (1979). Konturen künftigen Vaterseins. In: ders., Vaterbilder in Kulturen Asiens, Afrikas und Ozeaniens. Stuttgart Berlin Köln Mainz: Kohlhammer.

Teufert, E. (1980). Notzucht und sexuelle Nötigung. Lübeck.

Theweleit, K. (1980). Männerphantasien. 1. Band: Frauen, Fluten, Körper, Geschichte. Reinbek: Rowohlt.

Tomaselli, S. & Porter, R. (1986). Rape. Oxford: Basil Blackwell.

Tschuschke, V., Kächele, H. & Hölzer, M. (1994). Gibt es unterschiedlich effektive Formen von Psychotherapie? Psychotherapeut, 39 (5), 281–297.

Tyson, P. (1982). The role of the father in gender identity, urethral erotism, and phallic narcissism. In: S. Cath, A. Gurwitt & J. Ross (eds.), Father and child: developmental and clinical perspectives. Boston: Little, Brown and Company, 175–187.

Überla, K. (1968). Faktorenanalyse. Eine systematische Einführung für Psychologen, Mediziner, Wirtschafts- und Sozialwissenschaftler. Berlin Heidelberg New York: Springer.

Volk, P. (1991). Opfer, Tat und Täter bei der Vergewaltigung. In: W. Rotthaus, Sexuell deviantes Verhalten Jugendlicher. Dortmund: modernes lernen, 93–107.

Volk, P., Hilgarth, M., Lange-Joest, C., Birmelin, G., Boesken, S., Schempp, W. & Diebold, W. (1985). Vergewaltigungstäter: Versuch einer Typologie nach psychischen und kriminologischen Kriterien. Genetische und endokrinologische Untersuchungen. In: G. Walter & H.-T. Haffner (Hrsg.), Festschrift für Horst Leithoff. Heidelberg: Kriminalistik, 469–485.

Walther, S. (1997). Umgang mit Sexualstraftätern: Amerika, Quo Vadis? – Vergewisserungen über aktuelle Grundfragen an das (deutsche) Strafrecht. Monatsschrift für Kriminologie und Strafrechtsreform, 80 (4), 199–221.

Warren, J., Hazelwood, R. & Reboussin, R. (1991). Serial rape: the offender and his rape career. In: A. Burgess, Rape and sexual assault III: a research handbook. New York London: Garland, 275–311.

Weis, K. (1982). Die Vergewaltigung und ihre Opfer. Eine viktimologische Untersuchung zur gesellschaftlichen Bewertung und individuellen Betroffenheit. Stuttgart: Enke.

Wiederholt, I. (1989). Psychiatrisches Behandlungsprogramm für Sexualtäter in der Justizvollzugsanstalt München. Zeitschrift für Strafvollzug und Straffälligenhilfe, 38 (4), 231–237.

Winnicott, D. (1960). Primäre Mütterlichkeit. Psyche, 14 (7), 393–399.

Winnicott, D. (1974). Reifungsprozeß und fördernde Umwelt: die Fähigkeit zum Alleinsein. München: Kindler.

Winnicott, D. (1992). Kind, Familie und Umwelt. 5. unveränd. Aufl. München Basel: Reinhardt.

Wirth, H. & Brähler, E. (1992). Das Selbstkonzept von jungen Männern und Frauen im transkulturellen Vergleich. In: E. Brähler & H. Felder, Weiblichkeit, Männlichkeit und Gesundheit. Opladen: Westdeutscher Verlag, 190–209.

Wurmser, L. (1990). Die Maske der Scham: die Psychoanalyse von Schamaffekten und Schamkonflikten. Berlin Heidelberg: Springer.

Zeitlin, F. (1986). Configurations of rape in greek myth. In: S. Tomaselli & R. Porter (eds.), Rape. Oxford: Basil Blackwell, 122–264.

ZPID (Hrsg.) Zentralstelle für Psychologische Information und Dokumentation (1991): Der Gießen-Test: 1968–1991: eine Spezialbibliographie internationaler psychologischer Literatur. Zusammengestellt von E. Brähler. Universität Trier.

Indexverzeichnis

BEITRÄGE ZUR SEXUALFORSCHUNG

Eberhard Schorsch und
Nikolaus Becker
Angst, Lust,
Zerstörung
Sadismus als soziales und
kriminelles Handeln
Zur Psychodynamik
sexueller Tötungen

PSYCHOSOZIAL-VERLAG

September 2000 · ca. 320 Seiten
Broschur
DM 49,80 · öS 364,–
SFr 46,– · EUR 25,46
ISBN 3-89806-048-9

Weitab von allem Sensationellen geht es in diesem Buch darum, anhand der Fallstudien bekannt gewordener „Lustmörder" die psychodynamische Entwicklung nachzuzeichnen und so etwas wie ein psychologisches Verständnis dieser Phänomene zu erreichen: Die in der Öffentlichkeit als „Unmenschen" und „Bestien" Titulierten erscheinen als Menschen, die an Schwierigkeiten innerhalb von Entwicklungsprozessen, die wir alle durchlaufen haben, gescheitert sind. Der gängige Ausdruck „Lustmord", der suggeriert, daß hier eine besonders dämonische Form von Lust verwirklicht wird, erweist sich als irreführend. Denn es geht dabei nicht um die Steigerung von Lust, vielmehr stehen solche Taten am Ende eines langen, verzweifelten Kampfes gegen eine archaische neurotisch-destruktive Dynamik und signalisieren den Zusammenbruch der psychischen Struktur.

PⓌV
Psychosozial-Verlag

Heinrich W. Ahlemeyer
Prostitutive Intim-
kommunikation
Zur Mikrosoziologie
heterosexueller Prostitution

BEITRÄGE ZUR
SEXUALFORSCHUNG

PSYCHOSOZIAL-VERLAG

September 2000 · ca. 279 Seiten
Broschur
DM 49,80 · öS 364,–
SFr 46,– · EUR 25,46
ISBN 3-89806-052-7

Es handelt sich um eine der wenigen wissenschaftlichen Untersuchungen über das schillernde Phänomen der Prostitution.
Die Studie entstand als Teil eines Forschungsprojektes über Aids-
Prävention. Ahlemeyer führt qualitative Tiefen-Interviews mit
Männern und Frauen durch, in denen diese über den zuletzt erleb-
ten Sexualakt, der über Geldzahlungen zustande gekommen war,
befragt wurden. Die Analyse der Interviews läßt den besonderen
Charakter prostitutiver Intimkommunikation deutlich werden. Bis
in die Mikrodimension prostitutiver Sexualakte hinein werden
Form, Funktion und Folgen geldgesteuerter Intimkommunikation
untersucht. Die Ergebnisse eröffnen neue Perspektiven für eine
Optimierung der Aids-Prävention.

P🔲V
Psychosozial-Verlag

Psychoanalytische
Pädagogik

Urte Finger-Trescher
und Heinz Krebs (Hg.)
**Mißhandlung,
Vernachlässigung
und sexuelle Gewalt
in Erziehungs-
verhältnissen**

Psychosozial-Verlag

Oktober 2000 · ca. 180 Seiten
Broschur
DM 39,80 · öS 291,–
SFr 37,– · EUR 20,35
ISBN 3-89806-008-X

Über tägliche physische und psychische Mißhandlungen und Vernachlässigungen in Erziehungs- und Bildungseinrichtungen wird unter Fachleuten ebensowenig diskutiert wie über die Auswirkungen institutioneller Gewalt.

Der Band beleuchtet die historischen, sozialen, familiären und individuellen Hintergründe von Vernachlässigung und Gewalt an Minderjährigen, um die Auswirkungen dieser Erfahrungen auf die Persönlichkeitsentwicklung von Kindern und Jugendlichen angemessen reflektieren zu können. Die Psychodynamik zwischen Täter und Opfer und ihre Reproduktion im Alltag pädagogischer, sozialarbeiterischer, sozialpädagogischer, therapeutischer und sozialmedizinischer Praxisfelder sind Schwerpunkte der Betrachtung.

Mit Beiträgen von:
Urte Finger-Trescher, Heinz Krebs, Brigitte Kerschner, Mathias Hirsch,
Marianne Rauwald, Birgit Warzecha, Christoph Kleemann,
Joachim Heilmann, Ralf Frenken

P⊞V
Psychosozial-Verlag

BEITRÄGE ZUR SEXUALFORSCHUNG

Gunter Schmidt (Hg.)
Kinder der
sexuellen
Revolution
Kontinuität und Wandel im studen-
tischen Sexualverhalten 1966-1996

PSYCHOSOZIAL-VERLAG

September 2000 · 279 Seiten
Broschur
DM 49,80 · öS 364,–
SFr 46,– · EUR 25,46
ISBN 3-89806-027-6

Der Vergleich dreier repräsentativer Studien aus den Jahren 1966, 1981 und 1996 gibt höchst interessante Aufschlüsse darüber, wie sich das sexuelle Verhalten von Studierenden und ihre Einstellungen zu Fragen der Sexualität, Partnerschaft, Liebe, Treue, sexuellen Belästigung und Gewalt, usw. in den letzten 30 Jahren gewandelt haben. Wie die in ihrer Art einmalige Studie belegt, hat die sexuelle Revolution der 60er Jahre die noch heute vorherrschenden Einstellungen zur Sexualität nachhaltig geprägt. Neue Trends sehen die Autoren in der höheren Bedeutung der Treue trotz häufigerer Beziehungen und im ambivalenten Verhältnis zur Lebensform des Singles: die 1996er haben die serielle Monogamie perfektioniert: Sie ist nun serieller und monogamer.

„‚Sex ist so schön wie Skifahren, und das will was heißen' schreibt ein Student unserer letzten Studie auf die Frage, was ihm Sexualität bedeutet. Oberflächlich und entsetzlich banal, könnte man nörgeln. Aber es ist eine Sexualität frei von falschem Tiefsinn, entmystifizierter, entdramatisierter Sex. Und so scheint es, als sei die Sexualität zu Beginn des Jahrhunderts gründlich entrümpelt: vom Katholizismus, vom Patriarchat (fast) und von der Psychoanalyse. Das ist nicht wenig für 50 Jahre, fast schon eine Erfolgsgeschichte."
Gunter Schmidt

P🔲V
Psychosozial-Verlag

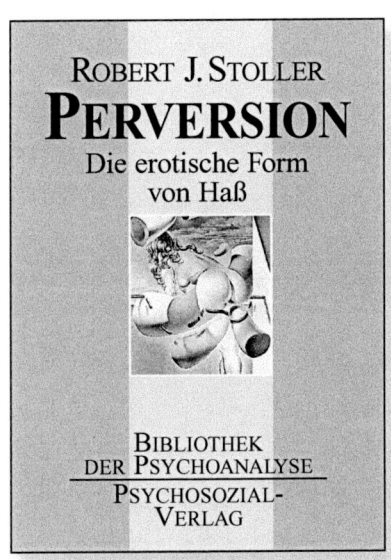

ROBERT J. STOLLER

PERVERSION

Die erotische Form
von Haß

BIBLIOTHEK
DER PSYCHOANALYSE
PSYCHOSOZIAL-
VERLAG

290 Seiten
DM 34,–, öS 248,–, SFr 31,50
ISBN 3-932133-51-X

In diesem Buch setzt sich Stoller mit den psychischen Energien auseinander, die Männer und Frauen in sexuelle Erregung versetzen.

Die Dynamik einer »normalen« geschlechtlichen Entwicklung wird erst durch die von Stoller beschriebenen sexuellen Störungen voll verständlich.

Er unterscheidet Perversion von anderen Formen der sexuellen Abweichung und stellt fest, daß der Haß das entscheidende Merkmal der Perversion ist.

An faszinierenden Beispielen und Fallstudien weist Stoller nach, daß Versagungen, Traumata und Konflikte, deren Wurzeln in der Kindheit liegen, sich durch ein prozeßhaftes Geschehen, das sich der Phantasie bedient, in sexuelle Erregung verwandeln.

P⬚V
Psychosozial-Verlag

VAMIK D. VOLKAN, ELIZABETH ZINTL

WEGE
DER TRAUER
LEBEN MIT TOD UND VERLUST

PSYCHOSOZIAL-VERLAG

März 2000 · 176 Seiten · Broschur
DM 39,90 · öS 291,– · SFr 37,–
ISBN 3-932133-98-6

Tod, Trennung, Scheidung, mit einem Wort: Verluste unter-
schiedlichster Art bedingen Trauer. Als Pionier der Trauerar-
beit hat Volkan eine außergewöhnliche Therapie zur Bewältigung
der Trauer entwickelt – eine Therapie zur Wiederbelebung des
steckengebliebenen Trauerprozesses. Denn, so der Autor, Trauer
kann nicht geleugnet oder verdrängt werden – das wäre, als wollte man einen Knochenbruch ignorieren. Ein einfühlsames, bewe-
gendes und informatives Buch über die schwierigsten menschlichen Lebenspassagen. Ein Buch, das menschlich und mitreißend
geschrieben ist, weil Volkan auch seine eigene Geschichte von
Verlusten und Trauer erzählt.

„Nirgends gibt es ein besseres Buch über Verluste und Trauer.
Intelligent und mit Herz geschrieben, haben Volkan und Zintl
einen Klassiker geliefert."

Michael P. Nichols

P V
Psychosozial-Verlag